# 国际贸易操作实训精讲（第二版）

田运银　胡少甫　史　理　朱东红　著

中国海关出版社

**图书在版编目（CIP）数据**

国际贸易操作实训精讲/田运银等著．—2版．—北京：中国海关出版社，2015.2

ISBN 978-7-5175-0052-0

Ⅰ．①国…　Ⅱ．①田…　Ⅲ．①国际贸易-贸易实务　Ⅳ．①F740.4

中国版本图书馆CIP数据核字（2014）第300391号

**国际贸易操作实训精讲（第二版）**

GUO JI MAO YI CAO ZUO SHI XUN JING JIANG (DI ER BAN)

作　　者：田运银　胡少甫　史　理　朱东红
策划编辑：马　超
责任编辑：马　超
助理编辑：王梦璇　姜力心
责任监制：王岫岩
出版发行：中国海关出版社
社　　址：北京市朝阳区东四环南路甲1号　　邮政编码：100023
网　　址：www.hgcbs.com.cn；www.hgbookvip.com
编 辑 部：01065194242-7554（电话）　　01065194234（传真）
发 行 部：01065194221/4227/4238/4246（电话）　　01065194233（传真）
社办书店：01065195616/5127（电话/传真）　　01065194262/63（邮购电话）
印　　刷：北京铭成印刷有限公司　　经　　销：新华书店
开　　本：710mm×1000mm　1/16
印　　张：23.25　　字　　数：390千字
版　　次：2015年2月第2版
印　　次：2015年2月第1次印刷
书　　号：ISBN 978-7-5175-0052-0
定　　价：48.00元

# 第二版前言

“国际贸易操作实训”的主要目的和任务包括以下四点：

（1）弄清楚每一笔生意从头至尾的交易程序及每一步程序中涉及的概念、常识、法律法规、惯例以及应注意事项；

（2）学会对内、对外发函的基本思路和表达方法；

（3）掌握进出口贸易成本核算的基本思路和正确方法；

（4）熟练掌握各种国际贸易单证的填制和审核方法。

本次修订，作者主要做了以下几点改进：

（1）在全书的每一章前面都添加了“本章实训的主要目的”，从而使读者借助本书学习和实训的方向更加明确；

（2）针对书中初学者在理解上具有一定难度的地方添加了说明和解释，有的地方还新增了举例，因此，更易于读者对书中各个知识点的理解，降低其学习难度；

（3）对一些重要的国际贸易惯例和法律条文增加了思考题和答案，以使读者明白这些惯例和条文并不是可有可无的附属品，而是对实际工作至关重要的必备知识；

（4）紧密结合近期国内各项国际贸易政策和措施发生的变化以及国际上的贸易惯例，适时对书中的过时内容做了更新和改写；

（5）将书中已经发现的错漏和不当之处都一一做了订正；

（6）考虑到第一版中“疑难解答”的层次都比较深，与初学者的需求处在不同的知识层面等情况，为了降低阅读难度，使之更加适合初学者学习和操作，经过再三斟酌，本次修订删除了书中原有“疑难解答”的全部内容。

本书是一本集国际货物贸易专业基础知识、方法和技巧及相关信息于一体的综合专业实训指导书，全书内容与实际工作结合紧密，兼具新颖、实用、通俗、简洁、严密和清晰等特点。作者自认为它在国内图书市场上算得上是非常少见的、高水平、高质量、值得一读的国际贸易专业书籍。

因为这是一部专业书，尽管作者对此倾注了大量的心血，希望尽量使本书具有较强的可读性、通俗性、实用性和指导性，但它毕竟不是小说、诗歌或散文，因此，读者不仅需要阅读，还需要一边领会一边斟酌，在动脑的同时必须动手。这样，虽然在学习的过程中读者会很辛苦，学习的进度也会比较慢，但这对打牢专业基础却又极端重要，所以非常需要大家在学习和操作时拿出足够的耐心和恒心，举一反三，不急功近利，从而达到学习和训练的理想效果。

如果大家在学习时发现书中存在不妥之处，或者在工作中遇到了相关的疑难问题，都非常欢迎大家随时给我发邮件，以便我们互相学习和探讨，共同进步和提高。我本人的邮箱地址是：1721828388@ qq. com。

田运银

2014 年 10 月 9 日

# 前　言

我记得有伟人说过，脱离实际的理论是空洞的理论，没有理论的实践是盲目的实践。毛主席也一贯提倡理论联系实际，注重把教育同具体的生产劳动相结合，从战争中学习战争，并且明确地指出："读书是学习，使用也是学习，而且是更重要的学习"。我虽然是一介凡人，但是绝对赞成伟人的这些观点。读者在学习了"国际贸易实务"、"国际商务英语函电与谈判"、"国际贸易单证"、"进出口报关实务"等系统的实务类国际贸易专业知识之后，可以说已经初步具备了从事国际贸易工作的专业知识。但是，这些书本知识在大多数读者的头脑中，都还只是一些各自为政的散兵游勇，不是一个合而为一的有机整体，因而还没有形成一种能够运用自如的强大合力。另外，国际贸易是一门实用性和专业性都非常强的应用型学科，它非常需要把基础理论同具体的工作实际相结合。而目前在我们国家，学生到外贸部门去实习，企业考虑到自身的商业机密和繁忙的业务工作，一般都不愿意让实习生接触太深层次、太过具体的业务环节；而且，由于诸多顾虑，外贸企业一般也不太热心去认真、系统、全面地指导实习生。因此，不少国际贸易专业实习往往只是流于形式，使实习的初衷大打折扣。作者创作此书，是要在系列的书本知识和广泛的工作实际之间架起一座桥梁，使这二者能够在较短的时间内有机地融合成一个整体；同时，力求避免陷入在澡盆里练习游泳的尴尬，让实训能够达到理论联系实际，将已学知识深化并融会贯通的目的，从而最大限度地使国际贸易专业的读者学以致用。

本书围绕国际商品贸易自始至终的各个业务流程，有重点地系统介绍了各业务环节上的相关知识和技能，对各个环节上需要注意的问题进行了归纳和阐述；针对两笔贯穿始终的具体的进出口贸易实例，一笔作出了翔实的示范，另一笔先给定了条件和提示，随后向读者提出了实际操作的具体要求，并对实训的重点和难点部分在本书的末尾给出了参考答案。此外，还对众多读者在工作和学习中所遭遇的棘手问题以及感兴趣的问题分别在相关章节中给予了明晰的解答。对于作者暂时不能解答的一些问题，本书也没有回避和剪切，而是实事求是地作了交代。

疑难解答中的绝大多数问题都是直接来自读者，而且其中有不少是来自国际贸易工作一线的读者，里面的问题都非常具有针对性、普遍性、实用性、迫切性和重要性。另一方面，这些疑问的提出，也在很大程度上使作者增长了见识，丰富了实际工作的阅历。所以，交流确实可以使大家都受益，我们应该大力倡导并积极推进广泛的交流。

本书仍然坚持以信用证支付方式下的业务流程为主线，这主要是基于以下原因：(1) 尽管汇付在当今国际贸易支付中的比例越来越大，但是信用证支付方式仍然无可争议地占据着举足轻重的地位。(2) 信用证支付方式下的单据最能体现国际贸易单证的深度和广度，大家只要掌握了信用证单证的相关知识和技能，汇付和托收的单证就基本上能够不学自通了，而反之则不然。(3) 作者认为，没有知识深度的专业书籍就像没有思想深度的文艺作品一样，是典型的精神层面的三聚氰胺（伪蛋白），必须彻底根除。

国际贸易专业核心课程体系以“国际贸易实务”、“国际商务英语函电与谈判”、“国际贸易单证”、“进出口报关实务”和“国际贸易专业实训”为主体，它们之间的逻辑关系也应该是上面的这个先后次序。大家在打基础性质的学习过程中，如果改变了上述的先后顺序，学习的难度就会加大，学习的兴趣就会降低，学习的效果就会受到影响。我们做事情需要循序渐进，读书、追求知识也应该如此，不能急功近利走捷径。当然，已经具备了一定的这方面专业知识的读者不在此限，大家完全可以根据实际工作的需要，有针对性地去直接查找需要解答的疑难问题。本书是对此前的国际贸易专业基础知识系列的整合、细化、拓展和深化，希望它能够巩固、加强和丰富读者现有的国际贸易专业知识，并为读者顺利开展国际贸易实际工作起到一定的参考和借鉴作用。

昨天，我的一个同事告诉我，她上周末在家里又卖了一大批旧书，而且她几乎每隔一段时间就要卖出一批旧书，主要是因为这些书大都过时无用了。她还叹息说，当时把这些书买回来的时候，每一本都是好几十元钱，而如今把它们卖出去的时候，几十本书一共也只卖了几十元钱，真是太划不来了。我对此也很有同感，越来越感觉如今的“图书市场”几乎快要赶上“时装市场”了，昨天超时尚的内容，不到明天就让读者深感过时，后天就进了废品回收站了。“喜新厌旧”的速度太快，这大大地摧残了，也正在摧残着我们民族的阅读、学习兴趣和文化氛围。我写东西一向崇尚原创，鄙视“参考”，总希望自己的文字对读者的帮助能够大一些，更大一些，供读者借鉴和参考的作用长久一些，再长久一些。

作者写作本书的宗旨，并不是要读者仅用三天两早上的工夫背熟了去应对社会上盛行的各种考试获得高分，而是希望大家把系统的国际贸易专业知识融会贯通了，去迎刃而解实际工作中的许多疑难杂症。作者崇尚“培养学生”的教育理念，切齿痛恨那种以“培养考生”为目的的短视思维，因为小聪明对于提高中华民族的人口素质百害而无一利。我们应该倡导大智慧，应当像当年“除四害”那样，下大力气彻底废除害人的理念和风气。我们毕生苦其心志、累其筋骨地学习和钻研，最根本的目的并不是要把自己变成一个储存器，也不是为了增加向社会炫耀或要价的筹码，更不是为了把自己变成一个吸食人民骨血的寡头“精英”，而是要把自己练就成为促进人类文明进步和发展的助推器。

创作本书的作者分别是：

田运银　中国地质大学江城学院

胡少甫　武汉纺织大学外经贸学院

史　理　武汉轻工大学

朱东红　湖北五矿国际贸易股份有限公司

作者为写作本书整整花费了三年心血，可谓用心良苦。但是，由于作者受到自身水平和能力的限制，加之各种知识都处在不断发展和更新的状态之中，因此，书中一定存在着很多不足甚至是谬误之处。我们诚恳地欢迎读者对此随时给予批评和指导，我本人的电子邮箱地址是：gmzyfzr@ sina. com。

非常感谢中国地质大学江城学院经济与管理学部主任杨昌明教授以及其他领导和老师们的鼎力支持，非常感谢众多社会读者此前对作者的热情关注及与作者的交流，非常感谢诸多亲友多年以来给予作者的关心、爱护和帮助，非常感谢中国海关出版社以及饶淑荣、马超、刘倩等老师五年多来一直给予作者大力的支持和帮助！这些因素对于作者不断增强潜心学习、观察、思考、探索和写作的兴趣和信心，其作用都非常之大，也必不可少。

田运银

2011 年 5 月 5 日

# 目　录

# 第一章 进出口贸易流程简介

## 本章实训的主要目的

这一章相当于是对全书的高度概括，也就是运用示意图及文字说明将国际货物贸易的全过程做了勾画，以便读者通过对这些示意图的解读，达到以下目的：

（1）从宏观层面弄清楚在信用证和汇付这两种支付方式下一笔货物买卖从出口到进口自始至终的业务程序。

（2）了解出口货源环节上，工厂采购原辅材料、生产加工、向出口商出售货源产品的业务程序。这个程序虽然只是进出口业务程序中的一个细小的环节，但却至关重要，不容半点马虎。

本书的内容是按照进出口货物贸易业务流程的先后顺序来安排的。为了方便读者对国际商品贸易的业务流程，也就是对本书的整体构架，有一个全局性、轮廓性、概貌性的认识和了解，我们不妨先用几个进出口贸易流程示意图，向大家简单介绍和说明一下相关的业务流程以及各个流程之间的逻辑顺序，以便大家知道在各个环节上先做什么，后做什么，然后再做什么。

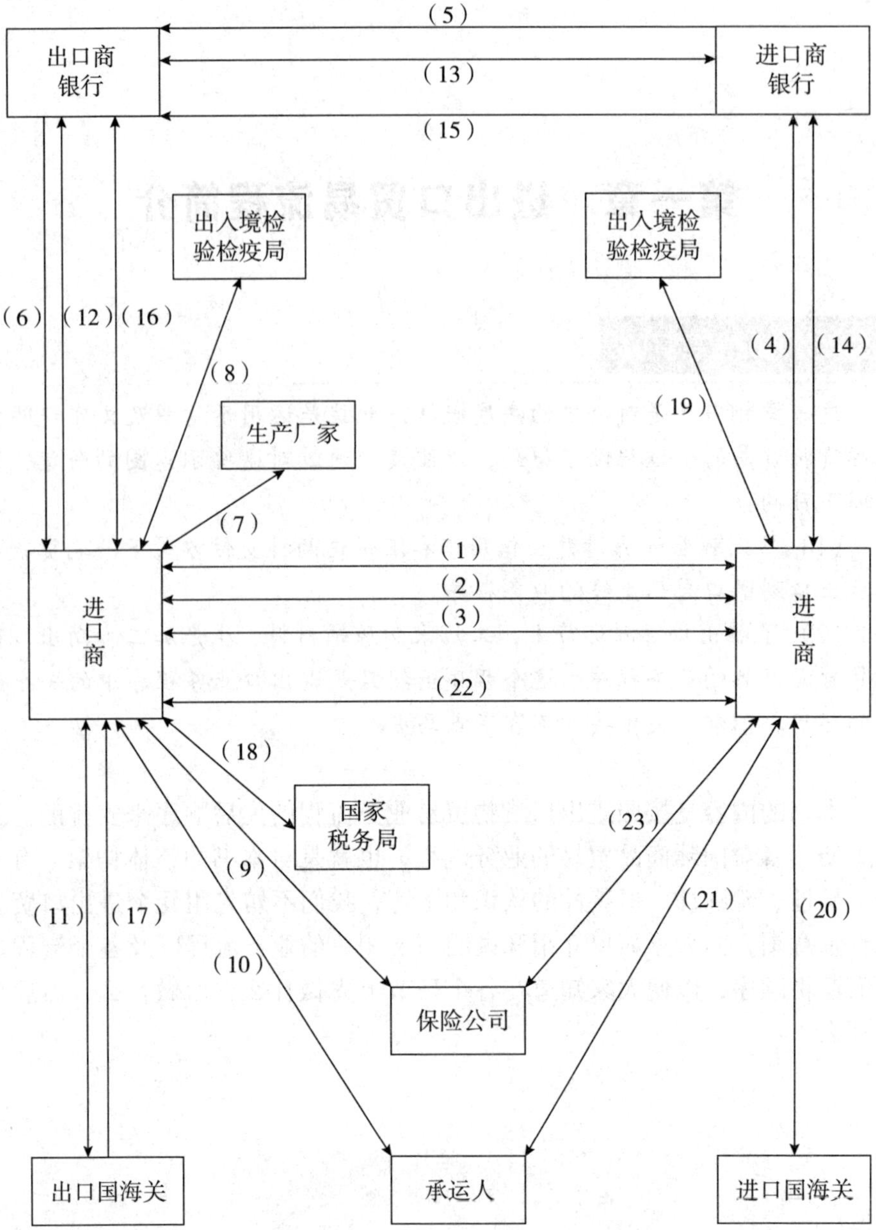


**图1-1 信用证支付方式下的贸易流程示意图**

（以CIF条件为例）

（1）市场调研和推广

（2）商务谈判和签约

（3）打样、寄样、修改、确认

（4）申请开立信用证

（5）开立信用证
（6）审查并通知信用证
（7）下达订单，签订购货合同
（8）申请出口检验检疫、签发出境货物放行单
（9）办理出口货运保险
（10）办理出口运输委托
（11）办理出口通关手续
（12）提交信用证单据，审核信用证单据
（13）寄送信用证单据，审核信用证单据
（14）付款赎单
（15）支付信用证款项
（16）办理结汇手续
（17）退回出口货物报关单
（18）办理出口退税手续
（19）申请进口检验检疫、签发入境货物放行单
（20）办理进口通关手续
（21）提取进口货物
（22）索赔、理赔 ①
（23）索赔、理赔 ②

特别说明：

（1）本示意图把一笔进出口贸易项下的出口和进口的环节都有机地连接在一起了，意在使其业务流程能够形成一个完整的整体，但它的缺点也随之暴露无遗，那就是图中的当事人过多，业务程序太复杂，很容易使此前没有从事过实际工作的初学者眼花缭乱。事实上，在实际工作中，一个出口商或者进口商一般只会经历其中的一半流程，也就是，出口商只需要负责“出口”的那一半，进口商只负责“进口”的那一半即可。

（2）本示意图，甚至本书中的出口和进口流程都是以中国内地现存的相关政策、法规和惯例等为基础去加以阐述的，也就是说，书中的“出口”都是站在“中国内地的出口商”的角度，“进口”也都是指“中国内地的进口商从国外的进口”。因此，本书的业务细节基本上适应中国对外贸易实际工作，是符合中国的“国情”的，但不一定也适应某些外国的“国情”。例如，我国目前对出口商普遍实行“出口退税”政策，而世界上有些国家或地区却并不采用这种奖励出口的措施。

（3）图中的“检验”，特别是出口货物的检验检疫，按照我国现行的政策和法规，仅限于“法定检验”商品的出口，而“非法定检验”商品的出口并不需要在出口通关之前通过强制性的检验或检疫。因此，有些出口货物，如箱包、手套等“非法定检验”商品在出口通关之前是可以免予检验的。

（4）“报关”目前在我国可以有两种途径，一种是进出口商自己以“报关企业”的身份直接向海关申报，另一种则是进出口商委托某家“报关企业”代其向海关申报。本示意图取的是第一种情况。如果采取第二种办法向海关申报，图中的有些示意性的箭头就要改线了，具体请参见本书第十章中的相关内容。

（5）图中的（22）和（23）先后有两个“索赔”，这并不是说进口商针对同一批货物损失肯定会先后去向出口商和保险公司索赔，而是说，通常在发生货损后，进口商往往首先想到的就是“由于卖方违约造成的”，因此，买方最容易直接向卖方提出索赔。事实上，索赔对象需要事先甄别和准确判断，

如果是品质原因造成的损失就应该向卖方索赔，如果是承保风险的原因造成的损失就应该向保险公司索赔，而如果是运输不当造成的损失则应该向承运人提出索赔。当然，并不是每一笔进出口贸易都会有索赔、理赔的“程序”，作者在这里只是想说明“如果有索赔，则会在这个环节上出现”。

（6）本书中还有其他一些业务流程以及示意图也在某些方面存在着与上述系列说明中比较类似的情况，但为了避免重复，将不再另行附加说明和解释了，请大家借鉴此处的说明，一一加以识别，避免造成误解或困惑。

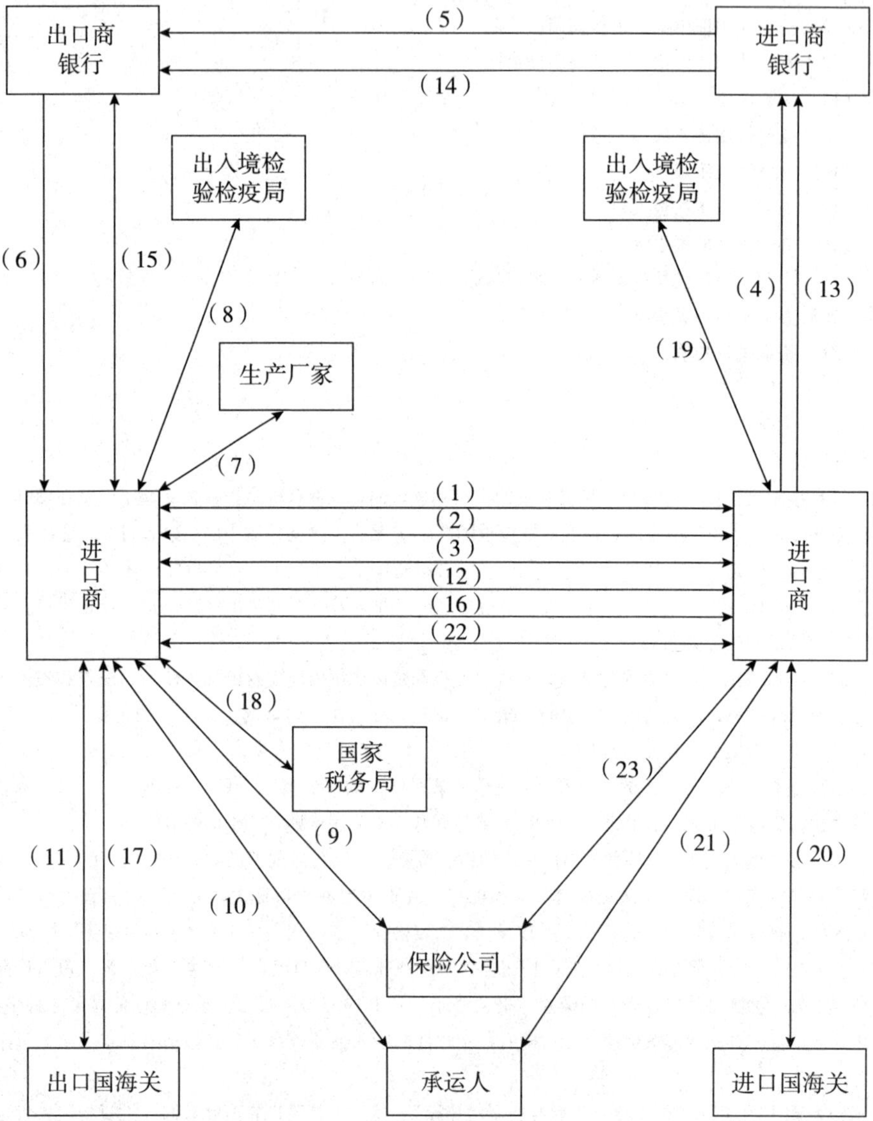


**图1－2 汇付支付方式下的贸易流程示意图**

（以 CIF 条件为例）

（1）市场调研和推广
（2）商务谈判和签约
（3）打样、寄样、修改、确认
（4）签发汇付申请书（预付款，部分）
（5）汇付预付款
（6）通知到账款项，签发银行水单，办理结汇手续
（7）下达订单，签订购货合同
（8）申请出口检验检疫、签发出境货物放行单
（9）办理出口货运保险
（10）办理出口运输委托
（11）办理出口通关手续
（12）发装运通知、传送主要单据副本、催付余款
（13）签发汇付申请书（货物余款）
（14）汇付货物余款
（15）办理结汇手续
（16）寄送全套交易单据
（17）退回出口货物报关单
（18）办理出口退税手续
（19）申请进口检验检疫、签发入境货物放行单
（20）办理进口通关手续
（21）提取进口货物
（22）索赔、理赔 ①
（23）索赔、理赔 ②

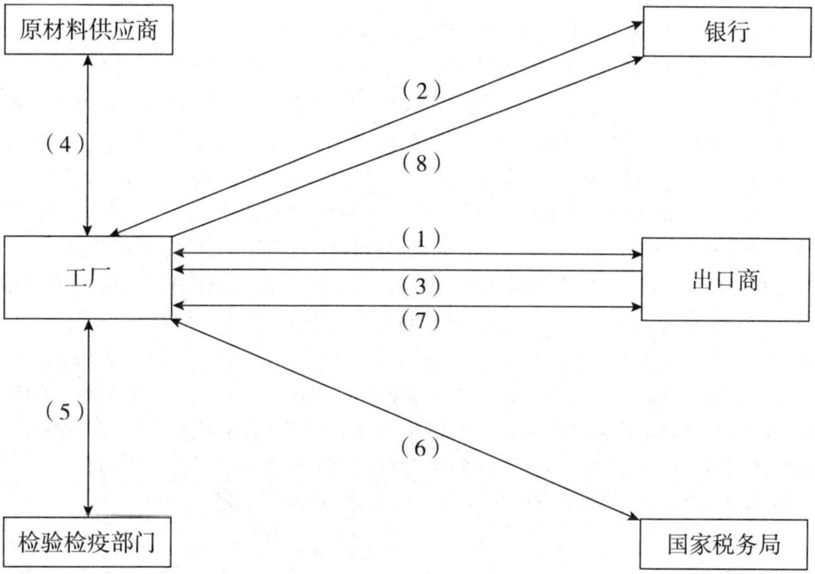


**图 1－3　工厂业务一般程序示意图**

（1）下达订单，签订购货合同

（2）申请并获得贷款

（3）支付预付款（部分）

（4）采购原材料

（5）申请并通过检验检疫

（6）缴纳增值税

（7）支付余款，提交增值税发票

（8）偿还银行贷款

特别说明：

（1）图中的“工厂”只是一个广义的概念，它有时候仅指一个工厂，有时候也可以是指数个向同一个出口商提供出口货源的生产厂家，因为外贸公司的某批出口货物可以仅由某一个生产厂家提供，也可以同时由两家或两家以上的生产厂家为其供货。同一份出口合同项下的出口商品到底是只需要一家工厂生产还是同时需要数家不同的生产厂家一起备货，具体要视特定的情况和需要而定。

（2）图中的“原材料供应商”也是一个广义的概念，它通常是指数家向工厂提供生产出口货源所需原辅材料的供应商。事实上，一批出口商品的原辅材料往往需要很多种，一个原材料供应商往往无法全部提供。例如，生产布料的不一定会生产纽扣，生产纽扣的并不一定能够生产拉链，生产拉链的也不一定能够生产吊牌……

（3）图中的“检验检疫部门”同样只是一个广义的概念，并不一定专指国家出入境检验检疫局。而且，如果出口商品属于“法定检验”的范畴，那还得由出口商出面申请检验，因为此时生产厂家不具备向国家出入境检验检疫局提出申请检验的资格。图中所说的“检验”，主要是从证明“出口产品符合工厂与出口商签订的购货合同的规定和要求”出发的。

（4）一个工厂在整个经营过程中，除了需要缴纳增值税以外，还要缴纳诸如营业税、企业所得税等其他税负，但是，我们在这里讨论的只是与“国际货物贸易”这个中心具有直接关联性的业务问题，而营业税、所得税等内容与国际货物贸易（也就是与出口商）之间并没有什么直接的关联性，所以我们在这里将它们略去不提，但并不说明这些税负不存在。

（5）我们说以上业务程序只是“一般性质的”，是指上述程序在通常情况下如此，即无论是在制约工厂和出口商如期履约，还是在规避发生诸如货物生产出来以后出口商不要货，或者出口商付了款却提不到货物，或者出口商提不到合同规定的合格货物等风险方面，都是比较行之有效的防范手段。但是，实际工作中也并不是绝对或必须如此。事实上，如果工厂的信用等级足够高，在其资金周转特别困难的时候，出口商可以在签约以后立即向工厂预付全部货款；或者反过来，如果出口商确实能够恪守信用，即使他不预付一分钱的货款，工厂也是完全可以在订单落实以后就立即开工生产备货的。

（6）进入21世纪以后，随着中国正式加入WTO，我国对外贸易的经营权已经由原来的“审批制”改成了现行的“注册登记制”，中国企业获得进出口贸易经营权的门槛大大降低了，众多生产厂家也纷纷取得了自营进出口经营权。但是，这个示意图中的“工厂”并不是指“自营进出口贸易的工厂”，而是指“向外贸公司提供出口货源的生产厂家”。如果工厂把自己生产出来的产品以该厂自己的名义直接出口到国外去（俗话称为“自营出口”），那样，这种工厂的身份就与“出口商”基本相同了；所不同的只是：进出口公司与工厂之间是两个不同企业之间的买卖关系，而工厂内部的外贸部门与生产部门之间却是同一企业内部的两个不同部门之间的买卖或者调拨关系。

# 第二章　建立外贸业务关系

## 本章实训的主要目的

（1）市场调研。无论是出口商还是进口商，都要善于调查和了解国际市场行情，在知己知彼的基础上，有的放矢地开展进出口贸易，从而使自己在竞争激烈、动荡不定的国际市场里，总是处于一种“任凭风浪起，稳坐钓鱼船”的主动地位。

（2）选择拟经营的商品、市场和客户。出口商在对商品、市场和客户都有了一定程度的了解并熟悉之后，应当有选择地找准一家或几家较有发展潜力的国外进口商或中间商，并主动与他们取得联系，寻找在某类商品贸易上进行合作的可行性；进口商也应根据自己的实际需求，在广阔的国际市场上适时地寻找自己需要的商品和合适的卖家。

（3）熟练掌握出口商与进口商建立外贸业务关系时来往函电的写作技巧，例如格式、措辞等。

## 第一节　市场调研

“市场调研”的范畴一般主要包括商品、市场和客户。“商品调研”主要是指经营者对已经经营或者准备经营的产品的主要功能和用途、原材料构成、加工制作的原理和难易程度、规格、性能、特征、通常的包装方式以及平均价格水平等的认知和了解。“市场调研”包括对出口国家的货源市场和进口国家的销售市场这两个市场的调查和研究。在出口市场方面，经营者需要了解自己所经营产品的主要生产厂家的分布情况、生产规模、原材料货源、产品的档次及其价格、服务质量、资信状况，交通、通信条件，该国及周边的政治、经济形势以及与进口国的双边关系等；在进口市场方面，经营者需要了解进口国家对于该商品的常年需求规模、主要购买群体的消费水平、主要进货来源及进货渠道、主要进口商的经济实力和信誉状况，进口国家的政治、经济现状以及与出口国家的双边外交关系，进口国家的贸易及外汇管制程度、进口关税的种类及税率水平，进口国家的民风民俗、宗教信仰、气候条件等。“客户调研”主要包括了解进口国家的进口商、代理商、批发商、零售商和用户对于该商品的需求状况，他们的主要分销渠道、需求数量和质量，他们的经营能力、资信状况和消费水平以及对于现有商品的评价和要求等。

市场调研对于一个刚刚进入外贸行业从事进出口业务的工作人员来说，是必不可少的一个重要步骤。当然，就是一个长年经营某种商品的老手，也完全有必要不断地开展市场调研，不断地获取新的市场信息，并及时地更新自己的经营理念，调整经营策略和手段，以便适时地组织新的、适销对路的上市产品，在国际市场上立于不败之地。

虽然在国际市场上，大部分商品特别是像鞋类这种科技含量普遍不高的劳动密集型产品，“买方市场”占据着主要的地位，买方是绝对的“上帝”，但是，买方也不能因此就放弃市场调研，他们同样有必要对全球主要市场适时地进行“盘点”并及时地对自己所经营策略做出相应的调整，以使自己的经营总是处于一种“利润与规模同步增长，同时规避经营风险”的良性循环状态。买方市场调研的范围主要包括：（1）进口国国内对于自己所经营商品的需求现状、变化及其发展趋势，主要出口国家的货源动态，如款式、花色品种、商品品质、数量、价格水平等；（2）新产品对老产品的冲击程度，新产品和老产品各自的价格水平及其趋势，国际市场对于新产品的品质和价格认可和接受的程度；（3）主要出口商的信誉程度和经营能力，如经营规模、主要出口市场，主要进口商、出口商对于市场和客户要求的应变速度和能力、交付货物的准时度和品质、用户对其产品和服务的普遍评价等。

市场调研的方式多种多样，因人而异。我们可以因地制宜地选择上互联网搜索（例如“阿里巴巴”网站等），翻阅报刊（例如《国际商报》、《国际贸易消息》等），咨询国内外相关机构（例如各国驻外大使馆商务处等），参加或参观国际博览会（例如广州“中国进出口商品交易会”、上海“华东交易会”、浙江义乌小商品大市场等），也可以组团出国考察、访问客户和用户等，这些都是不错的途径、渠道和方法。其中，进出口企业参展国内外各种商品展销会的效果最直接、最快捷、最有效，他们把自己经营或需要的商品往展览会上一陈列，那些有意的与会客商就会纷至沓来，为进出口生意牵上线、搭上桥。如果双方真正“有缘”，彼此的合作就会从此源源不断。

殷茵小姐是ABC国际贸易有限公司新近招聘的外销员，前不久被安排到该公司出口业务二部拓展出口业务。

为了避免与该公司其他同事经营的商品和客户雷同或重叠、避免内部竞争，殷茵决定独辟蹊径，开拓全新的外销业务。她在征求了领导和同事们的意见和建议之后，决定试着去做鞋类出口贸易业务。殷茵认为，鞋子是每一个人的必需品，目前全世界共有将近65亿人口，可谓需求量巨大，市场广阔；鞋类一般属于劳动密集型商品，而中国又是一个拥有丰富廉价劳动力资源的大国，同时也是目前世界上鞋类生产和出口数量最多的国家，因此经营鞋类出口业务，其前景一定不会很差。

目前，中国的鞋类生产基本上遍布全国各地，但是最具出口竞争优势的当数江浙、福建、广东等地，那里机器设备和经营理念相对比较先进，技术人才和熟练工种相对比较齐全，原材料供应既丰富又快捷，生产规模较大，对于市场反应的灵敏程度较高，交通也更便利。

在国际市场上，虽然近几年欧洲联盟对中国的鞋类进口实行反倾销，但是世界上大多数其他国家，包括非洲国家在内，对于中国的鞋类进口基本上还是处于比较稳定的状态。

中东国家虽然地处沙漠，人口也比较稀少，而且终年气候炎热干燥，但是那里石油资源丰富，人民生活富裕，外国劳工较多，鞋类消费基本上依靠进口，并且还有一定的数量转口到其他地区。

殷茵从报刊和互联网上搜索到中东国家的一些进口商的资料，初步了解了他们每年都要从中国进口相当数量的各种鞋类，品种主要有运动鞋、工作鞋、皮鞋和沙滩拖鞋。其中一家公司叫做 AL TURAIKI EST. FOR TRADING，殷茵从有关方面调查获悉，该公司经营规模较大，信誉良好。因此，殷茵决定与该公司取得联系。

外贸公司的“客户资信调查”可以根据具体的客观条件，从以下几个方面去着手：

（1）向商业银行咨询。外贸公司是商业银行的重要客户，商业银行可以充分利用自身在国外广泛、优越的网络信息资源，有目标地搜集有关商号的资信情况：如某商号的名称、地址，法定代表人姓名、性别、年龄、社会阅历、社会影响力，公司登记注册的时间、注册资金规模，主要经营项目、经营规模、诚信记录等。商业银行提供的客户信息一般针对性和真实性都比较强，而且大多都是免费的，但其时效性比较差，外贸公司往往需要等待很长的时间才能得到反馈信息。

（2）向中国驻该国的大使馆商务处咨询。这一官方信息资源是外贸公司在计划经济时代了解国外客户信息最主要的信息来源，如今仍然可以加以利用。

（3）向跨国公司驻该国的分公司咨询。如今中国很多大中型外贸企业都在国外设立了分公司或办事处。这些分公司或办事处在当地从事商贸活动，对于当地的法律法规、客户信息、市场信息等都非常了解和熟悉。外贸公司完全可以充分利用这一有效的信息资源，成功打开自己经营商品的国际市场的大门。

（4）向信息咨询机构咨询。向信息咨询机构咨询专门、特定的信息一般为有偿服务，而且有些信息的收费很可能还会非常昂贵。

（5）从互联网络上搜索相关资信信息。如今是信息时代，互联网络上的信息资源可以说是取之不尽、用之不竭，而且绝大多数都是免费的。但网络信息一般比较肤浅，针对性也比较差。外贸公司通过互联网络了解国外客户信息，主要是了解他们的经营规模、社会知名度和国际影响力。在通常情况下，大公司比小公司的资信等级要高得多，跟大公司做生意，数量大，安全系数也大，违约毁约、坑蒙拐骗的可能性很小。但是，客大压行，行大压客，大公司的出价往往又是最低的。

（6）从报刊、电视、广播新闻中查阅、收集相关信息。新闻的针对性虽然很差，但它们的信息量之大、传播速度之快，都是惊人的。而且，因为它们特殊的直观性，其影响力更是大得无法估量。新闻里的商业信息，如市场状况、某国际企业的经营动态、某企业的人事变动、某企业披露的信息等，都是外贸公司需要了解和掌握的信息资源。

## 第二节　出口商的发函与进口商的复函

20××年4月10日，殷茵小姐向 AL TURAIKI EST. FOR TRADING 发出如下一封电子邮件：

**ABC INTERNATIONAL TRADE CORPORATION LIMITED**

56, DONG TING STREET, WUHAN, 430014 CHINA

FAX:（86）-27-8282-7642　　TEL NO:（86）-27-8283-3515

8281-1135　　E-MAIL: hbxcgs@public.wh.hb.cn

E - MAIL：ateft@ yahoo. com　　　　DATE：April 10，20 × ×

To. Al Turaiki Est. For Trading.
Attention To：Business Manager

Re：Establishment of Business Relationship

Dear Sirs，

We have the pleasure of obtaining your name and address from the Business Channel，from which we get to know that you are in the market for men's working leather boots. We write to introduce ourselves as exporters of shoes products，and would like to enter into business relationship with you in this line.

For your information，we are sending you here with a set of our newly catalogues. If you are interested in any of them，please do not hesitate to let us know immediately. We assure you of our close cooperation.

As the new session of Guangzhou Import and Export Trade Fair is approaching，you are earnestly invited to visit our samples and discuss business with us face to face over there. Our booth number（参展的摊位号码）in the fair is 7 - 2B16（7 号馆 2 楼 B 通道 16 号展位），and the exhibition time is between October $15^{th}$ and $20^{th}$. Our representative Ms. Yinyin will stay at there from beginning to the end，and she looks forward to meeting your representatives by then.

Best Regards.
ABC International Trade Corporation
Ms. Yinyin

20 × × 年 4 月 12 日，作为复函，经理 Mohammed Ali 先生代表 AL TURAIKI EST. FOR TRADING 公司向殷茵小姐发出如下一封传真：

**AL TURAIKI EST. FOR TRADING**

Alswailium Street，Deira，P. O. Box 20131，Riyadh 11455，Kingdom of Saudi Arabia

FAX：（966） - 1 - 4112 - 804　　　　TEL NO：（966） - 1 - 4113 - 375
TELEX：402685 ATEFT SJ　　　　E - MAIL：ateft@ yahoo. com

FAX：（86） - 27 - 8282 - 7642　　　　DATE：April 12，20 × ×
To. ABC International Trade Corporation
Attention To：Ms. Yinyin

Dear Ms. Yinyin，

Thanks very much for your e - mail message dated Apr. 10 together with your catalogues. It is also our desire to establish business relationship with you in near future.

We will carefully study your catalogues and in which if we can find some specific kinds suitable for our market，we will contact you soonest.

As for the coming Guangzhou Trading Fair，our business manager Mr. Mohammed Ali will go to attend the meeting, and he will visit your booth and discuss concrete business with you there.

We expect to see you soon.

Thanks and regards.
Al Turaiki Est. For Trading
Mr. Mohammed Ali, Manager

## 第三节　相关资料和信息

鞋类的种类按其用途大致可以分为皮鞋（leather shoes）、运动鞋（sports shoes）、工作鞋（working shoes）、休闲鞋（casual shoes）、凉鞋（sandals）和拖鞋（slippers）等，按其做工可以分为模压（modeled）、冷粘（cold sticked）、注塑（injection）和机缃（stitched）等。鞋子的帮面分为高帮（high cut）、中帮（mid cut）和低帮（low cut），鞋帮高过脚踝关节的叫“靴子”（boots），低于踝关节的叫“鞋子”（shoes）。鞋帮材料主要有皮革（leather）、PU（聚乙烯）、PVC（聚氯乙烯）、布料等，鞋底材料主要有橡胶（rubber）、塑料（plastic）、橡塑（TPR）、皮革、布底（cloth outsole）等。

### 一、常用鞋类英文词汇

表 2－1　有关鞋类的常用中英文词汇

| | | |
|---|---|---|
| 皮鞋 leather shoes | 布鞋 cloth shoes | 篮球鞋 basketball shoes |
| 工作鞋 work shoes | 时装鞋 dress shoes, fashion shoes | 休闲鞋 casual shoes, leisure shoes |
| 凉鞋 sandals | 旅游鞋 tourist shoes, travel shoes | 拖鞋 slippers |
| 慢跑鞋 jogging shoes | 跑鞋 racing shoes | 便鞋 casual shoes |
| 高跟鞋 high－heeled shoes, pump | 足球鞋 football shoes | 沙滩鞋 beach shoes |
| 人字拖鞋 flip－flops | 芭蕾舞鞋 ballet shoes | 功夫鞋 kung fu shoes |
| 平跟便鞋 flat shoes | 绣花鞋 embroidery shoes | 健身鞋 gym shoes |
| 运动鞋 sneakers, sports shoes, athletic shoes | | 木屐 clog |
| 淑女鞋，女士鞋 ladies shoes | 男士鞋 men's shoes | 童鞋 children shoes |
| 婴儿鞋 baby shoes, infant shoes | 机缃鞋 machine stitched shoes | 模压鞋 mould pressed shoes |
| 硫化鞋 vulcanized shoes | 冷粘鞋 cold sticked shoes | 注塑鞋 injection shoes |
| | | |
| 足踝 ankle | 脚趾 toe | 鞋底 sole |

表 2－1 续表 1

| | | |
|---|---|---|
| 模具 mould | 鞋楦、楦头 last | 针眼 eye |
| | | |
| 鞋眼 eyelet，eye stay | 鞋带 lace | 鞋帮，帮面 upper |
| 前帮 toe part，vamp | 后帮 heel part | 鞋带 shoe lace |
| 后踵 back part | 内底 insole | 鞋扣 buckle |
| 双层底 double sole | 中帮 side part | 鞋舌 tongue |
| 中底 mid－sole | 滚边 binding | 内里 lining |
| 饰边 edging | 鞋垫 foot pad | 填充物，填腹 filler |
| 饰物 trimmings | 足掌围 ball girth | 足弓垫 arch support |
| 衬里布 liner | 全内里 full lining | 垫（压垫、软垫等）cushion |
| 鞋材 shoe material | 钢头 steel toe | 蝴蝶结 bow |
| 松紧带 gore | 魔术带 magic tape，loop，magic strap | 针距 distance between stitching |
| 按扣 button | 尼龙带 nylon band | 海绵 sponge |
| 尼龙拉链 nylon zipper | 橡皮筋 rubber band | 鞋拔 shoe horn |
| 防滑底 non－slipping sole | 配件 accessory | |
| | | |
| 商标 trademark，TM，logo | 镜面 ratent（指那种表面上没有印刷或刺绣、雕刻任何文字或图案，且只有单一颜色的素色面料） | 车双针 double stitching |
| 标签 label | | 烫金 wash gold |
| 绣花 embroidery | | 配件 accessory |
| | | |
| 小牛皮 calf hide，calf skin | 绵羊皮 sheepskin | 黄牛皮 cowhide leather |
| 山羊皮 goat skin | 牛巴革 nubuck | 水牛皮 buffalo hide |
| 透气皮革 breathable leather | 软牛皮 buff | 油鞣皮 oil－tanned leather |
| 磨绒面皮 nubuck | 耐油性 oil resistant | 压（印）花皮 embossed leather |
| 叠式鞋跟 built heel | 公牛皮 bull hide | 柔软皮 nappa |
| 植毛绒 velvet | 天然乳胶 nature rubber latex | 骆驼色 camel |
| 帆布 canvas | 不织布 non－woven fabric | 半 PU（仿 PU）mipu. semi |
| 金属 PU semwtauic PU/met PU | 金属 PVC semwtauic PVC | 柔软 PVC casiling PVC |
| EVA ethylene vinyl acetate | EVA 塑料片 EVA sheet | EVA 底 EVA sole |
| 热可塑性橡胶 thermoplastic rubber（TPR） | | 人造皮 artificial leather |
| 合成树脂 synthetic resin | 发泡剂 blowing agent | 合成革 synthetic leather |
| 全人造材料 all man－made material | 合成橡胶 synthetic rubber | 纸板衬 cardboard filler |
| | | |

表 2 - 1 续表 2

| | | |
|---|---|---|
| 最新的款式 latest design，latest style | 不配双 not in pair | 老式的，过时的 old fashion |
| | | |
| 配色，着色，对色 coloring match | 色差 color variation | 宝蓝 royal blue |
| 深蓝色 dark blue | 暗色 dark color | 酒红色 burgundy |
| 深色 deep color | | |
| | | |
| 法国尺码 French size | 美国尺码 American size | 英国尺码 British size |
| 日本尺码 Japanese size | 公分码 Centimeter size | |

## 二、一些常用的鞋码尺寸对照表

**表 2 - 2 中国成人鞋尺码表**

| 鞋 码 | 36 | 37 | 38 | 39 | 40 | 41 | 42 | 43 | 44 | 45 | 46 | 47 | 48 | 49 |
|---|---|---|---|---|---|---|---|---|---|---|---|---|---|---|
| 脚 长（cm） | 23.0 | 23.5 | 24.0 | 24.5 | 25.0 | 25.5 | 26.0 | 26.5 | 27.0 | 27.5 | 28.0 | 28.5 | 29.0 | 29.5 |

**表 2 - 3 国际男鞋尺码对照表**

| 欧码 | 39 | 39.5 | 40 | 41 | 41.5 | 42 | 43 | 43.5 | 44 | 44.5 | 45 | 45.5 | 46 | 47 |
|---|---|---|---|---|---|---|---|---|---|---|---|---|---|---|
| 英码 | 5.5 | 6 | 6.5 | 7 | 7.5 | 8 | 8.5 | 9 | 9.5 | 10 | 10.5 | 11 | 11.5 | 12 |
| 美码 | 6 | 6.5 | 7 | 7.5 | 8 | 8.5 | 9 | 9.5 | 10 | 10.5 | 11 | 11.5 | 12 | 12.5 |
| 日本码 | 24 | 24.5 | 25 | 25.5 | 26 | 26.5 | 27 | 27.5 | 28 | 28.5 | 29 | 29.5 | 30 | 30.5 |
| 英寸 | 9.8 | 10 | 10.15 | 10.5 | 10.65 | 10.8 | 11.15 | 11.3 | 11.50 | 11.60 | 11.8 | 12 | 12.10 | 12.50 |
| 脚长（cm） | 25 | 25.4 | 25.8 | 26.7 | 27.1 | 27.5 | 28.4 | 28.8 | 29.2 | 29.6 | 30 | 30.4 | 30.8 | 31.7 |

**表 2 - 4 国际女鞋尺码对照表**

| 欧码 | 35.5 | 36 | 36.5 | 37 | 37.5 | 38 | 38.5 | 39 | 39.5 | 40 | 40.5 | 41 | 41.5 | 42 |
|---|---|---|---|---|---|---|---|---|---|---|---|---|---|---|
| 英码 | 3 | 3.5 | 4 | 4.5 | 5 | 5.5 | 6 | 6.5 | 7 | 7.5 | 8 | 8.5 | 9 | 9.5 |
| 美码 | 6 | 6.5 | 7 | 7.5 | 8 | 8.5 | 9 | 9.5 | 10 | 10.5 | 11 | 11.5 | 12 | 12.5 |
| 日本码 | 22 | 22.5 | 23 | 23.5 | 24 | 24.5 | 25 | 25.5 | 26 | 26.5 | 27 | 27.5 | 28 | 28.5 |
| 英寸 | 8.5 | 8.65 | 8.8 | 9 | 9.2 | 9.3 | 9.5 | 9.65 | 9.8 | 10 | 10.15 | 10.3 | 10.5 | 10.65 |
| 脚长（cm） | 21.6 | 22 | 22.4 | 22.9 | 23.3 | 23.7 | 24.1 | 24.6 | 25 | 25.4 | 25.8 | 26.2 | 26.7 | 27.1 |

**表2-5 中国童鞋尺码对照表**

| 鞋码 | 25 | 25.5 | 26 | 26.5 | 27 | 27.5 | 28 | 28.5 | 29.5 |
|---|---|---|---|---|---|---|---|---|---|
| 脚长（cm） | 14 | 14.5 | 15 | 15.5 | 16 | 16.5 | 17 | 17.5 | 18 |
| 鞋码 | 30 | 31 | 31.5 | 32 | 33 | 33.5 | 34 | 35 | 35.5 |
| 脚长（cm） | 18.5 | 19 | 19.5 | 20 | 20.5 | 21 | 21.5 | 22 | 22.5 |

这里需要说明几点：

（1）"欧码"又叫"法码"（French Size），目前世界上大多数国家都使用这种码号，包括中国；只有英国、美国、加拿大和澳大利亚等国家较少使用"欧码"。

（2）鞋码的"脚长"是指鞋子楦头（Last）的长度，并不是指鞋子大底（Outsole）的长度。

（3）迄今，世界上有关鞋码的尺寸并不是严格统一的，只能说是大同小异。例如，下表（表2-6、表2-7）中的尺码与表2-4和表2-3中的尺码就存在一定程度的差异。

**表2-6 PUMA（彪马）运动鞋的尺码对照表（女式）**

| 美码 | 3 | 3.5 | 4 | 4.5 | 5 | 5.5 | 6 | 6.5 | 7 | 7.5 | 8 | 8.5 | 9 |
|---|---|---|---|---|---|---|---|---|---|---|---|---|---|
| 英码 | 2 | 2.5 | 3 | 3.5 | 4 | 4.5 | 5 | 5.5 | 6 | 6.5 | 7 | 7.5 | 8 |
| 欧码 | 34.5 | 35 | 35.5 | 36 | 37 | 37.5 | 38 | 38.5 | 39 | 40 | 40.5 | 41 | 42 |
| 脚长 cm | 21.0 | 21.5 | 22.0 | 22.5 | 23.0 | 23.5 | 24.0 | 24.5 | 25.0 | 25.5 | 26.0 | 26.5 | 27.0 |

**表2-7 PUMA（彪马）运动鞋的尺码对照表（男式）**

| 美码 | 6.5 | 7 | 7.5 | 8 | 8.5 | 9 | 9.5 | 10 | 10.5 | 11 | 11.5 | 12 |
|---|---|---|---|---|---|---|---|---|---|---|---|---|
| 英码 | 5.5 | 6 | 6.5 | 7 | 7.5 | 8 | 8.5 | 9 | 9.5 | 10 | 10.5 | 11 |
| 欧码 | 38.5 | 39 | 40 | 40.5 | 41 | 42 | 42.5 | 43 | 44 | 44.5 | 45 | 46 |
| 脚长 cm | 24.5 | 25.0 | 25.5 | 26.0 | 26.5 | 27.0 | 27.5 | 28.0 | 28.5 | 29.0 | 29.5 | 30.0 |

# 第四节 同步训练

## 一、相关信息

### （一）出口商

Wuhan Textile Import and Export Corporation Limited（武汉纺织品进出口有限公司）

Address: Unit B, 15th Floor, International Trade Building, No. 214, Xinhua Road, Wuhan 430021, China（武汉市新华路214号国贸大楼15楼B座，邮政编码：430021）

Tel：+86－27－8576－3321，8577－4253
Fax：+86－27－8576－3275，8577－4742
E－mail：wtiecl@ hotmail. com. cn
Business in charge：Mr. Wang Zhiqiang（王志强先生）

## （二）进口商

Unidress Tadmit Lts.
Address：9 Katzenstein St. ,26000 Haifa－Bay，Israel
Tel：+972－2－523－4421，531－4277
Fax：+972－2－522－3215，522－3324
E－mail：utl3333@ yahoo. com. il
Business in charge：Mr. Yitzhak rabin

## （三）服装尺码表

**表2－8　男子服装尺码表（单位 cm）**

| US/INT | XS | S | M | L | XL |
|---|---|---|---|---|---|
| 上装（身高/胸围） | 165/88A | 170/92A | 175/96A | 180/100A | 185/104A |
| 下装（身高/腰围） | 165/66A | 170/70A | 175/74A | 180/78A | 185/82A |
| 净身高适用范围 | 162－167 | 167－172 | 172－177 | 177－182 | 182－187 |
| 净胸围适用范围 | 84－90 | 90－94 | 94－98 | 98－102 | 102－106 |
| 净腰围适用范围 | 64－68 | 68－72 | 72－76 | 76－80 | 80－84 |

**表2－9　女子服装尺码表（单位 cm）**

| US/INT | XS | S | M | L | XL |
|---|---|---|---|---|---|
| 上装（身高/胸围） | 150/76A | 155/80A | 160/84A | 165/88A | 170/92A |
| 下装（身高/腰围） | 150/60A | 155/64A | 160/72A | 165/72A | 170/76A |
| 净身高适用范围 | 147－152 | 152－157 | 157－162 | 162－167 | 167－172 |
| 净胸围适用范围 | 74－78 | 78－82 | 82－86 | 86－90 | 90－94 |
| 净腰围适用范围 | 58－62 | 62－66 | 66－70 | 70－74 | 74－78 |

**表2－10　儿童服装码数、号型表（单位 cm）**

| 号型码数 | 2 | 4 | 6 | 8 | 10 | 12 | 14 | 16 | 18 | 20 | 22 |
|---|---|---|---|---|---|---|---|---|---|---|---|
| 岁 数 | 1－2 | 3－4 | 5－6 | 7－8 | 9－10 | 11－12 | 13－14 | 15－16 | 17－18 | 19－20 | 21－22 |
| 身 高 | 90 | 100 | 110 | 120 | 130 | 135 | 140 | 145 | 150 | 155 | 160 |

表 2-10 续表

| 号型码数 | 2 | 4 | 6 | 8 | 10 | 12 | 14 | 16 | 18 | 20 | 22 |
|---|---|---|---|---|---|---|---|---|---|---|---|
| 上装号型 | 90/60 | 100/64 | 110/68 | 120/72 | 130/76 | 135/80 | 140/84 | 145/88 | 150/92 | 155/96 | 160/100 |
| 胸 围 | 60 | 64 | 68 | 72 | 76 | 80 | 84 | 88 | 92 | 96 | 100 |
| 下装号型 | 90/42 | 100/45 | 110/48 | 120/51 | 130/54 | 135/57 | 140/60 | 145/63 | 150/66 | 155/69 | 160/72 |
| 腰 围 | 42 | 45 | 48 | 51 | 54 | 57 | 60 | 63 | 66 | 69 | 72 |

## 二、训练要求

（1）作为一个拟经营服装贸易的出口商或进口商，通过网络搜索，总结归纳出一份关于向以色列市场出口服装的可行性的市场调查报告。报告涵盖内容：①以色列的人口总数、气候特征、服装需求特征、每年进口服装的总量及总值；②以色列服装市场的主要出口国家及其特征；③中国服装的主要优势和劣势（布料、款式、颜色、做工、包装、商标品牌、交货期、价格等）；④中国目前每年对以色列市场的服装出口总量和总值及其所占的市场份额；⑤中国对以色列服装出口的主要货源产地及其特征。

（2）代表出口商 Wuhan Textile Import and Export Corporation Limited 公司，以“Mr. Wang Zhiqiang”的名义，草拟一份给选定的进口商 Unidress Tadmit Lts. 公司要求与其建立服装进出口贸易关系的英文函件。发函时间：20××年 9 月 13 日。

（3）代表进口商 Unidress Tadmit Lts. 公司，以“Mr. Yitzhak Rabin”的名义，草拟一份给出口商 Wuhan Textile Import and Export Corporation Limited 公司的 Mr. Wang Zhiqiang 的英文复函，表示很乐意与该出口商尽快建立服装进出口贸易关系的良好愿望。发函时间：20××年 9 月 17 日。

（4）收集、整理一份有关服装的商品知识、常用概念及其对应的英文词汇（不少于 60 个）。

# 第三章　询盘、成本核算与发盘

## 本章实训的主要目的

(1) 学习并掌握进出口商之间以及出口商与生产厂家之间往来函电的构思与措辞方法。

(2) 学会核算出口成本。这一步比较难，但很重要。有很多专业课老师对此都望而却步，学生就更不用说了，但成本核算是无论如何都绕不过去的。它涉及工厂、银行、运输公司、保险公司、商检、海关、税务局等众多部门，要想核算准确，就必须事先做好调查研究，不能走捷径。

(3) 学会出口报价。报价既要事先计算准确，又要注意留有一定的余地，有时候还需要审时度势，保持一定程度的灵活性，以便我们的报价既能够抓住客户，又能够采购到理想的出口货源。

俗话说，生意人三句话不离本行（Businessmen talk business after all.）。在买卖双方取得联系以后，如果都觉得对方与自己有生意合作的可能性，比如说，买方认为卖方的产品是自己所需要的，或者，卖方认为买方求购的商品自己能够生产或供应，他们将会很自然地进入实质性生意洽谈的第一步——询盘与发盘。

## 第一节　进口商询盘

“询盘”（Inquiry）是指准备购买或出售商品的人向潜在的供货人或买主探询某种或某些商品的成交条件或交易的可能性的行为。询盘主要是交易的一方向对方询问有关商品价格方面的交易条件，因此在行话里又通常被称作“询价”。询盘既可以是买方向卖方询问，也可以是卖方向买方打听。询盘的目的一般不外乎以下两点：一是探询价格或有关的交易条件，以便自己对于某种或某类商品的行情“心中有数”；二是表达与对方进行交易的意愿。在生意场上，不管是谁向谁询盘，除非事先另有某种特殊的规定或约定，否则询盘都不具备法律约束力。也就是说，当另一方在一方的咨询下报出某种商品的价格以后，一方可以接受，也可以不接受另一方的报价，即使不接受也并不违法。

沙特阿拉伯 AL TURAIKI EST. FOR TRADING 公司通过仔细翻阅 ABC 国际贸易有限公司寄出的目录本，发现其中有一款货号为"HP－0724"的男式安全皮靴正是自己的客户最近在市场上寻找货源的商品。于是，Mr. Mohammed Ali 就向殷茵小姐发出了一封邮件，向其询问有关这种安全皮靴的价格。

Dear Ms. Yinyin,　　DATE：April 24，20××

Re：Men's Safety Leather Boots

Through the careful study of your catalogues，we find out that Men's Safety Leather Boots Article No. HP－0724 meets the requirements of our customers. There is a possibility that they may find a market in the Middle East. Please quote us your most favourable prices for this item on FOB，CFR and CIF Jeddah basis respectively.

In the meantime，we wish to draw your attention that our customers want the safety boots shall be 6 inches high in the cut（6 英寸高的鞋帮），with steel toe and oil resistance，acid proof and insulation［（带钢头，防油、防酸、绝缘（450V 以下）］.

If your price is competitive and your workmanship is good enough，we will place a trial order with you.

We look forward to your favourable reply.

Best Regards.
Al Turaiki Est. For Trading
Mr. Mohammed Ali，Manager

## 第二节　出口商向供货商询价

目前在中国，出口企业一般有两种形式：一种是纯粹的商品流通部门的外贸公司，它们并不直接参与出口货源的加工和生产，而是在取得国外客户的进口订单以后，有针对性地到国内加工企业或供货部门那里去购买出口货源，然后再把这些采购来的商品出口销售给国外进口商；另一种是生产经营型的自营外贸企业，它们不但自己生产加工产品，而且还自己把这些产品出口销售到国外。但是，即使是这种自营形式的外贸企业，其企业内部也有"生产"和"外销"的部门分工。各企业为了提高经济效益，生产部门和销售部门的经营成本和利润都是单独核算的。因此，外贸公司也好，自营出口企业也好，出口销售部门和生产加工部门都是两个彼此构成买卖关系的经济实体。也就是说，即使是在自营出口企业内部，销售部门也得先把产品从生产部门那里作价“购买”过来，然后再将其出口销售给国外的进口商。

作为一个外销员，应该对自己所经营商品的成本价格了如指掌。但即使如此，由于市场物价在不断地发生着变化，例如，消费物价指数（CPI，Consumer Price Index）、劳工工资水平、原材料价格、银行利息、产品的供需状况、政府新政策的出台、国内外重大的突发事件等，随时都有可能引起某类商品价格的涨跌。在这种“此一时也，彼一时也”的“动荡”情况下，外销员在核算成本、对外报价以前，必须事先重新核实以前的信息和价格，以便及时“升级”更新信息，报出切实可行的实价并获得订单。

ABC国际贸易有限公司的外销员殷茵小姐虽然前段时间通过互联网查询、打电话、发传真以及走访鞋厂等方式调查了解到了这种安全皮靴的大致制作工艺及出厂价格水平，但她觉得手头的这些信息仍然不够翔实和准确，因为：（1）自己对鞋类业务的认知还很粗略，很难说已经掌握了要领，还有很多重要的内容自己并不知道，也没有意识到了解它们的重要意义所在。（2）此前，她根本就没有与这些生产厂家在供销业务上进行实质性合作的经历，生产厂家最多只是把她当成一个潜在的合作伙伴，他们在很大程度上只是采取一种“有问有答”应酬的态度。在这种背景和态度下，工厂通报的信息水分往往很大，最多只能用作参考，不能正式凭此对外报价。（3）自己手头上的信息距今已经有一些时日了，从那时到现在，行情很可能发生了某些变化。于是，殷茵小姐在出口报价之前给远征鞋业有限公司的刘志敏总经理发出了一封邮件：

致：N市远征鞋业有限公司

尊敬的刘总经理：

您好！

我公司现有一中东客户要求我们对货号为“HP-0724”的男式6英寸高帮安全皮靴报价，特请您尽快报出最优惠的实价以及其他有关的详细信息。谢谢您！

希望贵我双方在鞋类业务上早日合作成功！

此致

敬礼！

ABC国际贸易有限公司

殷　茵

20××年4月25日

以下是远征鞋业有限公司刘志敏总经理给殷茵小姐关于安全皮靴报价的复函：

**N 市远征鞋业有限公司**

**EXPEDITION FOOTWEAR CORPORATION LIMITED**

235, QIANJIN ROAD, WUHAN, 430035 CHINA

TEL NO：(86) －27－8763－4231　　FAX：(86) －27－6335－2817

E－MAIL：expedition22@ sina. com

---

E－MAIL：hbxcgs@ public. wh. hb. cn　　DATE：April 27，20××

殷茵小姐：

您好！

您 4 月 25 日的邮件收悉，谢谢！

关于货号为"HP－0724"的男式 6 英寸高帮安全皮靴，我们的最低工厂交货价格为每双人民币 117 元，大致规格如下：

橘黄色黄牛正面革，厚度 1.2mm，带钢头；

EVA 大底，防油、防酸、防电（450V 以下）；

鞋码：39－45；

数量：大约 3000 双（1×20' FCL）；

包装：每双装一个彩印内盒，12 双装一个出口纸箱；

交货期：下订单 40 天以后。

我厂新近接收国外订单较多，未来季度的生产基本出现饱和状态。请贵公司抓紧与国外客户联系，力争尽快落实订单，以便早日安排生产。否则，我们很难保证交货时间。

谨致

商祺！

N 市远征鞋业有限公司

总经理刘志敏

20××年 4 月 27 日

附带说明：

(1) 在以上外贸公司业务员与皮鞋厂领导之间的商务函件中，彼此的第二人称都使用了"您"这一尊称，这主要是为了体现发信人对收信人的尊重和客套，它只是商务信函中的一种惯常做法，这与发信人和收信人的年龄、辈份、身份、级别等因素并没有什么直接或必然的联系。例如，2009 年 10 月 12 日，时任国务院总理温家宝在北京与到访的时任俄罗斯总理普京举行工作会谈时，对普京一口一个"您"字。其实，如果论年龄，温要比普年长整整 10 岁。在现实生活中，像这类诸如"您好"、"谢谢"、"再见"等常识性质的社交礼仪，与低三下四、奴颜婢膝根本就不是一回事情。我们在外交场合需要注重和讲究礼仪，在商场上也是如此。

（2）汉语中对于成年女性的称呼，正统的称呼本来应该是“女士”。但在中国台湾、香港、澳门等地区，另有其独特的“乡俗”：“女士”仅指“已婚的妇女”，而“小姐”则可以通称任何女性。由于在商界交往中不方便打听女性的隐私，如“婚否”等，于是，自然而然地形成了一条不成文的“新风俗”：对于女性，无论其年龄大小，也无论其婚嫁与否，更不论其是有配偶还是单身、同居、离异或者丧偶，都一律亲切地称呼其“××小姐”。大家一定不要冒失地称呼那些自己并不熟悉的年长的女性“阿姨”、“大妈”甚至“奶奶”等，哪怕她们看上去足够80岁，你称呼她们“小姐”，她们也会很高兴；而如果你把她们当长辈，说不定她们反而会很生气，甚至有可能把生意搅黄。大家一定都很清楚，如今30岁、40岁甚至60岁了还自称“女孩子”、“女生”在现实生活中是经常发生的，也是常常被接受的。这似乎并没有什么“不可思议”的成分，我们就把它当作一种“创新”去理解吧。

（3）在英语称呼中，对于女性通常有“Mrs. ×××”（×××夫人）、“Madam ×××”（×××太太、夫人、女士）、“Miss ×××”（×××小姐）等称呼。但为了防止因为不知道对方的婚姻状况而出错，通常仅用“Ms. ×××”通称任何女性（不论其年龄和婚姻状况都适用，特别是在国际商务往来函件中更是如此）。

（4）我们对外发函，除了必须有称呼以外，结尾处还一定要有发函人的署名和日期，绝对不能无头无尾，让对方既不知道此信函到底是针对谁发送的，更不知道是谁发来的。这不仅仅是出于礼貌，而是因为商业函件在很多场合本身就是一份“法律文件”，对于当事人是具有法律约束力的。

（5）对外发函的措辞一定要开门见山、言简意赅，任何短话长说、绕弯子、恭维、客套或生硬、居高临下的文风都应该坚决摒弃。另外，对于对方的来函，无论我们多忙，也不管心情有多糟，都要及时给予明确的回复。我们在任何时候、在任何情况下，都不能不理不睬或者拖拖拉拉，然后再找出一大堆连我们自己都无法相信的理由来为自己开脱。那种低劣的人品和素质，大家一定要引以为戒。“人品”一直是一个老大难的问题，而它又对我们的人生至关重要。

（6）国际贸易实务中有关数字的写法与出版物中规范的写法也是有所不同的，现将其列表区别如下：

**表3-1 实际工作与出版物规范数字写法的区别举例**

| 序号 | 出版物的规范写法 | 实际工作的规范写法 |
|---|---|---|
| ① | 30 500件 | 30, 500件 |
| ② | 2 563 000套 | 2, 563, 000套 |
| ③ | 24 653吨 | 24, 653. 000公吨 |
| ④ | 125 473立方米 | 125，473. 000立方米 |

（7）在实际工作中，还有很多关于数字的不规范写法应该力求避免，以免给经济工作带来不必要的麻烦甚至损失，现将其列表区别如下：

**表3-2 实际工作中有关数字的正误写法的区别举例**

| 序号 | 不规范写法 | 规范写法 |
|---|---|---|
| ① | 57894公斤 | 57, 894. 000千克（kg） |
| ② | 5425367元 | ¥5, 425, 367. 00元 |

表3－2 续表

| 序号 | 不规范写法 | 规范写法 |
|---|---|---|
| ③ | 5425367RMB | CNY5, 425, 367. 00 |
| ④ | 43978. 32£ | GBP43, 978. 32 |
| ⑤ | 536421US $ | USD536, 421. 00 |
| ⑥ | 2365 | EUR2, 365. 00 |

## 第三节　出口成本核算

出口成本核算的情况很复杂，有时候既有生产成本的核算，也有销售成本的核算，但我们在这里只是站在外贸公司和出口销售部门的角度，只考查和核算出口销售的成本，而不考虑生产环节上的细节成本问题。

出口成本核算是每一个外销员必须精通的一项基础性工作，因为做经济工作一定要会算账，做营销工作一定要使自己的经营最终有利润可赚。而要想实现这一目标，我们就必须在对外报价之前把各项成本和费用核算清楚，然后做好预算。外销比内销的环节更复杂，因此，成本核算的难度会更大。

### 一、出口总成本

"出口总成本"（General Export Cost）有时又叫"国内出口总成本"（Domestic General Export Cost），简单地说，就是指出口货物在装运港装上远洋货轮以前的出口商全部花费的总和，一般都只用本币核算。在通常情况下，出口总成本主要由进货成本、国内费用以及出口退税三个部分组成。前两项是企业的支出，后一项则是企业的收入，它是出口国政府按其政策给予出口企业的奖励或补贴。

#### （一）进货成本（Cost of Goods）

进货成本是指出口企业从国内生产企业那里收购出口商品所支付的（本币）货款金额或者是指出口企业自己生产的出口产品用本币核算的出厂价格。例如，假如本章第二节中远征鞋业有限公司（即生产厂家）的报价"每双人民币 117 元"最终被确定为外贸公司工厂收购安全皮靴的成交价格，则该商品的“进货成本”就是“每双人民币 117 元”。即使该生产厂家是自营出口，那么，该厂内部的生产部门向外贸部门“调拨”安全皮靴货源的价格也会按照“每双人民币 117 元”来计算“进货成本”。

### （二）国内费用（Domestic Expenses）

国内费用指出口企业在其业务经营的过程中，发生的直接或间接与其出口业务相关的用本币记录的费用支出。

1. 直接费用：指与出口贸易直接相关，可以直接从某批出口业务的利润中扣减的费用。如：商检费、国内运杂费、银行利息及手续费、单证费、差旅费、出口海关税费等。

2. 间接费用：指那些难以直接划归到具体某笔出口业务的账目里，但又与出口业务有关联的费用。如工资、通信费、样品及其邮寄费、房租水电费、仓租、交易会费用、出国推销费用、招待费等。

但是，不管是所谓的“直接费用”，还是“间接费用”，各外贸公司的会计管理部门在做账和核算成本的时候，并不会专门为此单独设立名目繁多的会计科目，而往往只是笼统、简单地设立一个“费用”科目，并且统一按照公司的“政策”，按照各种经营商品的收购价格的一定比率（如 8% 或者 10% 等）进行“预算”，然后再核定某些出口报价是能做还是不能做。例如，按照本章第二节中“每双人民币 117 元”的商品“进货成本”，如果 ABC 国际贸易有限公司或者远征鞋业有限公司的外贸部，按照他们内部的额定出口费用水平 8% 预算，则该笔出口商品的费用就应该是每双人民币 9.36 元（$117 \times 8\% = 9.36$）。

### （三）出口退税

目前世界上许多国家实行“奖励出口，限制进口”的贸易保护政策。本国境内企业在出口某些商品后，如果单证手续齐全而且没有发现有任何违法违规行为，该国政府一般将给予他们一定比例的“出口退税”奖励。

“出口退税”（Export Drawback）的原理就是，出口国政府把先前对于该批商品从生产企业那里征收来的增值税，在该批商品出口以后再按照一定的比例返还给出口企业，用以降低出口企业的出口成本，增强出口产品在国际市场上的竞争力。

例如，本章第二节中所述的安全皮靴“每双人民币 117 元”（其中包含增值税 17%），如果 ABC 国际贸易有限公司最终把远征鞋业有限公司的 3 000 双安全皮靴收购进来，然后出口给了沙特阿拉伯的 Al Turaiki Est. For Trading 公司，其间没有发生任何违法违规的行为，当地的国家税务局将按皮靴收购价格的 11% 给予出口商 ABC 国际贸易有限公司出口退税奖励。具体的出口退税税额计算方法如下：

出口退税税额 = 出口产品的不含税出厂价 × 退税税率

= 出口产品的含税出厂价 ÷ （1 + 增值税税率） × 退税税率

= 117 × 3 000 ÷ （1 + 17%） × 11%

= CNY33 000. 00

请注意：

（1）我国的出口退税税额是按收购成本的不含增值税的价格来计算的，而我国出口商品的国内收购价格里又通常包含着增值税。所以，我们在计算出口退税之前，必须事先扣除价款里的增值税。其方法是：

出口退税税额 = 不含税价格 × 出口退税税率

$$\text{不含税价格} = \frac{\text{含税价格}}{1 + \text{增值税税率}}$$

公式推导如下：

含税价格 = 不含税价格 + 增值税

= 不含税价格 + 不含税价格 × 增值税税率

= 不含税价格 × （1 + 增值税税率）

所以，不含税价格 = 含税价格 ÷ （1 + 增值税税率）

（2）我国目前的增值税税率一般主要有 17%、13%、11%、5% 和 3%，共 5 种。

（3）出口退税制度并不是一国政府一成不变的政策，它会视一国的国际收支状况以及国家整体战略国策适当地加以调整。近几年来，我国对于资源密集型产品、许多农副土特产品以及高耗能、高污染产品的出口已经停止了出口退税，对有些商品甚至还开征了出口税。所以，出口退税既不是针对每一种出口商品而言的，也不是永恒不变的政策。从 2006 年 7 月 1 日开始，外贸公司将不退税的商品出口后，还要像内销商品一样，再向国税局缴纳销售增值税。参见以下示意图：

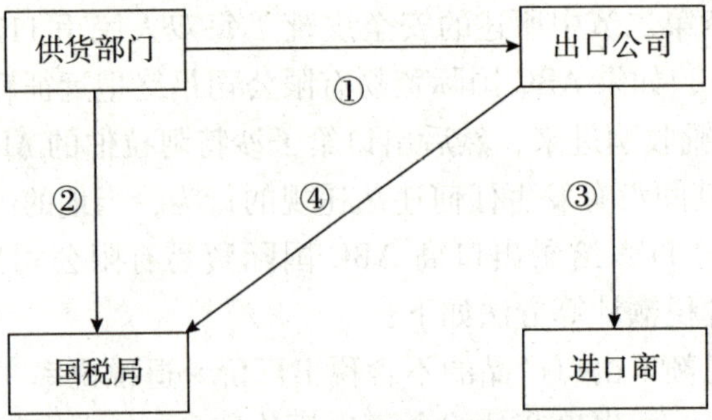


**图 3－1　我国现阶段对不退税产品出口的做法示意图**

①供货部门向出口公司销售出口货物；

②供货部门必须缴纳增值税；

③出口公司将不退税货物出口；

④出口公司必须缴纳出口销售增值税，税务局不予退税。

举例说明：假设某批国家规定的非出口退税商品的国内收购价格为 CNY240 000.00，国内的增值税税率为 17%，出口公司的业务费用为 CNY 5 000.00，出口收汇的 FOB 金额为 USD40 000.00，结汇时的美元汇率为 USD：CNY/100：614.00（中间价）。求：供货部门和出口公司各应缴纳多少增值税？

解：

①工厂或供货部门应该缴纳的增值税税额

增值税税额 = 商品出厂价的不含税价格 × 增值税税率

= 含增值税的出厂价 ÷（1 + 增值税税率）× 增值税税率

= 240 000.00 ÷ 1.17 × 17% = CNY34 871.79

②出口公司各应缴纳的增值税税额

出口增值税税额 =［出口净收入（折合本币）－国内收购价－国内费用］× 增值税税率

= 出口增值税税额 × 增值税税率

=（40 000.00 × 6.14 － 240 000.00 － 5 000.00）× 17%

= 600 × 17%

= CNY102.00

（4）此外，增值税税率还有一种不成文，但经常在很多地方实施的按 6.8% 计算的方法，但它实际上是对 17% 税率的一种变通的灵活做法。增值税是国税局针对工商企业经营商品增值的部分征税，例如，某批商品的成本是10万元人民币，该企业在市场上卖了11万元人民币，增值了1万元，国税局就只针对这1万元征税。现在的问题是，该企业的10万元成本，他得拿出证明它是“成本”（而不是“增值额”）的合法凭证（如增值税税务发票），而在实际工作中有些凭证往往是很难提供的，例如，在下面的示意图中，很多原材料供应商向生产制造商出售原辅材料时，他们一般都不开具增值税发票，以便偷漏税负，降低其商品的成本和售价。这样，生产制造商在向国税局缴纳增值税时，就很难向税务局说清楚真正的成本到底是多少。如果此时税务局完全公事公办，按其实际出具的票据核收增值税税额，生产制造商很难承受这些过重的税收负担。因为在经济生活中，类似这样的情况非常普遍，而且一时也确实无法回避和解决。于是，税务局就“网开一面”，不再过分强调生产制造商必须出具他们收购原材料时原材料供货商们开具的增值税税务发票，而是简单地按其向出口商售价（包含增值税）的40%部分的17%征收增值税［也就是说，税务局认可商品售价（含税价）的60%为商品成本，40%为税前利润］，而这就是所谓“6.8%增值税税率”的来历（40%×17%＝6.8%）。以上述的皮靴为例，国税局如果按17%征税，皮鞋厂向外贸公司出售3 000双皮靴，如果该厂不能提供相关抵扣的税务发票，它应该缴纳的增值税税额为CNY51 000.00（117÷1.17×17%×3 000）。很显然，这种计税方法对于纳税人的税负过重，而且不够合理，因为它实际上不只是在对商品“增值”的部分价值征税，而是在对整个商品的“出售价值”计征增值税。当然，如果皮鞋厂在缴税时能够提供它购买原材料时供货方提交的增值税发票，例如，假设皮鞋厂能够向税务局出具这些已经缴过增值税的原材料货款价值合计达CNY55 000.00的增值税发票，其增值税税额达CNY7 991.45，这一部分增值税税额就可以从应征增值税税额CNY51 000.00中抵扣掉，而不再重复征税了。但是，如果按照6.8%征税，皮鞋厂则应该缴纳增值税就只有CNY23 868.00（117×40%×17%×3 000）了，其税负负担就大大减轻了。这里，还需要补充说明一点，按6.8%计收增值税的灵活办法，一般只适用于增值税税率为17%的商品，而不适用于增值税税率为13%的商品。

（5）类似地，还有一种相对少见的增值税税率5.2%。这就是指那些增值税税率为13%的商品，纳税人也按商品售价的40%缴纳13%增值税的变通性计征办法，即13%×40%＝5.2%，也就是纳税人实际向国税局

缴纳增值税的税额 = 售价（含增值税价）×5.2%。例如某批货物，工厂向某外贸公司出售的总值是人民币 350 000 元（含税价），增值税税率是 13%，如果国税局同意按 5.2% 纳税，那么，工厂缴纳的增值税就是 18 200 元（350 000×5.2%）；如果硬性地按照 13% 征税，工厂则应缴纳的增值税税额就是 40 265.49 元（350 000÷1.13×0.13）了。

但是，无论国税局是按 6.8% 还是按 5.2% 实际征收增值税，他们开具的增值税发票上仍然会显示理论上的增值税税额，就是“不含增值税价格×17%（或 13% 等）”的积。

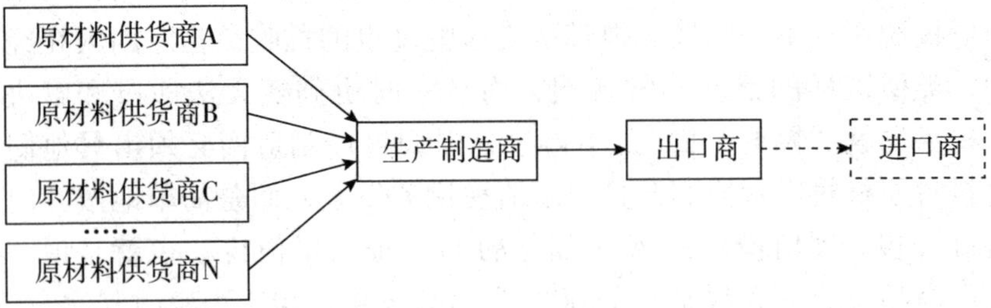


**图 3－2 出口货源渠道示意图**

## （四）国内出口总成本

在我国目前的外贸行业里，“国内出口总成本”一般有两种计算方法。一种是“税后总成本”，就是企业在预算其出口成本的时候，把出口退税的因素考虑并计算在内，这样计算的出口成本应该说已经是“满打满算”，再也没有什么“潜力”可挖了。我们再续接前面安全皮靴的例子往下计算：

1. 已经包含了“出口退税”的出口总成本

国内出口总成本 = 国内收购成本 + 国内费用 － 出口退税税额

$$= 117 \times 3\ 000 + 117 \times 3\ 000 \times 8\% - 33\ 000$$

$$= 351\ 000 + 28\ 080 - 33\ 000$$

$$= \text{CNY}346\ 080.00$$

另外一种计算方法叫做“税前总成本”，就是外贸企业在预算其出口成本的时候，并不考虑“出口退税”的因素，也不把出口退税税额计算到预算的出口成本里面去。这样，上面的计算方法就简化为以下的形式了：

2. 不包括“出口退税”的出口总成本

国内出口总成本 = 国内收购成本 + 国内费用

$$=117\times3\ 000+117\times3\ 000\times8\%$$

$$=351\ 000+28\ 080$$

$$=\text{CNY}379\ 080.00$$

## 二、运费的计算

### （一）“运费”概念的说明

“运费”其实包括“国内运输”和“国外段运输”两种，而且这两种运输并不像其字面那样完全是按照运输的“地域”来划分的，而是按照买卖合同或信用证中买卖双方事先规定的装运港（或装运地）和目的港（目的地）来划分的。有时候，“国内运输”和“国外段运输”界限的划分还可以以货物的进出口通关所在地为界。现在按照出口和进口分别举例说明如下：

1. 出口

假设某批货物从中国出口到加拿大，出口地在武汉。如果买卖合同或信用证规定装运港为上海，或者出口商在上海办理该批货物的出口通关手续，那么，卖方把货物从武汉运到上海所发生的运费就是属于“国内运输”的运费，这笔运费一般用人民币支付，并且包含在“出口成本”（即FOB价格）里；货物从上海运抵加拿大目的港（或目的地）的运费才属于“国外段运输”的运费，一般需要用外汇支付，而且，这笔运费如果事先规定由卖方支付，那它就会单独体现在贸易术语中，如CFR、CIF等贸易术语中的“F”（Freight）。但是，如果买卖合同或信用证规定装运港为武汉，或者出口商在武汉办理该批货物的出口通关手续，那么，卖方把货物从武汉运到加拿大目的港（或目的地）的整个运费，其中包括武汉运到上海所发生的运费，都属于“国外段运输”的运费，需用外汇支付，将单独反映在贸易术语中。

2. 进口

再假设某批货物从欧洲进口到中国，进口地在长春。如果买卖合同或信用证规定目的港为大连，那么，货物从欧洲运到大连所发生的运费就是属于“国外段运输”的运费，这段运费一般需要用外汇支付，而货物从大连运到长春的运费则属于“国内运输”的运费；而如果买卖合同或信用证规定目的地为长春，那么，货物从欧洲运到长春全程所发生的运费都应该属于“国外段运输”的运费，一般需要用外汇支付。

### （二）“运费”的计收方法

货物运输一般分为班轮运输和租船运输两大类，我们这里只涉及班轮运输的运费。在班轮运输里，又分为“集装箱运输”和“非集装箱运输”。而在集装箱运输中，又分为“整箱运输”（FCL，Full Container Load）和“拼箱运输”（LCL，Less than Container Load）。在实际工作中，人们习惯上把非集装箱货物和拼箱货物都笼统地称作“散货”（Bulk Cargo）。

#### 1. “散货”运费的计算

“运费”一般包括“基本运费”（Basic Freight）和“运费附加费”（Additional / Surcharges）两大部分。“散货”运费的计算一般以“运费吨”（FT，Freight Ton）（有时又叫“计费吨”或“收费吨”等）作单位。如果货物是1公吨（MT，Metric Ton）重量的体积小于1立方米（CBM，Cubic Meter）的“重货”，就以1公吨作为一个“运费吨”，此时，也可以叫做“重量吨”（Weight Ton）；如果货物是1立方米体积的重量小于1公吨的“泡货”，就以1立方米作为一个“运费吨”，此时，也可以叫做“尺码吨”或“体积吨”（Measurement Ton）。

顺便说明两点：

（1）按照国际上的最初规定，1个重量吨 = 1长吨（Long Ton）≈1.016公吨（MT），1个尺码吨 = 40立方英尺（Cubic Feet）≈1.133立方米（CBM）。但是，因为英制单位换算起来很不方便，因此，业内就慢慢演变为改按以下办法来计算了：1个重量吨 = 1公吨，1个体积吨 = 1立方米。

（2）在国际贸易的书面文字里，无论是使用汉语还是英文，请大家都不要再像日常生活中那样使用“吨”、“元”一类的单位了，因为在国内，大家都知道“吨”是指“公吨”（1 000千克）、“元”是指“人民币”的“元”，不会发生理解上的偏差。但是在国际间，情况就大不一样了，与“吨”关联的单位有数种，除了“公吨”以外，还有“长吨”、“短吨”等，而且英制与美制的同名单位的含义也常有差别。至于货币单位“元”，那差别就更不用说了，它根本无法说明到底是指“美元”还是指“欧元”或某一种具体的国际货币。

“散货”的运费费率一共分为20个级别，1级货物的运费费率最低，20级货物的费率最高。货物的级别一般要视其价值的高低、运输的难易程度、遭受风险的危险等级等因素而定。例如，同样都是重货，黄沙的等级就要比铁矿石低，而铁矿石又要比钢板低；同样是泡货，棉籽壳的费率就要比棉花低，而棉花的费率又要比生丝（Raw Silk）低。

应用举例：某批出口货物一共500箱，从A国海运至美国洛杉矶（Los Angeles）。已知该批货物每箱体积为45×40×32cm，毛重为45kg，计费标准为W/M12级，每个运费吨的基本运费为USD45.00，另外加收燃油附加费（BAF）20%、货币贬值附加费（CAF）15%和目的港交货费（DDC）10%。试计算该批货物的总运费。

解：

①该批货物的总体积：0.45×0.40×0.32×500=28.800CBM

②总重量：0.045×500=22.500MT

③M>W，所以，应按货物的体积计收

④基本运费：45×28.8=USD1 296.00

⑤燃油附加费和目的港交货费：1 296×（20%+10%）=USD388.80

⑥ 货币贬值附加费：（1 296+388.8）×15%=USD252.72

⑦ 总运费=基本运费+燃油附加费+目的港交货费+货币贬值附加费

=1 296+388.8+252.72=USD1 937.52

关于运费计算的几点说明：

（1）对于一般的托运货物，当货物“公吨”（M/T）的重量数字大于其“立方米”（CBM）的体积数字时，承运人就要按货物的重量计收运费；反之，当托运货物“立方米”的体积数字大于其“公吨”的重量数字时，承运人就要按货物的体积来计收运费。

（2）除了“货币贬值附加费”这一特别的“运费附加费”以外，其他的“运费附加费”都只是在“基本运费”基础上的“附加”；而各种不同名目的“运费附加费”之间不再“互相附加”。

（3）“货币贬值附加费”是一种特殊的“运费附加费”，因为只要运费的计价货币发生了贬值，基本运费和附加运费都涉及“货币贬值”的问题，因此都要“附加”，所以，“货币贬值附加费”的计算方法与其他的“运费附加费”的计算方法不同，它必须是在“全部运杂费用之和基础上的附加”。

（4）大家在实际工作中书写数字时，一定要注意：需要注明单位时应该在数字后面注明标准的单位名称（如“M/T”、“CBM”等），书写金钱数字时要在数字前面注明标准的货币名称（如“USD”、“CNY”等）。所有的数字从小数点往左，每隔三位数都要分别打上分节号；此外，金钱数字一定要一律保留两位小数，小数部分没有数字时也要用零补齐。

（5）虽然上面介绍的“散货”运费的计算在如今的实际工作中已经基本上用不上了，但是，我们还是强烈希望大家把这些基本方法掌握牢固，原因有两点：一是如今社会上形形色色的从业资格考试中，仍有不少类似的计算题目在试卷中出现；二是这些“原始”的计算方法是实际工作中有关费用核算的基础，有助于提高大家今后在实际工作中的逻辑思维能力以及外贸业务水平。

2. “整箱货物”运费的计算

整箱货物的运费计算相对于“散货”的运费来说，就简单得多了。承运人虽然仍然要求托运人向其提交有关托运货物的体积和重量，但他们不再依据托运货物立方米或公吨数的多少，而是一律按照货物所占用集装箱的个数来计收运费。只要货物不超重，无论你是把一个集装箱装满了，还是只装了一部分，都一律按一个整集装箱的货物收取运杂费用。

集装箱的整箱运费在行话里通常叫做“包箱费率”（Box Rate）。与上述“散货”运费一样，整箱运费一般也包括“基本运费”和“杂费”两个部分。具体运费的计收办法也有以下三种：

（1）FAK（Freight for All Kinds），是指货物不分等级或类别，一律按集装箱的个数计收运费。

**表3－3 天津港至下列港口普通货物基本运费一览表**

（单位：美元）

| 序号 | 目的港 | 20’ FCL | 40’ FCL | 40’ HQ |
|---|---|---|---|---|
| 1 | Chittagong | 1 450 | 2 250 | 2 350 |
| 2 | Karachi | 1 150 | 1 650 | 1 750 |
| 3 | Jebel Ali（杰贝阿里，阿联酋） | 1 050 | 1 450 | 1 550 |
| 4 | Nhava Sheva | 1 100 | 1 250 | 1 250 |
| 5 | Hochiminh/Penang | 900 | 1 000 | 1 050 |
| 6 | Sydney | 1 100 | 2 150 | 2 250 |
| 7 | Bangkok/Laem Chabang（林查班） | 750 | 850 | 900 |
| 8 | Singapore | 400 | 700 | 700 |

(2) FCS (Freight for Class)，是指区分货物等级，以确定包箱费率。普通杂货一般按照1—7级、8—10级、11—15级和16—20级重新划分为4个等级，按“W/M”计收运费，货物的级别数字越大，其运费费率就越高。

**表3-4 上海——澳大利亚港口货物基本运费一览表**

(单位：美元)

| 序号 | 运费等级 | LCL (CFS/CFS) | | FCL (CY/CY) | |
|---|---|---|---|---|---|
| | | W | M | 20' FCL | 40' FCL |
| 1 | 1—7 | 70 | 53 | 1 035 | 1 970 |
| 2 | 8-10 | 75 | 56 | 1 100 | 2 150 |
| 3 | 11-15 | 78 | 58 | 1 165 | 2 210 |
| 4 | 16-20 | 86 | 64 | 1 290 | 2 460 |
| 5 | Chemical | 78 | 58 | 1 100 | 2 150 |
| 6 | Non-Hazardous | 86 | 64 | 1 290 | 2 460 |
| 7 | Semi-Hazardous | 147 | 107 | 2 330 | 4 425 |

说明：在表3-4中，第1~4种属于普通货物，第5~7种属于比较特殊的货物。

(3) FCB (Freight for Class or Basis)，是指按不同货物的等级或类别计收运费。货物的类别是指干杂货、冷藏货、危险品等。

**表3-5 上海——卡拉奇货物基本运费费率一览表**

(单位：美元)

| 序号 | 运费等级 | 计费方式 | LCL (CFS/CFS) | FCL (CY/CY) | |
|---|---|---|---|---|---|
| | | | | 20' FCL | 40' FCL |
| 1 | 1-7 | M | 79 | 1 570 | 2 990 |
| 2 | 8-10 | M | 85 | 1 710 | 3 250 |
| 3 | 11-15 | M | 87 | 1 750 | 3 330 |
| 4 | 16-20 | M | 95 | 1 930 | 3 680 |
| 5 | 1-7 | W | 106 | 1 570 | 2 990 |
| 6 | 8-10 | W | 112 | 1 660 | 3 160 |
| 7 | 11-15 | W | 114 | 1 710 | 3 250 |
| 8 | 16-20 | W | 125 | 1 890 | 3 590 |
| 9 | Non-Hazardous | W/M | 118 | 1 770 | 3 370 |

表3－5续表

| 序号 | 运费等级 | 计费方式 | LCL（CFS/CFS） | FCL（CY/CY） | |
|---|---|---|---|---|---|
| | | | | 20’FCL | 40’FCL |
| 10 | Semi－Hazardous | W/M | 143 | 2 200 | 4 190 |
| 11 | Hazardous | W/M | × | 3 820 | 7 270 |

“基本运费”特别说明：

以上的表3－3至3－5中的运费费率都是近年有关航运公司在互联网上发布的费率水平，它们并不是固定不变的，而是会经常发生变化。导致运费变化的因素有很多，其中最主要的包括国际政治、经济形势和石油价格等。作者将它们列在这里，只是想作为举例，让读者能够更直观地理解集装箱三种计费办法的含义。其中的运费费率并不能代表当前的实际运费价格水平。

## （三）运费计算举例

我们就以本章第一节中沙特 Al Turaiki Est. For Trading 公司向 ABC 国际贸易有限公司询价 1×20’FCL 6 英寸安全皮靴为例，假设内盒尺寸为 31×23×12.5cm，每 12 双装一个出口纸箱，则纸箱的尺寸应设计为 77×33×47.5cm 比较合理。这样，如果一个 20 英尺集装箱的内径尺寸为 5.98×2.35×2.39M 的话，一个集装箱只能装下 245 箱/2 940 双 6 英寸安全皮靴。按照现行的海运运价水平，从上海运至吉达（Jeddah）的普通货物运费为 USD1 100.00 / TEU，外加燃油附加费 USD100.00/TUE，货币贬值附加费 USD150.00/TUE。这样，每双靴子需分摊运费约 USD0.46。

其具体的装法及计算方法如下：

1. 安全皮靴内盒的尺寸设计：

靴子与内盒的对应形式分别为：长→长、宽→高、高→宽

45 码 6 英寸皮靴的长×宽×高尺寸通常应为 31×12×18cm［6×2.54+2.5=18，“6 英寸”是指靴子的帮面高度，靴子的全部高度还要加上皮靴大底约 2.5cm 的高度（即厚度）；另外，靴子的长度和宽度分别为楦头的长度加上大底出边的长度和宽度］。

这样，皮靴内盒比较合理的尺寸应为：31×23×12.5cm

2. 内盒装纸箱：

内盒与纸箱的对应形式分别为：长→宽、宽→高、高→长

这样，纸箱的长度应为：12.5×6+2=77cm

纸箱的宽度应为：32×1+1.5=33.5cm

纸箱的高度应为：23 × 2 + 1.5 = 47.5 cm

3. 纸箱装集装箱：

纸箱与集装箱的对应形式分别为：长→长、宽→宽、高→高

集装箱的长可装纸箱的数量：592 ÷ 77 = 7 箱

集装箱的宽可装纸箱的数量：234 ÷ 33.5 = 7 箱

集装箱的高可装纸箱的数量：239 ÷ 47.5 = 5 箱

这样，一个 20 英尺标准集装箱可装的纸箱数为：7 × 7 × 5 = 245 个纸箱

4. 一个 TUE 可装下皮靴的最大数量：

245 × 12 = 2 940 双

5. 一个 TUE 的总运费：

1 100 + 100 + 150 = USD1 350.00

6. 每双皮靴应该分摊的运杂费用为：

1 350 ÷ 2 940 = USD0.46

7. 关于内盒、纸箱尺寸的设计以及集装箱装箱的几点说明：

（1）出口商品包装的内盒、纸箱等尺寸的设计一定要充分考虑与集装箱的内径尺寸尽量匹配。原因有二：一是绝大多数出口货物都是装集装箱运输的；二是商品的包装尺寸与集装箱尺寸匹配与否，关系到集装箱的装载率。而集装箱运输的运费通常是按集装箱的数量来计收，而不是按照货物的实际体积或重量计收。也就是说，一批货物装进某一个集装箱，只要不超重，无论这批货物是把集装箱装满了还是只装了这个集装箱的一部分空间，承运人都是按照一个整集装箱来收取运杂费用的，他们绝不会因为货物只装了集装箱的一部分空间而少收一些运费。因此，集装箱装载效率的高低，直接关系到货物的单位运输成本的高低，也就不可避免地要影响到进出口货物买卖的经济效益。

（2）包装的内盒、纸箱尺寸的设计最好由外销员亲自为之。因为根据作者自己的经历和经验，很多生产厂家对于集装箱三维尺寸具体情况并不了解，他们一般很难设计出在集装箱中装载达到最合理状态的包装尺寸来。再说，货物在集装箱中装多装少，似乎并不直接涉及生产厂家的经济利益，作为外贸公司的供货商，他们不会有多少兴趣去考虑内外包装尺寸与集装箱内径尺寸是否协调等问题。

（3）包装的内盒、纸箱尺寸的设计一定要留有余地，切不可“满打满算”。否则，一种可能是对商品造成损害，譬如，使商品变形、遭到破坏

等；另一种可能是实际的货物体积比设计的体积要大，最终造成货物装不进去，给履约造成很大的障碍和麻烦。因为有很多包装制作的尺寸不够精确，与设计所规定的尺寸有出入；另外，还有很多包装如纸箱、麻包、布袋等经过装载、堆码、装卸、运输颠簸震荡以后，往往会有不同程度的变形，变得比原来设计的尺寸更长、更宽、更占用空间。

（4）设计包装尺寸还要注意商品及其包装的某些特性。有些商品是不能倒立或卧放的，例如电器产品等；有些包装也是不能卧放的，例如瓦楞纸箱就是如此，如果卧放，它的结构强度会大打折扣，使纸箱很快变形甚至坍塌。因此，我们在设计包装尺寸时，一定要把这些因素考虑在内，以免使商品和包装因为设计不当而受损。

（5）货物在集装箱内的装载，可以适当考虑在不同方式之间进行比较和优选。上例中所列举的外包装与集装箱成“长对长、宽对宽、高对高”为唯一的一种对应形式，但实际上，货物在集装箱内的堆码方式并不只局限于这一种，还可以用另外一种“长对宽、宽对长、高对高”的对应形式去装载。经办人事先可以将这两种装载形式进行比较，然后选择其中更优化的一种形式实施，以使集装箱的空间利用率达到最佳。

（6）纸箱在集装箱里的另外几种放置办法不可取，主要因为以下两点：一是纸箱是用瓦楞纸和牛皮纸夹合粘成的，瓦楞纸只有“站立”时才具有较强的支撑力，如果“卧放”，纸箱的支撑强度就会大打折扣；二是绝大多数商品不适合，也不允许“卧放”或倒立。

（7）上述几点说明只适用于“轻泡货物”，也就是一立方米体积的重量轻于一公吨重的货物，而对于那些“重货”（一公吨重量的体积小于一立方米的货物）则不适用。而且，按照目前航运界比较流行的“行规”，一个20英尺标准集装箱（TEU）的货物重量一般不要超过21公吨（特殊时期如原油价格疯涨时不要超过17公吨），一个40英尺的标准集装箱（FEU）不要超过26公吨（特殊时期不要超过24公吨），否则，承运人就很有可能要加收“超重罚款”。

（8）现在，很多国贸专业的学者以及实际工作中老道的专家，在告诉读者、学生，或者自己计算“一个集装箱能装下多少具体货物”的时候，并不是按照上述做法，而只是十分笼统地介绍“一个20英尺集装箱能够装下25立方米、一个40英尺集装箱能够装下55立方米”这种大致地概算方法。这种“傻瓜”式的算法表面上很省力，但是实际上却很不科学，很不合理，而且在很多时候会给实际工作造成不小的麻烦和被动，作者对此不以为然。下面举例说明：

例一，有一种洗衣机的外包装（纸箱）尺寸是 50×48×82cm，每箱（每台）洗衣机的体积是 0.1968 立方米。如果按照“一个 20 英尺集装箱能够装下 25 立方米”的思路计算，可以装下 127 台（箱）（25÷0.1968）。但是，这个结论显然是错的。第一，纸箱（洗衣机）不能拆开；第二，洗衣机不能卧放，只能站立。按照集装箱的内径尺寸（592×235×239cm）和纸箱的尺寸（50×48×82cm）对应核算，一个 TEU 最多只能装下 96 箱（台）这种洗衣机（12×4×2=96），而 96 箱的体积却一共只有 18.89 立方米（0.1968×96）。

例二，某种卫生纸的纸箱尺寸是 86×65×55cm，每箱的体积是 0.30745 立方米。卫生纸是轻泡货物，而且销量也比较大，装 FEU 更划算。如果按照“一个 40 英尺集装箱能够装下 55 立方米”的思路草率计算，可以装下 178 箱（55÷0.30745）。但是，如果结合集装箱内径尺寸（1202×235×239cm）和纸箱尺寸（86×65×55cm）仔细核算，这批货物却最多只能装下 156 箱（13×3×4=156），而 156 箱卫生纸的总体积却只有 47.96 立方米。

例三，假设某批出口玩具外包装的（长×宽×高）尺寸是 91×45×39cm，玩具是轻泡货物，如果装 FEU，经过计算，一个 FEU 最多可以装下 390 箱（13×5×6），而它们的总体积却达到了 62.29 立方米（0.91×0.45×0.39×390），这个数字大大超过了有些专家和学者们匡算、限定的“55 立方米”。

从上述举例中不难看出，“一个 20 英尺集装箱按 25 立方米、一个 40 英尺集装箱按 55 立方米概算”的思路不可取，它在实际工作中误事的概率非常高。货物装集装箱运输，外包装尺寸的合理设计非常重要，这在很大程度上决定着集装箱的装载效率，因此，也在很大程度上决定着一批出口商品的单位运输成本。说得具体一点：如果商品的外包装尺寸设计得合理，一个 20 英尺集装箱完全可以装下超过 25 立方米的货物、一个 40 英尺集装箱也可以装下超过 55 立方米的货物；反之，如果商品的外包装尺寸设计得不合理，一个 20 英尺集装箱就极有可能装不下 25 立方米的货物、一个 40 英尺集装箱也可能装不下 55 立方米的货物。

当然，这些都只是针对“轻泡货物”而言的。如果是“重货”，则无须考虑“合理设计外包装尺寸，以使其与集装箱空间匹配”的问题，只要实际装载不超重即可。

## 三、出口货物口岸费用的计算

所谓“口岸”（Port），是在一国关境以内经过一国政府批准设立的进出境地点。它包括：（1）国际运输港口；（2）国际民航航空站（港）；（3）国际铁路车站；（4）国际邮件交换局（站）；（5）跨国（境）输出（入）管道；（6）位于关界国际运输公路通道等。“口岸”通常与“海关”联系在一起，因此又叫“关境口岸”。

而国际贸易中的“口岸费用”则是指承运人在出口口岸或进口口岸办理有关货物的装卸、短途运输、储存、代理报检报关、接收或交付货物等项手续，向发货人或收货人收取的相关服务费和垫付费的统称。

“口岸费用”分为“出口货物的口岸费用”和“进口货物的口岸费用”，两者的收费水平不尽相同。这里，我们暂时只介绍出口货物的口岸费用。

“口岸费用”一般分别由出口人或进口人用本币支付，因此，它们不属于“运费”的范畴，而应该计算在出口成本或进口成本里。但是，这也不是绝对的。如果某公司的费用水平预估得比较低，而一笔出口货物的价值又不高，预估的费用算不过来，也可以临时作为一笔“直接费用”来单独计算。

结合本章第一节的皮靴业务，一个 20 英尺标准集装箱，如果在上海出口通关，则出口人一共需要支付的口岸杂费应为 CNY1 555.00 元，每双皮靴分摊的出口口岸费用为 CNY0.53 元（1 555 ÷ 2 940）。

## 四、保险费的计算

我们以皮靴为例，一步一步地计算这批拟出口货物的 FOB、CFR 以及 CIF 的报价：

### （一）FOB 报价

为了清楚明了起见，现将国内成本列表如下：

表 3－6 安全皮靴国内成本匡算表

人民币元/双

| 序号 | 成本项目 | 金额 |
|---|---|---|
| (1) | 国内收购价 | 117.00 |

表3－6 续表

| 序号 | 成本项目 | 金额 |
|---|---|---|
| （2） | 国内费用（117×8%） | 9.36 |
| （3） | 出口口岸杂费（1 555÷2 940） | 0.53 |
| （4） | （1）～（3）项合计 | 126.89 |
| （5） | 银行利息（126.89×6‰×3）（月息6‰，按3个月计算） | 2.29 |
| （6） | 出口退税（117÷1.17×11%） | 11.00 |
| （7） | 税后国内总成本（126.89＋2.29－11） | 118.18 |
| （8） | 出口报价［出口成本÷（1－利润率10%）］（FOB） | 131.31 |
| （9） | 出口利润（131.31×10%） | 13.13 |
| （10） | 出口报价折合美元（当前汇率：<br>USD：CNY/100：612.72～615.18，131.31÷6.1272） | USD21.43 |

特别说明：

（1）关于预算国内费用比例的基数。

在实际工作中，各外贸企业在预算每批出口商品的“国内费用”时，一般都是按照“国内费用＝某批出口商品的国内收购价格×企业自定的国内费用比例”（如上表中的第（2）栏）来计算的。有些学者认为应该按照“国内费用＝出口价格×国内费用比例”的方式计算，也就是说，他们认为国内费用应该以出口价格为基数计算才算合理。本书作者认为这种思路不妥，因为：①商品的出口价格必须是在计算了全部的商品成本以后才能够计算出来的，而不能先算出价格，而后再去反算“成本”科目之一的费用；②在同一批商品中，如果“利润＝出口价格×利润率”［FOB价格＝出口成本÷（1－利润率）］，“国内费用＝出口价格×国内费用比例”［FOB价格＝出口成本÷（1－国内费用比例）］，这两个条件同时得到满足显然是无法成立的，这就类似我国古代寓言中那个卖矛同时又卖盾的古人，不能同时“既说自己的矛什么盾都可以刺穿，又夸自己的盾任何矛都无法刺穿”一样。因此，只能保留前者而舍去后者。

（2）关于出口利润率。

“出口利润”并不单是在“出口总成本”基础上的利润，而是在“出口成本与出口利润之和”（即“出口价格”）基础上的利润。用计算公式表示就是：

出口价格＝出口总成本＋出口利润

　　　　＝出口总成本＋出口价格×出口利润率

移项

出口价格－出口价格×出口利润率＝出口总成本

出口价格×（1－出口利润率）＝出口总成本

所以

（1）$出口价格=\frac{出口总成本}{1-出口利润率}$

（2）出口利润＝出口价格×出口利润率

　　　　＝（出口总成本＋出口利润）×出口利润率

## （二）CFR 报价

（1）国内总成本折合美元：USD19.29（118÷6.1272）

（2）上海——吉达（Jeddah）运费：USD0.46/PR（1 350÷2 940）

（3）CFR 价格：USD21.95/PR CFR JEDDAH [（19.29+0.46）÷（1-10%）]

## （三）CIF 报价

1. CIF 价格

我们假设这批发往中东的安全皮靴被投保中国人民保险公司的“一切险加战争险加罢工险”，保险费率合计为4‰，投保加成率为10%，则一双皮靴的保险费应为：

$$CIF=\frac{CFR}{1-（1+投保加成率）\times 保险费率}$$

$$=\frac{FOB+运费}{1-（1+投保加成率）\times 保险费率}$$

$$=\frac{21.95}{1-（1+10\%）\times 4‰}=\frac{21.95}{0.9956}$$

$$=USD22.05/PR\ CIF\ JEDDAH$$

2. 保险费

（1）保险费＝保险金额×保险费率

＝（保险价值＋投保加成）×保险费率

＝（22.05＋22.05×10%）×4‰

≈USD0.10/PR

（2）保险费＝CIF－CFR

＝22.05－21.95＝USD0.10/PR

# 五、出口外汇净收入

我们先介绍几个基本概念：

（1）出口外汇总收入（General Forex Income）：是指卖方从买方那里获得的货款总数额。[“Forex”为“Foreign Exchange”（外汇）的缩写形式，下同]。

（2）出口外汇支出（Forex Outlay）：主要包括某些包含在出口价格

里，卖方从买方那里得到后，又必须再用外汇支付出去的费用，主要有国外段运费、保险费、佣金、折扣等。

（3）出口外汇净收入（Net Export Income in Forex）：指从“外汇总收入”中扣除了卖方用外汇付出的业务费用（即“外汇支出”）以后的剩余部分，这才是卖方出口净得的外汇收入。它实际上就相当于出口货物的FOB或FCA的价值。

（4）净值（Net Value）：是指在出口价格里不包含出口商支付国外中间商的佣金以及支付给进口商的折扣等项内容的价值，如FOB Net、CFR Net等。

从上面的介绍中，我们可以得出下面的关系式：

出口外汇净收入＝外汇总收入－外汇支出

＝FOB（FCA）净值

举例说明：假设某批货物按“CIFC3R2”价格出口，出口总值为USD150 000，其中，国外段运杂费为USD2 300.00，保险费率：3.5‰，投保加成率：10%。则

（1）本批货物的外汇支出如下：

①运杂费：USD2 300.00

②保险费：150 000×（1＋10%）×3.5‰

＝165 000×0.0035

＝USD577.50

③佣金：150 000×3%＝USD4 500.00

④折扣：150 000×2%＝USD3 000.00

⑤四项合计：2 300＋577.50＋4 500＋3 000＝USD10 377.50

（2）本批货物的外汇净收入为：

出口外汇净收入＝外汇总收入－外汇支出

＝150 000.00－10 377.50

＝USD139 622.50（FOB净值）

这里有一点需要说明：在国际贸易实务中，一笔生意一般卖方给了佣金就不再给折扣，或者给了折扣就不给佣金，极少有既给佣金又给折扣的情况。上例中既给了佣金又给了折扣，这不太合乎常理，带有某种“夸张”的色彩，作者这样做的主要目的是为了使初学者对“出口外汇净收入”建立一个比较完整、全面的印象，并且掌握它们各自的基本计算方法。我们顺便再强调一点：保险费也好，佣金也好，折扣也好，它们的比

例都是分别建立在“出口外汇总收入”（即“出口总值”）的基础之上的，也就是说，都是以出口总值为基数计算出来的。

## 六、出口换汇成本

出口换汇成本（Domestic Cost per Unit Forex in Export）：指每出口换回一个单位的外汇（通常为美元）需花费多少本币数额的成本。这个概念是外贸企业核算其出口经济效益的重要指标之一。

我们继续以皮靴为例加以说明。为了使大家更加清楚明了并且对整个出口业务有一个“整体”的感觉，现在再把前面的分段、零星的计算归纳如下：

**表 3－7 安全皮靴成本核算一览表**

| 序号 | 项目 | | 金额 | |
|---|---|---|---|---|
| | 名称 | 单位 | 货币 | 数额 |
| (1) | 皮靴进货价 | 双 | CNY | 117.00 |
| (2) | 综合业务费用 | 双，8% | CNY | (8%) 9.36 |
| (3) | 出口口岸费用 | 双 | CNY | 0.53 |
| (4) | 银行利息 | 双，6‰×3 | CNY | (6‰×3) 2.29 |
| (5) | 国内总成本（税前） | 双 | CNY | 129.18 |
| (6) | 出口退税 | 双 | CNY | (11%) 11.00 |
| (7) | 国内总成本（税后） | 双 | CNY | 118.18 |
| (8) | 预算利润 | 双，10% | CNY | (10%) 13.13 |
| (9) | 外汇汇率 | 双 | USD：CNY | 100：6612.72 |
| (10) | FOB 报价 | 双 | USD | 21.43 |
| (11) | 国外段运费 | 双 | USD | 0.46 |
| (12) | CFR 报价 | 双 | USD | 21.95 |
| (13) | 国外段保险费 | 双 | USD | (10%，4‰) 0.10 |
| (14) | CIF 报价 | 双 | USD | 22.05 |

说明：

（1）计算出口价格将本币折算成外币时，应该使用“外汇买入价”，因为出口商把从国外收回来的外汇出售给商业银行时，银行使用的就是“外汇买入价”。

（2）当计算出口价格最终得数具有 3 位及以上的小数时，无论第 3 位小数的绝对值是几，都应该去掉第 3 位及以下的数字，同时一律向第 2 位“进 1”，以防报价最终“亏损”。

（3）上表第（12）栏 CFR 的报价 =（118 ÷ 6.1272 + 0.46）÷（1 − 10%）。

$$出口换汇成本（税后）=\frac{出口国内总成本（CNY）}{出口外汇净收入（外汇，FOB）}=\frac{CNY118.18}{USD21.43}\approx CNY5.52/USD$$

这就是本批货物出口退税以后的出口换汇成本，它反映的指标为“出口换回每一个单位的外汇（美元）所需多少人民币的国内成本”。

在实际工作中，有些企业在预算出口换回成本时，事先并不将“出口退税”的因素包含在换汇成本里面，叫做“税前换回成本”，这样的换汇成本自然就比税后成本要高一些。但是实际上，无论是“税前”还是“税后”，它们的实质并没有什么差别。

$$出口换汇成本（税前）=\frac{出口国内总成本（CNY）}{出口外汇净收入（外汇，FOB）}=\frac{CNY129.18}{USD21.43}\approx CNY6.03/USD$$

## 七、出口盈亏额

出口盈亏额（Export Profit or Loss）：就是将出口外汇净收入按照收汇时的外汇牌价折算成本币以后，再与该批货物的国内出口总成本相减所得的差额。如果这个差额是正数，就说明这笔生意赚了钱；如果是负数，就说明亏损了。“出口盈亏额”就是出口成本核算的“落脚点”。

出口盈亏额（利润）＝出口净收入（折算成 CNY）－出口总成本（CNY）

再接上例：假设，当日的美元与人民币的汇率比价为 100∶612.72～615.18，那么，

（1）该笔生意的出口净收入折算成人民币以后应为：

$21.43\times6.1272\approx$ CNY131.31/PR（每双）

外贸企业出口收汇以后，银行只会按“外汇买入价”（即用外汇牌价中较低的汇率）购入外汇，将等值的人民币付给该出口企业。

（2）本笔生意的盈亏额（利润）为：

出口盈亏额＝出口净收入－出口总成本

$=131.31-118.18=$ CNY13.13/PR

此外，还有很多教科书列出了“出口盈亏率”，它是指出口盈亏额与出口国内总成本的商的百分率。具体公式就是：

$$出口盈亏率=\frac{出口净收入（折算成CNY）-出口总成本（CNY）}{出口总成本（CNY）}\times 100\%$$

$$=\frac{出口盈亏额}{出口总成本（CNY）}\times 100\%$$

$$=\frac{131.31-118.18}{118.18}\times 100\% \quad =\frac{13.13}{118.18}\times 100\%$$

$$\approx 11.11\%$$

“出口盈亏率”有正数、负数，还有零（0），正数表明盈利，负数表明亏损，零则表示“不盈也不亏”；百分数的大小表明该出口生意盈亏的幅度。但是，“出口盈亏率”在实际工作中基本上没有什么意义。因此，建议大家只需对此作一般的了解，知道它到底是怎样一回事即可。

## 第四节　出口商报价

### 一、出口报价注意事项

（1）报价一定要慎重。大家都知道，一项发盘对于发盘人是具有法律约束力的。也就是说，一项发盘发出以后，在发盘的有效期限之内，如果受盘人有效接受了该项发盘，买卖合同就已经达成，发盘人就不能反悔。因此，报价绝不能信口开河，否则，如果价格报高了，发盘人就接不到订单，就会失去商机；如果价格报低了，买方一旦接受，一种可能是卖方要出现亏损，另一种可能是卖方采购不到合适的货源，第三种可能是卖方把工厂货源价格压得太低，“逼工厂就范”，工厂也会阳奉阴违、偷工减料，致使出口产品不合格或勉强装运出去以后遭遇索赔或退货。

（2）报价需要考虑多重因素。卖方在报价时需要考虑的主要因素大致有以下几个方面：

①市场行情。毋庸讳言，当某种商品在市场上供不应求时，报价自然会高一些；而当市场供过于求时，报价就会适当低一些。

②支付方式。国际贸易支付方式主要有三种：信用证、汇付和银行托收。“信用证”属于银行信用，出口商的收汇由于有银行担保，因此，其收汇风险较小，出口价格就可以适当优惠一些。“汇付”又分两种情况，预付和后付。预付无论是全额预付还是部分预付，它对于卖方在收汇风险及资金占用等方面的好处都很大，报价可以适当降低一些；“后付”是指“卖方先装运货物——买方然后支付货款——卖方收到货款以后再放单”

的一种运作方式。这种做法相对于信用证和预付款来说，卖方所承担的收汇风险无疑更大一些，因此，出口价格可以更高一些。“托收”属于商业信用，它既没有银行担保，而且一律为卖方装运货物以后再向银行托收货款。在三种支付方式中托收对于卖方的风险是最大的，所以，按照情理，托收方式的出口报价也应该最高。

③支付的期限。支付的期限主要有两种：即期和远期。即期支付不会过多占用出口商的资金和银行利息，而且在很大程度上降低了出口商的出口风险（收汇风险和汇率风险），尤其是在托收的支付方式下情况更是如此，其报价理应优惠；而远期则刚好相反。

④货物批量。做生意，批量的大小与单位成本的高低成反比（即“负相关”关系），相应的，其商品的出口价格当然也应该如此。

⑤外汇行市。生意经中有一句格言叫做：“出口尽量使用硬货币计价，进口尽量使用软货币计价”。但是在实际工作中，这句格言却往往行不通，因为如果买卖双方各自都坚持选用对自己有利的货币计价，那样，生意就没法谈成了。因此，当卖方必须妥协，选用软货币计价，而买方又不愿意接受保值条款时，出口报价就应该适当考虑“计价货币在支付时较签约时贬值”这样一层因素，从而避免生意亏损。

（3）报价要留有一定的余地。讨价还价、争利是商人的本性，出口商在报价时必须要留一手，准备对方还价时适当地“让一点步”，稍微给他们一点“甜头”，以促进成交。另外，原材料价格、运费价格、汇率等随时都极有可能发生较大的变动，而且这些变动在很多时候很难预测。价格上涨、计价汇率贬值等都不属于“不可抗力”（Force Majeure）的范畴，卖方都不能因为价格一上涨、汇率一下跌就以此为由要求提价或撤单。卖方所能做到的就是在报价时适当留下一点应急的余地，以防万一。

（4）报价要注意细节。报价属于法律行为，发盘人是要在一定范围内受其发盘的约束的。这就要求我们在报价之前注意发盘的字斟句酌，尽量做到没有什么漏洞可钻。

①了解商品知识。生意人适当掌握一些商品知识是完全必要的，这起码可以避免说外行话，避免一些不明智的或无法做到的承诺，避免给自己的履约造成困难。

②成本费用不漏项。报价源于成本核算，而成本核算必须从各项相关费用的一点一滴算起，应该把每一项可能发生的费用开支都比较准确地预算在内，不允许丢三落四。

③挖掘潜力。价格报低了会亏损，而价格报高了又会丢掉商机、失去客户。这就要求我们在预算时找窍门、挖潜力、精打细算，力争把成本降到最低，使报价在不影响履约的基础上体现出竞争性。

Dear Mr. Mohammed Ali, DATE：April 27，20××

**Re：Quotations of Safety Leather Boots**

Thanks very much for your Fax of Apr. 24. In regard to Men's Safety Leather Boots Article No. HP-0724，our prices are as follows：

Men's Safety Leather Boots Article No. HP-072，

FOB price：@USD21.43/PR（per pair）FOB Chinese main ports.

CFR price：@USD21.95/PR CFR Jeddah.

CIF price：at USD22.05/PR CIF Jeddah

Other details：

Grain cow hide，average thickness 1.2mm（黄牛粒面革，平均厚度1.2毫米），

With steel toe（带钢头），

EVA outsole，oil resistance，acid proof and insulation（EVA大底，防油、防酸、防电），

Size range：39~44（39~44码，法码）

Quantity：1×20' FCL（2 940 pairs）

Packing：each pair in a coloured box，12 pairs to an export carton，with assorted sizes.

Shipment time：within 45 days upon receipt of relative L/C.

Please reply within 5 days. As the factory are over committed for this item at present，you will be very much appreciated if you can place a trial order（试订单）with us at soonest time.

Best Regards.

ABC International Trade Corporation Limited

Ms. Yinyin

说明：

（1）PR是pair的缩写，这里是“per pair”（每一双）的意思。在国际商务函电英语中，商人们经常自发地习惯性地使用许多英文缩写单词，希望大家平时对此多加留意。关于英文缩写的问题，作者的倾向是：

①我们自身平时要注意多观察、多留心、多记忆，尽量能够认识更多的英文缩写；

②我们自己在书写英文时，尽量少使用缩写、尽量写全称，以确保读者都能够读懂我们所要表达的意思；

③如果确实需要使用英文缩写，也一定要在“读者能够正确认识”的前提下使用，否则，宁可使用全拼。

（2）EVA是“ethylene vinyl acetate copolymers”［聚烯烃（tīng）塑料］的缩写。

# 第五节 相关资料和信息

## 一、集装箱

集装箱具有各种不同的规格，而且同一规格的集装箱因为所属航运公司的不同，其尺寸也会存在一些较小的差异。现将世界上比较常用的集装箱规格尺寸分别列表如下，仅供大家参考：

**表 3－8 通用干杂货集装箱规格**

| 集装箱型号 | | 集装箱内径尺寸（长×宽×高，单位：M） | 容积（CBM） | 净载重量（M/T） |
|---|---|---|---|---|
| (1) | TEU | 5.890×2.350×2.390 | 33.100 | 21.740 |
| (2) | FEU | 12.029×2.350×2.398 | 67.700 | 26.630 |
| (3) | 40’HQ | 12.029×2.350×2.698 | 76.300 | 26.600 |

**表 3－9 通用冷藏集装箱规格**

| 集装箱型号 | | 集装箱内径尺寸（长×宽×高，单位：M） | 容积（CBM） | 净载重量（M/T） |
|---|---|---|---|---|
| (1) | TEU | 5.435×2.286×2.245 | 27.500 | 21.135 |
| (2) | FEU | 11.552×2.266×2.200 | 58.700 | 26.580 |
| (3) | 40’HQ | 11.558×2.286×2.505 | 66.100 | 26.380 |

关于集装箱规格的两点说明：

（1）所谓“干杂货”（General Cargo），通俗地说，就是指“普通货物”，以区别于其他需要在运输途中进行特别处理的货物，如需要冷藏的货物、活动物、油品、危险品等。第一，它们是干燥的；第二，它们在运输过程中并不需要承运人提供任何额外、特殊的服务。

（2）迄今，世界上各种类型、各种规格的集装箱尺寸都没有真正统一过，即使是那些称得上“标准集装箱”（TEU、FEU 等）的尺寸也存在一定程度的差别。但其差别并不是很大，只是存在厘米甚至毫米的差别。上述两表中的尺寸是作者在几年前亲自到武汉某货场核查过后，结合有关资料总结归纳出来的。而且，作者以前做出口贸易时，屡次按照上述干杂货集装箱的尺寸设计商品的外包装尺寸，无论是在武汉，还是在天津、上海、广州、深圳等地装集装箱，都没有发生过一次“出错”的情况。

（3）表格中的“净载重量”只是理论上的，它们在航运界并不是“权威”。事实上，最近几年由于石油价格上涨，承运人也开始“玩巧”了。例如，有的承运人曾经私下里硬性规定，一个 20’FCL 的货物重量只要超过了 17M/T，一个 40’FCL 的货物超过了 24M/T，他们都要加收“超重费”。

（4）在实际工作中，1TEU 经常被写作“1×20’FCL”或者“1×20’GP”（GP 是英文“General Purpose”的缩写，意思是“没有加高的普通集装箱”）；类似地，1FEU 被写作“1×40’FCL”或者“1×40’GP”。“HQ”也经常被写作“HC”，是英文“High Cube”（“加高集装箱”之意）的缩写。

## 二、出口货物的口岸费用举例

在我国，各个口岸对于出口货物的口岸费用的计收水平也不太一致，现将互联网上最近公布的大连、天津、上海和广州四个口岸的收费情况列表介绍如下：

**表 3－10　大连口岸杂费一览表**

| 序号 | 费用名称 | 收费金额 |
|---|---|---|
| 1 | 港杂费 | CNY150.00/20’FCL，CNY200.00/40’FCL |
| 2 | 场地装箱费 | CNY350.00/20’FCL，CNY700.00/40’FCL |
| 3 | THC | CNY600.00/20’FCL，CNY900.00/40’FCL |
| 4 | 报关费 | CNY150.00/票 |
| 5 | 商检代理费 | CNY100.00/票 |
| 6 | 港口建设费 | CNY80.0020’FCL，120.00/40’FCL |
| 7 | 港口设施保安费 | CNY20.00/20’FCL，CNY30.00/40’FCL |
| 8 | 电放费、改单费等费用根据船公司不同有所不同，需现确认。 | |

**表 3－11　天津口岸杂费一览表**

| 序号 | 费用名称 | 收费金额 |
|---|---|---|
| 1 | 费用名称 | CNY185.00/20’FCL，CNY310.00/40’FCL |
| 2 | THC | CNY600.00/20’FCL，CNY900.00/40’FCL |
| 3 | 港杂费 | CNY135.00/票 |
| 4 | 报关费 | CNY100.00/票 |
| 5 | 商检换证凭条费 | CNY125.00/票 |
| 6 | 单证费 | CNY20/票 |
| 7 | 舱单传输费 | CNY20.00/20’FCL，CNY30.00/40’FCL |
| 8 | 港口设施保安费 | CNY600/20’FCL，CNY800/40’FCL |
| 9 | 电放费、改单费等费用根据船公司不同有所不同，需现确认。 | |

**表 3－12　上海口岸杂费一览表**

| 序号 | 费用名称 | 收费金额 |
|---|---|---|
| 1 | 港杂费 | CNY185.00/20’FCL，CNY310.00/40’FCL |
| 2 | THC | CNY600.00/20’FCL，CNY900.00/40’FCL |
| 3 | 报关费 | CNY135.00/票 |

表 3－12 续表

| 序号 | 费用名称 | 收费金额 |
| --- | --- | --- |
| 4 | 商检换证凭条费 | CNY100.00/票 |
| 5 | 单证费 | CNY125.00/票 |
| 6 | 舱单传输费 | CNY20/票 |
| 7 | 港口设施保安费 | CNY20.00/20’FCL，CNY30.00/40’FCL |
| 8 | 装箱费 | CNY600/20’FCL，CNY800/40’FCL |
| 9 | 电放费、改单费等费用根据船公司不同有所不同，需现确认。 | |

**表 3－13 广州口岸杂费一览表**

| 序号 | 码头名称 | 外拖码头费 | | | 报关费 | 广州南沙（新港）跟深圳码头一样不收外拖码头费 | |
| --- | --- | --- | --- | --- | --- | --- | --- |
| | | 20’FCL | 40’FCL | 40’HQ | | | |
| 1 | 旧港乌冲 | CNY241 | CNY361 | CNY361 | CNY180 | 文件费 | CNY125 或 USD18 |
| 2 | 旧港大码头 | CNY250 | CNY380 | CNY380 | CNY180 | 报关费 | （一般贸易）CNY260/SET；（三资，来料加工）CNY202/SET |
| 3 | 旧港嘉利 | CNY320 | CNY430 | CNY430 | CNY180 | 转关费 | CNY100/每个关封 |
| 4 | 旧港永业 | CNY510 | CNY630 | CNY630 | 含一票报关费 | 商植检换证 | CNY80/票 |
| 5 | 新港集司 | CNY330 | CNY460 | CNY460 | CNY180 | 码头内装包干费 | CNY800/1200（包一票报关费，各船公司收费有少许差别） |
| 6 | 新港全通 | CNY250 | CNY350 | CNY350 | CNY180 | | |
| 7 | 新港东江 | CNY400 | CNY500 | CNY500 | CNY180 | | |
| 8 | 广州黄埔各码头内装码头费大概都在 CNY700/1100 之间，商检买证：CNY300，商检换证：CNY100，买熏蒸证：CNY250，做熏蒸：CNY500/700，转关费：CNY100，吊柜费：CNY50/80。 | | | | | | |

# 第六节 同步训练

## 一、相关信息

（1）以色列客户 Unidress Tadmit Lts. 收到出口商 Wuhan Textile Import and Export Corporation Limited 的复函及其随附的样品目录以后，发现其中的男式工装（Men's Coverall）和牛仔衬衣（Denim Shirts）比较适合以色列市场，于是，Mr. Yitzhak Rabin 向 Mr. Wang Zhiqiang 发出一封电子邮件，要求报出这两种服装的价格。

（2）Mr. Wang Zhiqiang 收到以色列客户的询盘信函以后，随即给武汉市红旗服饰有限责任公司的吴爱华总经理发函，告诉她国外客户对男式工装和牛仔衬衣有兴趣，要求报价。

（3）武汉市红旗服饰有限责任公司的吴爱华总经理第三天给 Wuhan Textile Import and Export Corporation Limited（武汉纺织品进出口有限公司）的 Mr. Wang Zhiqiang（王志强先生）复函，报出的价格分别为：

男式工装　CNY71. 00/Suit　码号：XS S M L XL

牛仔衬衣　CNY35. 00/piece　码号：XS S M L XL

（4）Wuhan Textile Import and Export Corporation Limited 的 Mr. Wang Zhiqiang 进一步了解到以下相关信息：

①工装的包装：每一件装一个塑料袋，24 套装一个出口纸箱；牛仔衬衣的包装：每一件装一个塑料袋，36 件装一个出口纸箱。外包装纸箱尺寸（工装与牛仔衬衣一样）：56. 5 × 45 × 33cm。

②一个 20 英尺集装箱的内径（长 × 宽 × 高）尺寸为：5. 90 × 2. 35 × 2. 39M。

③一个 20 英尺集装箱的服装从上海运到海法（Haifa - Bay）的基本运费 USD1 500. 00，燃油附加费 USD120. 00，货币贬值附加费 USD100. 00。

④一个 20 英尺集装箱在上海的口岸包干费用为 CNY1 300. 00。

⑤Wuhan Textile Import and Export Corporation Limited 内部规定的业务费用定额为 7. 5%；银行利息月息 6‰，占用时间预计 3 个月；利润为 8%；服装的增值税税率为 17%、出口退税率为 13%；外汇汇率：USD100：CNY612. 72 ~ 615. 18。

⑥货运保险按 10% 投保加成，保险费率按“一切险加战争险加罢工

险”合计4.5‰计算。

⑦以色列货币名称：Israeli Shekel（以色列镑，简称“ILS”）；以色列镑与人民币元的汇率：ILS∶CNY／1∶1.7043（中间价）。

## 二、训练要求

（1）以Mr. Yitzhak Rabin的名义，代表以色列Unidress Tadmit Lts. 给Wuhan Textile Import and Export Corporation Limited的Mr. Wang Zhiqiang草拟一封英文函件，要求对方对工装和牛仔衬衣报价。发函时间：20××年9月19日。

（2）代表Wuhan Textile Import and Export Corporation Limited的Mr. Wang Zhiqiang向武汉市红旗服饰有限责任公司的吴爱华总经理草拟一封中文函件，要求工厂对以上两种商品报价。发函时间：20××年9月21日。

（3）代表武汉市红旗服饰有限责任公司的吴爱华总经理，依据上面的资料内容，给Wuhan Textile Import and Export Corporation Limited的Mr. Wang Zhiqiang草拟一封中文函件，并报出人民币出厂价格。发函时间：20××年9月22日。

（4）核算一个TEU能够装载的数量。

（5）核算并填表：表3－14和表3－15。

（6）代表Wuhan Textile Import and Export Corporation Limited的Mr. Wang Zhiqiang，依据上面给定的相关资料，仔细核算出这两种商品的出口成本，按一个整装集装箱的数量计算出数量、FOB和CIF价格，向以色列Unidress Tadmit Lts. 公司报价。发函时间：20××年9月23日。

**表3－14 工装出口成本核算一览表**

| 序号 | 项　目 | 说　明 | 金　额 |
|---|---|---|---|
| (1) | 工装进货价 | CNY / Suit | 71.00 |
| (2) | 综合业务费用 | 按货物收购价格的7.5%计算 | |
| (3) | 出口口岸费用 | CNY /Suit | |
| (4) | 银行利息 | 月息6‰，按3个月计算 | |
| (5) | 国内总成本（税前） | | |
| (6) | 出口退税 | 征17%，退13% | |
| (7) | 国内总成本（税后） | | |

表 3－14 续表

| 序号 | 项　目 | 说　明 | 金　额 |
|---|---|---|---|
| (8) | 税后含利润成本 | 8% | |
| (9) | 预算利润 | 8% | |
| | 外汇汇率 | USD：CNY/100：612.72 | |
| (10) | FOB Net 报价 | USD /Suit | |
| (11) | 国外段运费 | USD /Suit | |
| (12) | CFR Net 报价 | | |
| (13) | CIF Net 报价 | 投保加成 10%，保险费率 4.5‰ | |
| (14) | 国外段保险费 | | |

**表 3－15　牛仔衬衣出口成本核算一览表**

| 序号 | 项　目 | 说　明 | 金　额 |
|---|---|---|---|
| (1) | 牛仔衬衣进货价 | CNY / PC | 35.00 |
| (2) | 综合业务费用 | 按货物收购价格的 7.5% 计算 | |
| (3) | 出口口岸费用 | CNY / PC | |
| (4) | 银行利息 | 月息 6‰，按 3 个月计算 | |
| (5) | 国内总成本（税前） | | |
| (6) | 出口退税 | 征 17%，退 13% | |
| (7) | 国内总成本（税后） | | |
| (8) | 税后含利润成本 | 8% | |
| (9) | 预算利润 | 8% | |
| | 外汇汇率 | USD：CNY/100：612.72 | |
| (10) | FOB Net 报价 | USD / PC | |
| (11) | 国外段运费 | USD / PC | |
| (12) | CFR Net 报价 | | |
| (13) | CIF Net 报价 | 投保加成 10%，保险费率 4.5‰ | |
| (14) | 国外段保险费 | | |

# 第四章　进口成本核算与还盘

**本章实训的主要目的**

（1）掌握进口关税完税价格、进口关税、进口环节消费税以及进口环节增值税的计算方法。

（2）以我国现有的条件（现行政策、物价水平和人民币汇率）为基础，掌握进口货物成本核算的思路和方法。

出口成本核算对于每一个出口企业都至关重要。同样，进口成本核算对于每一个进口企业，也是一项必不可少的工作步骤。但是，作者对相关进口国家具体的进口政策、法规和措施等知识了解不够，手头的资料也很欠缺；并且作者认为，我们中国的商人，应该重点了解和掌握中国自身有关进口货物的政策、法规和措施等方面的知识，以便在国内从事进口货物贸易时，能够熟练、准确地核算每一笔进口业务的进口成本，从而提高经营效益。基于以上原因，以下的“进口成本核算”是一种纯粹“模拟”性质的“核算”——一种沿着本书所设定的进出口业务环节的思路和程序，假借国外进口商的名义，按照中国相关进口程序的“惯例”而“核算”出来的一种“模拟的进口成本”。它只是一种旨在“介绍原理”性质的“进口成本核算”，与实际进口国家（沙特阿拉伯）的进口商真正意义上的“进口成本核算”很可能不是一回事，至少不完全相同。

## 第一节　进口成本核算

进口成本一般包括以下几个方面：进口价格、进口税、进口口岸费用、进口国内流转费用以及销售利润等。

## 一、进口价格

“进口价格”主要是指进口商从国外出口商那里购买某种商品所支付的折合本币的总价值，其中包括货物本身的生产或制造成本（也就是 FOB 价值）、国外段运费和保险费。即使成交价格不是以 CIF 或 CIP 价格条件成交的，进口商在核算成本时也要把货物在国外段的运杂费用以及保险费都计算进去，因为无论进口货物使用的是什么贸易术语，进口商都要支付并承担进口货物的运杂费用和保险费用，有所区别的只是，有时需要支付给出口商，而有时却需要支付给运输公司和保险公司。

这里以第三章第四节中卖方对男式安全皮靴（Men's Safety Leather Boots）的报价“at USD22.05/PR CIF Jeddah”为例，如果美元对沙特阿拉伯的货币里亚尔（SRI，Riyal）的汇率为 USD：SRI / 1：3.7350～3.7550，则每双男式安全皮靴的进口价格应为 22.05×3.755 = SRI82.80/PR。

注意：当进口商把进口货价的外币价格折算成本币价格时，一定要使用汇率中的“外汇卖出价”，而不能使用“外汇买入价”，因为进口商向银行购入外汇时，银行使用的是“外汇卖出价”而不是“外汇买入价”。

如果进口一个 20 英尺集装箱的这种皮靴，按照出口商计算的最高数量 2 940 双，则整批皮靴的进口价格就是 82.80×2 940 = SRI243 432.00（这个数字比后面不取整计算的数额多出了 SRI6.62）。

## 二、进口税

进口税是进口成本重要的组成部分，而且按照当前的国际政治经济环境和条件，贸易保护主义（Protectionism）政策和措施在国际贸易中仍然占据着主导地位。在世界范围内依然广泛地存在着贸易壁垒（Trade Barriers），除了像欧洲联盟（EU，European Union）、北美自由贸易区（NAFTA，North American Free Trade Area）等区域性贸易集团内部实行零关税进口的办法以外，世界上绝大多数国家和地区间的进口贸易都不同程度地存在着进口关税的税负负担。

各国进口税的税种和税率会因国别不同、税负政策不同而有所区别，即使在某一个具体的进口国家里，也会因其自身的国别政策而对来自不同国家或地区的进口货物征收不同的进口税。下表是我国目前进口税的主要税种，假设它们也是沙特阿拉伯政府当前的进口税税种：

**表4-1　中国海关进口税主要税种**

| 进口税种 | | | | 应纳税额 |
|---|---|---|---|---|
| 进口关税 | 关税（Customs Taxes and Duties） | (1) | 从价税（Ad Valorem Duties） | 关税完税价格×从价关税税率 |
| | | (2) | 从量税（Special Duties） | 进口货物数量×单位税额 |
| | | (3) | 复合税（Mixed / Compound Duties） | 从价关税额+从量关税额 |
| 进口环节税 | 消费税（Consumption Tax） | (1) | 从价税（Ad Valorem Duties） | （关税完税价格+关税税额）÷（1-消费税税率）×从价消费税税率 |
| | | (2) | 从量税（Special Duties） | 消费品数量×单位税额 |
| | | (3) | 复合税（Mixed / Compound Duties） | 从价消费税额+从量消费税额 |
| | 增值税（VAT, Value Added Tax） | | | （关税完税价格+关税税额+消费税税额）×增值税税率 |

我们再假设沙特阿拉伯对从中国进口皮制鞋靴类产品的进口税税种及其税率如下：

（1）进口关税按“从价税”计收，税率为13%；

（2）进口消费税按“从价税”计收，税率为8%；

（3）进口增值税按“从价税”计收，税率为17%。

下面，根据以上给定的信息，进口商将这批男式安全皮靴的进口税税额计算如下：

## （一）进口完税价格

“进口完税价格”是指进口国海关针对某项进口商品征收进口关税时所确定的征收基数。“进口完税价格”一般以等值于该批商品CIF或CIP进口价格的本币价值来计算。前面已经计算出来的进口价格就是CIF价格。以男式安全皮靴为例，假设它的CIF价格为USD22.05/PR，汇率的“中间价格”，即“外汇卖出价”与“外汇买入价”的平均数，是USD：SRI／1：3.7450，皮靴数量是2 940双，则其“进口完税价格”就是22.05×3.7450×2 940=SRI242 777.12。

几点说明：

（1）如果进口商品使用的是FOB或CFR等价格条件，进口海关在计征关税、确定“进口完税价格”时，也会把运费及/或保险费都计算在内；

（2）如果进口价格里包含了佣金或折扣，海关在核算“进口完税价格”时，也会把其中的佣金或折扣扣除。

（3）海关在把进口货物的外汇价格折算成进口国的本币时，一般使用“中间汇率”进行计算，而不会像进口商自己在计算进口成本时那样使用“外汇卖出价”。

（4）例如，中国某批进口商品的 CIFC3% 的总值为 USD18 000.00，汇率为 USD : CNY/100 : 612.72 ~ 615.18（中间价为 613.95）。这批商品的进口完税价格就应该是 18 000.00 ×（1 - 3%）× 6.139 5 = CNY107 195.67。

## （二）进口关税

进口关税 = 关税完税价格 × 从价关税税率

续接上例，这批男式安全皮靴的进口关税税额应该是：SRI242 777.12 × 13% = SRI31 561.02。

## （三）进口环节消费税

在“从价税”征收方式下，进口环节消费税的计税公式为：

$$
\begin{aligned}
\text{消费税} &= \frac{\text{关税完税价格} + \text{关税税额}}{1 - \text{消费税税率}} \times \text{从价消费税税率} \\
&= \frac{242\ 777.12 + 31\ 561.02}{1 - 8\%} \times 8\% \\
&= 298\ 193.61 \times 8\% \\
&= \text{SRI}23\ 855.49
\end{aligned}
$$

说明：

（1）“消费税”在我国并不是针对每一种进口商品都一律征收的进口环节税税目，而是对有些商品征收，对有些进口商品却不予征收的。至于具体对哪些商品征收消费税，对哪些商品不征收，这要查看海关的进口商品税目表。

（2）与进口关税一样，消费税的计征办法也分别有从价税、从量税和复合税三种。但具体哪种进口商品需要按照其中哪一种办法来计征税负，这也是由海关确定的。

（3）目前在我国，对于进口鞋类商品，海关并不征收消费税。我们在这里假设沙特阿拉伯对鞋类进口征收 8% 的消费税，这纯粹只是一种“假设”，不一定符合沙特的实际情况。我们之所以要这样假设，纯粹是为了把“进口环节消费税”的计算方法以及它与“进口环节增值税”的计算方法之间的关联性具体化、通俗化，更易于大家理解，也好更加牢固地掌握。

### （四）进口环节增值税

续接上例，本批进口男式安全皮靴的进口增值税税额应该是：

增值税 =（关税完税价格 + 关税税额 + 消费税税额）×增值税税率

=（242 777.12 + 31 561.02 + 23 855.49）×17%

= 298 193.62 × 17%

= SRI50 692.92

另外，如果沙特阿拉伯政府对于从中国进口男式安全皮靴免收进口消费税，则有：

进口增值税 =（进口完税价格 + 进口关税）×增值税税率

=（242 777.12 + 31 561.02）×17%

= 274 338.13 × 17%

= SRI46 637.48

### （五）进口税合计

进口税 = 进口关税 + 进口消费税 + 进口增值税

= 31 561.02 + 23855.49 + 50 692.92

= SRI106 109.43

当然，如果该国免征进口消费税，其进口税就应该是：

进口税 = 进口关税 + 进口增值税

= 31 561.02 + 46 637.48

= SRI78 198.50

## 三、进口货物的口岸费用

进口货物的“口岸费用”一般是指进口货物运抵进口国家的目的港（或目的地）以后，承运人（或者承运人的代理）需要对进口货物进行诸如卸货装货、搬运、短途运输、储存保管、代理报检、代理报关、代办国内运输、货物在码头（车站、机场等地）的场地费用（即所谓“港杂费”——THC，Terminal Handling Charges）、向收货人交付货物、对装货集装箱的租借以及对卸货以后的空箱的返还等烦琐的手续及费用，并向收货人收取服务费及部分垫付的费用项目。

根据上述费用列项，我们再结合假设的“沙特阿拉伯对从中国进口一个20英尺集装箱的男式安全皮靴”，将这批进口货物的“进口口岸费用”核算列表如下：

**表4-2 男式皮靴进口口岸费用表**

货币名称及单位：SRI（里亚尔），元/TEU

| 序号 | 收费项目 | 收费金额 |
|---|---|---|
| 1 | 调单费 | 50.00 |
| 2 | 报关单 | 150.00 |
| 3 | 代办三检 | 10.00 |
| 4 | 理货费 | 45.00 |
| 5 | 汽代费 | 25.00 |
| 6 | 上下车费 | 25.00 |
| 7 | 港建港杂费用 | 95.00 |
| 8 | 港口市区运输费 | 175.00 |
| 9 | 空箱返还费用 | 25.00 |
| 10 | 码头附加费 | 65.00 |
| 11 | THC | 165.00 |
| 12 | 海关加封费 | 50.00 |
| 13 | 海关查验费 | 150.00 |
| 14 | 港区堆场加急费 | 75.00 |
| 15 | 场地费 | 25.00 |
| 16 | 转栈费 | 250.00 |
| 17 | 代办服务费 | 100.00 |
| 18 | 合计 | 1,480.00 |

（说明：上述费用均系作者根据上海费用水平折算成在沙特阿拉伯的口岸费用，目前，沙特货币里亚尔与人民币的中间汇率为：SRI∶CNY / 100∶163.737；但沙特比中国上海更富有，其费用水平也可能会略高一些，因此，我们就假定其汇率为1∶2，并且据此“推算”出了上述费用，根本目的仅在于要求大家理解并掌握“进口口岸费用的含义、主要构成及其大致的计算方法的原理”。）

## 四、国内流转费用和利润

### （一）国内流转费

“国内流转费用”是指进口货物在进口国国内“从进口检验、通关、提货以后，到将其销售给最终用户之前”这段时间内所发生的费用支出之和（不包括进口海关税负和进口口岸费用）。这些费用主要包括国内运杂费、仓储保管费、工资、通信费、差旅费、招待费、营销广告费用等。

在实际工作中，这些流转费用一般很难做准确的计算，通常的做法就是按照进口总支出折合本币价值的一定比率来进行“匡算”，例如6%等。这样，沙特Al Turaiki Est. For Trading公司进口这批男式安全皮靴的国内流转费用的预算，在正常情况下就应为：

国内流转费用 = CIF价值 × 汇率 × 预算费用比率

= 22.05 × 2 940 × 3.7550 × 6%

= 243 425.39 × 6%

= SRI14 605.52

### （二）银行费用

“银行费用”是指进口商向出口商支付货款、向海关支付进口关税以及向其他相关部门支付杂项费用等，这些费用虽然最终都会通过向国内最终用户出售该批货物而从货价中将其一一回收回来，但进口商出售货物需要有一个过程，需要一定的时间。也就是说，进口商从买进货物到卖出货物这段时间里，必须垫付资金，而“银行费用”主要就是在这笔买卖业务中垫付资金的利息。

银行利息的本金主要包括进口货价、进口关税、进口口岸费用和国内流转费用等“四大板块”。进口货物银行利息的计息时间一般按三个月计算，假设沙特阿拉伯目前期限在半年以内的短期贷款利率为月息6‰（我国目前6个月以内的活期银行贷款月利率就是6‰）。这批男式安全皮靴的银行费用应为：

银行利息 = ［进口货价（折合本币）+ 进口税额 + 进口口岸费用 + 国内流转费］× 利息率 × 计息时间

= （243 425.39 + 106 109.43 + 1 480.00 + 14 605.52）× 6‰ × 3

= 365 620.33 × 6‰ × 3

= SRI6 581.17

### （三）利润

不言而喻，做生意必须有利可图，否则，生意就要亏损，就没有了意义，就无人去做了。而此处的“利润”就是指“进口商把进口货物出售给最终用户的总收入减去进口商之前对经营该批货物支出之和的差额”。利润额在理论上的计算方法为：

利润额 = 国内销售价格 - 进口成本

下面，我们分步骤来计算“利润”：

（1）进口成本

进口成本 = 进口货价（折合本币）+进口税额 + 进口口岸费 + 国内流转费 + 银行费用

= 243 425.39 + 106 109.43 + 1 480.00 + 14 605.52 + 6 581.17

= SRI372 201.51

（2）国内销售价格

国内销售价格 = 进口成本 + 利润

= 进口成本 + 国内销售价格 × 利润率

国内销售价格 - 国内销售价格 × 利润率 = 进口成本

国内销售价格 ×（1 - 利润率）= 进口成本

所以，国内销售价格 $= \dfrac{进口成本}{1-利润率}$

续接上例，假设本批货物的国内销售利润为国内销售价格总值的30%，那么这批货物在国内市场上出售的底价应该是：

①国内出售价格总值 $= \dfrac{372\ 201.50}{1-30\%}$

= SRI531 716.42

②每双皮靴的最低国内出售价格 = 531 716.42 ÷ 2 940

= SRI180.86/PR

附带说明：进口贸易与普通的国内贸易不同，它的经营风险更大，经营环节更多，手续更复杂，税负负担更重，经营结果的“不可预知性”更强。稍有不慎或稍有不测，进口商就极有可能遭遇灭顶之灾。然而，高风险必然带来高利润，进口经营利润率无疑会比普通国内贸易的经营利润率要高出很多。否则，进口生意早就不会有人去做了。这里30%的预期利润率的假设实际上还是一个极低的保守比率。

（3）沙特 Al Turaiki Est. For Trading 公司进口这批男式安全皮靴在国内销售的预期利润应为：

①利润总额 = 国内销售价格 - 进口成本

= 531 716.42 - 372 201.50

= SRI159 514.92/TEU

或者，531 716.42 × 30% = SRI159 514.92

②平均每双的利润 = 利润总额 ÷ 皮靴双数

= 159 514.92 ÷ 2 940

= SRI54.26/PR

## 五、进口成本核算综合

本节对沙特 Al Turaiki Est. For Trading 公司从中国进口一个 20 英尺集装箱（2 940 双）男式安全皮靴的进口成本分步骤地做了比较详尽的说明和核算（预算），下面，我们再把上述内容总结、归纳、列表如下：

表 4－3　男式皮靴进口成本核算综合表

货币名称及单位：SRI（里亚尔），元/TEU

| 序号 | 支出或收入项目 | | 税率或费率 | 支出或收入金额 |
|---|---|---|---|---|
| 1 | 支　出 | | | |
| (1) | 进口价格折合本币 | | 进口货价 ×3.7550 | 243,425.39 |
| (2) | 进口税额 | 进口关税应税价格 | 进口货价 ×3.7450 | 242,777.12 |
| (3) | | 进口关税 | 13% | 31,561.02 |
| (4) | | 进口消费税 | 8% | 23,855.49 |
| (5) | | 进口增值税 | 17% | 50,692.92 |
| (6) | | 进口税负合计 | | 106,109.43 |
| (7) | 进口口岸费 | | | 1,480.00 |
| (8) | 国内流转费 | | 6% | 14,605.52 |
| (9) | 银行费用 | | 5‰ ×3 | 6,581.17 |
| (10) | 进口成本总计 | | | 372,201.50 |
| 2 | 收　入 | | | |
| (11) | 国内最低售价 | 总 价 | | 531,716.42 |
| (12) | | 单 价 | | 180.86 |
| 3 | 盈　亏 | | | |
| (13) | 国内销售利润 | 总额 | 30% | 159,514.92 |
| (14) | | 平均每双 | | 54.26 |

## 第二节 进口商还盘

沙特 Al Turaiki Est. For Trading 公司收到中国 ABC International Trade Corporation 公司殷茵小姐 20××年4月27日的发盘以后，对拟从该公司进口一个20英尺集装箱（2 940双）男式安全皮靴的进口成本进行了非常认真仔细的核算。按照这个核算的结果，Al Turaiki Est. For Trading 公司要想从该笔生意的经营中获得不低于30%的营销利润，此商品在沙特国内市场上出售价格就不得低于 SRI180.86/PR。而这个售价在沙特市场上不具备任何价格竞争优势，加之中国 ABC International Trade Corporation 公司的产品对于沙特市场也非常陌生，一旦遭遇其他同类商品的竞争，Al Turaiki Est. For Trading 公司就需要采取其他的营销手段并付出额外的支出，比如加大广告促销力度、发展代理商等。这样，其业务费用就更捉襟见肘了。于是，Mr. Mohammed Ali 就给殷茵小姐发去一封传真，对其4月27日的发盘进行了还盘：

Dear Ms. Yinyin, DATE：April 30，20××

Re：Safety Leather Boots

Thanks for your E－mail dated Apr. 27，20××. However，we regret to inform you that your prices are much too high and we feel very hard to push the sales of your products in our market. For your reference，we can find many other sources of these products from China at a price much lower than yours. Such being the case，the most we can do is at USD19.75/pr. CFR Dammam Port.

Meanwhile，as your products are new to our customers，we usually do business on commission basis，say，5%，because we will have to make too many efforts and spend too much money advertising your products in the market，find suitable agents everywhere，and so on.

We will appreciate it very much if you can give us a favourable reply in an early date.

Best Regards.
Al Turaiki Est. For Trading
Mr. Mohammed Ali，Manager

## 第三节 相关资料和信息

进口口岸费用：进口货物口岸费用的项目很多，也很复杂，这里仅列举作者最近从互联网上下载的“上海港海运进口货物费率表”供大家参考：

**表 4－4　上海港海运进口货物费率表**

| 序号 | 项 目 | LCL（拼箱） | 20’集装箱 | 40’集装箱 |
|---|---|---|---|---|
| 1 | 调单费 | | （外运及联合船代）正本 CNY50.00，电放 CNY100.00 | |
| 2 | | | （其他船公司）正本 CNY100.00，电放 CNY200.00 | |
| 3 | | | （散货分拨提单）实报实销 | |
| 4 | 报关单 | | CNY300.00/票（超过 3 个箱子每个加收 CNY50.00） | |
| 5 | 代办三检 | | CNY20.00/票 | CNY40.00/票 |
| 6 | 理货费 | | CNY90.00/票（市内） | CNY120.00/票 |
| 7 | | | CNY90.00/票（江浙） | CNY180.00/票 |
| 8 | 汽代费 | | CNY50.00/票 | CNY100.00/票 |
| 9 | 上下车费 | | CNY50.00/票 | CNY75.00/票 |
| 10 | 港建港杂费用 | | （上港九、十、十四区） | |
| 11 | | | CNY140.00/20′ | CNY140.00/20′ |
| 12 | | | （上港五、十六、十七区） | |
| 13 | | | CNY190.00/20′ | CNY190.00/20′ |
| 14 | | | （长荣和马士基） | |
| 15 | | | CNY360.00/20′ | CNY360.00/20′ |
| 16 | | | 靠上海港散装码头 | |
| 17 | | | CNY190.00/20′ | CNY190.00/20′ |
| 18 | 内陆运输费 | | 实际公里数 × CNY6.00 +（过桥、过境费） | 实际公里数 × CNY9.00 +（过桥过境费） |
| 19 | 吴淞大桥南侧运费（市内） | | 实际公里数 × CNY6.00 + CNY288.00 | 实际公里数 × CNY9.00 + CNY432.00 |
| 20 | 吴淞大桥北侧运费（市内） | | （实际公里数 × CNY6.00 + CNY288.00）+ CNY50.00 | （实际公里数 × CNY9.00 + CNY432.00）+ CNY80.00 |
| 21 | 空箱还吴淞大桥北侧费用 | | CNY50.00 | CNY80.00 |
| 22 | 外高桥港区货柜运费（市内） | | （实际公里数 × CNY6.00 + CNY288.00）+（25 公里 × CNY6.00 + CNY120.00） | （实际公里数 × CNY9.00 + CNY432.00）+（25 公里 × CNY9.00 + CNY200.00） |
| 23 | 码头附加费 | | CNY130.00/票 | CNY190.00/票 |
| 24 | THC | | CNY370.00/票 | CNY560.00/票 |
| 25 | 海关加封费 | | CNY105.00/票 | |

表4－4续表

| 序号 | 项 目 | LCL（拼箱） | 20’集装箱 | 40’集装箱 |
|---|---|---|---|---|
| 26 | 海关查验费 | | CNY300.00/票 | CNY450.00/票 |
| 27 | | | （浦东海关） | |
| 28 | | | CNY450.00/票 | CNY600.00/票 |
| 29 | 港区堆场加急费 | | CNY150.00/票 | CNY300.00/票 |
| 30 | 动检费 | | CNY40.00/票 | CNY70.00/票 |
| 31 | 场地费 | | CNY50.00 | CNY100.00 |
| 32 | 卫生证书费 | | CNY60.00/票 | CNY70.00/票 |
| 33 | 场地费 | | CNY100.00 | CNY200.00 |
| 34 | 转栈费 | | CNY500.00/票 | CNY750.00/票 |
| 35 | 代办服务费 | | CNY200.00/票 | CNY300.00/票 |
| 36 | 超期滞箱费（干货箱） | | （1—10天）免费（USD） | |
| 37 | | | （11—20天）USD5.00/天 | USD10.00/天 |
| 38 | | | （21—40天）USD10.00/天 | USD20.00/天 |
| 39 | | | 超41天USD20.00/天 | USD40.00/天 |
| 40 | 超高箱 | | | （1—7天）免费（USD） |
| 41 | | | | （8—15天）USD14.00/天 |
| 42 | | | | （16—40天）USD25.00/天 |
| 43 | | | | 超41天USD50.00/天 |
| 44 | 开顶、框架箱 | | （1—7天）免费（USD） | |
| 45 | | | （8—15天）USD8.00/天 | （8—15天）USD8.00/天 |
| 46 | | | （16—40天）USD15/天 | （16—40天）USD15.00/天 |
| 47 | | | 超41天USD30.00/天 | 超41天USD30.00/天 |

（说明：上表资料来源于 http：//www.95105556.com/tools.shtml，作者对其做了一些改动。）

# 第四节 同步训练

## 一、相关信息

### （一）出口商 Wuhan Textile Import and Export Corporation Limited 的 Mr. Wang Zhiqiang 发盘报价

1. 工装（Coverall）

FOB Net Shanghai 报价：USD12.42 / Suit

CFR Net Haifa – Bay 报价：USD12. 63 / Suit
CIF Net Haifa – Bay 报价：USD12. 70 / Suit
数量：1TUE：364CTNS/8 736 套
包装：每套装一个塑料袋，每两打装进一个出口纸箱。
支付方式：即期信用证
装运期限：收到信用证以后 60 天之内。
2. 牛仔衬衣（Denim Shirts）
FOB Net Shanghai 报价：USD6. 13 / Suit
CFR Net Haifa – Bay 报价：USD6. 27 / Suit
CIF Net Haifa – Bay 报价：USD6. 31 / Suit
数量：1TUE：364CTNS/13 104 件
包装：每件装一个塑料袋，每三打装进一个出口纸箱。
支付方式：即期信用证
装运期限：收到信用证以后 60 天之内。
3. 汇率
USD：ILS / 1：3. 6024 ~3. 6074，USD：CNY / 1：6. 1272 ~6. 1518。
4. 国内销售利润率
40%

## （二）以色列关于服装进口的口岸费用（假设）

**表 4 –5　以色列服装进口口岸费用表**

货币名称及单位：ILS（以色列镑）/TEU

| 序号 | 收费项目 | 收费金额 |
|---|---|---|
| 1 | 调单费 | 480. 00 |
| 2 | 报关费 | 740. 00 |
| 3 | 代办三检 | 220. 00 |
| 4 | 理货费 | 550. 00 |
| 5 | 汽代费 | 150. 00 |
| 6 | 上下车费 | 300. 00 |
| 7 | 港建港杂费用 | 550. 00 |
| 8 | 港口市区运输费 | 1, 100. 00 |
| 9 | 空箱返还费用 | 300. 00 |
| 10 | 码头附加费 | 370. 00 |

表4－5续表

| 序号 | 收费项目 | 收费金额 |
|---|---|---|
| 11 | THC | 1,100.00 |
| 12 | 海关加封费 | 220.00 |
| 13 | 海关查验费 | 370.00 |
| 14 | 港区堆场加急费 | 370.00 |
| 15 | 场地费 | 180.00 |
| 16 | 转栈费 | 1,100.00 |
| 17 | 代办服务费 | 740.00 |
| 18 | 合　计 | 8,840.00 |

## 二、训练要求

（1）根据上述信息以及下表中给定的相关信息，分别核算并填写表4－6和表4－7中的其余栏目：

**表4－6　工装进口成本核算综合表**

货币名称及单位：ILS（以色列镑）/Suit

<table>
<tr><th>序号</th><th colspan="2">支出或收入项目</th><th>税率或费率</th><th>支出或收入金额</th></tr>
<tr><td>1</td><td colspan="4">支　出</td></tr>
<tr><td>（1）</td><td colspan="2">进口价格折合本币</td><td>CIF Haifa－Bay</td><td></td></tr>
<tr><td>（2）</td><td rowspan="5">进口税额</td><td>进口关税完税价格</td><td></td><td></td></tr>
<tr><td>（3）</td><td>进口关税</td><td>12%</td><td></td></tr>
<tr><td>（4）</td><td>进口消费税</td><td>8%</td><td></td></tr>
<tr><td>（5）</td><td>进口增值税</td><td>17%</td><td></td></tr>
<tr><td>（6）</td><td>进口税负合计</td><td></td><td></td></tr>
<tr><td>（7）</td><td colspan="2">进口口岸费</td><td></td><td></td></tr>
<tr><td>（8）</td><td colspan="2">国内流转费</td><td>6%</td><td></td></tr>
<tr><td>（9）</td><td colspan="2">银行费用</td><td>6‰×3</td><td></td></tr>
<tr><td>（10）</td><td colspan="2">进口成本总计</td><td></td><td></td></tr>
<tr><td>2</td><td colspan="4">收　入</td></tr>
<tr><td>（11）</td><td rowspan="2">国内最低售价</td><td>单 价</td><td></td><td></td></tr>
<tr><td>（12）</td><td>总 价</td><td></td><td></td></tr>
</table>

表4-6续表

| 序号 | 支出或收入项目 | | 税率或费率 | 支出或收入金额 |
|---|---|---|---|---|
| 3 | 盈　亏 | | | |
| (13) | 国内销售利润 | 总额 | 40% | |
| (14) | | 每套利润 | | |

**表4-7　牛仔衬衣进口成本核算综合表**

货币名称及单位：ILS（以色列镑）/PC

| 序号 | 支出或收入项目 | | 税率或费率 | 支出或收入金额 |
|---|---|---|---|---|
| 1 | 支　出 | | | |
| (1) | 进口价格折合本币 | | CIFHaifa - Bay | |
| (2) | 进口税额 | 进口关税完税价格 | | |
| (3) | | 进口关税 | 12% | |
| (4) | | 进口消费税 | 8% | |
| (5) | | 进口增值税 | 17% | |
| (6) | | 进口税负合计 | | |
| (7) | 进口口岸费 | | | |
| (8) | 国内流转费 | | 6% | |
| (9) | 银行费用 | | 6‰×3 | |
| (10) | 进口成本总计 | | | |
| 2 | 收　入 | | | |
| (11) | 国内最低售价 | 单 价 | | |
| (12) | | 总 价 | | |
| 3 | 盈　亏 | | | |
| (13) | 国内销售利润 | 总额 | 40% | |
| (14) | | 每件利润 | | |

(2) 以 Mr. Yitzhak Rabin 的名义代表进口商 Unidress Tadmit Lts. 向出口商 Wuhan Textile Import and Export Corporation Limited 发一封邮件，收件人：Mr. Wang Zhiqiang，将价格分别还盘到下列水平（即一律按原价下降10%）：

①工装（Coverall）：

FOB Net Shanghai 报价，USD11.18/ Suit；

CFR Net Haifa - Bay 报价，USD11.37/ Suit；

CIF Net Haifa - Bay 报价，USD11.43/ Suit。

②牛仔衬衣（Denim Shirts）：

FOB Net Shanghai 报价，USD5.52/ Piece；

CFR Net Haifa - Bay 报价，USD5.64/ PC；

CIF Net Haifa - Bay 报价，USD5.68/ PC。

（3）表4-6、表4-7 特别说明：

①“进口价格折合本币”是指“进口商支付进口该项商品所付出的本币数额”，即“进口价格×外汇卖出价”，因为在理论上，进口商向商业银行购买外汇（支付给国外出口商）时，银行使用的汇率就是“外汇卖出价”。

②“进口价格折合本币”是计算“进口口岸费”、“国内流转费”以及“银行费用”等项支出的依据。

③“进口关税完税价格”是指“进口该项商品的 CIF 价格”，即“CIF 价格×外汇汇率中间价”，它是进口国海关计征进口关税的依据。

④无论商品进口时使用的是什么贸易术语，“进口关税完税价格”中都必须包含商品的成本、运费和保险费；无论商品进口时支付的是什么币种，进口关税以及进口环节代征税都一律使用进口国的本币征缴。

# 第五章 出口商还盘

## 本章实训的主要目的

（1）进一步巩固和强化出口成本核算的思路和方法，使算账常态化。

（2）继续学习和提高往来函电的写作和表达技巧，倡导言简意赅、文明礼貌、有礼有节、不卑不亢的文风。

（3）学习“原则性下的灵活性”。商场如战场，但并不等同于战场。它不像竞赛，一定要拼出输赢；它更不是打仗，一定要斗出你死我活。它是既斗争又合作，讲究互利和双赢，讲究全方位地考虑问题。

由于“寸利必争”是商人的共性，所以，在生意场上讨价还价是常有和必然的情况。因此，出口商在对外报价时，一般应该对自己所报的价格留有一定的“让利”余地，以便对方还价时自己可以做一点让步，而不能够一开始就把“底价”和盘托出，不给对方丝毫讨价还价的机会，那样就会大大降低生意成交的可能性。

进口商对于出口商的还盘，有时候是出于一种本能，有时候是市场行情使然，还有些时候却纯粹是一种“试探”。但是，对于某一笔具体的还盘，进口商到底是基于什么原因，出口商却很可能对此不太清楚。

另外，由于出口商一般不主管商品的生产环节，他们对于产品的原材料以及加工成本，特别是对于新材料、新产品的成本往往把握得不太准确。加之加工供货厂家与外贸公司或部门之间，由于各自经济利益的驱使，工厂在对外贸公司或部门报价时，也常常程度不同地包含着一些“水分成本”，也就是说，他们报价时，会人为地在“合理成本”上又额外加上一些价格。

上述里里外外的种种因素，给作为出口商的外贸公司或部门准确定价带来了很大的困难和障碍。在这种情况下，出口商对于国外进口商的还盘更应该审时度势、精打细算、左右逢源、沉着应对，以便最终使交易得以达成。

商场上的“利益”对于当事人来说，无疑是一种此消彼长的关系，A得利了，就意味着B的失利；反之亦然。当事人要想使一笔生意最终达成，就必须做出适量的妥协或让步，有时是一方让步，有时是大家各让一步（to meet each other halfway），从而使双方的利益达到某种大家都能够接受的“均衡点”（equilibrium）。所以，“合作”（cooperation）从某种意义上说，其实就是一种“妥协”（concession / compromise）。而生意场上，常常非常需要这种“妥协”的思维。

## 第一节 出口商重新核算出口成本

ABC国际贸易有限公司的外销员殷茵小姐收到沙特Al Turaiki Est. For Trading公司Mr. Mohammed Ali先生的还盘以后，觉得自己此前对Al Turaiki Est. For Trading公司的发盘还是具有一定成交希望的，只是当时的报价很可能缺乏竞争性。经过认真思考，并向部门领导和同事征求意见以后，殷茵小姐决定从以下几个方面着手挖掘潜力，并重新核算皮靴的出口成本，然后报出一个切实可行的出口价格：

### 一、回复客户

殷茵小姐收到沙特Al Turaiki Est. For Trading公司Mr. Mohammed Ali先生的还盘时，恰逢中国“五一”节前夕，此时全国绝大多数企业都开始放假休息。殷茵小姐知道，自己不便在节假日去打扰工厂领导，但也不能因此就对国外客户的来函长时间保持沉默。因为：1. 对于客户的来函，无论我们同意与否，都应该及时给予回复，决不能将其搁置一边、不理不睬，这是最起码的社交礼节；2. 虽然国内放假，但国外的人却仍然在照常工作，而且国外客户很可能并不知道这一信息。长时间不给客户回话，对方很可能会误以为这是不想和他做生意。因此，此时即使因故不能给予对方确定的回复，至少也应该向对方说明情况，让其稍候一周，待节假日之后再及时给予明确的答复。

Dear Manager Mr. Mohammed Ali, DATE：May 1，20××

Re：Safety Leather Boots

We acknowledge receipt of your e-mail of yesterday，and we will give you a definite reply soonest.

However, the whole nation is going to spend May Day holidays beginning from today. Thus, we are unable to get in touch with the factory leader for the time being and recalculate the cost and make you a new offer until the end of the vacation.

We feel very much regret to keep you waiting. And we will consult with the factory for the price and then try our utmost to cooperate with you in this respect.

Best Regards.
ABC International Trade Corporation
Ms. Yinyin

## 二、要求工厂重新核算男式皮靴生产成本并报出最优惠而且可行的供货价格

尽管处在“五一”假期里，作为外销员，如果手头的事情没有处理完毕，是绝对不能安心度假的。殷茵小姐在给沙特 Al Turaiki Est. For Trading 公司的 Manager Mr. Mohammed Ali 先生复函说明情况之后，又给 N 市远征鞋业有限公司的刘志敏总经理发去一封邮件：

尊敬的刘总经理：

您好！

关于贵公司前几天报出的安全皮靴的价格，国外客户回函反映我们的报价太高，要求降价。请贵公司重新核算一下皮靴的生产成本，然后尽快给我们报出一个比较合理的、切实可行的，同时又具有一定竞争力的价格来，以便我们能够接收到国外客户的订单。谢谢贵公司合作！

另外，据我们了解，国内其他生产厂家与贵公司同型号、同档次的皮靴，每双价格普遍比你们的要低 6 ~ 7 元人民币。但我们考虑到贵公司在商业上信誉良好，愿意与贵公司在鞋类业务上进行密切合作。真诚希望贵公司充分考虑市场竞争的因素，协助我们把客户的订单争取过来。

此致

敬礼！

ABC 国际贸易有限公司
殷　茵
20××年 5 月 1 日

## 三、工厂回复

N 市远征鞋业有限公司收到 ABC 国际贸易有限公司殷茵小姐 20××年 5 月 1 日要求重新核算皮靴成本并重新报价的邮件以后，考虑到国际鞋类市场价格竞争激烈，国内生意也非常难做，出于向外拓展市场的意愿，刘志敏总经理决定进一步挖掘潜力，降低生产成本，在定价上作出一定的

让步，力争获得这批国外订单。

殷茵小姐：

您好！

您5月1日的邮件收悉，谢谢！但是因为我公司主管供应、生产、财务和销售的领导们均于“五一”期间休假，所以今天才予回复，请予谅解为谢！

关于货号为“HP－0724”的男式6英寸高帮安全皮靴，我公司非常愿意与贵公司密切配合，并在价格上给予适当的优惠，以便把这笔国外订单争取到手。经过与各部门反复讨论和协商，我们最终认真核算的最低工厂交货价格为每双人民币112元，皮靴规格与我公司在4月27日给贵公司的复函中的内容相同：

橘黄色黄牛正面革，厚度1.2mm，带钢头；

EVA大底，防油、防酸、防电（450V以下）；

鞋码：39－45；

数量：大约3 000双（1×20’FCL）；

包装：每双装一个彩印内盒，12双装一个出口纸箱；

交货期：下订单40天以后。

请贵公司抓紧时间与国外客户联系，力争尽快落实订单，以便早日安排生产计划。希望贵我双方在鞋类业务上合作成功、愉快！

谨致

商祺！

N市远征鞋业有限公司

总经理　刘志敏

20××年5月4日

## 四、重新核算出口成本

ABC国际贸易有限公司殷茵小姐收到N市远征鞋业有限公司20××年5月4日每双鞋人民币112元的重新报价的邮件以后，立即对出口成本作了某些调整和核算，目的是在力所能及的范围内适当降低报价，尽最大的可能把Al Turaiki Est. For Trading公司这笔皮靴订单争取到手。

表5－1　安全皮靴出口成本核算新旧对照表

| 序号 | 项　目 | | 金　额 | | |
|---|---|---|---|---|---|
| | 名称 | 单位 | 货币 | 原来 | 现在 |
| (1) | 皮靴进货价 | 双 | CNY | 117.00 | 112.00 |
| (2) | 综合业务费用 | 双 | CNY | (8%) 9.36 | (8%) 8.96 |
| (3) | 出口口岸费用 | 双 | CNY | 0.53 | 0.53 |
| (4) | 银行利息 | 双 | CNY | (6‰×3) 2.29 | (6‰×3) 2.19 |

表5－1 续表

| 序号 | 项　目 | | 金　额 | | |
|---|---|---|---|---|---|
| | 名称 | 单位 | 货 币 | 原 来 | 现 在 |
| (5) | 国内总成本（税前） | 双 | CNY | 129.18 | 123.68 |
| (6) | 出口退税 | 双 | CNY | （11%）11.00 | （13%）12.44 |
| (7) | 国内总成本（税后） | 双 | CNY | 118.18 | 111.24 |
| (8) | 预算利润 | | CNY | （10%）13.13 | （8%）9.68 |
| (9) | 外汇汇率 | 双 | USD：CNY | 100：612.72 | 100：612.72 |
| (10) | FOB 报价 | 双 | USD | 21.43 | 19.74 |
| (11) | 国外段运费 | 双 | USD | 0.46 | 0.46 |
| (12) | CFR 报价 | 双 | USD | 21.95 | 20.24 |
| (13) | CFRC3% 报价 | 双 | USD | 22.63 | 20.87 |
| (14) | 国外段保险费 | 双 | USD | （10%，4‰）0.10 | （10%，4‰）0.09 |
| (15) | CIF Net 报价 | 双 | USD | 22.05 | 20.33 |
| (16) | CIFC3% 报价 | 双 | USD | 22.74 | 20.96 |

鉴于大家对于出口成本的核算还很陌生，现在把上表中的相关核算项目说明或演示如下：

### （一）皮靴进货价

这里的“每双112元”是指工厂的第二次报价。

### （二）综合业务费用

综合业务费用是指外贸公司经营一笔出口业务时，从与外商和工厂联络、寄样、把货物从工厂收购进来开始，到从外国进口商那里收回外汇账款，向国家税务局办理完出口退税为止，除货款以外的其他全部花费。

这是一笔预估的费用，因为在正常情况下，出口商事先要向进口商报价，报价里又必须把商品成本包含在价格里，而属于商品成本一部分的“费用成本”在整笔生意完结之前随时都可能发生。

业务费用的比率一般是指业务费用占商品收购价格的比率。例如前期工厂的报价是“每双117元”，外贸公司规定的费用比率是8%，则每双皮靴的额定费用就应该是117×8% =CNY9.36；后来工厂重新报价“每双112元”，则每双皮靴的额定费用就应该是112×8% =CNY8.96。

业务费用的比例并不是一成不变、千篇一律的，这要视各外贸公司自身的实际情况以及领导具体的经营思路而定。如果公司的费用开支很大，比例就定得比较高；反之，如果公司为了扩大出口业务，增收节支，其费用的比例会适当地定得低一些。

### （三）出口口岸费用

由于口岸费用的多少是一定的，不是出口人自己能够决定的，因此，口岸费用原来是多少，现在仍然会是多少，在这一点上出口商是无法“挖掘潜力”的。

### （四）银行利息

虽然出口商自己不能随便改变银行利息率，但因为基数在“挖掘潜力”时降低了，所以银行利息的绝对数会随着基数的下降而相应地减少。

“银行利息”是指出口商自己出钱把出口货物购买进来或生产出来，并再花一定的费用把这批货物装运出口，而后从进口商那里获得出口货款，在这两个“先付后收”的时间差之间全部垫付资金所产生的利息。这批垫付资金主要包括“收购货款”、“综合业务费用”和“出口口岸费用”等项。虽然在出口退税政策下，收购货款中的一部分会因为国家退税而得到一定数量的“返还”，并不是真正意义上的“成本”，但是，国家也是在出口商把出口货物通关运出境外以后才给予退税的，通常具有几个月的“迟滞性”，必然会产生银行利息。

本表中的银行费用：$(112+8.96+0.53)\times 6‰\times 3=$ CNY2.19

### （五）国内总成本（税前）

所谓“税前总成本”就是指没有考虑“出口退税”这一因素的国内成本，它是出口商在出口货源采购过程中在国内所发生的各项支出的总和。

### （六）出口退税

大家一定要注意，出口退税是按出口商品（包含包装费用）的不含增值税的价格计算出来的，而我们国内通常所说的“价格”里面往往又包含着增值税。因此，我们在计算出口退税税额的时候，一定要先把包含在收购价格里面的增值税扣除掉，使它变成“不含税价”，再来计算出口退税税额，即 $112\div(1+17\%)\times 13\%=$ CNY12.44。

### （七）国内总成本（税后）

它与“税前总成本”的区别在于税后成本中扣除了出口退税税额，这是政府为降低出口商品的成本和售价，鼓励企业扩大出口的一项重要举措。

### （八）预算利润

“预算利润”本来是从“对外报价×利润率”的计算中得出来的，利润应该包含在价格里面，并不是像一般人常常误认为的那样用“总成本×利润率”。但是，在出口商还没有对外报价之前要计算出预期的利润数额，或者在不知道利润额的时候计算出口报价，则需按如下方法计算：

（1）$\text{出口报价}=\dfrac{\text{国内总成本}}{1-\text{利润率}}$

（2）利润＝出口报价×利润率

### （九）外汇汇率

“外汇汇率”一般是指出口商在核算对外报价时的即期外汇汇率，如人民币与美元的汇率比价。严格地说，卖方在将国内出口总成本的人民币数额折算成外币数额时，应该选择用“外汇买入价”（也就是除以那个“较小”的汇率数字），因为当出口商把国外的外汇货款收回以后，商业银行是按照“外汇买入价”把这笔外汇折算成人民币了再支付给出口商。但有时用报价时的“外汇中间价”作为参考去对外报价，既是可以接受的，也是说得过去的。

### （十）FOB 报价

这里一定要注意：

（1）在理论上，FOB 报价并不是简单的用“国内出口总成本÷外汇汇率”得出的商，而是：

$$\text{FOB 报价}=\frac{\text{国内出口总成本}}{1-\text{利润率}}\times\frac{1}{\text{外汇汇率}}$$

$$=\frac{\text{国内出口总成本}}{(1-\text{利润率})\times\text{外汇汇率}}$$

结合上表，

$$\text{FOB 报价} = \frac{111.24}{(1-8\%)\times 6.1272} = \text{USD}19.74/\text{PR}$$

（2）这个报价如果按照平常的“四舍五入”的规则只能是“USD19.73”，但是，由于卖方此时的报价较第一次的价格已经有了大幅度的下降，而且卖方这时的利润已经很少了，几乎再也没有让价的余地了，因此需要“破常规进位”。

### （十一）国外段运费

“国外段运费”是由市场行情决定的，出口商没有办法再挖掘潜力，没有办法去降低它，必须随行就市，是多少就是多少。

### （十二）CFR 报价

CFR 与 FOB 价格的差异在于前者的价格构成是“成本加上国外段运费”，而后者只包含“国内成本”，即 CFR 价格是在原 FOB 价格的基础上再加上货物从装运港运到目的港的运费。但从“严密”的角度考虑，还是按照下面的思路计算更准确：

$$\text{CFR 报价} = \frac{\text{国内出口总成本}+\text{运费}}{1-\text{利润率}} \times \frac{111.24\div 6.1272+0.46}{1-8\%} = \text{USD}20.24/\text{PR}$$

### （十三）CFRC3% 报价

中东商人做生意通常喜欢索取佣金，不管他们为出口商推销了多少货物。

本笔生意虽然客户开口要 5% 的佣金，但他毕竟还是一个新客户，生意还仅仅处在“拍拖”阶段，出口商不能一味地把对方的要求全当真，报价还是应当留有一定的余地。因此，上表只预算了 3% 的佣金幅度。

含佣金价格与净价之间的关系以及佣金的计算方法如下：

含佣价 - 佣金 = 净价

含佣价 - 含佣价 × 佣金率 = 净价

含佣价 ×（1 - 佣金率）= 净价

$$\text{含佣价} = \frac{\text{净价}}{1-\text{佣金率}}$$

结合上表，

$$CFRC3\% = \frac{CFR\ Net}{1-佣金率} = \frac{20.24}{1-3\%} = USD20.87/PR$$

### （十四）国外段保险费

在只有保险费率（相对数）的情况下，求保险费是一件比较复杂的事情，必须要先计算出 CIF 或者 CIP 的价格以后才能求出。这就像我们每天吃饭和走路一样，饭必须一口一口地吃，路必须一步一步地走，虽然很麻烦，但是没有更加简便的办法。

保险费 = 保险金额 × 保险费率

= ［CIF（或 CIP）+投保加成］×保险费率

= ［CIF（或 CIP）+CIF（或 CIP）×投保加成率］×保险费率

= ［CIF（或 CIP）×（1+投保加成率）］×保险费率

另外一种算法：

保险费 = CIF（或 CIP）－CFR（或 CPT）

### （十五）CIF 报价

$$CIF报价 = \frac{CFR}{1-(1+投保加成率)\times保险费率}$$

同理，

$$CIP报价 = \frac{CPT}{1-(1+投保加成率)\times保险费率}$$

结合上表，

$$CIF报价 = \frac{20.24}{1-(1+10\%)\times4‰} \approx USD20.33/PR$$

$$保险费 = 20.33\times(1+10\%)\times4‰ \approx USD0.09/PR$$

或者，保险费 = 20.33 − 20.24 = USD0.09/PR

CIFC3% 的计算方法请参见 CFRC3% 的计算公式。

# 第二节 出口商还盘

出口商在重新核算出口报价以后就要尽快回复客户，而不能再拖延下去了，因为做生意就好比是打仗，时间性非常强。做一件事情，快一点和慢一点的结果往往会大不一样，因为市场在不断地发生着变化。因此，在买方居于支配地位的买方市场上，如果卖方处理问题和回复问题慢条斯理，买方常常没有太多耐心，他们会认为卖方办事不力或没有诚意而转投他处，使卖方失去商机。

Dear Mr. Mohammed Ali, DATE：May 8，20 × ×

Re：Counter – offer for Safety Leather Boots

Referring to your Fax of Apr. 30 and our e-mail dated May. 1 for Men's Safety Leather Boots Article No. HP – 0724，we have consulted with our factory many times. And through hard discussion，they finally come to accept an extraordinarily favourable price at USD20. 24/PR CFR Net Dammam and at USD20. 87/PR CFRC3% Dammam，Saudi Arabia. Other terms and conditions are same as the stipulations on our e – mail dated Apr. 27. That is：

Grain cow hide，average thickness 1. 2mm，

With steel toe，

EVA outsole，oil resistance，acid proof and insulation（under 450V），

Size range：39 ~ 44

Quantity：1 × 20' FCL（2 940 pairs）

Packing：each pair in a coloured box，12 pairs to an export carton，with assorted sizes（配码装箱）

.

Shipment time：within 45 days upon receipt of relative L/C.

We wish to point here that this is a rather considerable concession our factory had made so far. We are willing to do so only for the prospect of our mutual business cooperation in the future. And we sincerely hope you will try your utmost to persuade your clients to accept this very competitive price and give us a definite reply by return.

Looking forward to your confirmation and orders.

Best Regards.
ABC International Trade Corporation
Ms. Yinyin

上述卖方的还盘也可以叫做“重新发盘”，“还盘”是把买方的还盘当作一项“发盘”来看待的，而“重新发盘”则是把买方的还盘当作一封“信函”来处理。但是，无论是“还盘”还是“发盘”，上述函件都对卖方具有法律上的约束力，也就是说，只要买方接受了卖方的重新报价，

买卖合同就达成，卖方不得“耍赖”，否则就是“违约”。

对照买方20××年4月30日的还盘，买方还盘的价格是“USD19.75/PR. CFR Dammam Port”，而卖方的还盘却是“USD20.24/PR”；买方要求5%的佣金，而卖方却只报出了3%佣金的价格。这里表面上仍然存在着一定的差距（gap），而作者认为这是卖方此时最合适的报价方法，因为：

（1）买方的报价虽然在某种意义上反映出其愿意接受的价格水平，但不排除他在还价的同时还使用了“夸张”的手法，故意把价格说得更低一些，“我看你有什么反应”。

（2）卖方即使此时非常愿意跟买方达成交易，也决不能过分暴露自己的这种迫切心情，得先“卖卖关子”，不卑不亢、不露声色——“我十分愿意跟您合作，但是我现在所能做到的就只有这些了，请您也考虑适当地让点步吧（This is the utmost we can do at present. The ball is with you now.）。”

（3）如果卖方一味地迁就买方，百依百顺，就会使自己在生意上处于更加被动受制的地位。买方很可能会认为卖方的生意不行、经营能力不行、商品的销路不好等。这样，他可能进一步要价，或者跟卖方玩“猫戏老鼠”的游戏，就像当年马三立的相声“逗你玩”一样。

## 第三节　成本核算的补充练习及答案

“算账”是国际贸易实务中不可缺少的重要环节和步骤，而算账又非常复杂，很多细节只要稍不注意，就会出现偏差和错漏。为了帮助读者比较扎实地掌握有关出口成本的核算技能，我们另外再列举两个出口成本的计算题，并且将解答思路和答案分列如下，谨供大家参考。

（1）A贸易公司收到B国一公司求购6 000双牛粒面6英寸军靴（一个40英尺货柜）的询盘，每双军靴的进货成本为人民币90元（含增值税17%），进货总价为90×6 000＝540 000元，出口包装费3元，国内运杂费共计12 000元，出口商检费350元，报关费150元，港杂费900元，其他费用共计1 500元。A公司的银行贷款年利率为8%，预计垫款2个月，银行手续费为0.5%（按成交价格），出口军靴的退税税率为13%。海运费：上海到利物浦一个40英尺货柜的包箱费率是3 800美元。客户要求按成交价的110%投保，保险费率为0.45%，并在价格中包括

3%的佣金。若A公司的预期利润为成交价的10%，人民币对美元的汇率为USD1：CNY6.1272～6.1518，试报每双军靴的FOB、CFR、CIF价格。

表5－2 皮靴国内成本匡算表

| 序号 | 核算项目 | 金额 |
|---|---|---|
| (1) | 国内收购价 | CNY90.00/PR |
| (2) | 包装费（可退税） | 3.00 |
| (3) | 国内运杂费（12 000÷6 000） | 2.00 |
| (4) | 商检费（350÷6 000） | 0.06 |
| (5) | 报关费（150÷6 000） | 0.03 |
| (6) | 港杂费（900÷6 000） | 0.15 |
| (7) | 其他国内费用（1 500÷6 000） | 0.25 |
| (8) | （1）～（7）项合计 | 95.49 |
| (9) | 银行手续费（95.49×0.5%） | 0.48 |
| (10) | 银行利息（8%÷12×95.49×2） | 1.28 |
| (11) | 税前国内总成本［（8）＋（9）＋（10）］ | 97.25 |
| (12) | 出口退税［（90＋3）÷1.17×13%］ | 10.33 |
| (13) | 税后国内总成本（97.25－10.33） | 86.92 |
| | | |
| (1) | （FOB）出口报价［出口成本÷（1－利润率10%）］ | 96.58 |
| (2) | 出口利润（96.58×10%） | 9.66 |
| (3) | FOB出口报价折合美元（96.58÷6.1272） | USD15.77/PR |
| (4) | FOBC3%［15.77÷（1－3%）］ | USD16.26/PR |
| | | |
| (1) | 国外运费（3 800÷6 000×6.1518） | 3.90 |
| (2) | CFR总成本（86.92＋3.90） | 90.82 |
| (3) | （CFR）出口报价［出口成本÷（1－利润率10%）］ | 100.92 |
| (4) | 出口利润（100.92×10%） | 10.09 |
| (5) | CFR出口报价折合美元（100.92÷6.1272） | USD16.47/PR |
| (6) | CFRC3%［16.47÷（1－3%）］ | USD16.98/PR |
| | | |
| (1) | CIF总成本［90.82÷（1－（1＋10%）×0.45%）］ | 91.28 |

表5－2 续表

| 序号 | 核算项目 | 金额 |
| --- | --- | --- |
| (2) | （CIF）出口报价［出口成本÷（1－利润率10%）］ | 101.43 |
| (3) | 出口利润（101.43×10%） | 10.14 |
| (4) | CFR出口报价折合美元（101.43÷6.1272） | USD16.56/PR |
| (5) | CFRC3%［16.56÷（1－3%）］ | USD17.08/PR |

（2）某公司出口陶瓷餐具，进货成本CNY150.00/套（含增值税17%，出口退税率9%），20英尺货柜（按25立方米计算），需要发生的费用有：运杂费CNY900.00，商检及报关费CNY500.00，港杂费CNY700.00，公司业务费CNY1 300.00，其他费用CNY950.00。深圳到纽约20英尺货柜包箱费率为2 250美元，利润为报价的10%，美元兑人民币汇率为1∶6.1272～6.1518，货物外箱体积为0.4×0.35×0.38M（每套，毛重22KG，净重20KG），我方对外报价为每套31.65美元CFR纽约，客户还价每套28.50美元。问：供货商要在原价基础上降价多少才能够成交？

集装箱内径：590×235×239M

外箱尺寸：0.4×0.35×0.38M

第一种装法的数量：14×6×6＝504箱×22＝11 088KG＜21M/T（没有超重，适用）

第二种装法的数量：16×5×6＝480箱（不适用）

**表5－3　陶瓷餐具出口价格核算表**

| 序号 | 核算项目 | 金额 | 按还价推算 |
| --- | --- | --- | --- |
| (1) | 国内收购价 | CNY150.00/SET | CNY131/SET |
| (2) | 国内运杂费（900÷504） | 1.79 | 1.79 |
| (3) | 商检费报关费（500÷504） | 1.00 | 1.00 |
| (4) | 港杂费（700÷504） | 1.39 | 1.39 |
| (5) | 业务费用（1 300÷504） | 2.58 | 2.58 |
| (6) | 其他国内费用（950÷504） | 1.88 | 1.88 |
| (7) | （1）～（6）项的合计 | 158.64 | 139.64 |
| (8) | 出口退税（150÷1.17×9%） | 11.54 | 10.08 |
| (9) | 税后国内总成本（158.64－11.54） | 147.10 | 129.56 |
|  |  |  |  |

表 5 - 3 续表

| 序号 | 核算项目 | 金额 | 按还价推算 |
|---|---|---|---|
| （1） | 国外段运费（2 250 ÷ 504） | USD4. 47/SET | USD4. 47/SET |
| （2） | 国内总成本折合美元（147. 10 ÷ 6. 1272） | 24. 01 | 21. 18 |
| （3） | （CFR）出口报价［出口总成本 + 国外段运费）÷（1 - 利润率 10%）］ | 31. 65 | 28. 50 |
| （4） | 出口利润（CFR 出口报价 × 10%） | CNY19. 39 | CNY17. 46 |
| | | | |
| （1） | 差价折合人民币［（31. 65 - 28. 50）× 6. 1272］ | | CNY19. 30/SET |

说明：

（1）上表"按客户的还价"推算出来的新价格只是一种比较近似的做法，在实际工作中比较简单，也非常适用，但如果参加社会上的考试，这样计算还是不够严密。这种"反推算"的思路是：国内费用和国外段运费都是既定的，是不能改变的，而出口退税和出口利润则可多可少（但其比率并没有改变，仍然分别是9%和10%）。这样，如果进口商不让步，出口商又想做成这笔生意，只好把降价的绝对数额分摊到国内收购价格、出口退税和出口利润上面去（"出口退税"和"出口利润"的减少只是因为"价格基数"的减少而变小了，并不直接"承担"原价格与新价格之间的差额）。

（2）"按还价"推算第（9）栏的"税后国内总成本"本来可以是 CNY129. 77，但如果把第（1）栏的收购价格定为 CNY131. 00/SET，以此价格计算的总成本就只有 CNY19. 56，这为出口商"节余"了 CNY0. 21。

# 第四节 同步训练

## 一、相关信息

（1）Wuhan Textile Import and Export Corporation Limited（武汉纺织品进出口有限公司）的 Mr. Wang Zhiqiang（王志强先生）收到以色列客户的询盘信函以后，随即给武汉市红旗服饰有限责任公司的吴爱华总经理发函，告诉她国外客户对男式工装和牛仔衬衣的报价要求按原报价下降 15%，也就是：

男式工装　CNY60. 35/Suit

牛仔衬衣　CNY29. 75/Piece

（2）武汉市红旗服饰有限责任公司的吴爱华总经理第四天给 Wuhan Textile Import and Export Corporation Limited 的 Mr. Wang Zhiqiang 复函，同

意按原报价分别下降12%，即

男式工装　CNY62.48/Suit

牛仔衬衣　CNY30.80/Piece

## 二、训练要求

（1）代表Wuhan Textile Import and Export Corporation Limited的Mr. Wang Zhiqiang给武汉市红旗服饰有限责任公司的吴爱华总经理草拟一封中文信函，信函中需要特别强调“国外客户认为价格太高，还价几乎达到工厂原来报价的15%”，要求工厂的降价至少需要达到12%。

（2）代表武汉市红旗服饰有限责任公司的吴爱华总经理给Wuhan Textile Import and Export Corporation Limited的Mr. Wang Zhiqiang复函，同意按原报价分别下降12%，信函中需要特别强调“服装市场竞争激烈，利润很薄，基本上是保本经营，降价的空间本来就已经很小。但为了配合出口，扩大销售，这才破例同意按原价下调12%”。

（3）代表Wuhan Textile Import and Export Corporation Limited的Mr. Wang Zhiqiang根据工厂的新报价再核算一次出口成本。

请大家注意：表5-4和表5-5中新核算的出口价格虽然略低于客户原来还价的价格，但出口商在确认价格时，仍然需要按照客户还价的价格水平成交，而不是按照自己核算的较低价格与进口商签署买卖合同。否则，结果将是吃亏不讨好，进口商会认为价格具有欺诈性，仍然存在着进一步降价的空间。在这一点上，我们一定不要像小品《招聘》中“六角亭精神病院16床”的先生那样，老板本来答应给他月薪1 000元的，而他却嫌多，只要800元，结果，老板反而把他开了。

新价格就是：

①工装（Coverall）：

FOB Net Shanghai报价，USD11.18/Suit；

CFR Net Haifa-Bay报价，USD11.37/Suit；

CIF Net Haifa-Bay报价，USD11.43/Suit。

②牛仔衬衣（Denim Shirts）：

FOB Net Shanghai报价，USD5.52/Piece；

CFR Net Haifa-Bay报价，USD5.64/Piece；

CIF Net Haifa-Bay报价，USD5.68/Piece。

**表5-4 工装出口成本核算新旧对照表**

| 序号 | 项 目<br>名称 | 金 额<br>原来 | 现 在 | 说明（“现在”的金额） |
|---|---|---|---|---|
| (1) | 工装进货价 | 71.00 | | CNY/Suit |
| (2) | 综合业务费用 | 5.33 | | (1) ×7.5% |
| (3) | 出口口岸费用 | 0.15 | | 1,300÷8,736 |
| (4) | 银行利息 | 1.38 | | [(1) + (2) + (3)] ×6‰×3 |
| (5) | 国内总成本（税前） | 77.86 | | (1) + (2) + (3) + (4) |
| (6) | 出口退税 | 7.89 | | (1) ÷117% ×13% |
| (7) | 国内总成本（税后） | 69.97 | | (5) - (6) |
| (8) | 税后含利润成本 | 76.06 | | (7) ÷ (1-8%) |
| (9) | 预算利润 | 6.08 | | (8) ×8% |
| | 外汇汇率 | 100:612.72 | | USD:CNY |
| (10) | FOB Net 报价 | 12.42 | | (8) ÷6.127,2，USD/ Suit |
| (11) | 国外段运费 | USD0.20/ Suit | | (1 500+120+100) ÷8，763 |
| (12) | CFR Net 报价 | 12.63 | | [(7) ÷6.127，2+(11)] ÷ (1-8%) |
| (13) | CIF Net 报价 | 12.70 | | (12) ÷{[1-(1+10%)] ×4.5‰} |
| (14) | 国外段保险费 | 0.07 | | (13) - (12) |

**表5-5 牛仔衬衣出口成本核算新旧对照表**

| 序号 | 项 目<br>名称 | 金 额<br>原来 | 现 在 | 说明（“现在”的金额） |
|---|---|---|---|---|
| (1) | 牛仔衬衣进货价 | 35.00 | | CNY/PC |
| (2) | 综合业务费用 | 2.63 | | (1) ×7.5% |
| (3) | 出口口岸费用 | 0.10 | | 1,300÷13,104 |
| (4) | 银行利息 | 0.68 | | [(1) + (2) + (3)] ×6‰×3 |
| (5) | 国内总成本（税前） | 38.41 | | (1) + (2) + (3) + (4) |
| (6) | 出口退税 | 3.89 | | (1) ÷117% ×13% |
| (7) | 国内总成本（税后） | 34.52 | | (5) - (6) |
| (8) | 税后含利润成本 | 37.52 | | (7) ÷ (1-8%) |
| (9) | 预算利润 | 3.00 | | (8) ×8% |
| | 外汇汇率 | 100:612.72 | | USD:CNY |

表5－5续表

| 序号 | 项　目 | 金　额 | | 说明（“现在”的金额） |
| --- | --- | --- | --- | --- |
| | 名称 | 原 来 | 现 在 | |
| (10) | FOB Net 报价 | 6.13 | | (8) ÷6.127,2，USD/PC |
| (11) | 国外段运费 | USD0.13/PC | | (1,500＋120＋100) ÷13,104 |
| (12) | CFR Net 报价 | 6.27 | | [(7) ÷6.127,2＋(11)] ÷ (1－8%) |
| (13) | CIF Net 报价 | 6.31 | | (12) ÷ {[1－(1＋10%)] ×4.5‰} |
| (14) | 国外段保险费 | 0.04 | | (13) － (12) |

（4）根据上表的核算结果，代表 Wuhan Textile Import and Export Corporation Limited 的 Mr. Wang Zhiqiang 给以色列客户 Unidress Tadmit Lts. 公司的 Mr. Yitzhak Rabin 回复一封英文信函，时间：以色列客户还盘的第5天。

# 第六章　成交签约

**本章实训的主要目的**

(1) 进一步熟悉和巩固核算进口成本的思路和方法。

(2) 练习草拟买卖合同（销售确认书）中的重要条款。

(3) 练习填写订单、形式发票，并弄清楚它们在国际货物贸易买卖中的地位和作用。

(4) 熟悉信用证中常用的英文专业词汇及其缩略语。

(5) 进一步操练往来函电的写作，不断提高写作水平和技巧。

出口商的报价一旦得到进口商的认可，在其他交易条件没有异议或基本达成一致的情况下，该笔生意的买卖合同就达成了。至于订单、形式发票以及买卖合同等，都是“买卖合同”这种法律关系存在下的表现形式，也就是说，把这种制约买卖双方的法律关系文本化、具体化、有形化。从法律角度上说，买卖合同的成立应该是在一方的发盘被另一方正式、有效地接受之后，而不是在书面合同签署之后。实际上，有些时候即使没有书面合同，买卖合同也可以成立，因为合同既可以是书面形式的，也可以是口头形式的，还可以是行为形式的。当然，在实际工作中，我们还是应该尽量以书面形式的合同为主，非特殊情况所迫，不要轻易采用口头或行为这两种形式。其原因很简单，就是口头和行为形式的合同：(1) 不够具体和完整；(2) 容易缺乏缜密的思考和运筹；(3) 在贸易纠纷发生以后，被违约一方的当事人在维权时比较难以举证。

## 第一节　进口商下订单

沙特 Al Turaiki Est. For Trading 公司的经理 Mr. Mohammed Ali 先生收到中国 ABC International Trade Corporation 公司殷茵小姐 20××年 5 月 8 日的

新发盘以后，感觉对方的新价格比较接近自己前期成本核算的预期价格水平。但是为了慎重起见，Mr. Mohammed Ali 先生还是打算在回复之前再次对该种商品的进口综合成本作一次核算。

## 一、进口综合成本再核算

**表 6-1　男式皮靴进口成本两次核算综合表**

货币及其单位：SRI

| 序号 | 支出或收入项目 | | 税率或费率 | 支出或收入金额 | |
|---|---|---|---|---|---|
| | | | | 第一次核算 | 第二次核算 |
| 1 | 支　出 | | | | |
| (1) | 进口价格折合本币 | | | 243, 425. 39 | 224, 437. 10 |
| (2) | 进口税额 | 进口关税应税金额 | | 242, 777. 12 | 223, 839. 40 |
| (3) | | 进口关税 | 13% | 31, 561. 02 | 29, 099. 12 |
| (4) | | 进口消费税 | 8% | 23, 855. 49 | 21, 994. 65 |
| (5) | | 进口增值税 | 17% | 50, 692. 92 | 46, 738. 64 |
| (6) | | 进口税负合计 | | 106, 109. 43 | 97, 832. 41 |
| (7) | 进口口岸费 | | | 1, 480. 00 | 1, 480. 00 |
| (8) | 国内流转费 | | 6% | 14, 605. 52 | 13, 466. 23 |
| (9) | 银行费用 | | 6‰×3 | 6, 581. 17 | 6, 069. 88 |
| (10) | 进口成本总计 | | | 372, 201. 50 | 343, 285. 62 |
| 2 | 收　入 | | | | |
| (11) | 预计国内售价 | 总价 | | 531, 716. 42 | 490, 408. 03 |
| (12) | | 单价 | | 180. 86 | 166. 81 |
| 3 | 盈　亏 | | | | |
| (13) | 国内销售利润 | | 30% | 159, 514. 92 | 147, 122. 41 |

上表第二次进口成本核算分项目说明和演算：

（1）进口价格折合本币 =20. 33×2 940×3. 7550

①“20. 33”是 CIF Net 的每一双的美元价格；

②“2 940”是一个 20 英尺集装箱可装的皮靴数量（双数）；

③“3. 7550”是时下美元与沙特阿拉伯的货币里亚尔（SRI，Riyal）汇率的“外汇卖出价”，因为进口商向国外进口货物时，必须向商业银行用本币购买外汇（美元）支付进口货款，而商业银行向进口商出售外汇时肯定要使用“外汇卖出价”进行折算。

（2）进口关税 = 20.33 × 2 940 × 3.7450 × 13%

①进口关税通常是用进口货物的 CIF 价值折合本币与进口关税税率的积；

②美元对沙特阿拉伯的货币里亚尔的汇率为 USD：SRI/1：3.7350 ~ 3.7550，而海关在计算进口关税的应税价格时，通常是用汇率的中间价把外汇折算成本币。在这里，就是（3.7350 + 3.7550）÷ 2 = 3.7450；

③“13%”是进口关税的税率。

（3）进口消费税 =（20.33 × 2 940 × 3.7450 + 29 099.12）÷（1 - 8%）× 8%

①“20.33 × 2 940 × 3.7450”（= SRI223 839.40）是指“进口关税的应税价格”；

②“29 099.12”是指“进口关税”；

③“（20.33 × 2 940 × 3.7450 + 29 099.12）÷（1 - 8%）”是指“进口消费税”的“完税价格”。它并不是依靠推算得出来的，而是我国海关总署规定的；

④“8%”是指进口消费税的从价税率，也就是说，如果海关规定该商品应该按照它的进口价值来征收进口消费税，其税率就是 8%。

（4）进口增值税 =（关税完税价格 + 关税税额 + 消费税税额）× 增值税税率

= （20.33 × 2 940 × 3.7450 + 29 099.12 + 21 994.65）× 17%

（5）进口税负合计 = 进口关税 + 进口消费税 + 进口增值税

= 29 099.12 + 21 994.65 + 46 738.64

（6）“进口口岸费”已定，进口人没有办法改变。

（7）国内流转费 = CIF 价值 × 汇率 × 预算费用比率

= 20.33 × 2 940 × 3.7550 × 6%

另外，这里的汇率应该使用“外汇卖出价”折算。

（8）银行费用 = [进口货价（折合本币）+ 进口税额 + 进口口岸费用 + 国内流转费] × 利息率 × 计息时间

= （224 437.10 + 97 832.41 + 1 480.00 + 13 466.23）× 6‰ × 3

其中，“5‰”是月息率，“3”是指进口商“从向出口商支付进口货款等开始到把货物卖出去、把货款收回来”需要占用自己的资金三个月时间。

（9）进口成本总计 = 进口货价（折合本币）+ 进口税额 + 进口口岸费 + 国内流转费 + 银行费用

= 224 437.10 + 97 832.41 + 1 480.00 + 13 466.23 + 6 069.88

（10）预计国内出售总价

$$国内销售价格 = \frac{进口成本}{1-利润率} = \frac{343\ 285.62}{1-30\%}$$

（11）最低国内出售单价 = 490 408.03 ÷ 2 940

（12）国内销售利润 = 490 408.03 × 30%

或者，国内销售利润 = 490 408.03 − 343 285.62

也就是说，“国内销售利润”既可以用“国内销售价格与利润率的积”求出，也可以用“国内销售价格与进口总成本的差”计算出来。

## 二、进口商复函并索要确认样品

进口商如果打算成交某笔进口生意，就一定要认真对待出口商的每一项发盘和其中的每一个细节。“还盘”之前要做到对国内外市场行情和价格心中有数，切不可盲目杀价。“接受”也要注意接受的时效和措辞的法律效力，以防止对方因为行情的变化等因素而节外生枝地找出各种理由和借口来把本来已经达成买卖合同的生意变黄了。

在“凭样品买卖”的交易中，进口商在确定了买卖价格之后，一定不要忽视了“索取确认样品”。因为在洽谈生意时，进口商所接触到的样品一般都只是粗略、大致的，那些样品的材料、款式、装饰、颜色等细节并非一定完全适合进口商所面对的销售市场，进口商在洽谈时提出的修改意见还有待于出口商专门制作的实样来加以证实和检测。因此，在书面的买卖合同正式签署之前，要求出口商寄送确认样品通常是绝对不可缺少的。

以下就是进口商 Al Turaiki Est. For Trading 公司的 Manager Mr. Mohammed Ali 给出口商 ABC International Trade Corporation Limited 公司的 Ms. Yinyin 发出的一封邮件：

Dear Ms. Yinyin,　　　　DATE：May 11，20××

Re：Safety Leather Boots

We are grateful to your e-mail dated May 8，20××，in which you have made considerable cooperation and concession with us. Although there is still certain gap between your price and our customers', we will try our best to persuade them to accept your new price and place a trial order（试订单）with you.

We confirm the following price terms:

Men's Safety Leather Boots Article No. HP – 0724, at USD20. 96/PR CIPC3% Riyadh, Saudi Arabia.

We are sending here with a copy of our Order No. SLB – 1226. you are requested to send us a Proforma Invoice by return for our checking before signing the Sales Contract.

Besides, our customers want to have your samples for their approval. Please ask your factory to get two pairs ready, one is in size 41, another is 42, and directly send to us by express parcel post. Our detailed name and address are as following:

AL TURAIKI EST. FOR TRADING
Alswailium Street, Deira, P. O. Box 20131,
Riyaddh 11455, Kingdom of Saudi Arabia

Best Regards.
Al Turaiki Est. For Trading
Mr. Mohammed Ali, Manager

## 三、客户订单

“订单”又叫“订货单”，它是买方开具给卖方的单据，一般可以作为买卖合同的辅助性文件，起补充说明、使合同内容更加翔实和清楚明了的作用，以避免卖方在履行合同的过程中出现一些理解上的错误，造成不必要的异议和纠纷，给双方造成损失。

订单一般不具备法律上的约束力，只具有参考作用。买卖双方如果需要把订单作为买卖合同条款的组成部分，需要事先特别说明。

表6-2 订单

**AL TURAIKI EST. FOR TRADING**

Alswailium Street, Deira, P. O. Box 20131, Riyadh 11455, Kingdom of Saudi Arabia

Tel: ×××××, Fax: ×××××

**Purchase Order**

Order No. AL/ABC/××245 Date: May 11, 20××

To. ABC International Trade Corporation Limited

56, Dongting Street, Wuhan 430014, China

| | |
|---|---|
| Description of Goods | Men's Safety Leather Boots |
| Seller's Article Number | HP-0724 |
| Quantity | 2, 940 Pairs/245 Cartons |
| Unit Price | at USD20. 967PR CIPC3% Riyadh, Saudi Arabia |
| Amount | USD61, 622. 40 |

Remarks:

1. Brand: As per samples and as per Seller's e-mail dated May 8, 20××.
2. Packing size: 40 41 42 43 44 45

   1 2 3 3 2 1 =12 Paris per Carton
3. Packing: Each pair in a coloured box, 12 pairs to an export carton.
4. Payment: By letter of credit payable at sight.
5. Time of Shipment: On or Before July 20, 20××.
6. Confirmation Samples: Two pairs to be sent to us before opening the relative L/C, each for size 41 and 42.
7. Shipping Marks:

(1) Front Mark:

A

AL-ABDULKARIM

(2) Side Mark:

AL ABDULKAREEM

FOOTWEAR

ART. NO. HP-0724

PACKING SIZES

G. W. ________KG

N. W. ________KG

MADE IN CHINA

(Stamp and signature by the Buyer)

# 第二节 签订买卖合同（销售合同和销售确认书）

买卖合同是约束买卖双方如期履行各自的义务，同时享有各自权益的法律保障文件。在实际工作中，买卖合同通常由卖方草拟，由买方同意以后再分别由双方代表签署，因此叫做“销售合同”和“销售确认书”。虽然销售合同与销售确认书二者在法律地位上并没有差别，对双方当事人具有同等的法律约束力，但是它们在文本内容的翔实程度上还是有差别的。

在一般情况下，销售合同用于买卖金额较大以及新客户之间的交易，而销售确认书则多用于交易金额较小（USD50,000 以下）、买卖双方关系比较熟悉且比较融洽的情况。

## 一、销售合同

表 6-3 销售合同

<table>
<tr><td colspan="4">销售合同<br>SALES CONTRACT</td></tr>
<tr><td rowspan="2">卖方<br>SELLER</td><td rowspan="2">ABC INTERNATIONAL TRADE CORPORATION LIMITED<br>56. DONG TING STREET, WUHAN, CHINA<br>TEL: 0086-27-82715004 FAX: 0086-27-82711363</td><td>编 号 S/C NO.</td><td>××HAP11404</td></tr>
<tr><td>日 期 DATE</td><td>MAY 24, 20××</td></tr>
<tr><td>买 方<br>BUYER</td><td>AL TURAIKI EST. FOR TRADING<br>ALSWAILIUM STREET, DEIRA, P. O. BOX 20131, RIYADH 11455, KINGDOM OF SAUDI ARABIA<br>TEL: (966) -1-4113-375<br>FAX: (966) -1-4112-804</td><td>地 点<br>SIGNED IN:</td><td>WUHAN, CHINA</td></tr>
<tr><td colspan="4">买卖双方同意以下条款达成交易：<br>This contract is made by and agreed between the Buyer and Seller, in accordance with the terms and conditions stipulated below.</td></tr>
<tr><td>1. 品名及规格<br>Commodity & Specification</td><td>2. 数量<br>Quantity</td><td>3. 单价及价格条款<br>Unit Price & Trade Terms</td><td>4. 金额<br>Amount</td></tr>
<tr><td colspan="4">CIPC3% RIYADH VIA DAMMAM PORT</td></tr>
<tr><td>MEN'S SAFETY<br>LEATHER BOOTS<br>ART. NO. HP-0724</td><td>245 CARTONS<br>2,940 PAIRS</td><td>USD20.96/PR</td><td>USD61,622.40</td></tr>
</table>

表6-3 续表

<table>
<tr><td colspan="2">Total</td><td>2, 940 PAIRS</td><td></td><td>USD61, 622. 40</td></tr>
<tr><td>允许<br>With</td><td></td><td colspan="3">溢短装，由卖方决定。<br>More or less of shipment allowed at the sellers' option</td></tr>
<tr><td colspan="2">5. 总值<br>Total Value</td><td colspan="3">SAYU. S. DOLLARS SIXTY ONE THOUSAND SIX HUNDRED TWENTY TWO AND CENTS FORTY ONLY.</td></tr>
<tr><td colspan="2">6. 包装<br>Packing</td><td colspan="3">EACH PAIR IN A COLOURED BOX, 12 PAIRS TO AN EXPORT CARTON.</td></tr>
<tr><td colspan="2">7. 唛头<br>Shipping Marks</td><td colspan="3">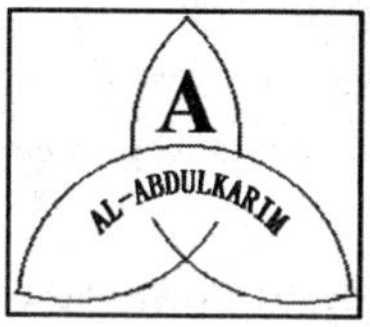</td></tr>
<tr><td colspan="2">8. 装运期及运输方式<br>Time of Shipment & means of Transportation</td><td colspan="3">NOT LATER THAN JULY 20, 20 × × BY MULTIMODAL TRANSPORTATION.</td></tr>
<tr><td colspan="2">9. 装运港及目的地<br>Port of Loading & Destination</td><td colspan="3">From: CHINA PORT<br>To: RIYADH VIA DAMMAM PORT, KINGDOM OF SAUDI ARABIA</td></tr>
<tr><td colspan="2">10. 保险<br>Insurance</td><td colspan="3">TO BE COVERED BY THE SELLER AGAINST ALL RISKS PLUS WAR RISK AND STRIKES.</td></tr>
<tr><td colspan="2">11. 付款方式<br>Terms of Payment</td><td colspan="3">THE BUYERS SHALL OPEN THROUGH A BANK ACCEPTABLE TO THE SELLER AN IRREVOCABLE LETTER OF CREDIT PAYABLE AT SIGHTTO REACH THE SELLER 30 DAYS BEFORE THE MONTH OF SHIPMENT, VALID FOR NEGOTIATION IN CHINA UNTIL THE $15^{TH}$ DAY AFTER THE DATE OF SHIPMENT.</td></tr>
<tr><td colspan="2">12. 备注<br>Remarks</td><td colspan="3"></td></tr>
<tr><td colspan="3">The Seller</td><td colspan="2">The Buyer</td></tr>
<tr><td colspan="3">ABC INTERNATIONAL TRADE CORPORATION</td><td colspan="2">AL TURAIKI EST. FOR TRADING</td></tr>
<tr><td colspan="3">(signature)</td><td colspan="2">(signature)</td></tr>
</table>

## 二、合同附函（An Letter Appended to the Sales Contract）

出口商 ABC International Trade Corporation Limited 公司的殷茵小姐草拟出安全皮靴的销售合同，并把该合同发送给买方 Al Turaiki Est. For Trading 公司回签（counter - signed），同时专门给对方的主管经理 Mr. Mohammed

Ali 写了如下的便函（memorandum）。

在通常情况下，这样的便函是十分必要的，这一方面是发函人对对方的礼数，让对方知道发函人到底是谁、发函的主要内容和目的等，而绝对不能让对方觉得一封发函没头没脑，不知何意；另一方面，发函人还可以借助便函，向对方适当地说明和解释有关事项的细节内容和相关要求，从而对发函起到辅助说明的作用。

Dear Manager Mr. Mohammed Ali, DATE：May 24，20××

Re：Safety Leather Boots

Thanks to your cooperation，we have finally come to a conclusion of this initial business. We assure you of our close cooperation in the following fulfillment. And we hope that the good business relationship between us will continue for a very long time.

Enclosed you will find Sales Contract No. ××HAP10404. Please check on your side and if you find the terms and conditions are acceptable，countersign on it and return us one copy by e－mail.

In the meantime，as the shipment time is quite near，you are kindly requested to rush opening the letter of credit，under advice to us.

We are looking forward to receiving from you very soon.

Best Regards.
ABC International Trade Corporation
Ms. Yinyin

## 第三节 出口商开立形式发票

形式发票是卖方在正式履行买卖合同之前开具给买方的一种不作为结算凭证的单据，它的主要作用有以下几点：

（1）对原订买卖合同条款的重要内容予以重申或者做出适当的调整；

（2）对原订买卖合同中的某些待定内容给予补充和明确；

（3）避免买卖双方在履约时因为对某些合同条款理解上的偏差而产生争议；

（4）作为买卖合同条款重要的辅助性文件；

（5）作为某些外汇管制较严国家的买方凭以办理外汇申请或开立信用证的依据；

（6）邮寄样品、物品、礼品的海关出入境通关申报的清单。

形式发票与订单一样，一般不具有法律约束力，也不能作为买卖双方收付货物款项的凭证，它只可以对买方起到一定的参考和提示作用。形式发票也并不是每一笔进出口生意都必须提交的单据，它只在买方确实需要，并且明确要求的前提下才由卖方开立。

## 一、进口商的来函

Dear Ms. Yinyin,　　DATE: May 25, 20××

Re: Safety Leather Boots

We are in receipt of your e-mail of May 24, 20×× together with Sales Contract No. ××HAP10404 with many thanks.

We are sending here with the counter-signed contract for your file.

We are going to open the relative letter of credit in a day or two. Before that, please issue us a proforma invoice in order for us to apply for the establishment.

Thanks for your cooperation.

…

## 二、出口商的复函

Dear Manager Mr. Mohammed Ali,　　DATE: May 26, 20××

Re: Safety Leather Boots

On your request, we are enclosing the proforma invoice under Sales Contract No. ××HAP10404 dated May 24, 20××.

Please try your best to open the L/C as soon as possible, so that we can arrange the production in an early date and effect the shipment within the stipulated time.

…

## 三、形式发票

表 6－4　形式发票

ABC 国际贸易有限公司　　　　**PROFORMA INVOICE**

**ABC INTERNATIONAL TRADE CORPORATION**

56. DONG TING STREET，WUHAN，CHINA　TELEX：40111 HBNPA CN

FAX：（027）8281 1135

| | | | | | |
|---|---|---|---|---|---|
| TO： | AL TURAIKI EST. FOR TRADING<br>Alswailium Street，Deira，P. O. Box 20131，Riyadh 11455，Kingdom of Saudi Arabia | Invoice No. | VL11FJ091 | Date | May 26，20×× |
| | | L/C No. | | | |
| | | Issued by | | | |
| | | Contract No. | ××HAP10404 | | |

| Marks & Nos. | Descriptions | Unit Price | Amount |
|---|---|---|---|
| | MEN'S SAFETY LEATHER BOOTS | CIPC3% RIYADH VIADAMMAM PORT | |
| A<br>AL-ABDULKARIM | ART. NO. HP－0724<br>SIZE ASST：40　41　42　43　44　45<br>----------------------------------------<br>1　2　3　3　2　1＝12PRS/CTN.<br><br>PACKING：EACH PAIR IN A COLOURED BOX，12 PAIRS TO AN EXPORT CARTON.<br><br>QUANTITY：2 940PAIRS/245CARTONS<br><br>SHIPMENT TIME：ON BEFORE JULY 20，20××.<br><br>(SIGNATURE)<br><br>ABC INTERNATIONAL TRADE CORPORATION | USD18. 47/PR | USD54 301. 80 |

## 第四节　同步训练

训练要求：

（1）根据买卖双方确认的 CIF 价格信息以及下表中给定的相关信息，分别核算并填写表 6－5 和表 6－6 中的其余栏目。

①工装（Coverall）：USD11.43/Suit CIF Net Haifa－Bay；

②牛仔衬衣（Denim Shirts）：USD5.68/Piece CIF Net Haifa－Bay；

③汇率：USD：ILS／1：3.6024～3.6074；

④国内销售利润率：40%。

**表 6－5　工装进口成本核算综合表**

货币名称及单位：ILS（以色列镑）/Suit

| 序号 | 支出或收入项目 | | 说明及提示 | 支出或收入金额 | |
|---|---|---|---|---|---|
| | | | | 第一次核算 | 第二次核算 |
| 1 | 支　出 | | | | |
| （1） | 进口价格（CIF Haifa－Bay） | | 进口报价×3.6074 | 45.82 | |
| （2） | 进口税额 | 进口关税应税金额 | 进口报价×3.6049 | 45.79 | |
| （3） | | 进口关税 | （2）×12% | 5.50 | |
| （4） | | 进口消费税 | [（2）＋（3）]÷（1－8%）×8% | 4.46 | |
| （5） | | 进口增值税 | [（2）＋（3）＋（4）]×17% | 9.48 | |
| （6） | | 进口税负合计 | （3）＋（4）＋（5） | 19.44 | |
| （7） | 进口口岸费 | | 8,840.00÷8,736 | 1.01 | |
| （8） | 国内流转费 | | （1）×6% | 2.75 | |
| （9） | 银行费用 | | [（1）＋（6）＋（7）＋（8）]×6‰×3 | 1.25 | |
| （10） | 进口成本总计 | | （1）＋（6）＋（7）＋（8）＋（9） | 70.24 | |
| 2 | 收　入 | | | | |
| （11） | 国内最低售价 | 单 价 | （10）÷（1－40%） | 112.79 | |
| （12） | | 总 价 | （11）×8,736 | 985,333.44 | |
| 3 | 盈　亏 | | | | |
| （13） | 国内销售利润 | 总额 | （12）－（10）×8,736 | 394,168.32 | |
| （14） | | 每套利润 | （11）－（10） | 45.12 | |

**表6－6 牛仔衬衣进口成本核算综合表**

货币名称及单位：ILS（以色列镑）/PC

| 序号 | 支出或收入项目 | | 说明及提示 | 支出或收入金额 | |
|---|---|---|---|---|---|
| | | | | 第一次核算 | 第二次核算 |
| 1 | 支　出 | | | | |
| (1) | 进口价格（CIF Haifa－Bay） | | 进口报价×3.6074 | 22.77 | |
| (2) | 进口税额 | 进口关税应税金额 | 进口报价×3.6049 | 22.75 | |
| (3) | | 进口关税 | (2) ×12% | 2.73 | |
| (4) | | 进口消费税 | [(2) + (3)] ÷ (1－8%) ×8% | 2.22 | |
| (5) | | 进口增值税 | [(2) + (3) + (4)] ×17% | 4.71 | |
| (6) | | 进口税负合计 | (3) + (4) + (5) | 9.66 | |
| (7) | 进口口岸费 | | 8,840.00÷13,104 | 0.68 | |
| (8) | 国内流转费 | | (1) ×6% | 1.37 | |
| (9) | 银行费用 | | [(1) + (6) + (7) + (8)] ×6‰×3 | 0.63 | |
| (10) | 进口成本总计 | | (1) + (6) + (7) + (8) + (9) | 35.09 | |
| 2 | 收　入 | | | | |
| (11) | 国内最低售价 | 单价 | (10) ÷ (1－40%) | 56.29 | |
| (12) | | 总价 | (11) ×13,104 | 737,624.16 | |
| 3 | 盈　亏 | | | | |
| (13) | 国内销售利润 | 总额 | (11) － (10) ×13,104 | 295,102.08 | |
| (14) | | 每件利润 | (11) － (10) | 22.52 | |

（2）代表以色列客户 Unidress Tadmit Lts. 公司，以 Mr. Yitzhak Rabin 的名义，给 Wuhan Textile Import and Export Corporation Limited 的 Mr. Wang Zhiqiang 写一封信函，内容包括以下三点。

①确认价格：工装（Coverall），USD11.43/Suit CIF Net Haifa－Bay；牛仔衬衣（Denim Shirts），USD5.68/Piece CIF Net Haifa－Bay。

②要求出口商尽快打样、寄样（工装 S、M、L 各一套，颜色为 dark blue；牛仔衬衣 XS、M、XL 各一件，颜色为 navy）。

③要求出口商根据下面进口商开立的订单出具一份形式发票。

（3）代表进口商 Unidress Tadmit Lts. 公司草拟一份订单（Purchase Order），订单格式参见表6－7。

（4）代表出口商 Wuhan Textile Import and Export Corporation Limited 公司草拟一份销售确认书（Sales Confirmation），销售确认书的格式参见

表6－8。

（5）代表出口商 Wuhan Textile Import and Export Corporation Limited 公司签署一份形式发票（Proforma Invoice），形式发票的格式参见表6－9。

有关补充资料如下。

（1）货号（Article No.）：工装，WH－C602；牛仔衬衣，WH－D735

（2）配码（Assortment）：

①　　S　M　L　XL　XXL

--------------------------------------------

DARK BLUE　　4　5　6　5　4＝24 SUITES/CTN

②　　XS　S　M　L　XL

--------------------------------------------

NAVY　　6　7　8　8　7＝36 PIECES/CTN

（3）数量：工装：4 368 套/182 箱；牛仔衬衣：6 552 件/182 箱。合装一个20英尺集装箱。

（4）包装：工装：每一套装进一个塑料袋，24 套装进一个出口纸箱；牛仔衬衣：每一件装进一个塑料袋，36 件装进一个出口纸箱。

（5）装运期：20××年12月20日之前；海运。

（6）支付方式：信用证，在装船日期后60天支付。

（7）唛头（Shipping Mark）：U. T. L. /HAIFA－BAY/ORDER NO. 6230/C/NO. 1－364

（8）保险：由卖方按照中国人民保险公司1981年1月1日的海运货物险条款投保一切险、战争险和罢工险；投保加成：按发票金额的10%。

（9）溢短装条款：数量和金额都允许有5%以内的增减幅度。

（10）订单号码：UTL－11－6230，签发时间：20××年9月27日。

（11）销售确认书号码：WHT－UTL6230，签发时间：20××年9月30日。

（12）形式发票号码：PRF－WHT－UTL6230，签发时间：20××年10月7日。

另外，请大家注意一点：表6－5、表6－6的预算是按一个40’FCL的数量计算的，而表6－7、表6－8和表6－9的订单、销售确认书以及形式发票却都是按照一个20’FCL计算的，这二者的收支数额基本上是同时扩大或缩小相同的倍数，因此它们之间并不冲突。

表6—7 订单

UNIDRESS TADMIT LTS

9 Katzenstein St. ,26000 Haifa – Bay, Israel

Tel: +972 –2 – –523 –4421, 531 –4277 Fax: +972 –2 –522 –3215, 522 –3324

**PURCHASE ORDER**

Order No. ____________________ Date: ____________________

Seller: ______________________________________________________________

Add: ________________________________________________________________

Tel: __________________________________ Fax: ____________________

This Purchase Order is made by the Buyer. We hereby place an order for the following goods with the Seller mentioned above according to the terms and conditions stipulated below:

| No. | Description | Size Assortment | Quantity | Unit Price | Amount |
|---|---|---|---|---|---|
| | | | | CIF HAIFA – BAY | |
| 1 | | | | | |
| 2 | | | | | |
| Total | | | | | |

(1) Packing:

(2) Shipment:

(3) Loading Port:

(4) Discharging Port:

(5) Terms of Payment:

(6) Quantity:

(7) Samples:

(8) Shipping Market:

Acknowledge:

____________________ ____________________

Authorized Signature (Seller) Authorized Signature (Buyer)

表 6—8 销售确认书

销 售 确 认 书

SALES CONFIRMATION

编号：
No.

买方：　　电传/传真：　　日期：
BUYERS：　　BELLAFLORTELEX/FAX：　　DATE：
地址：　　买方订单号：
ADDRESS：　　BUYERS ORDER：
卖方：　　电传/传真：
SELLERS：　　TELEX/FAX：
地址：
ADDRESS：

兹经买卖双方同意，成交下列商品，订立条款如下：

The undersigned buyers and sellers have agreed to close the following transactions according to the terms and conditions stipulated below：

| 品名及规格<br>NAME OF COMMODITY & SPECIFICATION | 数 量<br>QUANTITY UNIT | 单 价<br>PRICE | 金额<br>AMOUNT |
| --- | --- | --- | --- |
| | | CIF HAIFA – BAY | |
| | | | |
| | TOTAL | | |

数量及总值均允许增减________%。

With ________ percent more or less both in the amount and quantity of the S/C allowed.

总金额：

Total Value：U. S. DOLLARS

包装：

PACKING：

保险：

INSURANCE：

装运时间：

TIME OF SHIPMENT：

装运港和目的港：

PORT OF LOADING & DESTINATION：

付款：

PAYMENT：

一般条款：　　请参看本合同背面　　唛头：

GENERAL TERMS AND CONDITIONS：(Please see overleaf)　　SHIPPING MARKS

买方签字：　　卖方签字：

THE SIGNATURE OF BUYERS　　The SIGNATURE OF SELLERS

**表 6—9　形式发票**

<table>
<tr><td colspan="3">Issuer</td><td colspan="4" rowspan="2">形式发票<br>PROFORMA INVOICE</td></tr>
<tr><td colspan="3" rowspan="2">To</td></tr>
<tr><td colspan="2">No.</td><td colspan="2">Date</td></tr>
<tr><td colspan="3" rowspan="2">Transport Details</td><td colspan="2">S/C No.</td><td colspan="2">L/C No.</td></tr>
<tr><td>Payment Terms</td><td colspan="3"></td></tr>
<tr><td rowspan="2">Marks and Numbers</td><td rowspan="2">Description of goods</td><td rowspan="2">Quantity</td><td colspan="2">Unit Price</td><td colspan="2">Amount</td></tr>
<tr><td colspan="4">CIF HAIFA - BAY</td></tr>
<tr><td></td><td></td><td></td><td colspan="2"></td><td colspan="2"></td></tr>
<tr><td>Total:</td><td></td><td></td><td colspan="2"></td><td colspan="2"></td></tr>
<tr><td colspan="7">Say Total:<br><br>Size Assortment:<br><br>Packing:<br><br>Shipment:<br>Payment:<br>Other Details:<br><br>（出口商签字和盖单据章）</td></tr>
</table>

# 第七章　信用证的申请和开立

## 本章实训的主要目的

（1）独立自主、准确地填写信用证开立申请书的每一个栏目。

（2）抛开别人的汉语翻译，彻底读懂信用证及其修改条文，并且能够从信用证中找出卖方需要修改的条款。

（3）理解和掌握信用证条文中常见的缩写的含义。

请大家注意，本书在开证申请书、信用证以及相应的修改后面都配备了汉语翻译，这样做是希望帮助大家降低学习难度、助长学习兴趣、提高学习效果，并不是方便大家在学习上走捷径，希望大家一定不要对现成的翻译养成过分依赖的坏习惯。

毋庸讳言，信用证支付方式属于银行信用，开证行代替买方向卖方作出书面的支付承诺。因为商业银行的信用等级比一般商业企业的信用等级要高出很多，这就在很大程度上降低了卖方的出口收汇风险。另一方面，信用证支付方式同时也存在着不少弊端，譬如，信用证会占用买方的资金（开证抵押金），信用证对单证的要求十分苛刻，信用证的支付程序非常呆板，信用证的银行收费较高（对于买卖双方的），等等。因此，在实际工作中，信用证支付方式的使用频率正在逐步降低，取而代之的是电汇（T/T）。但是，信用证支付方式在当今的国际贸易支付中，仍然占据着一半以上的比例。另外，信用证支付程序和信用证单据，可以说是国际贸易支付中最具“基础”性质的知识和技能。也就是说，如果一个人没有掌握信用证支付程序和信用证单据的制作要求和方法，他就永远都不能说自己已经掌握了国际贸易支付的知识和技能；反过来，如果掌握了信用证支付程序和信用证单据的制作要求和方法，那么，其他支付方式下的程序和单据制作问题，就可以不学自通了。

# 第一节 出口商催开信用证

催开信用证，可以说是出口商在合同签订、样品确认、订单落实以后不可缺少的步骤。催促可以起到两方面的作用：第一，向进口商表明出口商愿意与之在生意上合作的诚意；第二，适当提醒进口商，以免他们忘记或者忽视此事。

有些学者认为，只要买卖合同一经签署，一笔生意就算达成了。但是在国际贸易的实际工作中，情况绝对不是这样的。如果一个出口商与众多进口商签订了10份合同，最终能够有5份得到履行，就算皆大欢喜了。因为合同在很多时候形同废纸，它事实上并不具备多大的法律约束力——法律在国际商务活动中往往鞭长莫及，力不从心。因此，作者主张：（1）大家在生意场上一定要恪守“重合同守信用”的原则，只要是合同正式达成了，无论如何都要按约履行，不能随意变更，更不能无故或者借故单方面撤销合同。生意人的综合素质与形象像生命和智慧一样贵重。（2）对于自己的国外客户，在收到信用证之前，或者，在预付款方式下还没有收到客户的款项之前，大家不要轻易地进料生产。为了稳妥起见，一般应该在收到信用证或者收到预付款以后才能正式开始合同货物的生产，特别是那些季节性、时令性都很强，通用性很差的工业品。我们千万不要指望把卖给德国人的服装转卖到法国去，更不能指望在中国国内销售。（3）如果国外客户违约毁约了，不到万不得已的时候，最好不要去打国际官司。因为：第一，要花很多钱；第二，要拖延很长时间；第三，涉及的法律盘根错节，毫无胜算。所以，当事人还是应该以“事前防范”为主。

下面是出口商 ABC International Trade Corporation 公司的 Ms. Yinyin 给进口商 Al Turaiki Est. For Trading 公司的 Manager Mr. Mohammed Ali 发出的一封邮件，要求他尽快开立信用证。

Dear Manager Mr. Mohammed Ali, DATE: May 30, 20××

Re: Safety Leather Boots

Regarding ××HAP10404 covering the captioned Safety Leather Boots, please inform us of the L/C number, so that we can check with our bank. Or if possible, send us the copy of the L/C by return fax or e-mail, as our factory is anxiously waiting for it for the starting of the production.

We are looking forward to your favourable reply.

…

## 第二节　进口商开证申请书

进口商在要求银行开立信用证之前，必须先履行两项程序：（1）填写、签署并向开证行提交开证申请书，以作为申请人与开证行之间所达成的一项委托与受托的法律关系的契约，同时，作为开证行拟订信用证具体条款的依据；（2）向开证行交付信用证押金（Guarantee Deposit）。

开立信用证是进口商保护自己的权益、限制出口商的最后一道关键闸门。因此，他们会在开证申请书的系列条款上字斟句酌，尽力把信用证条款规定得天衣无缝。这些条款要比合同条款细致得多，而且很可能会超越买卖合同条款。另一方面，进口商又害怕出口商因不接受或者做不到某些信用证条款而要求修改信用证，在通常情况下，进口商会在把开证申请书正式提交给开证行之前，先发送一份给出口商以征求出口商的意见。这样，就可以在很大程度上避免日后修改信用证。信用证每修改一次，银行都要收取一次修改费和通知费，同时还要花费至少 10 天时间。因此，修改信用证既费事，又费钱，还花时间，对于买卖双方来说都十分麻烦，应该尽量避免。

### 一、进口商的便函

Dear Ms. Yinyin,　　　　DATE：May 31，20 × ×

Re：Safety Leather Boots

The attachment is the letter of credit application. You are requested to check the terms and conditions carefully，and if there are any problems in it，let us know immediately for our revision beforehand，enabling us to avoid any amendment of the L/C afterwards.

Your accommodation in this respect is very much appreciated.

…

## 二、开证申请书

**表7－1 开证申请表英文版**

DOCUMENTARY CREDIT APPLICATION

TO. ALRAJHI BANKING AND INVESTMENT CORPORATION

<table>
<tr><td colspan="2">Beneficiary (full name and address):<br>ABC INTERNATIONAL TRADE CORPORATION LIMITED<br>56 DONG TING ST. WUHAN 430014, CHINA,<br>FAX: 027－8281－1135</td><td>Applicant (full name and address):<br>AL TURAIKI EST. FOR TRADING.<br>ALSWAILIUM STREET, DEIRA, P. O. BOX 20131, RIYADDH 11455, KINGDOM OF SAUDI ARABIA</td></tr>
<tr><td>Partial shipments:<br>( × ) allowed<br>( ) not allowed</td><td>Transhipment:<br>( × ) allowed<br>( ) not allowed</td><td>Latest date of shipment:<br>× ×0720<br>Place and Date of Expiry: DATE: × × 0728<br>PLACE: CHINA</td></tr>
<tr><td colspan="2">Loading on board/dispatch/taking in charge<br>From: CHINA<br>To: RIYADH<br>Price term: CIPC5% RIYADH VIA DAMMAM PORT</td><td>Amount (both in figures and words):<br>CURRENCY USD AMOUNT USD61, 622. 40<br>SAY U. S. DOLLARS SIXTY ONE THOUSAND SIX HUNDRED TWENTY TWO AND CENTS FORTY ONLY.</td></tr>
<tr><td colspan="3">Credit available with (SHANGHAI AND HONG KONG BANKING CORPERATION LIMITED ONLY)<br>( × ) by negotiation / ( ) by acceptance with beneficiary's draft for 100% of the invoice value at sight on issuing bank / ( ) by sight payment / ( ) by deferred payment at ______ days against the documents detailed herein</td></tr>
<tr><td colspan="2">Commodity:<br>2,940 PAIRS OF MEN'S SAFETY LEATHER BOOTS, ART. NO. HP－0724<br>AS PER S/C NO × ×HAP10404 DD MAY 24, 20 × ×, CIPC5% RIYADH VIA DAMMAM PORT</td><td>Shipping Mark:<br>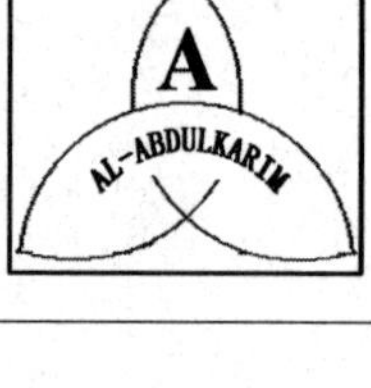<br></td></tr>
<tr><td colspan="3">Documents required:<br>1. ( × ) Signed commercial invoice in TRIPLICATE fold including L/C No. and Contract No. × ×HAP10404.</td></tr>
</table>

表7－1 续表1

2. ( × ) Full set (3/3) of clean on board ocean bills of lading made out to order and blank endorsed marked " ( × ) freight prepaid / (　　) to collect" notify the applicant WITH FULL NAME AND ADDRESS.

(　　) Air waybill consigned to the applicant notify the applicant marked " (　　) freight prepaid / (　　) to collect".

3. ( × ) Insurance policy / certificate in 3/3 fold for 110% of the invoice value, showing claims payable in Saudi Arabia in the currency of the draft, blank endorsed covering ( × ) ocean marine transportation/ (ALL MARINE, AND LAND RISKS, WARS, STRIKES, RIOTS AND CIVIL COMMOTIONS) air transportation / (　　) overland transportation all risks, war risk as per ________ clauses.

4. ( × ) Packing list in 3 fold indicating quantity / gross and net weights.

5. ( × ) Certificate of origin in 3 fold, original certified by Arabian embassy or consulate.

6. (　　) Certificate of quantity in ______ fold.

7. (　　) Certificate of quality in ______ fold issued by (　　) manufacturer / (　　) beneficiary.

8. (　　) Beneficiary's certified copy of telex/fax dispatched to the applicant within ______ days after shipment advising goods name, (　　) name of vessel/ (　　) flight No., date, quantity, weight and value of shipment.

9. (　　) Beneficiary's certificate certifying that (　　) one set of non－negotiable documents / (　　) one set of non－negotiable documents (including 1/3 original B/L) has been dispatched to the applicant directly by courier/speed post.

10. (　　) Other documents, if any:

Additional Instructions:

1. ( × ) All banking charges outside the issuing bank are for beneficiary's account.

2. ( × ) Documents must be presented within 7 days after the date of shipment but within the validity of this credit.

3. ( × ) Both quantity and amount 10% more or less are allowed.

4. (　　) All documents must be sent to issuing bank by courier/speed post in ________ fold/lot.

5. (　　) Other terms, if any:

6. Signed commercial invoice in triplicate, original certified by arabian embassy or consulate showing the breakdown of amount as follows:

F. O. B. Value... freight... (in case of cfr) and f. o. b. value... freight... insurance prem... (in case of cif) and total (cfr/cif) value

7. All documents should be manually signed.

8. Documents issued prior to the date of issuance of credit not acceptable.

9. Transport documents issued by freight forwarder not acceptable.

10. Charter party/short form bill of lading not acceptable.

11. Cost additional to the freight as shown inarticle 26c not acceptable.

12. Transhipment subarticle 20c and d is not acceptable.

表 7－1 续表 2

13. In case of container shipment...
 + Nos. of containers and nos. of pakage in each container should be declared on b/l.
 + Beneficiary must put a strong sticker/label inside the door of container stating the name and address of opener. tel. commodity description and mode of packing. and packing list must evidence same.
14. Packing－12 pairs each carton. packing list must evidence the same.
15. Invoice must indicate that goods country of origin has been clearly shown on all goods.
16. Quantity and amount to read as about.
17. Multimodal transport documents acceptable.
18. Only original comm1 invoice, certificate of origin and declaration to be certified by saudi arabian embassy or consulate.
19. A commission of 3 percent payable to the applicant will be directly deducted from the invoice value at negotiation.

Account No. ×××××××　　with: ALRAJHI BANKING AND INVESTMENT

Transacted by: AL TURAIKI EST. FOR TRADING. ALSWAILIUM STREET, DEIRA,
P. O. BOX 20131, RIYADDH 11455,
KINGDOM OF SAUDI ARABIA
(stamp and signature)
* CORPORATION

Tel: ×××××

**表 7－2　开证申请书的中文翻译**

跟单信用证申请书

致：ALRAJHI 投资银行

| | |
|---|---|
| 受益人（名称的全称和详细地址）：<br>ABC 国际贸易有限公司<br>中国武汉市洞庭街 56 号<br>邮政编码：430014<br>传真：027－8281－1135 | 申请人（名称的全称和详细地址）：<br>AL TURAIKI EST. FOR TRADING 贸易公司<br>沙特阿拉伯王国利雅得市 ALSWAILIUM STREET, DEIRA 街<br>邮政信箱：20131<br>邮政编码：11455 |

表 7－2 续表 1

<table>
<tr><td>部分装运：<br>（×）　允许<br>（　　）不允许</td><td>转运：<br>（×）　允许<br>（　　）不允许</td><td colspan="2">最迟装运日期：<br>20××年 7 月 20 日<br>信用证截止日期和地点：日期：20××年 7 月 28 日；地点：中国</td></tr>
<tr><td colspan="2">装船／发运／接受监管<br>装运港：　　中 国<br>目的港：　　利雅得<br>价格条款：CIPC5% 利雅得经由达曼港中转</td><td colspan="2">总额（分别注明大写和小写数额）：<br>美元 61，622.40 元<br>美元陆万壹仟陆佰贰拾贰元肆拾美分整。</td></tr>
<tr><td colspan="4">此信用证可向（仅限汇丰银行）兑用，兑用方式为（　×　）议付／（　　）承兑，凭受益人开具的以开证行为付款人的即期汇票，按照发票金额的 100 %／（　　）即期付款／（　　）在______天以后延期付款。兑用需凭以下具体规定的单据</td></tr>
<tr><td colspan="3">商品明细：<br>2,940 双男式安全皮靴，货号：HP－0724<br>参见第“××HAP10404”号买卖合同，合同日期：20××年 5 月 24 日<br>贸易术语：CIPC5% 利雅得经由达曼港中转</td><td>唛头：<br>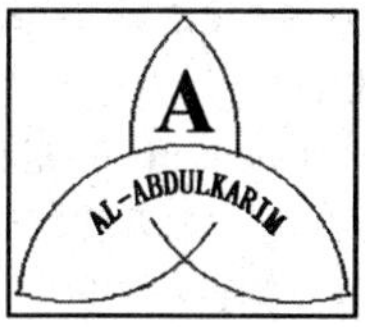<br></td></tr>
<tr><td colspan="4">所需单据：<br>1.（×）经过签署的商业发票一式三份，发票上需注明信用证号码和买卖合同号码“××HAP10404”。<br>2.（×）全套（三正三副）清洁的已装船的海运提单，抬头做成“to order”（凭指定），空白背书，注明“（×）freight prepaid（运费预付）／（　　）to collect（运费到付）”，“通知人”栏填写申请人的详细名称和地址。<br>（　　）空运提单的抬头人和通知人均填写申请人并注明“（　　）freight prepaid（运费预付）／（　　）to collect（运费到付）”。<br>3.（×）保险单/保险凭证三正三副，按发票金额的 110%，注明可按汇票货币在沙特阿拉伯理赔，空白背书，按照　　　条款投保（×）海运险/（海运、陆运一切险、战争险和罢工民变险（SRCC）／（　　）空运险／（　　）陆运一切险。<br>4.（×）装箱单一式　3　份，注明数量／毛重和净重。<br>5.（×）原产地证明书一式　3　份，正本须经沙特阿拉伯大使馆或领事馆证实。<br>6.（　　）数量证明书一式　　　份。<br>7.（　　）由（　　）生产制造商／（　　）受益人出具的品质证明书一式　　　份。</td></tr>
</table>

表 7－2 续表 2

8.（ ）经过受益人证实的在装运日期后的 天以内发送给申请人的电传／传真副本，其中的内容包括商品名称、（ ）船名／（ ）航班号码、日期、货物的数量、重量以及货物的价值等。
9.（ ）受益人证明证实（ ）一套副本单据／（ ）一套（包括一份正本提单三份副本提单的）副本单据已经通过快递方式直接寄送给了申请人。
10.（ ）其他单据，如果需要的话：

特别提示：
1.（×）所有开证行以外的银行费用都由受益人承担。
2.（×）单据必须在装运日期以后的 7 天之内向银行提交，并且还要在信用证的截止日期以内提交。
3.（×）数量和金额都允许溢短装 10 %。
4.（ ）全部单据都必须用快递分 批寄送开证行。
5.（ ）其他条款，如果必要的话：
6. 商业发票必须签署，一式三份，正本须经沙特阿拉伯大使馆或领事馆证实，并且分别列明以下金额明细：
F. O. B. 价值……运费……（如果系 CFR 价格条款）或者 F. O. B. 价值……运费……保险费……（如果系 CIF 价格条款）以及（货物的 CFR/CIF）总价值。
7. 全部单据都必须使用手签。
8. 全部单据的出单日期如果早于信用证的开立日期将不予接受。
9. 由运输行签发的运输单据将不予接受。
10. 租船提单／简式提单将不予接受。
11.（运输单据上）列明了除运费以外的类似于 UCP600 第 26 条 C 款一类的额外费用（的运输单据）将不予接受。
12.（运输单据上）列明了类似于 UCP600 第 20 条 C 款和 D 款一类转船条款（的运输单据）将不予接受。
13. 如果货物是装集装箱运输的……
+提单上必须注明集装箱的数量和号码以及每个集装箱所装货物的外包装的数量。
+受益人必须在每个集装箱的门反面加贴牢固的胶贴／标签，上面注明开证人的名称、地址、电话号码、商品名称、包装方式，并且还要在装箱单上证明这一情况。
14. 包装：12 双装一个纸箱。装箱单上需要注明这一情况。
15. 发票上必须注明：全部商品上都已经清楚地标明了商品的原产国名。
16.（信用证上的）数量和金额都允许有不超过 10% 的溢短装。
17. 多式联运单据可以接受。
18. 仅仅商业发票、原产地证明书和声明的正本需要经过沙特阿拉伯大使馆或领事馆证实。
19. 支付给申请人的 3% 的佣金将在议付时直接从发票金额中扣除。

表 7-2 续表 3

| | |
|---|---|
| 账号：×××××××××× | 开证行：　ALRAJHI 投资银行 |
| 开证申请人：AL TURAIKI EST. FOR TRADING 贸易公司<br>沙特阿拉伯王国利雅得市<br>ALSWAILIUM STREET，DEIRA 街<br>邮政信箱：20131<br>邮政编码：11455<br>（签署）<br>Tel：×××××××× | |

## 三、出口商要求修改开证申请书的条款函

出口商 ABC International Trade Corporation 公司针对买卖合同条款与进口商 Al Turaiki Est. For Trading 公司的开证申请书的条款之间的差异以及某些实际情况，认为开证申请书中列明的某些条款无法执行，需要修改，于是，殷茵小姐在认真对照审查了信用证申请书的各项条款之后，立即给 Mohammed Ali 先生发出了如下邮件，明确提出了若干修改信用证申请书条款的具体要求：

Dear Manager Mr. Mohammed Ali，　　　　DATE：May 31，20××

Re：Safety Leather Boots

Thanks for your e-mail of May 30 together with the L/C Application. Through study the text，we found the following terms and conditions are not acceptable. Please amend them accordingly：

（1） please revise the trade term to read "CIPC3%" instead of "CIPC5%"，for which please refer it to S/C NO ××HAP10404 DD（dated） May 24，20××.

（2） please extend the presentation period of documents to at least 15 days after the date of shipment，because "7-day time" is too short for us to prepare by then.

（3） please revise the term "18. Original Commercial Invoice，Certificate of Origin and Declaration to be certified by Saudi Arabian Embassy or Consulate." To read："Original Commercial Invoice，Certificate of Origin and Declaration to be certified by CCPIT"（中国贸促会）. There is neither Saudi Arabian Embassy nor Saudi Arabian Consulate available at the premise of our corporation.

As the stipulated shipment time is drawing near，we hope you will revise the above mentioned terms and conditions without delay and urge the opening bank to open L/C soonest.

We are grateful to your immediate response to the above. . . .

…

# 第三节 信用证

## 一、信用证

### （一）信用证原文

20××JUN 05 09：37：33 LOGICAL TERMINAL E201

MT S700 ISSUE OF DOCUMENTARY CERDIT PAGE 00001

FUNC MSG700

MSGACK DWS7651 AUTH OK，KEY 08，BKCHCNBJ RECORD

BASIC HEADER F 01 BKCHCNBJA600 8021 895199

APPLICATION HEADER 0 7000927 ××0605 RJHISARIAXXX 7237 967337 ××0605 1427 N

＊ALRAJHI BANKING AND INVESTMENT

＊CORPORATION

＊RIYADH

＊（HEAD OFFICE）

| | | |
|---|---|---|
| USER | HEADER SERVICE CODE | 103： |
| | BANK PRIORITY | 113： |
| | MSG USER REF. | 108： |
| | INFO. FROM CI | 115： |

SEQUENCE OF TOTAL ＊27：1/1

FORM OF DOC. CREDIT ＊40A：IRREVOCABLE

DOC. CREDIT NUMBER ＊20：××TF0115304009

DATE OF ISSUE 31 C：××0601

APPLICABLE RULES ＊40 E：UCPURR LATEST VERSION

EXPIRY 31 D：DATE ××0815 PLACE CHINA

APPLICANT ＊50：AL TURAIKI EST. FOR TRADING.

ALSWAILIUM STREET，DEIRA，P. O. BOX 20131，RIYADDH 11455，KINGDOM OF SAUDI ARABIA

BENEFICIARY ＊59：ABC INTERNATIONAL TRADE CORPORATION LIMITED

56 DONG TING ST. WUHAN 430014，CHINA，

FAX：027－8281－1135

AMOUNT ＊32 B：CURRENCY USD AMOUNT61.622，40

POS./NEG. TOL.（%） 39 A：10/10

AVAILABLE WITH/BY ＊41 D：ANY BANK

BY NEGOTIATION

DRAFTS AT... 42 C：AT SIGHT

DRAWEE 42 D：RJHISARIA

＊ALRAJHI BANKING AND INVESTMENT

＊CORPORATION

| | |
|---|---|
| | * RIYADH |
| | * (HEAD OFFICE) |
| PARTIAL SHIPMENTS | 43 P: PARTIAL SHIPMENTS PROHIBITED |
| TRANSHIPMENT | 43 T: TRANSHIPMENT ALLOWED |
| LOADING IN CHARGE | 44 A: ANY CHINESE PORT |
| FOR TRANSPORT TO ... | 44 B: (CIPC3%) RIYADH VIA DAMMAM PORT |
| LATEST DATE OF SHIP. | 44 C: ××0720 |
| DESCRIPT. OF GOODS | 45 A: |

ABOUT2.940 PAIRS OF MEN'S SAFETY LEATHER BOOTS. ART. NO. HP - 0724. SIZE - 40 - 45 (CIPC3% - RIYADH). ALL OTHER DETAILS AS PER BENEF S/C ××HAP10404 DATED MAY 24, 20××.

DOCUMENTS REQUIRED 46 A:

1. SIGNED COMMERCIAL INVOICE INTRIPLICATE, ORIGINAL CERTIFIED BY C. C. P. I. T. SHOWING THE BREAKDOWN OF AMOUNT AS FOLLOWS:
   F. O. B. VALUE……FREIGHT…… (IN CASE OF CFR) AND F. O. B. VALUE……FREIGHT…… INSURANCE PREM…… (IN CASE OF CIF) AND TOTAL (CFR/CIF) VALUE
2. FULL SET CLEANON BOARD MARINE BILLS OF LADING MADE OUT TO THE ORDER OF AL RAJHI BANKING AND INVESTMENT CORP. MARKED "FREIGHT PREPAID" AND NOTIFY APPLICANT, INDICATING THE FULL NAME, ADDRESS AND TEL NO. OF THE CARRYING VESSEL'S AGENT AT THE PORT OF DISCHARGE, (REGULAR/LINER VESSEL).
3. APPENDED DECLARATION TO (1) BILL OF LADING. (2) AIRWAY BILL. (3) TRUCK CONSIGNMENT NOTE ISSUED AND SIGNED BY THE OWNER, AGENT, CAPTAIN OR COMPANY OF THE VESSEL/PLANE/TRUCK, AND NOTARIZED BY NOTARY PUBLIC OR LEGALIZED BY C. C. P. I. T. STATING (1) NAME OF THE VESSEL, PREVIOUS NAME, NAME OF PLANE FLIGHT NO. NAME OF TRUCK COMPANY/TRUCK NO. (2) NATIONALITY OF VESSEL/PLANE/TRUCK. (3) OWNER OF VESSEL (IN CASE OF SEA) NAME OF PLANE/COMPANY (IN CASE OF AIR) OWNER OF TRUCK (IN CASE OF LAND). (4) THE VESSEL/PLANE/TRUCK WILL CALL AT OR PASS THROUGH THE FOLLOWING PORTS/AIRPORTS/BORDERS ENROUTE TO SAUDI ARRABIA
   ①__________②__________③__________④__________ (PLEASE LIST PORTS/AIRPORTS/BORDERS) THE UNDERSIGNED (OWNER, AGENT, CAPTAIN OR COMPANY OF THE VESSEL/PLANE/TRUCK) ACCORDINGLY DECLARES THAT THE INFORMATION PROVIDED (IN REPONSES (1) TO (4)) ABOVE IS CORRECT AND COMPLETE AND THAT THE VESSEL/PLANE/TRUCK SHALL NOT CALL AT OR ANCHOR ON ANY OTHER PORTS/AIRPORTS/BORDERS OTHER THAN THOSE MENTIONED ABOVE ENROUTE TO SAUDI ARABIA. WRITTEN ON THE ________ DAY OF ________ YEAR ________ SWORN TO BEFORE ME, ON THE ________ DAY OF ________ YEAR ________ AT ________ SIGNATURE OF VESSEL'S/PLANE'S/TRUCK'S OWNER/AGENT, CAPTAIN OR COMPANY. NOTARY OF C. C. P. I. T. (SEAL AND SIGNATURE) THIS DECLARATION IS NOT REQUIRED IF THE VESSEL/CARRIER BELONGS TO ONE OF THE NATIONAL CARRIERS OF

THE KINGDOM OF SAUDI ARABIA OR THE UNITED ARAB SHIPPING COMPANY, KUWAIT.

4. DETAILED PACKING LIST IN TRIPLICATE.
5. CERTIFICATE OF CHINESE ORIGIN ISSUED OR ATTESTED BY C. C. P. I. T. STATING THE NAME AND ADDRESS OF MANUFACTURER OR PRODUCERS AND STATING THAT GOODS EXPORTED ARE WHOLLY OF DOMESTIC ORIGIN OR, OTHERWISE THE EXPORTER SHOULD ISSUE A DECLATION APPENDED TO CERT. OF ORIGIN IN FORM NO. 2. IF THIS FORM IS APPLICABLE IT SHOULD BE LEGALIZED BY C. C. P. I. T.
6. FORM NO. 2 NAME OF SUPPLIER/MANUFACTURER ______ THE UNDERSIGNED ______ DOES HEREBY DECLARE ON BEHALF OF THE ABOVE NAMED SUPPLIER/MANUFACTUER, THAT CERTAIN PARTS OR COMPONENTS OF THE GOODS DESCRIBED IN THE ATTACHED CERTIFICATE OF ORIGIN ARE THE PRODUCTS OF SUCH COUNTRY SPECIALLY INDICATED HEREUNDER. COUNTRY OF ORIGIN ______________ PERCENTAGE OF VALUE OF PARTS __________ OR COMPONENTS RELATIVE TO __________ TOTAL SHIPMENT

(1) ______________________________

(2) ______________________________

DATED AT __________ ON THE __________ DAY OF ______________ YEAR ______________ SWORN TO BEFORE ME, THIS ______________ DAY OF ______________ YEAR ______________ SIGNATURE ______________ NOTARY SEAL OF C. C. P. I. T.

7. INSURANCE POLICY OR CERTIFICATE ISSUED IN NEGOTIABLE FORM FOR FULL CIF VALUE PLUS 10 PERCENT CLAIMING PAYABLE IN SAUDI ARABIA UNTO THE ORDER OF AL RAJHI BANKING AND INVESTMENT CORP. IRRESPECTIVE OF PERCENTAGE, COVERING THE FOLLOWING RISKS AS PER INSTITUTE CARGO CLAUSES TO FINAL WAREHOUSE IN RIYADH.

(1) ALL MARINE, AND LAND RISKS.

(2) WARS, STRIKES, RIOTS AND CIVIL COMMOTIONS WITH EXTENDED COVER.

INSURANCE POLICY OR CERTIFICATE SHOULD BE APPENDED BY A DECLARATION SIGNED BY THE INSURANCE COMPANY SHOWING...

(1) NAME OF ITS INSURANCE COMPANY.

(2) ADDRESS OF ITS PRINCIPAL OFFICE.

(3) COUNTRY OF ITS INCORP. CERTIFYING THAT THE SAID COMPANY HAS A DULY QUALIFIED AND APPOINTED AGENT OR REPRESENTATIVE IN SAUDI ARABIA STATING HIS FULL NAME AND ADDRESS.

ADDITIONAL COND. 47 A:

1. PAYMENT UNDER RESERVE OWING TO DISCREPANTCIES WITHOUT OUR PRIOR APPROVAL IS STRICTLY FORBIDDEN.
2. ALL DOCUMENTS SHOULD BE MANUALLY SIGNED.
3. DOCUMENTS ISSUED PRIOR TO THE DATE OF ISSUANCE OF CREDIT NOT ACCEPTABLE.
4. TRANSPORT DOCUMENTS ISSUED BY FREIGHT FORWARDER NOT ACCEPTABLE.
5. CHARTER PARTY/SHORT FORM BILL OF LADING NOT ACCEPTABLE.

6. COST ADDITIONAL TO THE FREIGHT AS SHOWN INARTICLE 26C NOT ACCEPTABLE.

7. TRANSHIPMENT SUBARTICLE 20C AND D IS NOT ACCEPTABLE.

8. INCASE OF CONTAINER SHIPMENT…

+ NOS. OF CONTAINERS AND NOS. OF PAKAGE IN EACH CONTAINER SHOULD BE DECLARED ON B/L.

+ BENEFICIARY MUST PUT A STRONG STICKER/LABEL INSIDE THE DOOR OF CONTAINER STATING THE NAME AND ADDRESS OF OPENER. TEL. COMMODITY DESCRIPTION AND MODE OF PACKING. AND PACKING LIST MUST EVIDENCE SAME.

9. ALL NEGOTIATIONS MUST BE ENDORSED ON THE ORIGINAL COPY OF THIS L/C.

10. A FLAT FEE OF USD 50.00 (US DOLLARS FIFTY) OR EQUIVALENT WILL BE DEDUCTED FROM EACH SET OF DISCREPANT DOCUMENTS PRESENTED TO US.

11. ORIGINAL SHIPPING DOCUMENTS TO BE SENT DIRECTLY BY DHL/COURIER TO OUR AL BATHA BR, NO. 106 P. O. BOX28RIYADH 11411 K. S. A. TEL. 4121224 ATTN. L/C DEPT.

12. PACKING – 12 PAIRS EACH CARTON. PACKING LIST MUST EVIDENCE THE SAME.

13. INVOICE MUST INDICATE THAT GOODS COUNTRY OF ORIGIN HAS BEEN CLEARLY SHOWN ON ALL GOODS.

14. QUANTITY AND AMOUNT TO READ AS ABOUT.

15. MULTIMODAL TRANSPORT DOCUMENTS ACCEPTABLE.

16. ONLY ORIGINAL COMM' L INVOICE, CERTIFICATE OF ORIGIN AND DECLARATION TO BE CERTIFIED BY C. C. P. I. T. ONLY.

17. A COMMISSION OF 3 PERCENT PAYABLE TO THE APPLICANT WILL BE DIRECTLY DEDUCTED FROM THE INVOICE VALUE AT NEGOTIATION.

DETAILS OF CHARGES 71 B：ALL CHARGES AND COMMISSIONS OUTSIDE K. S. A. INCLUDING COURIER AND REIMB. CHERGES ARE ON BENF'S ACCOUNT.

CONFIRMATION　　*49：WITHOUT

INSTRUCTIONS　　79：

WE WILL CREDIT THE NEGOTIATING BANK A/C AT ANY BANK OF THEIR CHOICE SEVEN WORKING DAYS FROM THE DATE OF RECEIVING YOUR TESTED TELEX/AUTHENTICATED SWIFT BY US STATING L/C NO. AMOUNT. VALUE DATE. DHL/COURIER NO, AND DATE SHIPPING DETAILS, AND THAT ONE SET OF ORIGINAL DOCUMENTS HAVE ALREADY BEEN DESPATCHED BY AIR MAIL AND THAT ALL TERMS AND CONDITIONS HAVE BEEN COMPLIED WITH THE NEGOTIATING BANK TELEX/SWIFT (OTHER THAN ADVISING BANK) SHOULD ALSO CONFIRM THAT ALL CHARGES OF ADVISING BANK HAVE BEEN PAID.

SEND. TO REC. INFO. 72：THIS L/C IS UNRESTRICTED.

TRAILER　　ORDER IS <MAC：> <PAC：> <LNC：> <CHK：>

<TNG：> <TPDE：>

MAC：35OB5487

CHK：7FOIEB45A503

HOB

## （二）信用证主要内容的翻译

开证银行：　　　　　　　　　　　　　　＊ALRAJHI 投资银行
＊利雅得
＊（总行）

合计次序　　　　　　＊27：一共一页，此为第一页。
跟单信用证的类别　　＊40 A：不可撤销
跟单信用证的号码　　＊20　：××TF0115304009
开立日期　　　　　　31 C：20××年06月01日
适用的（国际）惯例　＊40 E：最新版本的跟单信用证统一惯例（UCP）和跟单信用证项下银行间偿付统一规则（URR）。
截　止　　　　　　　31 D：截止日期：20××年08月15日；截止地点：中国。
申请人　　　　　　　＊50：AL TURAIKI EST. 贸易公司
沙特阿拉伯王国利雅得市 ALSWAILIUM STREET，DEIRA 街
邮政信箱：20131
邮政编码：11455
受益人　　　　　　　＊59　：ABC 国际贸易股份有限公司
中国武汉市洞庭街56号
邮政编码：430014
传真：027-8281-1135
总　值　　　　　　　＊32 B：货币类别：美元；总价值：61，622.40 美元。
增加或减少的幅度（%）39 A：10%
兑　用　　　　　　　＊41 D：兑用银行：任何银行；
兑用方式：　议付。
汇票的付款期限　　　42 C：即期
付款人　　　　　　　42 D：RJHISARIA（此为“ALRAJHI 投资银行”的电讯代码）
＊ALRAJHI 投资银行
＊利雅得
＊（总行）
部分装运　　　　　　43 P：不允许部分装运
转　运　　　　　　　43 T：允许转运
装运港　　　　　　　44 A：任何中国港口
目的地　　　　　　　44 B：（CIPC3%）利雅得经由达曼港中转
最迟装运时间　　　　44 C：20××年07月20日
货物描述　　　　　　45 A：

大约2，940双男式安全皮靴，货号：HP-0724，鞋码：40-45（CIPC3%利雅得）。其他详情参见受益人在20××年05月24日签署的第“××HAP10404”号销售确认书。

所需单据　　　　　　46 A：

1. 经过签署的商业发票一式三份，其中的正本需要经过中国国际贸易促进委员会（CHINA COUNCIL FOR THE PROMOTION OF INTERNATIONAL TRADE，缩写“CCPIT”；以下简称“中国贸促会”）证实。发票上需要列明以下明细：

F. O. B. 价值__________运费__________（如果价格系 CFR 的话）或者 F. O. B. 价值__________运费__________保险费__________（如果价格系 CIF 的话）以及（CFR/CIF）总价值。

2. 全套清洁的已装船的海运提单，抬头人做成“凭 ALRAJHI 投资银行指定”（TO THE ORDER OF AL RAJHI BANKING AND INVESTMENT CORP.）。提单上注明“运费已付”（FREIGHT PREPAID）并通知申请人。提单上需要列明船舶承运人在卸货港代理人的详细名称、地址以及电话号码，并且注明为“班轮运输”。

3. 由船东、代理人、船长或船公司/航空公司/卡车运输公司签署的，并由公证机构公证或由中国贸促会认证的（1）提单（2）空运运单或（3）卡车收据的附带声明。注明：（1）船名、以前船名/飞机航班号码/卡车运输公司的名称以及卡车号码；（2）载货船舶/飞机/卡车的国籍；（3）船东（如果系海运的话）/飞机及航空公司（如果系空运的话）/卡车运输公司（如果系汽车运输的话）的名称；（4）载货船舶/飞机/卡车将在运往沙特阿拉伯的途中停靠或经过下列港口/机场/边境站：

①______________②______________③______________④______________（请列明港口/机场/边境站名称）。本单据的签署人（船东、代理人、船长或船公司/航空公司/卡车运输）声明：以上信息（从第（1）条到第（4）条）正确、完整，而且载货船舶/飞机/卡车将在运往沙特阿拉伯的途中不会再停靠除了上述港口/机场/边境站以外的其他任何港口/机场/边境站。

签署日期__________年__________月__________日

证实日期 __________年__________月__________日

签署地点 __________

签署人签字盖章

中国贸促会签字盖章

如果载货船舶/承运人属于沙特阿拉伯王国国家运输公司（THE NATIONAL CARRIERS OF THE KINGDOM OF SAUDI ARABIA）或者属于科威特阿拉伯联合运输公司（THE UNITED ARAB SHIPPING COMPANY，KUWAIT），则上述提单/空运运单/卡车收据附带声明就不需要出具。

4. 内容翔实的装箱单一式三份。

5. 原产地证明书由中国贸促会签署或证实，证书上列明生产商的名称和地址，证明该批出口商品全部出自本国原产，否则，出口商就需按照下述的“格式二”出具一份原产地证明书的附带声明，而且如果该份声明适用的话，它还得经过中国贸促会认证。

6. 格式二：供货商/生产商的名称______________本单据签署人 ______________ 代表上述供货商/生产商特此声明：该原产地证明书的附带声明上所列明的本批商品的某些部件/成分产自以下国家：

原产国______________部件价值的比率 ______________或者相关成分达到全部货物价值的比率______________。

（1） ____________________________________

（2） ____________________________________

签署日期__________年__________月__________日

证实日期 __________年__________月__________日

签署地点 _______

签署人签字盖章

中国贸促会签字盖章

7. 保险单或者保险凭证开具成可转让的格式，按照足额的 CIF 价值再加成 10%，声明可在沙特阿拉伯理赔，保险单据的抬头做成“凭投 AL RAJHI 投资银行指定”（UNTO THE ORDER OF AL RAJHI BANKING AND INVESTMENT CORP.），不计算免赔率，按照伦敦协会货物险条款投保以下险别，而且一直负责到目的地利雅得的仓库：

（1）海运和陆运一切险；

（2）战争险和罢工、民变险（SRCC）作为附加险别。

保险公司还应出具一份保险单或者保险凭证的附带声明，并在该份声明上注明__________：

（1）该保险公司的名称；

（2）该保险公司总部的地址；

（3）该保险公司的国籍。证实该保险公司在沙特阿拉伯具有正式指定的代理人或代表，并且注明其代理人或代表的详细名称和地址。

附加条件　　47 A：

1. 不经过开证行的事先同意而凭带有不符点单据有保留性质的支付将绝对不允许。

2. 所有的单据都应该手签。

3. 其签发日期先于本信用证开立日期的单据将不予接受。

4. 由运输行（FREIGHT FORWARDER）签署的运输单据将不予接受。

5. 租船合同提单（CHARTER PARTY BILL OF LADING）/简式提单（SHORT FORM BILL OF LADING）将不予接受。

6.（运输单据上列明的）除了运费以外的诸如 UCP600 第 26 条 C 款一类的费用将不予接受。

7.（运输单据上列明的）诸如 UCP600 第 20 条 C 款和 D 款一类的转船条款将不予接受。

8. 如果货物系集装箱运输……

+提单上必须列明集装箱的号码以及每个集装箱所装载的货物的外包装的件数。

+受益人必须在集装箱的门里面加贴一张牢固的胶贴/标签，上面注明开证人的名称和地址、电话号码、商品名称以及包装方式，而且必须在装箱单上证明此类情况。

9. 每一次议付都必须在该信用证正本的背面背书。

10. 每套具有不符点的单据一律收取（A FLAT FEE）50.00 美元或等值于 50 美元的费用，并且直接从单据金额中扣减。

11. 正本运输单据直接用敦豪快递公司（DHL）/快递（COURIER）寄达开证行的分行“AL BATHA BR, NO. 106 P. O. BOX28 RIYADH 11411 K. S. A. TEL. 4121224 ATTN. L/C DEPT.”。

12. 外包装：每 12 双皮靴装进一个纸箱，而且装箱单上必须如此证明。

13. 发票上必须注明每件商品上都已经清楚地标明了本商品的原产国家的名称。

14.（本信用证规定上的）数量和总价值均可以增加或减少 10%。

15. 多式联运单据可以接受。

16. 仅限于正本商业发票、正本原产地证明书以及正本（运输单据、原产地证明书和保险单据）声明需要经过中国贸促会证实。

17. 支付给申请人的 3% 的佣金将在议付时直接从发票金额中扣减。

费用划分　　71 B：发生在沙特阿拉伯王国（K. S. A.）以外的全部费用和佣金，包括快递和偿付费用（REIMBURSING CHERGES）在内，都由受益人承担（BE ON BENNFICIARY'S

ACCOUNT)。

保兑　　　　　　　　　　*49：不予保兑

（开证行）对（相关）银行的指示　79：

我行将在收到议付行经过核实密押（密码）的电传（TESTED TELEX）/电讯（AUTHENTICATED SWIFT）（的索偿函件）以后的7个银行工作日以内按照议付行的指示给予偿付（CREDIT THE NEGOTIATING BANK A/C AT ANY BANK OF THEIR CHOICE）。（该索偿函件）需注明本信用证的号码、总金额、起息日（VALUE DATE）、敦豪快递公司/快件号码、日期以及发送详情。该函件还需注明一套正本信用证单据已经使用航空寄出，而且，所有（单据内容）都与（本信用证规定的）条款和条件相符；议付行（而不是通知行）（OTHER THAN ADVISING BANK）还需用电传/电讯确认全部（本信用证项下）的通知费都已经付讫。

开证行对相关银行的提示　　72：本信用证为自由议付信用证（UNRESTRICTED NEGOTIATION L/C）。

## 二、信用证修改

修改信用证在实际工作中是经常发生的事情。由于上面的信用证在正式开立之前，申请人（进口商）就将开证申请书发送给受益人（出口商）审查过了，因此，该信用证没有出现修改的情况。

下面，为了让读者认识、了解一下信用证修改（L/C amendment，以前也叫“信用证修改书”），我们另外找到一份与上述进出口业务无关的其他买卖下的信用证修改做全文展示，并附上其中的主要内容的翻译。

### （一）信用证修改原文

MESSAGE ALREADY PRINTED：NO722377 - 1

I AM MESSAGE IDENTIFIER：AEC8C7CEF193DD13

---

OWS7651 AUTH OK. 03，BKCHCNBJ ARNBSARI RECORD

---

- - - >MRN：D61AWH0100024199 IN QUEUE SWOUTQ ××-06-10-09. 20. 29. 470007 < - - -

AMENDMENT TO A DOCUMENTARY CREDIT

F01　LT：　　BLCHCNBJA61A　　SESSION　：8212　　OSN：605239
BANK OF CHINA
WUHAN
1021 ZHONGSHAN AVENUE

MESSAGE TYPE　：707　　SENDERS SESSION　：5430 SENDERS ISN：053612
ORIGIN　LT　：ARNBSARIAXXX　　INPUT TIME　：1255　　DATE：××0607
ARAB NATIONAL BANK
RIYADH

KING FAISL STREET NORTH MURABA

PRIORITY : N OUTPUT TIME : 1756 DATE：××0607

BANKING PRI : MUR : 16990

SENDER'S REFREENCE 20：××IM33689TOC

RECEIVER'S REFERENCE 21：NONREF

DATE OF AMENDMENT 30：××0607

BENEFICIARY（BEFORE AMENDMENT） 59：/

HUBEI PROVINCIAL ANIMAL BY PRODUCTS IMP. AND EXP. CORP.，

56 DONGTING STREET，WUHAN，CHINA

FAX. 86－27－8281－1135

DECREASE OF DOCUMENTARY * CURR. * AMOUNT

CREDIT AMOUNT 33B：USD 1.840，

NEW DOCUMENTARY CREDIT * CURR. * AMOUNT

AMOUNT AFTER AMENDMENT 34B：USD 13.938，

NARRATIVE 79：

(×) NEW QTY/AMT/DESCRIPTION OF GOODS TO BE AS FOLLOWS：

MENS VELVET SHOES ART. 9504 QTY. 1212 DZ. PRS UNIT PRICE USD 11.50/DZ. PRS TOTAL AMOUNT USD 13938.00

(×) UNDER DESCRIPTION OF GOODS DELETE（BRAND STRONG EAGLE）.

(×) OUR AMENDMENT CHARGES ON BENEF'S A/C.

THEREFORE，AT NEGOTIATION DATE PAY TO BENEFICIARY DRAFT AMOUNT LESS USD50.00

TRAILER : MAC：B066FF5A

CHK：OEDF0430FFA2

－－－－－－－－－－－－－－－－> END OF MESSAGE <－－－－－－－－－－－－－－－－

## （二）信用证修改主要内容的翻译

……

原信用证开证行： 阿拉伯国家银行

利雅得（分行）

地址：KING FAISL STREET NORTH MURABA

……

原信用证号码 20：××IM33689TOC

通知行编号 21：没有编号

修改日期 30：××0607（20××年6月7日）

受益人（修改之前的） 59：/

湖北省畜产进出口公司

地址：56 DONGTING STREET，WUHAN，CHINA
传真：86－27－8281－1135
（将原）跟单信用证　　　＊货币名称 ＊金额
金额减少　　　33B：　USD　1.840，（USD1，840.00）
修改以后的信用证　　　＊货币名称 ＊金额
新金额　　　34B：　USD　13.938，（USD13，938.00）
（信用证）修改内容　　79：
（×）新数量、新总金额及新商品描述修改如下：
男式平绒鞋，货号：9504，数量：1，212 打，单价：每打 11.50 美元，总金额：USD 13，938.00。
（×）在商品描述中删除“雄鹰牌”商标。
（×）本信用证修改的费用由受益人承担。
因此，银行在向受益人议付时，（直接）在汇票金额中扣除 50 美元。
……

说明：

上面的信用证以及信用证修改原文中出现了不少英语缩写，这可能会给读者的理解带来一定程度的障碍，现在将其中主要的缩写词语列表解释如下：

**表 7－3　本信用证中出现的主要英文缩写解释一览表**

| 序号 | 英文缩写 | 英文全称 | 词语汉译 |
|---|---|---|---|
| 1 | MSG | Message | 信用证、信函 |
| 2 | FUNC | Function | 功能 |
| 3 | REF | Reference Number | 编号 |
| 4 | DOC. CREDIT | Documentary Letter of Credit | 跟单信用证 |
| 5 | UCP | Uniform Customs and Practice for Documentary Credits | 跟单信用证统一惯例 |
| 6 | URR | Uniform Rules for Bank－to－Bank Reimbursement on Documentary Credits | 跟单信用证项下银行间偿付统一规则 |
| 7 | POS | positive | 增加 |
| 8 | NEG | negative | 减少 |
| 9 | TOL | tolerance | 幅度 |
| 10 | DESCRIPT | description | 描述（名称） |
| 11 | ART. NO. | Article Number | 货号 |
| 12 | BENEF | beneficiary | 受益人 |

表7-3续表

| 序号 | 英文缩写 | 英文全称 | 词语汉译 |
|---|---|---|---|
| 13 | C. C. P. I. T. | China Council for the Promotion of International Trade | 中国国际贸易促进委员会 |
| 14 | CORP | corporation | 公司 |
| 15 | TEL NO. | Telephone Number | 电话号码 |
| 16 | CERT | certificate | 证明 |
| 17 | B/L | Ocean / Marine Bill of Lading | 海运提单 |
| 18 | L/C | Letter of Credit | 信用证 |
| 19 | DHL | Adrian Dalsey，Larry Hillblomand Robert Lynn | 敦豪国际航空快递有限公司 |
| 20 | BR | branch | 分公司 |
| 21 | K. S. A. | Kingdom of Saudi Arabia | 沙特阿拉伯王国 |
| 22 | ATTN | Attention to | 由……亲收 |
| 23 | DEPT | department | ……部门 |
| 24 | COMM'L | Commercial | 商务（业）的 |
| 25 | REIMB | reimbursement | 偿付 |
| 26 | A/C | current account / account | 往来账户 |
| 27 | SWIFT | Society for Worldwide Interbank Financial Telecommunications | 全球银行金融（财务）电讯协会 |
| 28 | NONREF | There is no reference number | 没有（或不知道）编号 |
| 29 | CURR | currency | 货币（名称） |
| 30 | QTY | quantity | 数量 |
| 31 | DZ | dozen | 打 |
| 32 | PRS | pairs | 双 |
| 33 | DZ. PRS | dozen of pairs | 以双为基数的打数 |

在国际商务英语中，经常会夹杂不少英文缩写。这些缩写，有些是常见的，业内人士一般都知晓；而有些则很生僻，其中有的勉强可以猜测出大致的意思，有的需要根据上下文推敲，但有的却很难弄明白，必须直接去向对方咨询。关于国际商务英语中的英文缩写问题，作者的观点是：

（1）我们自己尽可能多地掌握一些缩写词汇。知识和信息对于人生，就好比"韩信将兵，多多益善"。形形色色的英文缩写，无论其作用大小，都属于"知识和信息"的范畴，掌握得多了，就会给我们的工作、学习和生活带来很多便利。

（2）我们在行文时应尽量避免使用英文缩写。文字写出来主要是给别人看的，当然希望别人都能够读懂。由于环境、历史、文化、风俗习惯以及经历等诸多因素的差异，自己知晓的东西别人不一定也知道。为了减少别人在阅读理解上的困难，避免发生意思上的误解和错判，我们应该想方设法把文字写得通俗、简朴、直观、可读，一目了然。因为我们行文的目的并不是要向读者炫耀自己的学识和才华，更不是在读者面前“卖关子”，让读者犯难，而是要让读者顺畅地接受有益的知识和信息。具体到“英文缩写”上，除了那些写出来确信读者都清楚明白的通用缩写可以适当地使用一些以外，那些半生僻和生僻的缩写应该完全杜绝。

（3）对于那些自己不懂或吃不准的缩写，我们一定要向别人请教。知识的海洋浩瀚无边无际，而人生之所以总是处在“学习”之中，就是因为我们不可能什么都知道。因此，“不知”并不等于“无知”，“不知”也并不可羞可臊，它正说明我们需要学习。我们在实际工作中遇到不认识的英文缩写词汇时，最简单的办法就是向专家学者请教；如果专家学者也无法解答，必要时还可以直接向行文的人讨教。这里需要力戒两点：①毫无根据地胡乱猜测；②不下工夫也不请教，保持“不知”的状态。这两种做法都是极不负责任的，这种消极态度对于我们的工作和学习有百害而无一利。

## 三、注意事项

（1）卖方在收到信用证或者预付款之前，一般不能急于安排合同货物的生产和加工，因为买卖合同在通常情况下并不是真正意义上的对于买卖双方具有约束力的法律文件。特别是那些通用性较差，敏感性、季节性、时令性较强，不宜久存的货物，更需要等收到客户的信用证或者预付款项以后才能开始备货或生产加工，以防止买方在签约以后又因某些市场或经济原因不履约，甚至毁约的情况发生。

（2）在买卖合同签署以后，卖方对于买方在开立信用证环节上给予适当的提示和催促是很有必要的。如果是新客户，卖方可将出口人的详细名称和地址、买卖合同的编号、受益人的联系电话以及出口人往来银行的详细名称、地址、电话、电传、电讯代码等传真给买方，同时建议买方提示对方银行尽量选择出口人的往来银行作为该信用证的通知行和指定银行。这些传真资料一定不要随便用手写，手写很容易出现笔误或造成对方误判，最终影响办事效率。我们之所以要求将出口人的名址重新告知买方，这主要是为了防止客户不慎把它们搞错了，影响随后的履约工作，重复能起到提示和确认的作用。

（3）买方在开立信用证之前填写信用证开立申请书时，一定要认真考虑该进口商品的某些特性，进口国家海关对于该商品的某些特殊规定和要求，运输、保险、结算、通关等环节上的法规、惯例和要求以及在以前的进口业务中获得的经验和教训等，力求把信用证各项条款制定得全面、完整、规范、合理，不漏项，不出错。这样一是能够避免给随后的进口环节制造麻烦和障碍，给自身的经济利益带来风险；二是可以避免不必要的信用证修改，耗时、费钱、伤神、花精力。

（4）卖方在收到信用证以后，应该立即通篇研读信用证的各项条款，仔细查看信用证每一项条款的可行性和合理性。如果发现其中有某些条款无法实施，不具备可行性，或者卖方的风险损失会比较大，应该尽早向买方说明理由并要求他们修改信用证。切不可粗心大意，把信用证束之高阁，直到装运货物准备制单时才发现问题并仓促应对解决。

（5）在“修改信用证条款”这一问题上，“理论”和“实际”往往会存在一定的差别。在理论上，特别是大家参加社会上的各种职业资格考试的时候，必须严格按照买卖合同的条款逐条对照检查信用证的每一个条款。只要信用证条款与买卖合同条款不相符，考生都必须明确指出，并且详细说明应该如何修改。绝对不能漏项，否则就要被扣分。这是由考试的性质所决定的，它的主要目的仅在于考查考生的理论功底和基本功是否扎实，而不在于“跟具体的实际工作的客观需要相符与否”。而在实际工作中，外销员在审查信用证条款时，即使明知有些信用证条款与买卖合同条款不相符、有冲突，也不一定会要求买方修改这些条款，因为他要从实际需要的全局出发，审时度势，在综合考虑、分析之后再作出是否修改这些信用证条款的决定。需要综合考虑的因素主要包括以下几点：①条款对于受益人（卖方）来说风险的大小；②受益人实际履行的难度；③在信用证里出这些难题的目的到底是“防范”还是“陷阱”；④买方及开证银行的信誉以及买卖双方合作关系的亲疏程度；⑤所售商品当前的市场行情。

## 第四节　同步训练

认真阅读和理解以下信用证条款，然后对照第六章同步训练中的买卖合同条款及相关的国际惯例，解决信用证后面所列出的诸项问题。

特别说明：以下信用证单据信息由作者的好友赵瑞芳女士友情提供，赵老师也是从事国际贸易一线工作多年的专家，并且曾经多次无偿向作者提供国贸专业性的咨询和帮助。当然，为了有效保护相关外贸企业的商业秘密，作者对其中的敏感信息作了适当的处理。

20××NOV11 08：34：38　　LOGICAL TERMINAL E201

MT_ S780　　ISSUE OF DOCUMENTARY CERDIT　　PAGE 00001

FUNC MSG700

MSGACK　DWS7651 AUTH OK，KEY DIGEST，BKCHCNBJ POALILIT RECORD

BASIC HEADER F　01 BKCHCNBJA600 1575 839404

APPLICATION HEADER　0 700 1615××0817 POALILITAXXX 5123 798162 ××1108 2215 N

＊ BANK HAPOALIM B. M.

＊ TEL－AVIV

USER HEADER　SERVICE CODE　103：

BANK PRIORITY　113：

MSG USER REF.　108：791－01－002521－8

INFO. FROM CI　115：

SEQUENCE OF TOTAL　＊27　：1／1

FORM OF DOC. CREDIT　＊40 A：IRREVOCABLE

DOC. CREDIT NUMBER　＊20　：791－01－002521－8

DATE OF ISSUE31 C：××1108

APPLICABLE RULES　＊40 E：UCPURR LATEST VERSION

/

EXPIRY　31 D：DATE××0105 PLACE CHINA

APPLICANT　＊50　：UNIDRESS TADMIT LTS，

9 KATZENSTEIN ST.

26000 HAIFA－BAY

ISRAEL

BENEFICIARY　＊59　：　/16459108091001

WUHAN TEXTILE IMPORT AND EXPORT CORPORATION LIMITED

UNIT B，$15^{TH}$ FLOOR，INTERNATIONAL TRADE BUILDING，NO. 214，XINHUA ROAD，

WUHAN 430021，CHINA

AMOUNT　＊32 B：CURRENCY USD AMOUNT 85. 001，28

POS. / NEG. TOL.（%）39 A：5／5

AVAILABLE WITH / BY　＊41 A：BKCHCNBJ 600

＊BANK OF CHINA

＊HANKOU

＊（HUBEI BRANCH）

BY DEF PAYMENT

DEFERRED PAYMENT 42 P：PAYMENT TO BE EFFECTED AT 90 DAYS

AFTER TRANSPORT DOC. DATE

PARTIAL SHIPMENTS 43 P：PARTIAL SHIPMENTS PERMITTED

TRANSHIPMENT 43 T：TRANSHIPMENT NOT PERMITTED

PORT OF LOADING/AIRPORT

OF DEPARTURE 44 E：CHINESE PORT

PORT OF DISCHARGE/AIRPORT OF DEPARTURE

44 F：HAIFA PORT

LATEST DATE OF SHIP. 44 C：××1215

DESCRIPT OF GOODS 45 A：GARMENTS

AS PER PROFORMA INVOICE NO. PRF－WHT－UTL6230 DATED 7，OCTOBER，20××

TERMS：FOB CHINESE PORT，INCOTERMS 2010

DOCUMENTS REQUIRED46 A：

＋ ORIGINAL COMMERCIAL INVOICE HAND SIGNED BY THE BENEFICIARY IN 4 COPY（IES）CERTIFYING THAT GOODS ARE OF CHINESE ORIGIN AND STATING THAT GOODS ARE OF FIRST QUALITY，MADE IN CHINA AND THAT HEBREW LABELS INDICATING APPLICANT'S DETAILS AND WASHING CARE LABELS WERE ATTACHED TO GOODS.

＋3/3 ORIGINAL PLUS 3 NON NEGOTIABLE COPIES OF CLEAN "SHIPPED ON BOARD" MARINE BILLS OF LADING MADE OUT TO THE ORDER OF BANK HAPOALIM B. M. MARKED NOTIFY APPLICANT，FREIGHT PAYABLE AT DESTINATION，SPECIFYING THE FOLLOWING ARABIAN UNLOADING CLAUSE：IN VIEW OF THE DANGER OF CONFISCATION，WARRANTED VESSEL NOT TO CALL AT PORTS AND NOT TO ENTER THE TERRITORIAL WATERS OF ANY ARAB COUNTRIES BELLIGERENT TO THE STATE OF ISRAEL AND/OR ACTIVELY SUPPORTING THE ARAB BOYCOTT，PRIOR TO UNLOADING AT PORT OF DESTINATION UNLESS IN DISTRESS OR SUBJECT TO FORCE MAJEURE［全套（3份正本）再加上3份副本清洁、已装船的海运提单，以"TO THE ORDER OF BANK HAPOALIM B. M."为抬头，通知开证申请人，注明运费到付。(另外,）提单上需要列明以下阿拉伯卸货条款："鉴于货物存在被没收的风险，除非遭遇了灾难或者发生了不可抗力事件，载货船舶在目的港卸货之前不得驶入任何与以色列政府交战及/或积极支持阿拉伯联合抵制以色列政府国家的领海，不得停靠那些国家的港口。"］

＋ PACKING LIST IN 4 FOLD（S）.

ADDITIONAL COND. 47 A：

＋ THE GOODS TO BE SHIPPED IN A 20' GP CONTAINER.

＋ OUR DISCREPANT DOCUMENTS FEES，IF ANY，FOR USD 60 PLUS SWIFT CHARGES FOR USD 15 EACH（OR EQUIVALENT AMOUNT IN L/C CURRENCY）ARE FOR BENEFICIARY'S ACCOUNT.

＋ PLEASE BE ADVISED THAT WE ARE WILLING TO DISCOUNT FULLY CONFORMING DOCUMENTS PRESENTED UNDER THIS LETTER OF CREDIT AT LIBOR RATE（伦敦同业银行资金拆借利率）PLUS 0.9 PERCENT P. A.（私人账户 private account）PLUS USD100 OUR

FEES. A. M. （上述 above mentioned） RATE IS VALID UNTIL 05. 01. × ×， IF ACCEPTABLE， KINDLY ADVISE US AND WE SHALL QUOTE YOU THE PREVAILING DISCOUNT PRICE AND SEND YOU THE DOCUMENTS NECESSARY FOR IMPLEMENTATION OF THE DISCOUNT.

DETAILS OF CHARGES　　71 B：　ALL BANKING CHARGES OUTSIDE IARAEL INCL YOUR SWIFT/TELEX/MAIL/COURIER ARE FOR BENEFICIARY'S ACCOUNT.

CONFIRMATION　　*49：WITHOUT

REIMBURSING BANK　　53 A：IRVTHOUT
*BANK OF NEW YORK
*NEW YORK， NY

INSTRUCTIONS　　78：

UPON PRESENTATION OF DOCS YOU ARE REQUESTED TO ADVISE US BY SWIFT MT750/MT754 AMOUNT AND VALUE DATE OF YOUR CLAIM， NAME OF VESSEL AND B/L NO. AND DATE.

DOCS MUST BE SENT BY COURIER TO BANK HAPOALIM FOREIGN TRADE OPS. CENTER 40. HAMASGER STREET TEL AVIV 61620 ISRAEL. EACH REMITTANCE LETTER MUST INDICATE OUR L/C NO. AND THE ADVISING BANK REF. NO.

SEND. TO REC. INFO.　　72：PLEASE ACKNOWLEDGE RECEIPT OF THIS L/C BY MT730/ TESTED TELEX/PHONBEN/086 278365128 ATTN：MR. MICHAEL SU

TRAILER　　ORDER IS < MAC： > < PAC： > < ENC： > < CHK： > < TNG： > < PDE： >
MAC：081C584C
CHK：83C6C8EC1C41

20 × ×NOV20 08：37：14　　LOGICAL TERMINAL E201
MT S707　　AMENDMENT TO A DOCUMENTARY CREDIT　　PAGE 00001
FUNC MSG700
MSGACK　DWS7651 AUTH OK， KEY DIGEST， BKCHCNBJ POALILIT RECORD
BASIC HEADER F　01 BKCHCNBJA600 1582 933538
APPLICATION HEADER　0 700 1452 × ×1127　POALILITAXXX 5161 879191 × ×1127 2052 N
*　BANK HAPOALIM B. M.
*TEL – AVIV

USER HEADER　　SERVICE CODE　103：
BANK. PRIORITY　113：
MSG USER REF.　108：791 –01 –002521 –8
INFO. FROM CI　115：

SENDER'S REF.　　*20：108：791 –01 –002521 –8
RECEIVER'S REF.　　*21：AD60007Y03963
DATE OF ISSUE　　31 C：× ×1108
DATE OF AMENDMENT　　30：× ×1127
BENEFICIARY　　*59：　/16459108091001

WUHAN TEXTILE IMPORT AND EXPORT CORPORATION LIMITED
UNIT B, $15^{TH}$ FLOOR, INTERNATIONAL TRADE BUILDING, NO. 214, XINHUA ROAD,
WUHAN 430021, CHINA

NEW DATE OF EXPIRY 31 E：××0216
LATEST DATE OF SHIP. 44 C：××0126
NARRATIVE 79：+ THE L/C IS SUBJECT TO UCP 600
SEND. TO REC. INFO. 72：KINDLY NOTE THAT CHARGE FOR THIS AMENDMENT ARE ON BENEFICIARY'S A/C. UPON UTILIZATION WE SHALL DEDUCT THE AMOUNT OF USD324. 28
TRAILER ORDER IS <MAC：> <PAC：> <ENC：> <CHK：> <TNG：> <PDE：>
MAC：17BFEF47
CHK：D30C0A718B6B

同步训练要求：

（1）根据信用证条款，代表申请人填写以下信用证开立申请书（表7－4）（不考虑信用证修改条款中的因素）。

（2）你认为以上信用证条款中哪些内容需要修改？请你代表受益人向申请人草拟一份要求修改信用证条款的邮件（不考虑信用证修改条款中的因素）。另外，此前的订单、买卖合同以及形式发票上使用的价格术语都是 CIF，而买方此次开立的信用证上使用的却是 FOB。这种变化并没有给卖方带来任何损失或麻烦。作者认为，卖方按 FOB 去履行就可以了，不用要求对方因此修改信用证。不过，为了稳妥起见，卖方有必要事先给买方发一个函，特别提醒他信用证的贸易术语与买卖合同的术语具有很大的变化，顺便让他确认一下这样会更好一些。

（3）填写表7－5。

**表7－4 跟单信用证申请书**

APPLICATION FOR IRREVOCABLE DOCUMENTARY CREDIT

TO. Date

Please establish by □ SWIFT □ telex □ airmail an irrevocable credit as follows：

| | |
|---|---|
| Advising Bank：（to be left for bank to fill in） | （20）Irrevocable Documentary Credit No.<br>（31D）Expiry Date and Place |

表 7－4 续表 1

<table>
<tr><td>(50) Applicant: (full name and detailed address)</td><td>(59) Beneficiary: (full name and detailed address)</td></tr>
<tr><td colspan="2">(32B) Currency code, Amount (both in figures and words)<br>(39A) Quantity and Credit amount tolerance ______ %</td></tr>
<tr><td colspan="2">(41A) Credit available with □ any bank □ Issuing Bank □<br>By □ Negotiation □ Acceptance □ Sight Payment □ Deferred Payment at</td></tr>
<tr><td colspan="2">(42C) Draft at ______ for ______% of invoice value</td></tr>
<tr><td colspan="2">(42A) Drawn on</td></tr>
<tr><td>(43P) Partial shipments□ allowed □not allowed</td><td>(43T) Transhipment □allowed □not allowed</td></tr>
<tr><td>(44A) Loading on board from</td><td>(44B) For transportation to</td></tr>
<tr><td colspan="2">(44C) Latest date of shipment date</td></tr>
<tr><td colspan="2">(45A) Description of Goods<br><br>Price Term:<br>Packing</td></tr>
<tr><td colspan="2">(45A) Documents required: (marked with ×)<br>( ) Signed Commercial Invoice in ______ indicating L/C No. and Contract No.<br>( ) ______ set of clean on board ocean Bills of Lading made out to order and blank endorsed marked "freight ______"<br>notifying□ Applicant□<br>( ) Airway Bills showing "freight □ to collect □ prepaid" indicating freight amount and consigned to □Applicant □ Issuing Bank<br>( ) Forwarding agent's Cargo Receipt<br>( ) Insurance policy / certificate in ______ for ______ % of the invoice value, showing claims payable in China in currency of the draft, blank endorsed, covering ( □Ocean Marine Transportation □Air Transportation □ Over Land Transportation) All Risks, War Risk, including ______ as per ______ clauses.<br>( ) Packing List / Weight Memo in ______ indicating quantity / gross and net weights of each package and packing conditions as called for by the L/C.<br>( ) Certificate of Quantity / Weight in<br>( ) Certificate of quality in ______ issued by □ Beneficiary □ public recognized surveyor □ manufacturer<br>( ) Beneficiary's certified copy of fax / telex dispatched to the accountee within ______ hours after shipment advising □ name of vessel B/L No. □Flight No. □wagon No. □Shipping date □ contract No. □L/C No. commodity, quantity, weight and value of shipment.</td></tr>
</table>

表7－4续表2

| |
|---|
| (47A) Additional Instructions: (marked with ×)<br>(  ) Documents issued earlier than L/C issuing date are not acceptable.<br>(  ) All documents to be forwarded in one cover, unless otherwise stated.<br>(  ) The remaining ______% of invoice value.<br>(  ) Third party as shipper is □ acceptable  □ not acceptable.<br>(  ) Other terms, if any: |
| (71B) All banking charges and interest if any outside opening bank are for account of □Beneficiary□ |
| (48) Documents to be presented within ______ days after the date of issuance of the transport document (s) but within the validity of the credit |

以上位置如果不够用请另附页说明

（以下为开证申请书背面条款）

开证申请人承诺书

________银行：（开证行）

我单位兹向贵行申请案本申请书内容（正面英文）开立不可撤销跟单信用证。为此，我单位承诺以下事项：

一、依照国际商会（ICC）第600号出版物《跟单信用证统一惯例》（UCP600）办理该信用证项下的一切事宜，并承担由此产生的一切责任。

二、遵照国家有关外贸和外汇管理的政策法规，尊重贵行有关业务审查和操作规定，及时向贵行提交符合规划要求的文件。

三、对于本笔开证业务，如贵行要求存入保证金，我单位在此授权贵行从我单位开立的账户（账号：____________________）中直接转存。对于根据其他协议可以免交保证金的，我单位将履行协议赋予我方的提供相应担保或其他有关义务。

四、贵行可以根据工作需要选择信用证的通知行、议付行及委托其他银行处理有关业务。

五、贵行对信用证项下单据表面是否存在瑕疵具有独立认定权。如贵行认定单据相符，或单据虽然存在不符点但我单位已以书面方式表示接受单据，或已将此信用证项下货物提取，我单位保证在贵行规定的时间内支付该信用证项下的款项。凡经贵行对外确认付款或承兑的信用证项下的款项，我单位不以任何理由要求贵行拒付。如我单位未能及时支付上述款项，贵行有权主动从我单位账户中扣付。如因我单位账户余额不足导致贵行垫付资金，我单位承认贵行所付资金的本息，并按贵行要求履行清偿责任。

六、在我单位未付清信用证项下全额款项或办理有效承兑前，该信用证项下单据所有权及/或单据所代表的货物所有权属于贵行。

七、贵行开立的信用证独立于任何贸易合同。如此笔信用证涉及的贸易合同出现任何纠纷或欺诈事由，我单位将首先征求贵行意见并在遵循有关国际惯例的基础上予以解决，一旦此笔信用证项下有关当事人已对外承兑、确认支付或已经付款，我单位保证不以贸易欺诈或其他事由为依据拒绝履行信用证项下的付款责任。

八、本申请书以英文填写。因我单位中文填写而产生的翻译错误及/或因申请字迹不清或词义含糊引起的责任和后果均由我单位承担。

九、信用证项下来往函电、单据等在电讯或邮递过程中发生遗失、延误、错漏以及由于其他不可抗力因素引起的损失和后果由我单位承担。

十、贵行开出信用证及/或发出信用证修改后，应将信用证副本及/或修改书副本送我单位核对，如有不符之处，我单位将在接到本副本后的两个工作日内与贵行接洽，如贵行未接到我单位通知，视为正确无误。

十一、本承诺书中所称信用证项下款项包括支付信用证项下货款（含信用证修改后增加额及/或国外溢装增加额）、利息、银行费用（含国外银行费用）以及弥补贵行因该信用证而承担赔偿责任所需要的外汇和人民币资金（含相关诉讼、律师费等追索费用）。

十二、除非另有声明或约定，我单位有关本信用证项下所有文件如加盖我单位公章或业务章，均视为我单位有效授权，我单位承担由此产生的一切责任。

十三、本承诺书自签字之日起生效，至偿还贵行信用证项下款项后效力终止。

十四、本申请书即为贵行与我单位开立信用证的协议，信用证一经开出，本申请书对双方均有约束力。

十五、本申请书一式两份，双方各保留一份。

开证申请人（公章或授权印鉴）：________________法定代表人或授权人：________________

开证申请人人民币账号及开户行：________________

开证申请人外汇账号及开户行：________________

联系人：________________电话：________________

担保人（如有）承诺：如开证申请人不能支付此笔信用证项下的款项，我单位承诺承担此笔信用证项下的清偿责任。

担保人（盖章）：＿＿＿＿＿＿银行受理业务签章：＿＿＿＿＿＿

**表7-5 同步训练信用证中出现的主要英文缩写解释一览表**

| 序号 | 英文缩写 | 英文全称 | 词语汉译 |
|---|---|---|---|
| 1 | DEF | | |
| 2 | PAYM | | |
| 3 | DOC（S） | | |
| 4 | COND | | |
| 5 | LIBOR | | |
| 6 | P. A. | | |
| 7 | A. M. | | |
| 8 | INCL | | |
| 9 | NY | | |
| 10 | SEND. | | |
| 11 | REC. | | |
| 12 | INFO. | | |

# 第八章　汇付和托收

**本章实训的主要目的**

（1）弄清楚汇付方式下预付款和卖方装运货物后买方汇款的程序和各自的利弊，理解汇付业务中“汇路”以及相关金融业务的概念及其含义。

（2）弄清楚“付款交单”和“承兑交单”的含义、程序和风险。

（3）理解“托收统一规则”（URC522）中的相关惯例，并回答书中提出的系列问题。

（4）掌握“托收委托书”的填写方法。

汇付（Remittance）和托收（Collection）是国际贸易实务中常用的另外两种支付方式，而且，从20世纪90年代后期以来，汇付方式的使用频率越来越高，主要原因是汇付的收付手续特别简便，对于买卖双方来说都特别方便、快捷，银行费用也特别低廉。而信用证支付方式却很烦琐，它对于卖方提交的单据要求很严格，灵活性很差，银行费用也比较高，因此，当买卖双方关系比较熟悉和融洽的时候，支付方式大多可改为汇付。

由于本书是以信用证的支付方式作为进出口业务程序的实训主线，所以本章的“汇付和托收”只是特别插入的附带内容，仅作为国际贸易支付方式中的“补充内容”。本章内容与其前后的章节并没有必然的衔接性，特别是与随后的章节更没有关联性，而且“汇付和托收”也不会贯穿本书进出口业务实训流程的始终。但是，在实际工作中可以根据需要使用这两种支付方式，供读者用作某些必要的借鉴和参考。

## 第一节　汇付

国际贸易实务中的汇付通常就是仅指电汇（T/T）这一种。至于汇付中的另外两种具体方式信汇（M/T）和票汇（D/D），虽然迄今它们仍然经常出现在国内相关的专业教材上，但是在实际工作中，除了在国内贸易中还经常用于非同城（异地）支付外，在跨境的国际支付中，它们早在20世纪90年代就基本上被弃用了。

## 一、汇付的两种具体做法

国际贸易实务中的汇付主要有两种具体的支付办法，一种是预付款，另一种是卖方装运货物以后买方再支付货款。下面分别加以介绍和说明。

### （一）预付款（Down Payment）

预付款方式一般方法请见如下示意图：

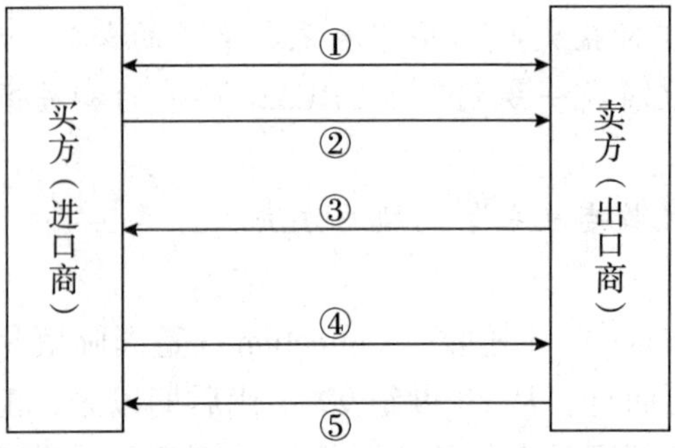


**图8－1 预付款的一般业务程序示意图**

①买卖双方签订买卖合同；
②买方向卖方预付部分货款；
③卖方在收到预付款项后装运货物，向买方发装运通知，并向买方传送主要电子单据；
④买方在核实装运信息后向卖方支付余款；
⑤卖方在收讫余款后立即向买方寄送全套纸质正本单据。

从上述示意图的支付程序中不难看出，预付款方式对卖方是非常有利的，因为：（1）预付款减少了卖方的银行利息。卖方在正式开始生产备货之前就收到了买方的部分货款，这在一定程度上解决了货源的占用资金。（2）预付款降低了卖方的出口风险。买方预付款，也在一定程度上限制了买方必须履行买卖合同，否则，买方如果违约，将白白地损失他所预付的那一部分款项。

当然，预付款对于买方来说具有一定的交易风险。这一点很清楚，如果卖方收到预付货款之后不按时交货甚至不交货，或者不按合同规定交货，买方就要蒙受损失。因此，买方在决定采用预付款支付方式时，一定要因人而异，只能对那些信用较好的老客户使用，而对不了解，或信用不好的客户应该尽量避免预付款。另外，每次预付的款项数额也不宜过大，一般以不超过买卖合同总额的30%为宜，万一卖方违约，买方可以尽量减少损失。

从以上分析中不难看出，预付款方式适用于新客户或者信誉不佳的买方；另外，当订单的数量和金额都比较大的时候，汇付采用预付款方式，对出口商减缓大笔资金长时间被占用的压力、适当防范出口风险等，也是十分必要的。

### （二）货物装运以后再付款（Payment after Shipment）

这种方式的支付程序大致如下：

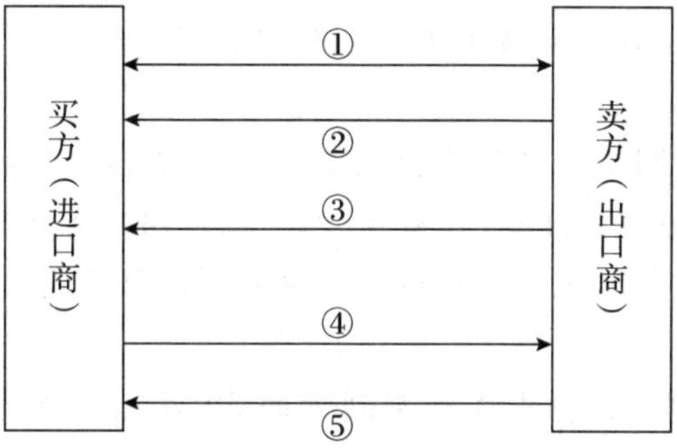


**图8－2　货物装运后付款的一般业务程序示意图**

①买卖双方签订买卖合同；
②卖方向买方装运买卖合同货物；
③卖方向买方发装运通知，并向买方传送主要电子单据；
④买方在核实装运信息后向卖方一次性支付全部货款；
⑤卖方在收到货款以后立即向买方寄送全套纸质正本单据。

货物装运以后再付款的汇付方式比预付款方式对买方更为有利，而对卖方则相对不利。主要表现为以下几点：

（1）卖方在生产备货阶段完全不能利用买方的资金；

（2）卖方在装运出口货物、收到货款之前没有办法在资金上牵制买方。如果买方临时单方面借口取消买卖合同，就会给卖方造成库存积压；

（3）货物在装运之后，买方如果拒收货物而且拒付货款，卖方将会更加被动。

因此，卖方在采用货物装运后付款这一支付方式的时候，一定要注意审时度势，控制风险：

（1）从生产备货到装运交货，密切注意市场行情和买方的态度，注意“紧急刹车”。

（2）装运货物之前一定要得到买方的书面确认（Literal Confirmation），切不可贸然行动。相关邮件参见下面的实例。

（3）每批货物的数量不可太大，否则，可要求买方预付适量的货款予以“牵制”和提防。

（4）货款不入账绝对不能向买方寄出正本运输单据，不能仅凭付款凭证的传真件或者电子版就轻易相信买方已经汇付了款项，因为：①凭证靠不住，很容易制假；②在现在的汇付金融业务中，有很多时候，资金进了收款人的账户还可以在短期内被付款人再撤回去。

下面是2011年1月27日刊登在《武汉晚报》第一版上的一篇报道，题目是《眨个眼，30万元就飞了！》。全文如下：

据董先生称，24日上午他和朋友在某银行琴台支行办理转账业务，朋友往他卡里转30万元，11时11分45秒，朋友的钱成功转到他的账上。他没有离开柜台，准备取点钱，仅过了几分钟，工作人员突然大叫：“坏了，钱不见了。”

经公安机关调查，董先生刚刚到账的30万元，分两次被转走，第一次是11时13分1秒转走24.99万元，第二次是11时14分23秒转走4.99万元，两次都是转到河南南阳户名为汪正霞的账上，董先生称不认识这个汪正霞。昨日，记者看到了他朋友成功转账30万元给董先生的银行回条，以及30万元两次被转账的查询记录。

据银行有关人士介绍，可能董先生的银行卡遭到克隆，并且密码被窥取走，犯罪分子随时盯着该卡，卡上一旦有大额进账便立刻将其转走。

董先生说，他这张卡是一个月前办理的，开卡时存了100元，后来又存了300元并修改了密码，除此之外没有任何交易。

据悉，汉阳公安分局非常重视此案，正在全力侦破。

因此，卖方装运货物以后，买方在收货之前付清货款的办法，还是要比买方预付款办法要对卖方不利一些，一是占用卖方更多的资金和利息，二是对买方缺乏有效的制约手段。在通常情况下，使用买方预付款汇付方法，一般应该基于以下条件：

（1）买方是信誉和资信状况均比较好的老客户；

（2）买卖货物的数量和金额都比较小，一般数量在一个20英尺集装箱或者货物价值只在USD20 000左右；

（3）买卖双方的业务关系融洽，之前彼此在生意上不存在“扯皮拉筋”的遗留问题。

另外，请大家一定还要注意一点：在汇付业务中，不管是使用预付款还是采用装运后汇款的方式，如果买方提出“买方先提取货物，然后再汇付货物的余款或全款”的要求，卖方在一般情况下不能答应，因为买方提走货物以后，卖方就立刻失去了对于买方信用风险的控制，一旦买方不按其承诺按时付款，甚至找借口不付款，卖方就很被动，很难办了。

Dear Manager Mr. Mohammed Ali，　　　　DATE：July 5，20 × ×

Re：Safety Leather Boots

We are very pleased to inform you that the 245CTNS/2 940PRS of Safety Leather Boots mentioned above under S/C No. × × HAP10404 is ready and we will make shipment upon your confirmation by return. If you have any concrete request on the delivery，please let us know immediately. We will try our utmost to meet your requirements.

Your prompt correspondence to the above is highly appreciated.

…

## 二、汇付的汇路（Remitting Router）

如果是电汇，卖方一定要把自己的往来银行的详细资料（包括中转银行以及他们的电讯代码、收款银行、收款人等）、出口人的详细名称和地址、买卖合同的号码、收款人的联系电话等资料准确无误地传真给对方。下面就是某一个收款人（卖方）银行汇路的实例：

THE PAYMENT ROUTE（银行汇路）

（1）RECEIVING BANK（汇入行）：
NAME：FIRST UNION BANK，INTERNATIONAL NEW YORK
SWIFT CODE：PNBPUS3NNYC

（2）BENEFICIARY BANK（收款人银行）：
NAME：CHINA MINSHENG BANKING CORP. ,WUHAN BRANCH
SWIFT CODE：MSBCCNBJ005
ADDRESS：NO. 8 JIANGHAN ROAD，WUHAN，CHINA
ACCOUNT NO：/2 × × ×191000263 CHIPS UID：380153（清算行号）

(3) BENEFICIARY（收款人）：

NAME：HUBEI PROVINCIAL ANIMAL BY－PRODUCTS IMP. & EXP. CORP.

ADDRESS：56 DONGTING STREET，WUHAN 430014，CHINA

ACCOUNT NO：2×××6－22002－01－0082－30

TEL.：0086－27－8283－8243

关于“银行汇路”的几点说明：

(1) 上述汇路是指“付款人→汇出行→汇入行→收款人银行→收款人”的汇款路径，其中的“汇入行”实际上就是“中间银行”，即汇出行本来是要把款项汇给收款人银行（真正意义上的“汇入行”）的，但是汇出行与收款人银行之间没有直接的金融往来业务，这就需要另找一家与他们两家银行都有清算业务关系的中间银行转一道手。但如果汇出行与收款人银行之间具有直接的金融往来业务，那就不需要中间银行从中“转手”了，而是把汇款从汇出行直接汇入汇入行的相关银行账户即可。

(2) CHIPS 是 Clearing House Interbank Payment System 的简称，就是“纽约清算所银行同业支付系统”，一般国际间的美元清算业务都要经过这里“中转”。而国际间的英镑清算业务则要经过 CHAPS，就是 Clearing House Automated Payment System（交换银行自动收付系统）。

(3) 另外，在有些金融业务中还有一个 ABA 的缩写，后接一串数字，它的全称是 American Bankers Association Number（美国银行业协会的代码）。

(4) UID 是 Universal Identification Number 的缩写，后接一串数字，它是由清算所发给收款银行的认证代码。

(5) 清算和结算的区别：清算（Clearing）是指不同银行之间因资金的代收代付而引起的债权债务通过票据清算（网络）进行清偿的活动，而结算（Settlement of Accounts）则是指企事业单位以及机关等部门之间因商品交易、劳务供应或资金调拨等原因所发生的货币收付的行为。

## 第二节 托收

托收分为付款交单（D/P）和承兑交单（D/A）两种，下面简单介绍这两种付款方式的支付程序：

### （一）付款交单的一般支付程序

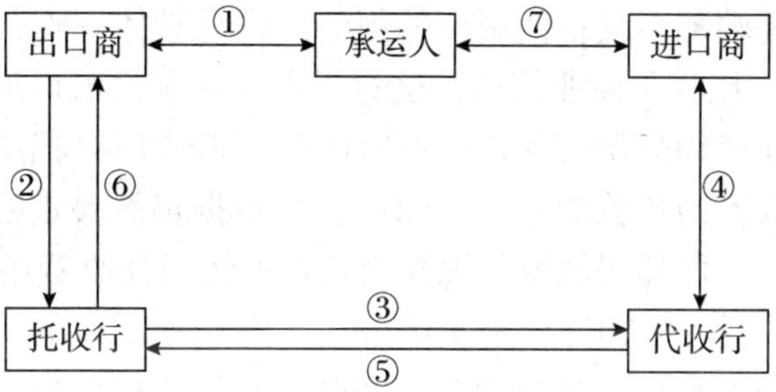


**图8－3 付款交单的一般支付程序示意图**

①出口商装运货物，取得运输单据；

②出口商将全套单据连同“托收委托书”一起交银行办理托收；

③托收行将全套托收单据连同“代收委托书”一起寄交代收行，委托其代收货款；

④代收行向付款人提示汇票及全套单据，进口商审查单据无误后支付货款，并取得全套单据；

⑤代收行向托收行转付托收款项；

⑥ 托收行向出口商办理结汇手续；

⑦货到目的地，进口商凭正本运输单据向承运人提取货物。

### （二）承兑交单的一般支付程序

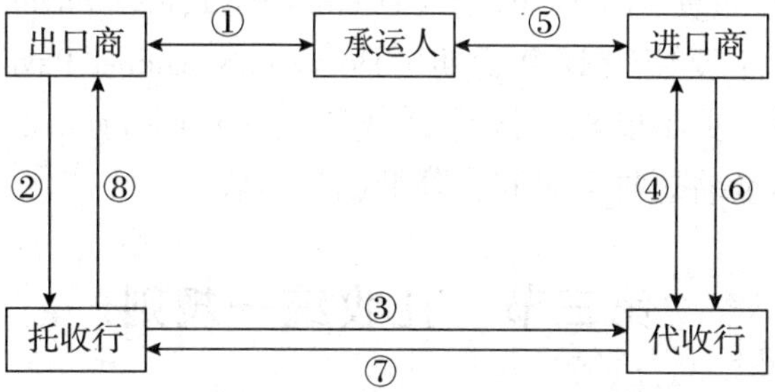


**图8－4 承兑交单的一般支付程序示意图**

①—③与图8－3相同，这里略去；

④代收行向进口商提示全套单据；进口商审查单据无误后在远期汇票或单据上承兑，代收行将全套单据交给进口商；

⑤货到目的地，进口商凭正本运输单据向承运人提取货物；

⑥ 付款期限到期后，进口商向代收行支付足额货款；

⑦代收行向托收行转付托收款项；

⑧托收行向出口商办理结汇手续。

在信用证、汇付和托收这三大国际支付方式中，托收的使用频率最低。其原因很简单，它具有付汇的弊端却不具备汇付的优势，同时，它又具有信用证的弊端却不具备信用证的优势。说得具体一点，托收的弊端主要表现为：（1）托收是商业信用，这对于出口商来说出口风险比较大。如果进口商单方面违约甚至毁约，可能给出口商造成库存积压、退运或者不能及时甚至是收不回货款的后果。（2）托收单据仍然要走银行，银行不承担任何风险损失，但却仍然要收取相当比例的银行托收费用。

尽管如此，托收在国际贸易实务中还是有一定用途的，比如，请信誉和关系均较好的老客户（进口商或中间商）帮助出口商推销新产品、开拓或扩大新市场，或者帮助出口商缓解资金压力、缩短资金占用时间、减少银行利息时，在批量和金额都不是太大的情况下，还是可以适量、灵活地使用一些托收支付方式。

但是，大家在使用托收方式时一定要慎重，并且密切注意以下几点：

（1）进口商一定要是信誉好、知根知底、彼此没有遗留问题的老客户，而那些不熟悉的新客户、信誉不好的客户或者买卖双方有过摩擦、存在悬而未决的遗留问题等情况都不适合使用托收方式。

（2）托收的金额不能太大，一般一笔生意不要超过 USD20 000.00。这样，万一最终发生了风险损失，出口商的损失也不至于很大。

（3）托收尽量使用 D/P 即期（Documents against Payment at Sight，即期付款交单），不要使用 D/P 远期（Documents against Payment after Sight，远期付款交单），更不能轻易接受 D/A（Documents against Acceptance，承兑交单），以尽量缩短收汇时间，降低出口风险。

## 第三节　托收统一规则

### 一、国际商会托收统一规则英文原文

ICC Uniform Rules for Collections

ICC Publication No. 522

1995 Revision in force as of January 1，1996

CONTENTS

Application of URC 522

Definition of Collection

Parties to a Collection

B. Form and Structure of Collections

C. Form of Presentation

Presentation

Sight/Acceptance

Release of Commercial Documents

Documents against Acceptance (D/A) vs. Documents against Payment (D/P)

Creation of Documents

D. Liabilities and Responsibilities

Good Faith and Reasonable Care

Documents vs. Goods/Services/Performances

Disclaimer for Acts of an Instructed Party

Disclaimer on Documents Received

Disclaimer on Effectiveness of Documents

Disclaimer on Delays, Loss in Transit and Translation

Force Majeure

E. Payment

Payment without Delay

Payment in Local Currency

Payment in Foreign Currency

Partial Payment

F. Interest, Charges and Expenses

Interest

Charges and Expenses

G. Other Provisions

Acceptance

Promissory Notes and other Instructions

Protest

Case - of - Need

Advices

A. General Provisions and Definitions

Article 1

Application of URC 522

a. The Uniform Rules for Collections, 1995 Revision, ICC Publication No. 522, shall apply to all collections as defined in Article 2 where such rules are incorporated into the text of the "collection instruction" referred to in Article 4 and are binding on all parties thereto unless otherwise expressly agreed or contrary to the provisions of a national, state or local law and/or regulation which cannot be departed from.

b. Banks shall have no obligation to handle either a collection or any collection instruction or subsequent related instructions.

c. If a bank elects, for any reason, not to handle a collection or any related instructions received by it, it must advise the party from whom it received the collection or the instructions by telecommunication or, if that is not pos se expressly agreed or contrary to the provisions of a national, state or local law and/or regulation which cannot be departed from.

b. Banks shall have no obligation to handle either a collection or any collection instruction or subsequent related instructions.

c. If a bank elects, for any reason, not to handle a collection or any related instructions received by it, it must advise the party from whom it received the collection or the instructions by telecommunication or, if that is not possible, by other expeditious means, without delay.

Article 2

Definition of Collection

For the purposes of these Articles:

a. "Collection" means the handling by banks of documents as defined in sub – Article 2 (b), in accordance received, in order to:

I. obtain payment and/or acceptance, or

II. deliver documents against payment and/or against acceptance, or

III. deliver documents on other terms and conditions.

b. "Documents" means financial documents and/or commercial documents:

I. "Financial documents" means bills of exchange, promissory notes, cheques, or other similar instruments used for obtaining the payment of money;

II. "Commercial documents" means invoice, transport documents, documents of title or other similar documents, or any other documents whatsoever, not being financial documents.

c. "Clean collection" means collection of financial documents not accompanied by commercial documents.

d. "Documentary collection" means collection of:

I. financial documents accompanied by commercial documents;

II. Commercial documents not accompanied by financial documents.

Article 3

a. For the purposes of these Articles the "parties thereto" are:

I. the "principal" who is the party entrusting the handling of a collection to a bank;

II. the "remitting bank" which is the bank to which the principal has entrusted the handling of a collection;

III. "collecting bank" which is any bank, other than the remitting bank, involved in processing the collection;

IV. the "presenting bank" which is the collecting bank making presentation to the drawee.

b. The "drawee" is the one to whom presentation is to be made in accordance with the collection instruction.

B. Form and Structure of Collections

Article 4

Collection Instruction

a.

i. All documents sent for collection must be accompanied by a collection instruction indicating that the collection is subject to URC522 and giving complete and precise instructions. Banks are only permitted to act upon the instructions given in such collection instruction, and in accordance with these Rules.

ii. Banks will not examine documents in order to obtain instructions.

iii. Unless otherwise authorized in the collection instruction, banks will disregard any instructions from any party/bank other than the party/bank from whom they received the collections.

b. A collection instruction should contain the following items of information, as appropriate.

i. Details of the bank from which the collection was received including full name, postal and SWIFT addresses, telex, telephone, facsimile numbers and reference.

ii. Details of the principal including full name, postal address, and if applicable telex, telephone and facsimile numbers.

iii. Details of the drawee including full name, postal address, or the domicile at which presentation is to be made and if applicable telex, telephone and facsimile numbers.

iv. Details of the presenting bank, if any, including full name, postal address, and if applicable telex, telephone and facsimile numbers.

v. Amount (s) and currency (ies) to be collected.

vi. List of documents enclosed and the numeral count of each document.

vii. a) Terms and conditions upon which payment and/or acceptance is to be obtained.

b) Terms of delivery of documents against:

1) payment and/or acceptance

2) other terms and conditions

It is the responsibility of the party preparing the collection instruction to ensure that the terms for the delivery of documents are clearly and unambiguously stated, otherwise banks will not be responsible for any consequences arising therefrom.

viii. Charges to be collected, indicating whether they may be waived or not.

ix. Interest to be collected, if applicable, indicating whether it may be waived or not, including:

a) rate of interest

b) interest period

c) basis of calculation (for example 360 or 365 days in year) as applicable.

x. Method of payment and form of payment advice.

xi. Instructions in case of non – payment, non – acceptance and/or non – compliance with other instructions.

i. Collection instructions should bear the complete address of the drawee or of the domicile at which the presentation is to be made. If the address is incomplete or incorrect, the collecting bank may, without any liability and responsibility on its part, endeavour to ascertain the proper address.

ii. The collecting bank will not be liable or responsible for any ensuing delay as a result of an incomplete, incorrect address being provided.

C. Form of Presentation

Article 5

Presentation

a. For the purposes of these Articles, presentation is the procedure whereby the presenting bank makes the documents available to the drawee as instructed.

b. The collection instruction should state the exact period of time within which any action is to be taken by the drawee.

Expressions such as "first", "prompt", "immediate", and the like should not be used in connection with presentation or with reference to any period of time within which documents have to be taken up or for any other action that is to be taken by the drawee. If such terms are used banks will disregard them.

c. Documents are to be presented to the drawee in the form in which they are received, except that banks are authorized to affix any necessary stamps, at the expense of the party from whom they received the collection unless otherwise instructed, and to make any necessary endorsements or place any rubber stamps or other identifying marks or symbols customary to or required for the collection operation.

d. For the purpose of giving effect to the instructions of the principal, the remitting bank will utilize the bank nominated by the principal as the collecting bank. In the absence of such nomination, the remitting bank will utilize any bank of its own, or another bank's choice in the country of payment or acceptance or in the country where other terms and conditions have to be complied with.

e. The documents and collection instruction may be sent directly by the remitting bank to the collecting bank or through another bank as intermediary.

f. If the remitting bank does not nominate a specific presenting bank, the collecting bank may utilize a presenting bank of its choice.

Article 6

Sight/Acceptance

In the case of documents payable at sight the presenting bank must make presentation for payment without delay.

In the case of documents payable at a tenor other than sight the presenting bank must, where acceptance is called for, make presentation for acceptance without delay, and where payment is called for, make presentation for payment not later than the appropriate maturity date.

Article 7

Release of Commercial Documents

Documents Against Acceptance (D/A) vs. Documents Against Payment (D/P)

a. Collection should not contain bills of exchange payable at a future date with instruction that commercial documents are to be delivered against payment.

b. If a collection contains a bill of exchange payable at a future date, the collection instruction should state whether the commercial documents are to be released to the drawee against acceptance (D/A) or against payment (D/P).

In the absence of such statement commercial documents will be released only against payment and the collecting bank will not be responsible for any consequences arising out of any delay in the delivery of documents.

c. If a collection contains a bill of exchange payable at a future date and the collection instruction indicates that commercial documents are to be released against payment, documents will be released only against such payment and the collecting bank will not be responsible for any consequences arising out of any delay in the delivery of documents.

Article 8

Creation of Documents

Where the remitting bank instructs that either the collecting bank or the drawee is to create documents (bills of exchange promissory notes, trust receipts, letters of undertaking or other documents) that were not included in the collection, the form and wording of such documents shall be provided by the remitting bank, otherwise the collecting bank shall not be liable or responsible for the form and wording of any such document provided by the collecting bank and/or the drawee.

D. Liabilities and Responsibilities

Good faith and Reasonable Care

Banks will act in good faith and exercise reasonable care.

Article 10

Documents vs. Goods/Services/Performances

a. Goods should not be dispatched directly to the address of a bank or consigned to or to the order of a bank without prior agreement on the part of that bank.

Nevertheless, in the event that goods are dispatched directly to the address of a bank or consigned to or to the order of a bank for release to a drawee against payment or acceptance or upon other terms and conditions without prior agreement on the part of that bank, such bank shall have no obligation to take delivery of the goods, which remain at the risk and responsibility of the party dispatching the goods.

b. Banks have no obligation to take any action in respect of the goods to which a documentary collection relates, including storage and insurance of the goods even when specific instructions are given to do so. Banks will only take such action if, when, and to the extent that they agree to do so in each case, notwithstanding the provisions of sub - article 1 (c), this rule applies even in the absence of any specific advice to this effect by the collecting bank.

c. Nevertheless, in the case that banks take action for the protection of the goods, whether instructed or not, they assume no liability or responsibility with regard to the fate and/or condition of the goods and/or for any acts and/or omissions on the part of any third parties entrusted with the custody and/or protection of the goods. However, the collecting bank must advise without delay the bank from which the collection instruction was received of any such action taken.

d. Any charges and/or expensed incurred by banks in connection with any action taken to protect the goods will be for the account of the party from whom they received the collection.

e.

i. Notwithstanding the provisions of sub－article 10 （a）, where the goods are consigned to or the order of the collecting bank and the drawee has honoured the collection by payment, acceptance or other terms and conditions, and the collecting bank arranges for the authorized the collecting bank to do so.

ii. Where a collecting bank on the instructions of the remitting bank or in terms of sub－article 10 （e） i, arranges for the release of the goods, the remitting bank shall indemnify such collecting bank for all damages and expenses incurred.

Article 11

Disclaimer for Acts of an Instructed Party

a. Banks utilizing the services of another bank or other banks for the purposes of giving effect to the instructions of the principal, do so for the account and at the risk of such principal.

b. Banks assume no liability or responsibility should the instructions they transmit not be carried out, even if they have themselves taken the initiative in the choice of such other bank （s）.

c. A party instructing another party to perform services shall be bound by and liable to indemnify the instructed party against all obligations and responsibilities imposed by foreign laws and usages.

Article 12

Disclaimer on Documents Received

a. Bank must determine that the documents received appear to be as listed in the collection

instruction and must advise by telecom－munication or, if that is not possible, by other expeditious means, without delay, the party from whom the collection instruction was received of any documents missing, or found it be other than listed.

Banks have no further obligation in this respect.

b. If the documents do not appear to be listed, the remitting bank shall be precluded from disputing the type and number of documents received by the collecting bank.

c. Subject to sub－article 5 （c） and sub－article 12 （a） and 12 （b） above, banks will present documents as received without further examination.

Article 13

Disclaimer on Effectiveness of Documents

Banks assume no liability or responsibility for the form, sufficiency, accuracy, genuineness, falsification or legal effect of any document (s) or superimposed thereon; nor do they assume any liability, condition, packing, delivery, value of existence of the goods represented by any document (s), or for the good faith or acts and/or omission, solvency, performance or standing of the consignors, the carriers, the forwarders, the consignees or the insurers of the goods, or any other person whomsoever.

Article 14

Disclaimer on Delays, Loss in Transit and Translation

a. Banks assume no liability or responsibility for the consequences arising out of delay and/or loss in transit of any message (s), letter (s) or document (s), or for delay, mutilation or other error (s) arising in transmission of any telecommunication or for error (s) in translation and/or interpretation of technical terms.

b. Banks will not be liable or responsible for any delays resulting from the need to obtain clarification of any instructions received.

Article 15

Force Majeure

Banks assume no liability or responsibility for consequence arising out of the interruption of their business by Acts of God, riots, civil commotions, insurrections, wars, or any other causes beyond their control or by strikes or lockouts.

E. Payment

Article 16

Payment Without Delay

a. Amounts collected (less charges and/or disbursements and/or expenses where applicable) must be made available without delay to the party from whom the collection instruction was received in accordance with the terms and conditions of the collection instruction.

b. Notwithstanding the provisions of sub – article 1 (c) and unless otherwise agreed, the collecting bank will effect payment of the amounts collected in favour of the remitting bank only.

Article 17

Payment in Local Currency

In the case of documents payable in the currency of the country of payment (local currency), the presenting bank must, unless otherwise instructed in the collection instruction, release the documents to the drawee against payment in local currency only if such currency is immediately available for disposal in the manner specified in the collection instruction.

Article 18

Payment in Foreign Currency

In the case of documents payable in a currency other than of the country of payment (foreign currency), the presenting bank must, unless otherwise instructed in the collection instruction, release the documents to the drawee against payment in the designed foreign currency only if such foreign currency can immediately remitted in accordance with the instructions given in the collection instruction.

Article 19

Partial Payments

a. In respect of clean collections, partial payments may be accepted if and to the extent to which and on the conditions on which partial payments are authorized by the law in force in the place of payment. The financial document (s) will be released to the drawee only when full payment thereof has been received.

b. In respect of documentary collection, partial payments will only be accepted if specifically authorized in the collection instruction. However, unless otherwise instructed, the presenting bank will release the documents to the drawee only after full payment has been received, and the presenting bank will not be responsible for any consequence arising out of any delay in the delivery of documents.

c. In all cases partial payments will be accepted only subject to compliance with the provisions of either Article 17 or Article 18 as appropriate. Partial payment, if accepted, will be dealt with in accordance with the provisions of Article 16.

F. Interest, Charges and Expenses

Article 20

Interest

a. If the collection instruction specifies that interest is to be collected and the drawee refuses to pay such interest, the presenting bank may deliver the document (s) against payment of acceptance or on other terms and conditions as the case may be, without collecting such interest, unless sub – article 20 (c) applies.

b. Where such interest is to be collected, the collection instruction must specify the rate of interest, interest period and basis of calculation.

c. Where the collection instruction expressly states that interest may not be waived and the drawee refuses to pay such interest the presenting bank will not deliver document and will not be responsible for any consequences arising out of any delay in the delivery of document (s) . When payment of interest has been refused, the presenting bank must inform by telecommunication or, if that is not possible, by other expeditious means without delay the bank from which the collection instruction was received.

Article 21

Charges and Expenses

a. If the collection instruction specifies that collection charges and/or expenses are to be for account of the drawee and the drawee refuses to pay them, the presenting bank may deliver the document (s) against payment or acceptance or on other terms and conditions as the case may be, without collecting charges and/or expenses, unless sub – article 21 (b) applies.

Whenever collection charges and/or expenses are so waived they will be for the account of the party from whom the collection was received and may be deducted from the proceeds.

b. Where the collection instruction expressly states that charges and/or expenses may not be waived and the drawee refuses to pay such charges and/or expenses, the presenting bank will not deliver documents and will not be responsible for any consequence arising out of any delay in the delivery of the document (s) . When payment of collection charges and/or expenses has been refused the presenting bank must inform by telecommunication or, if that is not possible, by other expeditious means without delay the bank from which the collection instruction was received.

c. In all cases where in the express terms of a collection instruction or under these Rules, disbursements and/or expenses and/or collection charges are to be borne by the principal, the collecting bank (s) shall be entitled to recover promptly outlays in respect of disbursements, expenses and charges from the bank from which the collection instruction was received, and the remitting bank shall be entitled to recover promptly from the principal any amount so paid out by it, together with its own disbursements, expenses and charges, regardless of the fate of the collection.

d. Banks reserve the right to demand payment of charges and/or expenses in advance from the party from whom the collection instruction was received, to cover costs in attempting to carry out any instructions, and pending receipt of such payment also reserve the right not to carry out such instructions.

G. Other Provisions

Article 22

Acceptance

The presenting bank is responsible for seeing that the form of the acceptance of a bill of exchange appears to be complete and correct, but is not responsible for the genuineness of any signature or for the authority of any signatory to sign the acceptance.

Article 23

Promissory Notes and Other Instructions

The presenting bank is not responsible fo the genuineness of any signature or for the authority of any signature to sign a promissory note, receipt, or other instruments.

Article 24

Protest

The collection instruction should give specific instructions regarding protest (or other legal process in lieu thereof), in the event of non – payment or non – acceptance.

In the absence of such specific instructions, the banks concerned with the collection have no obligation to have the document (s) protested (or subjected to other legal process in lieu thereof) for non – payment or non – acceptance.

Any charges and/or expenses incurred by banks in connection with such protest, or other legal process, will be for the account of the party from whom the collection instruction was received.

Article 25

Case – of – Need

If the principal nominates a representative to act as case – of – need in the event of non – payment and/or non – acceptance the collection instruction should clearly and fully indicate the powers of such case – of – need. In the absence of such indication banks will not accept any instructions from the case – of – need.

Article 26

Advices

Collecting banks are to advise fate in accordance with the following rules:

a. Form of Advice

All advices of information from the collecting bank to the bank from which the collection instruction was received, must bear appropriate details including, in all cases, the latter bank's reference as stated in the collection instruction.

b. Method of Advice

It shall be the responsibility of the remitting bank to instruct the collecting bank regarding the method by which the advices detailed in (c) i, (c) ii and (c) iii are to be given. In the absence of such instructions, the collecting bank will send the relative advices by the method of its choice at the expense of the bank from which the collection instruction was received.

c.

i. Advice of Payment

The collecting bank must send without delay advice of payment to the bank from which the collection instruction was received, detailing the amount or amounts collected, charges and/or disbursements and/or expenses deducted, where appropriate, and method of disposal of the funds.

ii. Advice of Acceptance

The collecting bank must send without delay advice of acceptance to the bank from which the collection instruction was received.

iii. Advice of Non - payment and/or Non - acceptance

The presenting bank should endeavour to ascertain the reasons for non - payment and/or non - acceptance and advise accordingly, without delay, the bank from which it received the collection instruction.

The presenting bank must send without delay advice of non - payment and/or advice of non - acceptance to the bank from which it received the collection instruction.

On receipt of such advice the remitting bank must give appropriate instructions as to the further handling of the documents. If such instructions are not received by the presenting bank within 60 days after its advice of non - payment and/or non - acceptance, the documents may be returned to the bank from which the collection instruction was received without any further responsibility on the part of the presenting bank.

## 二、国际商会托收统一规则中文翻译

### 国际商会托收统一规则

目录

第 10 条　单据与货物/服务/履约行为
第 11 条　对被指示方行为的免责
第 12 条　对所收单据的免责
第 13 条　对单据有效性的免责
第 14 条　对翻译以及传递中的延误、遗失的免责
第 15 条　不可抗力
五、付款
第 16 条　毫不迟延地付款
第 17 条　以本国货币支付
第 18 条　以外国货币支付
第 19 条　部分支付
六、利息、手续费和开支
第 20 条　利息
第 21 条　手续费和开支
七、其他规定
第 22 条　承兑
第 23 条　本票和其他票据
第 24 条　拒绝证明
第 25 条　需要时的代理人
第 26 条　通知

一、总则和定义

第一条　《托收统一规则》第 522 号的应用

（1）国际商会第 522 号出版物《托收统一规则》1995 年修订本将适用于第二款所限定的，并在第四款托收指示中列明适用该项规则的所有托收项目。除非另有明确的约定，或与某一国家、某一政府，或与当地法律和尚在生效的条例有所抵触，本规则对所有的关系人均具有约束力。

（2）银行没有义务必须办理某一托收或任何托收指示或以后的相关指示。

（3）如果银行无论出于何种理由选择了不办理它所收到的托收或任何相关的托收指示，它必须毫不延误地采用电讯，或者如果电讯不可能时采用其他快捷的工具向他收到该项指示的当事人发出通知。

第二条　托收的定义

就本条款而言：

（1）托收是指银行依据所收到的指示处理下述（2）款所限定的单据，以便于：

a. 取得付款及/或承兑；或

b. 凭以付款或承兑交单；或

c. 按照其他条款和条件交单。

（2）单据是指金融单据及/或商业单据。

a. 金融单据是指汇票、本票、支票或其他类似的可用于取得款项支付的凭证；

b. 商业单据是指发票、运输单据、所有权文件或其他类似的文件，或者不属于金融单据的任何其他单据。

（3）光票托收是指不附有商业单据的金融单据项下的托收。

（4）跟单托收是指：

a. 附有商业单据的金融单据项下的托收；

b. 不附有金融单据的商业单据项下的托收。

第三条　托收的关系人

（1）就本条款而言，托收的关系人有：

a. 委托人即委托银行办理托收的有关人；

b. 寄单行（托收行）即委托人委托办理托收的银行；

c. 代收行即除寄单行以外的任何参与处理托收业务的任何银行；

d. 提示行即向付款人提示单据（要求其付款或承兑）的代收行。

（2）付款人即根据托收指示向其提示单据的人。

二、托收的形式和结构

第四条　托收指示

（1）

a. 所有送往托收的单据必须附有一项托收指示，注明该项托收将遵循《托收统一规则》第522号文件并且列出完整和明确的指示。银行只允许根据该托收指示中的命令和本规则行事；

b. 银行将不会为了取得指示而审核单据；

c. 除非托收指示中另有授权，银行将不理会来自除了他所收到托收的有关人/银行以外的任何有关人/银行的任何指令。

（2）托收指示应当包括下述适宜的各项内容：

a. 收到该项托收的银行详情，包括全称、邮政和SWIFT地址、电传、电话和传真号码和编号；

b. 委托人的详情包括全称、邮政地址或者办理提示的场所以及，如果有的话，电传、电话和传真号码；

c. 付款人的详情包括全称、邮政地址或者办理提示的场所以及，如果有的话，电传、电话和传真号码；

d. 提示银行（如有的话）的详情，包括全称、邮政地址以及，如果有的话，电传和传真号码；

e. 待托收的金额和货币；

f. 所附单据清单和每份单据的份数；

g.

i. 凭以取得付款及/或承兑和条件和条款；

ii. 凭以交付单据的条件

①付款及/或承兑

②其他条款和条件

缮制托收指示的有关方有义务确保其托收指示中规定的单据交付的条件清楚、明白、不含糊其辞，否则，银行对此所产生的任何后果将不承担责任；

h. 待收取的手续费指明是否可以放弃；

i. 待收取的利息，如有的话，指明是否可以放弃，包括利率、计息期、适用的计算期基数（如一年按360天还是365天）；

j. 付款方法和付款通知的形式；

k. 发生不付款、不承兑及/或与其他批示不相符时的指示。

（3）

a. 托收指示应载明付款人或将要办理提示场所的完整地址。如果地址不全或有错误，代收银行可尽力去查明恰当的地址，但其本身并无责任和义务。

b. 代收银行对因所提供地址不全或有误所造成的任何延误将不承担责任。

三、提示的形式

第五条　提示

（1）就本条款而言，提示是表示银行按照指示使单据对付款人发生有效用的程序。

（2）托收指示应列明付款人将要采取行动的确切期限。

诸如首先、迅速、立即和类似的表述不应用于提示，或付款人赎单采取任何其他行动的任何期限。如果采用了该类术语，银行将不予理会。

（3）单据必须以银行收到时的形态向付款人提示，除非被授权贴附任何必需的印花，除非另有指示费用由向其发出托收的有关方支付以及被授权采取任何必要的背书或加盖橡皮戳记，或其他托收业务惯用的和必要的辨认记号或符号。

（4）为了使委托人的指示得以实现，寄单行将以委托人所指定的银行作为代收行。在未指定代收行时，寄单行将使用他自身的任何银行或者在付款或承兑的国家中，或在必须遵守其他条件的国家中选择另外的银行。

（5）单据和托收指示可以由寄单行直接或者通过另一银行作为中间银行寄送给代收行。

（6）如果寄单行未指定某一特定的提示行，代办行可自行选择提示行。

第六条　即期/承兑

如果是见单即付的单据，提示行必须立即办理提示付款不得延误；如果不是即期而是远期付款单据，提示行必须在不晚于到期日，如果是要承兑立即办理提示承兑、如果是付款立即办理提示付款。

第七条 商业单据的交单（承兑交单 D/A 和付款交单 D/P）

（1）附有商业单据必须在付款时交出的托收指示，不应包含远期付款的汇票。

（2）如果托收包含有远期付款的汇票，托收指示应列明商业单据是凭承兑不是凭付款交给付款人。如果未有说明，商业单据只能是付款交单，而代收行对由于交付单据的任何延误所产生的任何后果将不承担责任。

（3）如果托收包含有远期付款的汇票而且托收指示列明应凭付款交出商业单据时，则单据只能凭该项付款才能交付，而代收行对由于交单的任何延误所产生的任何结果将不承担责任。

第八条　代制单据

在寄单行指示或者是代收行或者是付款人应代制托收中未曾包括的单据（汇票、本票、信托收据、保证书或其他单据）时，这些单据的格式和词句应由寄单行提供，否则的话，代收行对由代收行及/或付款人所提供任何该种单据的格式和词句将不承担责任或对其负责。

四、责任和义务

第九条　善意和合理的谨慎

银行将以善意和合理的谨慎办理业务。

第十条 单据与货物/服务/行为

（1）未经银行事先同意，货物不得以银行的地址直接发送给该银行，或者以该行作为收货人或者以该行为抬头人。然而，如果未经银行事先同意而将货物以银行的地址直接发送给了该银行，或以该行做了收货人或抬头人，并请该行凭付款或承兑或凭其他条款将货物交付给付款人，该行将没有提取货物的义务，其风险和责任仍由发货方承担。

（2）银行对与跟单托收有关的货物即使接到特别批示也没有义务采取任何行动包括对货物的仓储和保险，银行只有在个案中如果同意这样做时才会采取该类行动。撇开前述第一款（3）的规定，即使对此没有任何特别的通知，代收银行也适用本条款。

（3）然而，无论银行是否收到指示，它们为保护货物而采取措施时，银行对有关货物的结局及/或状况及/或对受托保管及/或保护的任何第三方的行为及/或疏漏概不承担责任。但是，代收行必须毫不延误地将其所采取的措施通知对其发出托收指示的银行。

（4）银行对货物采取任何保护措施所发生的任何费用及/或花销将由向其发出托收的一方承担。

（5）a. 撇开第十条（1）款的规定，如果货物是以代收行作为收货人或抬头人，而且付款人已对该项托收办理了付款、承兑或承诺了其他条件和条款，代收行因此对货物的交付作了安排时，应认为寄单行已授权代收行如此办理。

b. 若代收行按照寄单行的指示按上述第十款（1）条的规定安排交付货物，寄单行应对该代收行所发行的全部损失和花销给予赔偿。

第十一条 对被指示的免责

（1）为使委托人的指示得以实现，银行使用另一银行或其他银行的服务是代该委托人办理的，因此，其风险由委托人承担；

（2）即使银行主动地选择了其他银行办理业务，如该行所转递的指示未被执行，该行不承担责任或对其负责；

（3）一方指示另一方去履行服务，指示方应受到被指示方的法律和惯例所加于的一切义务和责任的制约，并承担赔偿的责任。

第十二条 对收到单据的免责

（1）银行必须确定它所收到的单据应与托收批示中所列表面相符，如果发现任何单据有短缺或非托收指示所列，银行必须以电讯方式，如电讯不可能时，以其他快捷的方式通知从其收到指示的一方，不得延误。银行对此没有更多的责任。

（2）如果单据与所列表面不相符，寄单行对代收行收到的单据种类和数量应不得有争议；

（3）根据第五款（3）和第十二款，以及上述（2），银行将按所收到的单据办理提示而无须做更多的审核。

第十三条　对单据有效性的免责

银行对任何单据的格式、完整性、准确性、真实性、虚假性或其法律效力，或对在单据中载明或在其上附加的一般性及/或特殊性的条款不承担责任或对其负责；银行也不对任何单据所表示的货物的描述、数量、重量、质量、状况、包装、交货、价值或存在，或对货物的发运人、承运人、运输行、收货人和保险人或其他任何人的诚信或行为及/或疏忽、清偿力、业绩或信誉承担责任。

第十四条　对单据在传送中的延误和损坏以及对翻译的免责

（1）银行对任何信息、信件或单据在传送中所发生的延误及/或损坏，或对任何电讯在传递中所发生的延误、残损或其他错误，或对技术条款的翻译及/或解释的错误不承担责任；

（2）银行对由于收到的任何指示需要澄清而引起的延误将不承担责任。

第十五条　不可抗力

银行对由于天灾、暴动、骚乱、战争或银行本身不能控制的任何其他原因、任何罢工或停工而使银行营业中断所产生的后果不承担责任。

五、付款

第十六条　立即汇付

（1）收妥的款项（扣除手续费及/或支出及/或可能的花销）必须按照托收指示中规定的条件和条款不延误地付给从其收到托收指示的一方，不得延误；

（2）撇开第一款（3）的规定和除非另有指示，代收行仅向寄单行汇付收妥的款项。

第十七条　以当地货币支付

如果单据是以付款地国家的货币（当地货币）付款，除托收指示另有规定外，提示行必须凭当地货币的付款，交单给付款人，只要该种货币按托收指示规定的方式能够随时处理。

第十八条 用外汇付款

如果单据是以付款地国家以外的货币（外汇）付款，除托收指示中另用规定外，提示行必须凭指定的外汇的付款，交单给付款人，只要该外汇按托收指示规定能够立即汇出。

第十九条 分期付款

（1）在光票托收中可以接受分期付款，前提是分批的金额和条件是付款当地的现行法律所允许。只有在全部货款已收妥的情况下，才能将金融单据交付给付款人。

（2）在跟单托收中，只有在托收指示有特别授权的情况下，才能接受分期付款。然而，除非另有指示，提示行只能在全部货款已收妥后才能将单据交付给付款人。而且，提示行将对由于这种迟交单据造成的一切不良后果不承担任何责任。

（3）在任何情况下，分期付款只有在符合第十七条或第十八条中的相应规定时将会被接受。

如果接受分期付款将按照第十六条的规定办理。

六、利息、手续费和费用

第二十条 利息

（1）如果托收指示中规定必须收取利息，但付款人拒付该项利息时，提示行可根据具体情况在不收取利息的情况下凭付款或承兑或其他条款和条件交单，除非适用第廿款（3）条。

（2）如果要求收取利息，托收指示中应明确规定利率、计息期和计息方法。

（3）如托收指示中明确地指明利息不得放弃而付款人又拒付该利息，提示行将不交单，并对由此所引起的延迟交单所产生的后果将不承担责任。当利息已被拒付时，提示行必须以电讯，当不可能时可用其他便捷的方式通知曾向其发出托收指示的银行，不得延误。

第二十一条 手续费和费用

（1）如果托收指示中规定必须收取手续费及/或费用须由付款人承担，而后者拒付时，提示行可以根据具体情况在不收取手续费及/或费用的情况下凭付款或承兑或其他条款和条件交单，除非适用第廿一款（2）条。

每当托收手续费及/或费用被这样放弃时，该项费用应由发出托收的一方承担，并可从货款中扣减。

（2）如果托收指示中明确指明手续费及/或费用不得放弃而付款人又

拒付该项费用时，提示行将不交单，并对由此所引起的延误所产生的后果将不承担责任。当该项费用已被拒付时，提示行必须以电讯，当不可能时可用其他便捷的方式通知曾向其发出托收指示的银行，不得延误。

（3）在任何情况下，若托收指示中清楚地规定或根据本（规则），支付款项及/或费用及/或托收手续费应由委托人承担，代收行应有权从向其发出托收指示的银行立即收回所支出的有关支付款、费用和手续费，而寄单行不管该托收结果如何应有权向委托人立即收回它所付出的任何金额连同它自己的支付款、费用和手续费。

（4）银行对向其发出托收指示的一方保留要求事先支付手续费及/或费用用以补偿其拟执行任何指示的费用支出的权利，在未收到该项款项期间有保留不执行该项指示的权利。

七、其他条款

第二十二条　承兑

提示行有责任注意汇票承兑形式看起来是完整和正确的，但是，对任何签字的真实性或签署承兑的任何签字人的权限不负责任。

第二十三条　本票和其他凭证

提示行对在本票、收据或其他凭证上的任何签字的真实性或签字人的权限不负责任。

第二十四条　拒绝证书

托收指示对当发生不付款或不承兑时的有关拒绝证书应有具体的指示（或代之以其他法律程序）。

如果没有此项具体的指示，与该托收业务有关的银行在单据遭到拒付或拒绝承兑时没有义务作出拒绝证书（或者代之以其他法律程序）。

银行由于办理拒绝证书或其他法律程序所发生的手续费及/或费用将由向其发出托收指示的一方承担。

第二十五条　预备人（Case - of - need）

如果委托人指定一名代表作为在发生不付款及/或不承兑时的预备人，托收指示中应清楚地、详尽地指明该预备人的权限。在无该项指示时，银行将不接受来自预备人的任何指示。

第二十六条　通知

代收行应按下列规则通知托收状况：

（1）通知格式

代收行对向其发出托收指示的银行给予所有通知和信息必须要有相应

的详情，在任何情况下都应包括后者在托收指示中列明的银行业务编号。

（2）通知的方法：

寄单行有责任就通知的方法向代收行给予指示，详见本款（3）a、（3）b和（3）c的内容。在无该项指示时，代收行将自行选择通知方法寄送有关的通知，而其费用应由向其发出托收指示的银行承担。

（3）

a. 付款通知

代收行必须无延误地对向其发出托收指示的银行寄送付款通知，列明金额或收妥金额、扣减的手续费及/或支付款及/或费用额以及资金的处理方式。

b. 承兑通知

代收行必须无延误地对向其发出托收指示的银行寄送承兑通知。

c. 不付款或不承兑的通知

提示行应尽力查明不付款或不承兑的原因，并据以向对其发出托收指示的银行无延误地寄送通知。

提示行必须无迟延地向对其发出托收指示的银行发出（单据遭到）拒付或拒绝承兑的通知。

托收行（remitting bank）在收到拒付或拒绝承兑的通知后，应该无延迟地向提示行（代收行）（presenting bank / collecting bank）发出下一步如何处理单据的指示。如果提示行（代收行）在其发出拒付或拒绝承兑的通知60天以后仍未收到托收行的指示，他们可将托收单据退回给托收行，并不再承担任何有关提示行（代收行）的责任。

## 第四节　同步训练

### 一、根据第三节UCR522的惯例回答下列问题

（1）跟单托收必须附有金融票据吗？为什么？

（2）托收指示中既没有明确单据是以买方付款为条件交付，也没有规定以买方承兑为条件交付，银行应该以什么为条件交付单据？其依据是什么？

（3）一份远期付款交单的单据，货物先到了目的港，而付款期限还没有到期，代收行因此不向买方交单，导致货物压仓了。这笔存仓费是否应

该由代收行承担，为什么？

（4）出口商在事先没有与银行商量的情况下，能不能直接规定银行为货物的收货人？其依据是什么？

（5）银行按托收指示的要求代表托运人接受、处置货物时，由于第三方的过失或疏忽损坏了货物，银行需要对此承担责任吗？其依据是什么？

（6）URC522 第 4 条第（1）款 a 点Ⅱ小点中的“银行不审核单据”与第 12 条（1）款中的“银行必须确定他所收到的单据与托收指示中所列的单据完全一致”应该怎样理解？

（7）银行在接受托收单据时并没有提出“单据与托收指示不符”，但过了一段时间以后，托收行又声称“单据与所列表面不符”。银行此时是否具有这种权力？其依据是什么？

（8）分期付款在什么前提条件下可以接受？在分期付款的托收方式下，单据何时可以交付给付款人？

（9）如果托收指示中规定必须收取利息或手续费，而付款人拒绝支付该项利息或手续费，提示行能否仅凭付款或仅凭承兑就把单据交给付款人？为什么？

## 二、根据以下给定的信息填写一份托收委托书

### （一）相关信息

（1）委托人(Principal / Drawer)：

HUBEI PROVINCIAL ANIMAL BY - PRODUCTS IMPORT & EXPORT CORPORATION LIMITED
56. DONGTING STREET，WUHAN 430014，CHINA

（2）托收行(Remitting Bank)：

EVERBRIGHT BANK OF CHINA，WUHAN BRANCH
A AND B SITE，17F JINYUAN WORLD CENTRE，1056，ZHONGSHAN AVENUE，WUHAN 430014，P. R. CHINA
TEL：027 - 8283 2664，8283 2694；FAX：86 - 27 - 8283 2724
TLX：400366 EBCWH CN；SWIFT：EVERCNBJWHI

（3）代收行(Collecting Bank)：

CREDITO ARTIGIANO

PIAZZA S., FEDCLE 4, MILANO, ITALY.

TEL: 0039 - 02 - 806 371 FAX: 0039 - 02 - 8063 7303

（4）付款人(PAYER / DRAWEE):

HIGH - TECH

S. R. L. PIAZZA XXV APRILE,

12 - 20124 MILAND, ITALY

（5）提示行：代收行

（6）交单条件：付款交单

（7）付款期限：即期

（8）付款金额：EUR23 415.63

（9）汇票份数：2

（10）发票份数：4（发票号码：VL××J095）

（11）装箱单份数：3

（12）普惠制原产地证明书份数：3

（13）品质证份数：3

（14）保险单份数：3/3

（15）提单份数：3/3

（16）提单副本份数：3

（17）船公司证明份数：2

（18）装运通知副本份数：1

（19）如遇拒付，请及时电告委托人

（20）付款应在到期日以后的五日之内付讫

（21）经办：张兰

（22）复核：李雯

### （二）空白托收委托书格式

附带说明一点：

有关“托收委托书”，出于全书布局上“平衡性”的考虑，我们在第十二章的第二节中特别给出了举例、说明和翻译。大家在填写“托收委托书”时，如果感觉其中某些栏目实在难以理解，可以适当地借助第十二章中的相关内容。当然，为了能够取得更好的学习效果，能够不查看的，最好还是先把此处的内容填写完，而后再去查看第十二章的示范内容。

**表 8－1 托收委托书**

COLLECTION INSTRUCTION

SWIFT CODE：

FAX NO.

WHEN CORRESPONDING

PLEASE QUOTE OUR REF. NO.

MAIL TO：(COLLECTING BANK)

Dear Sirs,

We enclose the following draft (s) / documents as specified hereunder which please collect in accordance with the instructions indicated herein.

DRAWER：

PRESENTING BANK：

DRAWEE：

DELIVER DOCUMENTS AGAINST：

DUE DATE / TENOR

DRAWER'S REF. NO.

AMOUNT：

DOCUMENTS：

| DRAFT | INVOICE | B/L SHIP CERT | PACKING LIST | ORIGIN CERT | FORM A | QUANTITY WEIGHT CERT | QUALITY CERT |
|---|---|---|---|---|---|---|---|
| | | | | | | | |
| INS POLICY DECLAR | B/LADING P. P. R A. W. B. C. R. | N/N B/LADING C/R | TLX/CABLE / FAX COPY | BENE LETTER / CERT | S. S. CO. CERT | CUSTOMS INVOICE | CONSUL INVOICE |
| | | | | | | | |

Special instructions：(See box marked " × ")

☐ Please acknowledge receipt of this collection instruction.

☐ All your charges are to be borne by the drawees.

☐ In case of a time bill, please advise us of acceptance giving maturity date.

☐ In case of dishonour, please do not protest but advise us of non-payment / non-acceptance by telex, giving reasons. (万一单据遭到拒付，无须作出拒付证书，但请用电传通知拒付的原因)

☐ Any payment / acceptance should be made within seven working days by the drawee.

☐ Do not waive interest and / or collection charges if refused.

表 8 - 1 续表

| |
|---|
| Disposal of proceeds upon collection:<br><br><br><br>REMARKS |

HEAD OFFICE:

| | 经办 | 复核 |
|---|---|---|
| | | |

Unless otherwise specified this Collection is subject to

Uniform Rules for Collection (URC No. 522)

上表中相关英文缩写的解释和说明：

(1) INS = insurance，这里是“Insurance Documents”（保险单据）的意思。

(2) DECLAR = declaration，这里是“Insurance Declaration”（保险声明）的意思。这是指在“预约保险”的情况下，投保人在货物装运以后及时向承保人发出的“装运通知”。

(3) B/LADING = B/L（海运提单的“半缩写”形式）。

(4) P. P. R. ≈port to port receipt = sea way bill 海运单。“P. P. R. ”在业内极少见到，作者在这里带有“猜测”的性质，因此使用了“≈”。

(5) AWB = Airway Bill（空运运单）。

(6) C. R. = C/R = Cargo Receipt（承运货物收据）。

(7) SHIP CERT = Shipment Certificate（装船证明）。

(8) N/N = non-negotiable（副本）。

(9) TLX = telex（电传）。

(10) CABLE（电报）。现在在国际贸易中已经不再使用这一通信工具了，但在书本上还是会经常见到这个词语。我们可以把“电报”当成“电传、电讯、传真、电子邮件等通信方式的泛指”去看待。

(11) FAX = facsimile（传真）。

(12) CERT = certificate（证明）。

(13) ORIGIN CERT = Certificate of Origin（一般原产地证），实际工作中也有业内人士称其为“C/O”的。

（14）BENE = beneficiary。

（15）FORM A = G. S. P. FORM A（普惠制产地证）。

（16）S. S. CO. = shipping company（船公司）。另外，“S. S.”原是“steamer ship”（蒸汽轮船）的缩写，现在已经泛指“轮船”了。

（17）CUSTOMS INVOICE（海关发票）。

（18）CONSUL INVOICE（领事发票），其中，CONSUL = consular。

# 第九章　组织出口货源

**本章实训的主要目的**

（1）掌握出口货源购销合同、订单的草拟思路和方法。
（2）熟悉组织出口货源的程序及其注意事项。
（3）学习填写出境货物报检单和装箱单。
（4）学会计算增值税，弄清楚增值税发票各填写栏目的含义及其来历。

现在的外贸公司一般有两种形式：一种是纯粹经营型的贸易公司，它没有生产加工能力，只负责把生产厂家的产品买进来再出口到国外去；还有一种是生产经营型的联合企业，它既可以自己生产加工产品，同时又可以自己把这些产品出口销售到国外去。但是，即使是第二种类型的外向型企业，企业内部的外贸部门与生产加工部门也是独立核算的经济部门，是一种买卖关系。因此，不管是第一种还是第二种类型，外贸部门都需要与生产加工部门签订购销合同。

另外，人们普遍认为：买卖合同一经签署，出口商就应当立即着手组织出口货源了。而作者却认为，这需要区分情况，不能一概而论。对于农副产品或是可以久存、不愁销路的产品可以如此，有时甚至还可以在买卖合同签订之前就提前生产、备货；但是，对于大多数工业产品、不宜久存、时令性较强而通用性又比较差的商品，出口商绝对不能仅凭一纸合同就贸然开工生产备货。理由其实很简单：在国际贸易中，一旦国外的进口商单方面违约甚至毁约了，出口商往往拿他毫无办法。

## 第一节　洽谈和签订购货合同

### 一、货源收购合同

货源收购合同是约束货源供需双方权益和义务的法律文件，它既是维护当事人自己合法权益的保障，又是约束对方、促使对方如期履行合同义务的重要手段。所以当事人对合同条款一定要字斟句酌，不能过于随便大意，以免日后造成无法挽回的风险损失。

**产品购销合同**

供方：N 市远征鞋业有限公司　　合同编号：HD××N37

需方：ABC 国际贸易有限公司　　签订时间：20××年 6 月 5 日

签订地点：中国××

（1）产品名称、数量、价款及交货时间：

| 产品名称 | 商标 | 规格型号 | 计量单位 | 数量 | 单价 | 总金额 |
|---|---|---|---|---|---|---|
| 男式安全皮靴 | | 货号：HP－0724<br>鞋码：40－45 | 双 | 2,940 | CNY112.00 | CNY329,280.00 |
| 总计（大写）：人民币叁拾贰万玖仟贰佰捌拾元整。（CNY329,280.00） | | | | | | |

（2）质量要求及技术标准、供方对质量负责的条件和期限：商品质量以确认样品为准，最迟交货期限为 20××年 7 月 10 日。

（3）包装：每双装一个彩印纸盒，24 双装一个出口纸箱。内外包装尺寸参见需方下达的订单，内盒和纸箱经需方确认以后方能正式加工生产。包装费用由供方承担。

（4）检验标准、验收方法：以国家出入境检验检疫局出具的商检放行单为准。

（5）交货地点和方式：广州黄埔港指定地点。

（6）运输方式及费用：供方负责将货物送到广州黄埔港的指定地点，其费用由供方负担。

（7）计算方式：需方收到供方提供的商检合格证明以后预付 30% 货款，需方在港口收到全部货物及税率为 17% 的增值税发票后付清余款。

（8）违约责任：违约方赔偿对方 5% 的违约金。

（9）合同争议的解决方式：本合同在履行过程中如果发生争议，由双方当事人协商解决；协商不成，由违约方的对方所在地人民法院受理。

（10）本合同依法签订，经供需双方盖章和代表签字，即具法律效力，任何一方不得擅自变更或解除。如因故需要变动，需经供需双方协商一致后另立协议。

（11）本合同自签订之日起生效。

（12）本合同一式两份，供需双方各执一份，传真件是同正本具有同等的法律效力。

（13）其他约定事项：供方需于 20××年 7 月 10 日或之前将货物运至广州黄埔港口需方指定地点。

| 供　　方 | 需　　方 |
|---|---|
| 单位名称：（盖章） | 单位名称：（盖章） |
| 单位地址： | 单位地址： |
| 法定代表人： | 法定代表人： |
| 委托代理人： | 委托代理人： |
| 电话： | 电话： |
| 传真： | 传真： |
| 开户银行： | 开户银行： |
| 账号： | 账号： |
| 税号： | 税号： |

## 二、订单

订单并不是每一笔生意都必需的单据，而且它在法律上通常不具备法律约束力。但是，订单可以对买卖合同起到一定的修订、补充、完善等辅助性质的作用，有利于出口商或生产商更加完整、准确地判断、理解和掌握买卖合同的具体内容，从而避免或者减少他们对于进口商的要求在理解和认识上的差错，进而避免或者减少业务纠纷和索赔。

**ABC INTERNATIONAL TRADE CORPORATION LIMITED**

**ABC 国际贸易有限公司**

56，DONGTING STREET，WUHAN，430014 CHINA

FAX：（86） -27 -8576 -7474　　　　TEL NO：（86） -27 -8283 - 3515

8281 -1135　　　　E - MAIL：hbxcgs@ public. wh. hb. cn

---

REF：HD × ×N37　　　　DATE：20 × ×年 6 月 6 日

皮靴生产通知单

致：N 市远征鞋业有限公司

1. 商品名称：货号为“HP - 0724”的男式 6 英寸高帮安全皮靴，橘黄色黄牛正面革，厚度 1. 2mm，带钢头；EVA 大底，防油、防酸、防电（450V 以下）。

2. 数量、规格及颜色

| 货　号 | 数　量 | | 箱　号 | 颜　色 |
|---|---|---|---|---|
| | 双　数 | 箱　数 | | |
| HP -0724 | 2, 940 | 245 | 1 -245 | Orange（橘黄色） |

3. 包装：每双装一个彩印内盒，12 双装一个出口纸箱

（1） 内盒尺寸：31 ×23 ×12. 5cm

（2） 外箱尺寸：77 ×33 ×47. 5cm

（4） 唛头

①正唛：

TEL：2872031　FAX：2871154

P. O. BOX 17513 RIYADH 11494

E - MAIL：KARIMEST@ SUHUF. NET. SA

②侧唛：

ORDER. NO. AL/ABC/ × ×245

C/NO. 1 -245

ART. NO. HP -0724

SIZE：40　41　42　43　44　45

--------------------------------

1　2　3　3　2　1 = 12PRS/CTN.

N. W. 13KG；　G. W.　15KG

MEASUREMENT：77 × 33 × 47. 5cm

4. 中底印刷

TOKYOU

A. A. K. E　40（印鞋码号）

MADE INCHINA

（行距、字母大小等均由你们工厂调整，但其视觉效果一定要醒目和美观）

5. 交货期：20 × × 年 7 月 10 日以前。

6. 其他注意事项：

（1）外箱尺寸一定要严格按照长宽高外径 77 × 33 × 47. 5cm 的尺寸，既不能扩大，也不能缩小，因为一个 20 英尺集装箱的内径尺寸“5. 98 × 2. 35 × 2. 39M”基本上是一定的。这一点事先一定要跟纸箱厂交代清楚，防止做小了靴子装不进去或损坏靴子的造型；做大了，集装箱最终装不下全部的订单数量。

（2）皮靴包装内盒的材质、尺寸及其印刷一定要经我公司确认以后才能投入批量生产，最迟确认时间：20 × × 年 6 月 25 日。

（3）中底上带括号的中文不要印上去了，中文只起说明和提示的作用。

（4）所有资料一定要保密，未经本人允许，不得向其他单位和个人提供供货情况和样品，务请贵厂予以配合。

ABC 国际贸易有限公司

20 × × 年 6 月 6 日

# 第二节　预付定金

预付定金是一种对工厂或供货部门十分有利，而对购买出口货源的外贸公司却相对不利的付款方式。它对工厂或供货部门有利的方面主要体现在以下两点上：

（1）可以防止外贸公司中途取消订单，给工厂造成库存积压。预付款具有某种“抵押担保”的性质，从而对外贸公司起到一定的牵制作用。合同货物在进料生产的过程中或生产出来还没有正式交付的时候，如果外贸公司借故不来提货了，那他预付的这部分货款工厂将不予返还，直接作为外贸公司违约的赔偿金，用于补偿他们造成工厂库存积压的经济损失。

（2）可以在一定程度上缓解工厂或供货部门的资金压力并减少生产的银行利息。工厂或供货部门无论是采购原材料回来加工生产，还是采购半成品或产品成品，都需要有一定的过程和时间。而且，从工厂采购、生产加工到向外贸公司交货并获得货款，通常都需要有1～3个月的时间。工厂采购需要资金，供货部门购货也需要支付现钱，工厂或供货部门依靠货款或者动用自有资金都会发生银行利息。而如果外贸公司预付了部分货款，工厂或供货部门就可以少贷款或者少占用自有流动资金，并且少承担利息。

预付定金对外贸公司不利的地方主要有一点：一旦工厂违约了，比如，工厂推迟交货时间，或者提交的货物不符合合同的规定和要求，外贸公司就很难取消订单、索赔相关损失。所以，外贸公司在预付款问题上，为了慎重起见，一般应该注意几点：

（1）在预付款的承诺上因人而异。对于那些不知底细的，或者虽然知根知底，但商业信誉的口碑不好、资信能力较差的工厂或供货部门，外贸公司宁可不买他们的货，也不能轻易答应并且采取预付定金的办法，以免最后大笔的资金投进去了却提不到货物或提不到符合合同规定的货物。

（2）谨慎地预付定金。外贸公司能够不预付就尽量不要预付，能够少付就尽量把预付的金额压到最低，以此降低自己的风险损失。

（3）预付定金后，外贸公司一定要自始至终地把工厂或供货部门的生产加工全部过程都盯紧、盯牢。在经济大潮中，做事不负责任、不守信用的人是大有人在的。外贸公司为了对客户负责，同时也为自己负责，订单一旦下达，在整个生产加工的过程中都要不间断地查看原辅材料和成品、半成品的质量、数量、生产加工流程和生产加工进度等情况。一旦发现任何问题，及时予以纠正和整改，以便把一切违约的苗头都消灭在萌芽状态，免生后患。

## 第三节　催货、查货与验货

### （一）催货

“催货”是指外贸公司在向工厂或供货部门下达了生产通知单，并且签订了购货合同以后，及时、不定期地向工厂或供货部门询问有关出口货物的生产加工进度，同时敦促其抓紧生产备货的行为。

催货在通常情况下是十分必要的，至少可以起到以下作用：

（1）及时提醒工厂或供货部门抓紧生产备货，使他们在思想上始终对此事保持足够的重视；

（2）防止有些工厂或供货部门领导的拖沓、懒散习气旧病复发，最终导致交货误期；

（3）预防有些工厂或供货部门中途暂停本订单的生产备货，转而安插其他后来订单的优先进料、生产和加工。

## （二）查货

“查货”是指外贸公司在工厂或供货部门生产、加工出口合同货物的过程中，经常、不间断、不定期地派人下厂查看货物的备料、生产、加工情况，其中包括原辅材料的质量、数量，成品、半成品的加工制作进度、质量和数量等。

外贸公司对工厂或供货部门的查货很重要，其作用主要表现在以下几点：

（1）及时预防和制止有些工厂在购买原辅材料上以劣充优、以次充好、偷工减料，从而给出口商品的品质埋下隐患；

（2）及时指导和纠正货物在生产和加工过程中出现的各种细节问题，把残次品减少到最低限度；

（3）防止有些工厂的工作人员私下里降低出口产品的质量标准，把那些本来不合乎质量要求的残次品混进出口货物中去；

（4）防止有些工厂或供货部门借故延误交货时间。

## （三）验货

“验货”是指工厂或供货部门生产、加工的出口货物完工以后，外贸公司在提取货物之前对其质量、数量和包装等状况实施检验的行为。在国际贸易中，常用的验货方式主要有以下几种：

（1）法定检验（Compulsory Inspection）。凡是属于国际法律、法规规定的在出口之前经过国家出入境检验检疫机构——中国质量监督检验检疫局（AQSIQ，General Administration of Quality Supervision Inspection and Quarantine）下属的中华人民共和国出入境检验检疫局（CIQ，China Exit and Entry Inspection and Quarantine Bureau）或其指定的检验机构实施检验检疫，并且在检验合格以后才予以出口放行的产品，由国家出入境检验检疫机构或其指定的检验机构实施检验或者检疫。

（2）委托检验（Commissioning Inspection）。有些出口商品不属于“法定检验”商品，不需经过国家出入境检验检疫机构实施检验就可以直接办理出口通关手续。还有些商品虽然属于“法定检验”商品，而其检验的有些项目却不属于法定检验的范畴。例如，服装属于法定检验商品，而服装的色牢度（Colour Fastness）并不属于法定检验的内容。再如，鞋类属于法定检验商品，而鞋底放射性元素的检测以及帮面的偶氮（azo）等项检测却不属于法定检验的范畴。但是，有时买卖双方出于某些特殊的目的，约定在货物出口装运之前由双方同意的某一检验机构对货物或者货物的某些特定指标实施检验，并且以该检验机构出具的检验结果报告作为该批出口商品的品质、数量、包装等状况的交付依据。

（3）客户检验（Importer's Inspection）。进出口双方约定，出口商品备妥以后，它们在出口通关和装运之前，由进口商或者进口商授权的代表对该批货物实施检验，并以该份验货结果报告作为商品的品质依据。如果这批商品属于法定检验商品，客户检验验收不能取代国家出入境检验检疫机构的强制性检验或检疫，因为法定检验商品的出口通关必须凭国家出入境检验检疫机构出具的“出境货物放行单”才能放行。

## 第四节　商检、提货、付款

### 一、商检

服装纺织品属于法定检验商品，需要在出口通关放行之前经过国家出入境检验检疫机构实施检验并且经检验合格。

法定检验商品在报检时，一般需要向出入境检验检疫机构提交的单据主要有：出境货物报检单、买卖合同（副本）、信用证（副本）（如系信用证支付方式）、装箱单、包装检验合格证、厂检合格证等。这里只加列一些主要的单据范本，而且，其中有些单据已经在前面加列了（如买卖合同、信用证等），这里就不再重复。

## （一）出境货物报检单

**表9-1 出境货物报检单**

中华人民共和国出入境检验检疫

出境货物报检单

报检单位：ABC国际贸易有限公司　　　　＊编　号：________

报检单位登记号：×××××××　　　　联系人：×××

电话：××××××××　　　　报检日期：20××年07月05日

| | | |
|---|---|---|
| 发货人 | （中 文） | ABC国际贸易有限公司 |
| | （外 文） | ABC INTERNATIONAL TRADE CORPORATION LIMITED |
| 收货人 | （中 文） | |
| | （外 文） | AL TURAIKI EST. FOR TRADING |

| 货物名称（中/外文） | H.S. 编码 | 产地 | 数量/重量 | 货物总值 | 包装种类及数量 |
|---|---|---|---|---|---|
| 男式安全皮靴<br>MEN'S SAFETY LEATHER BOOTS<br>ART. NO. HP-0724 | 6403.4000 | 广东 | 2,940 双 | USD54,301.80 | 245 纸箱 |

| | | | | | |
|---|---|---|---|---|---|
| 运输工具名称号码 | | 贸易方式 | 一般贸易 | 货物存放地点 | 东莞 |
| 合同号 | ××HAP10404 | 信用证号 | ××TF0115304009 | 用途 | |
| 发货日期 | 20××年7月 | 输往国家(地区) | 沙特阿拉伯 | 许可证/审批号 | |
| 启运地 | 东莞 | 到达口岸 | 利雅得 | 生产单位注册号 | ××××××× |
| 集装箱规格、数量及号码 | | | | | |

| 合同、信用证订立的检验检疫条款或特殊要求 | 标记及号码 | 随附单据（画“√”或补填） | |
|---|---|---|---|
| |  | □合同√<br>□信用证√<br>□发票<br>□换证凭单<br>□装箱单√<br>□厂检单√ | □包装性能结果单√<br>□许可/审批文件<br>□<br>□<br>□<br>□ |

| 需要证单名称（划“√”或补填） | | ＊检验检疫费 | |
|---|---|---|---|
| □品质证书 __正__副<br>□重量证书 __正__副<br>□数量证书 __正__副<br>□兽医卫生证书 __正__副<br>□健康证书 __正__副<br>□卫生证书 __正__副<br>□动物卫生证书 __正__副 | □植物检疫证书 __正__副<br>□熏蒸/消毒证书 __正__副<br>□出境货物放行单√ __正__副<br>□<br>□<br>□<br>□ | 总金额（人民币元） | |
| | | 计费人 | |
| | | 收费人 | |

| 报检人郑重声明： | 领取证单 | |
|---|---|---|
| 1. 本人被授权报检。<br>2. 上列填写内容正确属实，货物无伪造或冒用他人的厂名、标志、认证标志，并承担货物质量责任。<br>签名：________ | 日期 | |
| | 签名 | |

注：有“＊”号栏由出入境检验检疫机关填写　　　　◆国家出入境检验检疫局制

［1-2（20××.1.1）］

**说明：**

（1）目前在我国，进出口货物收发货人向国家出入境检验检疫机构申请报检和申领原产地证明书等，采取的都是电子申报与纸质申报相结合的方式。现在仅以申请报检为例，将其基本程序介绍如下：

①外贸企业（进出口货物收发货人）到国家出入境检验检疫局有关部门办理进出口企业注册登记手续，获得进出口企业的相关代码；

②外贸企业购买出入境检验检疫机构的电子钥匙，获得登录相关检验检疫机构网站的登录密码；

③外贸企业登录相关的检验检疫机构网站，填报相关的表格信息，电子申请检验检疫；

④相关的检验检疫机构通过其网站现场予以受理确认；

⑤外贸企业向相关的检验检疫机构提交全套检验检疫所需的纸质单据，并且缴纳所需的检验检疫费用；

⑥检验检疫机构对申报的进出口货物实施检验检疫，在检验检疫合格以后向外贸企业签发纸质的检验检疫证书（或报告），并在必要的情况下，同时向电子口岸发送相关的电子信息。

（2）“包装性能结果单”是指：按照国家质量监督检验检疫总局的规定，法定检验商品在送交检验部门检验之前，必须提交其外包装（大包装、运输包装）事先经过检验检疫机构检验，并且在被认定为“合格”以后签发的“检验合格证书”。如果报检人在报检商品时，商品的外包装没有经过检验，或者虽经检验但不合格，也就是说，报检人没有提交“包装性能结果单”，检验检疫机构将拒绝受理该法定检验商品的检验。

（3）如果某批出口商品是用木质容器包装的（如木桶、木箱、木托盘等），按照国家的相关规定，无论这些出口商品是不是法定检验商品，它们的木质包装都需要在出口报关之前实施熏蒸（fumigation）（以防止这些木质容器的材料中可能暗藏着某些寄生的病虫害流传到国外），并且需要提交国家规定的检验检疫机构出具的熏蒸证书。

### （二）装箱单

装箱单也是法定检验商品在向国家出入境境检验检疫局报检时必须提交的单据之一，装箱单便于检验人员在实施检验时核查检验商品的品种（variety）、规格（specification）、型号（item number）、搭配（assortments）、数量（quantity）、包装（packing）等情况是否与买卖合同规定和报检单位申报的信息等严格一致。当然，这些内容无疑也是检验人员判定该批法定检验商品是否“合格”的重要指标。实际上，从某种意义上说，装箱单也是检验人员检验、核查法定检验商品上述指标的文字依据之一。

**表 9-2 装箱单**

**ABC 国际贸易有限公司**

**ABC INTERNATIONAL TRADE CORPORATION LIMITED**

**56. DONGTING STREET，WUHAN 430014，CHINA**

TEL：027-8281-1135 027-4715619 FAX：027-4691618

**PACKING LIST**

To： AL TURAIKI EST. FOR TRADING
ALSWAILIUM STREET，DEIRA，P. O. BOX 20131，
RIYADH 11455，KINGDOM OF SAUDI ARABIA
TEL：(966) -1-4113-375
FAX：(966) -1-4112-804

Invoice No.：VL××SDT001
Invoice Date：JULY 1，20××
S/C No.：××HAP10404
S/C Date：MAY 24，20××

From：HUANGPU　　To：RIYADH VIA DAMMAM PORT

Letter of Credit No.：××TF0115304009　　Date of Shipment：JULY 20，20××

| Marks and Numbers | Number and kind of package Description of goods | Quantity | Package | G. W | N. W | Meas. |
|---|---|---|---|---|---|---|
| A AL-ABDULKARIM | MEN's SAFETY LEATHER BOOTS ART. NO. HP-0724 | 2,940PRS | 245CTNS | 3,675KG | 3,185KG | 29.57CBM |
| | (1) IT IS TO CERTIFY THAT WE HAVE PUT A STRONG STICKER INSIDE THE DOOR OF CONTAINER STATING THE NAME AND ADDRESS OF OPENER. TEL. COMMODITY DESCRIPTION AND MODE OF PACKING.<br>(2) PACKING DETAILS：EACH PAIR IN A BOX，12 PAIRS TO AN EXPORT CARTON.<br>(3) PACKING SIZE：40 41 42 43 44 45<br>----------------------------<br>1 2 3 3 2 1 = 12 PARIS PER CARTON | | | | | |
| | TOTAL： | 2,940PRS | 245CTNS | 3,675KGS | 3,185KGS | 29.57CBM |

SAY TOTAL： TWO THOUSAND NINE HUNDRED AND FORTY PAIRS PACKED IN TWO HUNDRED AND FORTY-FIVE CARTONS ONLY.

## （三）出入境检验检疫报验委托书

“出入境检验检疫报验委托书”只限于法定检验商品在出口商委托其

他人（如承运人等）向出入境检验检疫机构申请检验或检疫时才需要填写、签署和提交，而且必须提交。这种委托报检主要适用于异地报检的情况，出口商不在该出口货物的生产和出口通关所在地，出口商报检不方便，就委托承运人在运输该批货物的同时，代其向当地出入境检验检疫机构申请检验或检疫。

在实际工作中，“出入境检验检疫报验委托书”通常只需要加盖委托单位（即出口商）的公章即可，报验委托书的其他内容一般可由受托人在报检时根据当时的具体情况代其补填。因为真正履行保荐手续的“受托人”在出口商办理托运时还不能够确定是谁。尽管如此，法定检验商品在委托报检时必须向检验检疫机构提交；否则，检验检疫机构将拒绝受理检验或检疫。

顺便说明一点：这里的“承运人”泛指“所有专门从事国际货物运输的人”，既包括亲自运输货物的人，也包括那些只揽货和办理相关货运辅助性事宜（如代理报检、代理报关、代理托运、代理收支运杂费用等）但并不亲自运送货物的“代理”。而且，在本书随后的内容中，除了运输单据的签署处以及信用证条款中“承运人”的含义有所不同以外，其他泛指的“承运人”都属此意。

**表 9－3　出入境检验检疫报验委托书实例**

出入境检验检疫报验委托书

本单位与受托人________________协商后达成本委托书，将本单位进口/出口如下货物的出入境检验检疫报验工作全权委托受托人办理，并保证向受托人提供的用于办理报验手续的所有单证均真实无讹：

品　　名：____________________　　数（重）量：____________________

外贸合同号：____________________　　提（运）单号：____________________

委托日期：______年______月______日

本委托书有效期：______年______月______日至______年______月______日

委托人（印章）：____________________

单位地址：____________________

机构地址：____________________　　经营范围：____________________

法人代表（印章）：____________________　　联系电话：____________________

---

受托人确认声明

本单位完全接受本委托书，将根据出入境检验检疫的有关法律法规规定，办理委托人所委托的上述货物的出入境检验检疫报验并配合检验检疫工作，如在所委托事项中发生违规或违法行为，自愿接受检验机构的处理、处罚并负法律责任。

受托人（印章）：____________________

单位地址：____________________

确认日期：______年______月______日

## （四）出境货物通关单

出境货物通关单是法定检验商品在办理出口报关申报时必须提交的单据之一，这个单据由对该批出口商品实施检验检疫的出入境检验检疫机构签发，其填写的内容也相对比较简单，而且有很多处内容还可以用汉语填写（具体详见表 9 -4 中的填写内容）。

大家需要对此种单据特别注意的是，出境货物通关单具有严格的时间限制，而不是“无限期永久生效”的，具体的时间限制是：一般货物从发证之日起两个月内有效，鲜果、鲜蛋类货物两个星期内有效，动植物检疫证书 21 天内有效，鲜活商品 14 天内有效。如果货物超过该出境货物通关单的有效期限装运出口，出口商应向发证机构申请展期，经其复验合格以后才能出口。

**表 9 -4　出境货物通关单**

**中华人民共和国出入境检验检疫**

**出境货物通关单**

编号：4200702050052670

<table>
<tr><td colspan="3">1. 发货人<br>ABC 国际贸易有限公司</td><td rowspan="3">5. 标记及号码<br>
</td></tr>
<tr><td colspan="3">2. 收货人<br>AL TURAIKI EST. FOR TRADING</td></tr>
<tr><td>3. 合同、信用证号<br>合同号码：× ×HAP10404<br>信用证号码：× ×TF0115304009</td><td colspan="2">4. 输往国家和地区<br>沙特阿拉伯</td></tr>
<tr><td>6. 运输工具名称及号码<br>船舶＊＊＊</td><td colspan="2">7. 发货日期<br>20 × ×. 07. 20</td><td>8. 集装箱规格及数量<br>＊＊＊＊＊＊</td></tr>
<tr><td>9. 货物名称及规格<br>安全皮靴<br>＊＊＊＊＊</td><td>10. H. S. 编码<br>6403. 4000<br>＊＊＊＊＊</td><td>11. 申报总值<br>USD54, 301. 80<br>＊＊＊＊＊</td><td>12. 数/重量、包装数量及种类<br>2 940 双/245 纸箱<br>＊＊＊＊＊</td></tr>
<tr><td colspan="4">13. 证明<br>上述货物业经检验检疫，请海关予以放行。<br>本通关单有效期至　二零× × 年 九 月 十一 日<br>（盖 章）<br>签字：LUOCHAO　　　　日期：20 × ×年 07 月 11 日</td></tr>
<tr><td colspan="4">14. 备注</td></tr>
</table>

## 二、提货

订购的出口商品经有关部门检验认定合格以后，出口商随即向工厂或出口供货部门提取货物。出口商向工厂“提货”其实只是一个实现“货主”转换的法律程序，而且这个“货主”在生产厂家——出口商——国外进口商之间转换得时间很短暂，通常只有短短的几天时间。在实际工作中，除了部分零星分散的农副土特产品需要聚少成多，先购买进来装进公司仓库集中待售以外，绝大多数工业加工产品一般都是以销定产，直接从工厂运到国际运输物流部门的仓库，在经过出口通关手续以后，立即装集装箱、装船（装火车、飞机等）运往国外。通俗地说，外贸公司向工厂供货部门提货，实际上在更多的时候就是由工厂或外贸公司自己把出口货物提交到国际货运公司或其代理的码头、车站或机场的仓库里。

## 三、付款

这里的“付款”是指外贸公司向工厂供货厂家支付出口货源的货款。为了便于大家加深对国内付款业务的了解，先将付款时间和付款方式分别归纳列表如下：

**表 9 –5　国内付款时间和付款方式**

| 序号 | 付款时间 | 序号 | 付款时间 |
|---|---|---|---|
| (1) | 全额预付款 | (1) | 转账支票 |
| (2) | 部分预付款、交货后支付余款 | (2) | 电汇 |
| (3) | 付款提货 | (3) | 信汇 |
| (4) | 工厂供货厂家交货以后付款 | (4) | 票汇 |

### （一）付款时间

外贸公司向工厂供货厂家支付出口货源款项的时间往往会因人而异，因情况而异，而不会千篇一律“一刀切”。有时候需要全额预付，有时候需要部分预付，有时候需要付款提货，有时候也可以在工厂供货厂家交付货物以后的某一时间支付。

(1)“全额预付款”适用于某些工厂供货厂家生产加工的出口产品具有较强的垄断性，其他货源单位一般暂时生产不出来，而国外客户又迫切需要这种商品。于是，这些工厂供货厂家就开出较高，甚至是比较苛刻的供货条件，比如不讲价、全额预付货款等。

(2)“部分预付款、交货后支付余款”一般适用于外贸公司与工厂供货厂家系初次做生意，彼此关系还不是十分熟悉的情况。工厂害怕外贸公司下单以后中途撤单，外贸公司也担心工厂不恪守信用，如借故拖延交货时间甚至不交货，交货不符合买卖合同的规定等。双方经过讨价还价，最终达成妥协的结果就是：外贸公司在签约以后向工厂预付一部分货款以作“抵押担保”，工厂交货后外贸公司立即付清余款。

(3)“付款提货”适用于外贸公司与工厂供货厂家之间既想做成生意，又互相不信任对方的情况。外贸公司要防止把货款付给工厂供货厂家了而最终却提不到合同货物，造成钱货两空的结局；工厂供货厂家也要提防外贸公司先把货物提走了而后却迟迟不支付货款，借故找碴赖账的情况。因此，双方商定：工厂供货厂家把货物生产备妥了，外贸公司查验无误以后，外贸公司全额付清了货款工厂才会发货。这种形式就跟顾客在商场买东西，一手交钱一手交货一样。外贸公司只有把货款都付清了，才能把货物提走。

(4)“工厂供货厂家交货以后付款”一般仅适用于外贸公司与工厂供货厂家合作多次，且业务关系融洽、互相充分信任的情况。一方面，工厂或供货厂家充分信任外贸公司的信誉；另一方面，工厂为了与该外贸公司保持长久的买卖业务合作关系，“愿意”向外贸公司提供一定期限的商业信用——同意外贸公司延期付款。

### （二）付款方式

(1) 转账支票。转账支票目前在我国一般仅适用于同城不同经济实体之间的支付。例如，A 外贸公司与 B 工厂供货厂家都在 M 城市，A 向 B 购买了某批出口货物，A 向 B 支付这批货款时就使用转账支票。

(2) 电汇、信汇和票汇。电汇、信汇和票汇目前在我国适用于异地支付，也就是付款人和收款人不在同一座城市的情况。

①电汇和信汇的原理一样，只是汇出行向汇入行发出“付款授权”的方式不同，电汇使用的是电讯（SWIFT）或电传（Telex），而信汇使用的仅仅是纸质的信函（并不包括电子邮件）。很显然，电汇的速度远快于信汇，收款人收到汇款的时间无疑会更早一些。现在，“电报”（cable）这个概念，作为一种具体的通信工具，已经被弃用了；但是，作为“电子大

类通信工具”的统称，人们还会经常提及它，例如“电汇”等。

②票汇和信汇的速度差不多，其原理也有相似之处。二者的根本区别就是：信汇的汇出行向汇入行发出的书面“付款授权”是由邮局或其他第三方传递的，且发函人必须是汇出行；而票汇则是付款人先向汇出行“买入”一张汇票，然后由付款人自己或请其他人交给收款人，再由收款人持该汇票到汇票上指定的解付行（其实就是“汇入行”）提取汇票款项。

③票汇在国内异地（非同城）买卖的“付款提货”支付方式中最适用，有时又叫做“自带汇票”。其支付的原理是：工厂或供货厂家把货物生产加工备妥了，外贸公司派人带着汇票前去验货。第一种情况，货物经查验合格，外贸公司把汇票交给工厂或供货厂家，工厂或供货厂家向外贸公司交付货物；第二种情况，货物短斤少两或质量、包装不合格，外贸公司拒收货物，并将自带汇票退回汇出行，赎回其汇票款项。

中文金融票据上的金额需要大写，大写数字的规范写法如下：

零、壹、贰、叁、肆、伍、陆、柒、捌、玖、拾、佰、仟、万、亿。

另外，“10元”应该大写为“壹拾元整”，而不是简单地写成“拾元整”。类似地，“15元”应该大写成“壹拾伍元整”，“11元”应该大写成“壹拾壹元整”等。

关于增值税专用发票的几点说明：

（1）购货方持有的增值税专用发票是一式两联，即第二联——抵扣联，供购货方作扣税凭证和申请出口退税之用；第三联——发票联，供购货方作记账凭证之用。

（2）“单价”为“不包含增值税税额的单价”，即不含税单价 = 含税价格 ÷（1 + 增值税税率）。

（3）“金额”是除去增值税值的“净金额”，即金额 = 购货数量 × 不含税单价［含税价格 ÷（1 + 增值税税率），也就是 112 ÷ 1.17］。

（4）“税额” = 不含税的货款金额 × 增值税税率

（5）价税合计 = 金额 + 税额

= 购货数量 × 含税价格

= 外贸公司向生产供货厂家支付的货款总额

（6）目前我国的增值税税率共有 17%、13%、11%、5% 和 3% 5 种，但出口商品的增值税税率主要有 17% 和 13% 两种，增值税是在“不含税价格 × 增值税税率”的基础上计算出来的。

**表 9-6 增值税专用发票**

××省增值税专用发票

3300083140　　　　发 票 联　　　　No. 4570753

开票日期：　20×× 年 7 月 10 日

| | | | | | | | |
|---|---|---|---|---|---|---|---|
| 购货单位 | 名称：ABC 国际贸易有限公司<br>纳税人登记号：420102177574563<br>地址、电话：武汉市江汉北路 34 号九运大厦 18 楼 4523-1872<br>开户行及账号：工行武汉市江北支行 3202016509200011186 | | | 密码区 | 55>42+7*2457>4*56242+ 加密版本：01<br>-1/06287>8*13<1+1>>36 3300083140<br>-72/-47+77>65/2/7288<br>42>575-1964*93808>></ 07158805 | | |
| 货物或应税劳务名称 | 规格型号 | 单位 | 数量 | 单价 | 金额 | 税率 | 税额 |
| 男式安全皮靴 | | 双 | 2,940 | 95.72649573 | 281,435.90 | 17% | 47,844.10 |
| 合计 | | | | | 281,435.90 | | 47,844.10 |
| 价税合计（大写） | 人民币叁拾贰万玖仟贰佰捌拾零元零角零分整 | | | | （小写） ¥329,280.00 | | |
| 销货单位 | 名称：N 市远征鞋业有限公司<br>纳税人登记号：330783747038286<br>地址、电话：N 市长征路 45 号，电话：4743-5692<br>开户行及账号：N 市工行白云分理处 1208041209048002427 | | | 备注 | | | |

收款人：××× 　复核：　开票人：××× 　销货单位：（章）（盖章）

第三联 发票联 购货方记账凭证

国税函（20××）562 号海南华森实业公司

（7）增值税是国家对商品增值的部分价值征税，例如：一件衬衣，工厂购买布料、纽扣、缝纫线、标签等原辅材料以及支付工人工资、房租、水电费等项支出，可以凭已经缴纳了增值税的增值税发票免予再一次缴税。这一部分价值对于衬衣来说，属于衬衣的价值，但不属于“增值”的价值。因此，工厂在缴纳衬衣的增值税时，应该凭购买原材料的增值税发票进行“抵扣”。但是，工厂在购买原材料时，常常难以得到增值税发票。这样，国税局在征收增值税时，通常采用“灵活”办法给予变通，对于应税货物含税价值的40%部分按增值税税率计征，即（见表9－6）。

①工厂实际缴纳的该商品的增值税税率＝40%×17%＝6.8%

工厂实际缴纳的该商品的增值税税额＝商品的含税价格×6.8%

②工厂实际缴纳的该商品的增值税税率＝40%×13%＝5.2%

工厂实际缴纳的该商品的增值税税额＝商品的含税价格×5.2%

但是，国税局即使是按上述“灵活”的办法向纳税人计征增值税，他们开具的增值税发票上填写的计征数额却依旧是按国家规定填写的。例如，表9－6，如果国税局按“灵活”的办法计征增值税，实证的税额只有CNY22 391.04（112×2 940×6.8%），但税票上填写的却仍然会是CNY47 844.10（112×2 940÷1.17×17%）。

**表9－7 商品编码归类一览表**

| 类别 | 类别编码 | 内容 | 举例 | |
|---|---|---|---|---|
| | | | 商品名称 | 商品编码 |
| 1 | 01～05 | 活动物、动物产品 | 带骨冻牛肉 | 0202.2000 |
| 2 | 06～14 | 植物产品 | 大蒜头 | 0703.2010 |
| 3 | 15 | 动、植物油、脂及其分解产品；精制食用油脂；动、植物蜡 | 初榨花生油 | 1508.1000 |
| 4 | 16～24 | 食品；饮料、酒及醋；烟草、烟草及烟草代用品的制品 | 甘蔗糖 | 1701.1100 |
| 5 | 25～27 | 矿产品 | 食用盐 | 2501.0011 |
| 6 | 28～38 | 化学工业及其相关工业的产品 | 碳酸钙 | 2836.5000 |
| 7 | 39～40 | 塑料及其制品；橡胶及其制品 | 烟胶片 | 4001.2100 |
| 8 | 41～43 | 生皮、皮革、毛皮及其制品；鞍具及挽具；旅行用品、手提包及类似容器；动物肠线（蚕胶丝除外）制品 | 水貂皮 | 4302.1100 |

表9-7 续表

| 类别 | 类别编码 | 内　容 | 举　例 | |
|---|---|---|---|---|
| | | | 商品名称 | 商品编码 |
| 9 | 44~46 | 木及木制品；木炭；软木及软木制品；稻草、秸秆、针茅或其他编结材料制品；篮筐及柳条编结品 | 针叶木地板条（块） | 4409.1010 |
| 10 | 47~49 | 木浆及其他纤维素浆；回收（废碎）纸或纸板；纸、纸板及其制品 | 新闻纸 | 4802.6110 |
| 11 | 50~63 | 纺织原料及纺织制品 | 男式涤棉、连体服 | 6211.3390 |
| 12 | 64~67 | 鞋、帽、伞、杖、鞭及其零件；已加工的羽毛及其制品；人造花；人发制品 | 折叠伞 | 6601.9100 |
| 13 | 68~70 | 石料、石膏、水泥、石棉、云母及类似材料的制品；陶瓷产品；玻璃及其制品 | 砂纸 | 6805.2000 |
| 14 | 71 | 天然或养殖珍珠、宝石或半宝石、贵金属、包贵金属及其制品；仿首饰；硬币 | 红（蓝、绿）宝石 | 7103.9100 |
| 15 | 72~83 | 贱金属及其制品 | 钢铁制铆钉 | 7318.2300 |
| 16 | 84~85 | 机器、机械器具、电器设备及其零件；录音机及放声机、电视图像、声音的录制和重放设备及其零件、附件 | 独立式空调器 | 8415.1010 |
| 17 | 86~89 | 车辆、航空器、船舶及有关运输设备 | 手扶拖拉机 | 8701.1000 |
| 18 | 90~92 | 光学、照相、电影、计量、检验、医疗或外科用仪器及设备、精密仪器及设备；钟表；乐器；上述物品的零件、附件 | 定向罗盘 | 9014.1000 |
| 19 | 93 | 武器、弹药及其零件、附件 | 左轮手枪 | 9302.0000 |
| 20 | 94~96 | 杂项制品 | 一次性袖珍气体打火机 | 9613.1000 |
| 21 | 97 | 艺术品、收藏品及古物 | 邮票 | 9704.0010 |

# 第五节 同步训练

## 一、相关信息

(1) 外贸公司：Wuhan Textile Import and Export Corporation Limited（武汉纺织品进出口有限公司）

①纳税人登记号：420102177574572

②地址、电话：武汉市新华路214号国贸大楼15楼B座，电话8573－1566

③开户行及账号：工行武汉市江北支行3202016509200011192

（2）生产厂家：武汉市红旗服饰有限责任公司

①纳税人登记号：330783747038286

②地址、电话：武汉市建设大道145号，电话8543－5634

③开户行及账号：武汉市农行台北分理处1208041209048002425

（3）购销合同编号：WHD××257

（4）签约日期：20××年11月1日

（5）购销商品名称及其工厂出厂单价：男式工装（Coveralls）：CNY61.77/Suit；牛仔衬衣（Denim Shirts）：CNY30.45/Piece

（6）订单编号：UTL－11－6230

（7）货号（Article No.）：工装：WH－C602；牛仔衬衣：WH－D735

（8）配码（Assortments）：

①工装：　S　M　L　XL　XXL

--------------------------------

DARK BLUE　4　5　6　5　=24 SUIT / CTN

②牛仔衬衣：XS　S　M　L　XL

--------------------------------

NAVY　6　7　8　8　7 =36 PIECE / CTN

（9）数量：工装（Coverall）：4 368套/182箱；牛仔衬衣（Denim Shirts）：6 552件/182箱。合装一个20英尺集装箱。

（10）包装：工装：每一套装进一个塑料袋，24套装进一个出口纸箱；牛仔衬衣：每一件装进一个塑料袋，36件装进一个出口纸箱。外包装纸箱尺寸（工装与牛仔衬衣一样）：56.5×45×33（cm）。

（11）装运期：20××年12月10日之前。

（12）支付方式：信用证，在装船日期后90天支付。

（13）唛头（Shipping Mark）：U. T. L. / HAIFA－BAY / ORDER NO. 6230 / C/NO. 1－364

（14）国外进口商：UNIDRESS TADMIT LTS

（15）买卖合同编号：WHT－UTL6230

（16）信用证号码：791－01－002521－8

（17）对外成交价格：男式工装（Coveralls）：USD10.38/Suit；牛仔衬衣（Denim Shirts）：USD5.15/Piece。

（18）商业发票号码：××IS213－B；发票的出票日期：NOV. 25，20××。

（19）每箱毛重：20KG；每箱净重：22KG。

（20）增值税税率：17%。

## 二、实训要求

（1）填制一份外贸公司与生产厂家之间签署的购销合同（格式见表9－8）；

（2）代表外贸公司填写一份生产通知单（格式见表9－9）；

（3）填制一份出境货物报检单（格式见表9－10）；

（4）填制一份装箱单（格式见表9－11）；

（5）填制一份增值税专用发票（格式见表9－12）。

**表9－8 产品购销合同**

供方：＿＿＿＿＿＿＿＿＿＿　　合同编号：＿＿＿＿＿＿＿＿＿＿

需方：＿＿＿＿＿＿＿＿＿＿　　签订时间：＿＿＿年＿＿＿月＿＿＿日

签订地点：＿＿＿＿＿＿＿＿＿＿

（1）产品名称、数量及价款：

| 产品名称 | 规格型号 | 计量单位 | 数量 | 单价 | 总金额 |
|---|---|---|---|---|---|
| 工装 | | | | | |
| 牛仔衬衣 | | | | | |
| 合计金额 | | | | | |

（2）质量要求及技术标准、供方对质量负责的条件和期限：商品质量以确认样品为准，最迟交货期限为＿＿＿＿年＿＿月＿＿日。

（3）包装：工装：＿＿＿＿＿＿＿＿＿＿＿＿＿＿＿＿＿＿＿＿；牛仔衬衣：＿＿＿＿＿＿＿＿＿＿＿＿＿＿＿＿＿＿＿＿。

纸箱须经需方确认以后方能正式加工生产。包装费用由供方承担。

（4）检验标准、验收方法：以＿＿＿＿＿＿＿＿＿＿＿＿＿＿＿＿＿＿＿＿为准。

（5）交货地点和方式：＿＿＿＿＿指定地点。

（6）运输方式及费用：供方负责将货物送到＿＿＿＿＿＿指定地点，其费用由＿＿负担。

（7）计算方式：需方收到供方提供的商检合格证明以后预付＿＿＿%货款，需方在港口收到全部货物及税率为＿＿%的增值税发票后付清余款。

（8）违约责任：违约方赔偿对方＿＿＿%的违约金。

（9）合同争议的解决方式：本合同在履行过程中如果发生争议，由双方当事人协商解决；协商不成，由违约方的对方所在地人民法院受理。

（10）本合同依法签订，经供需双方盖章和代表签字，即具法律效力，任何一方不得擅自变更或解除。如因故需要变动，需经供需双方协商一致后另立协议。

（11）本合同自签订之日起生效。

（12）本合同一式两份，供需双方各执一份，传真件同正本具有同等的法律效力。

（13）其他约定事项：供方需于20××年12月10日或之前将货物运至武汉港口需方指定地点。

| 供　　方 | 需　　方 |
|---|---|
| 单位名称：（盖章） | 单位名称：（盖章） |
| 单位地址： | 单位地址： |
| 法定代表人： | 法定代表人： |
| 委托代理人： | 委托代理人： |
| 电话： | 电话： |
| 传真： | 传真： |
| 开户银行： | 开户银行： |
| 账号： | 账号： |
| 税号： | 税号： |

**表9－9　服装生产通知单**

致：______________________

订单编号：________________

1. 商品名称：______________

2. 数量、规格及颜色：

| 货号 | 数量 | | 箱号 | 颜　色（中英文对照） |
|---|---|---|---|---|
| | 套（件）数量 | 箱数 | | |
| | | | | |
| | | | | |

3. 配码：

（1）工装：

（2）牛仔衬衣：

表 9－9 续表

4. 包装：

（1）工装：______________________________；

（2）牛仔衬衣：____________________________；

（3）外包装纸箱尺寸：________________________。

5. 唛头：

（1）正唛：

______________________________

______________________________

______________________________

______________________________

（2）侧唛：

①工装：

ORDER. NO. ______________________________

C/NO. ______________________________

ART. NO. ______________________________

SIZE ASSORTMENT：______________________________

---

DARK BLUE ______________________________

N. W. ______KG；　G. W. ______KG

MEASUREMENT：______________________cm

②牛仔衬衣：

ORDER. NO. ______________________________

C/NO. ______________________________

ART. NO. ______________________________

SIZE ASSORTMENT：______________________________

---

NAVY ______________________________

N. W. ______KG；　G. W. ______KG

MEASUREMENT：______________________cm

6. 交货期：______年______月______日以前。

7. 其他注意事项：

（1）外箱尺寸一定要严格按照长、宽、高外径__________________cm 的尺寸，既不能扩大，也不能缩小，因为一个 20 英尺集装箱的内径尺寸“5. 98×2. 35×2. 39M”基本上是一定的。这一点事先一定要跟纸箱厂交代清楚，防止做小了装不下衣服或损坏衣服的造型，做大了集装箱最终装不下全部的订单数量。

（2）所有资料一定要保密，未经本公司允许，不得向其他单位和个人提供供货情况和样品，请贵厂务必予以配合。

____________________公司

年　　月　　日

**表 9－10　出境货物报检单**

中华人民共和国出入境检验检疫

出境货物报检单

报检单位：________　　　　＊编　　号：________

报检单位登记号：×××××××　　　　联系人：×××

电话：××××××××　　　　报检日期：　　年　　月　　日

| | | |
|---|---|---|
| 发货人 | （中文） | |
| | （外文） | |
| 收货人 | （中文） | |
| | （外文） | |

| 货物名称（中/外文） | H. S. 编码 | 产地 | 数量/重量 | 货物总值 | 包装种类及数量 |
|---|---|---|---|---|---|
| | | | | | |

| | | | | | |
|---|---|---|---|---|---|
| 运输工具名称号码 | | 贸易方式 | | 货物存放地点 | |
| 合同号 | | 信用证号 | | 用途 | |
| 发货日期 | | 输往国家（地区） | | 许可证/审批号 | |
| 启运地 | | 到达口岸 | | 生产单位注册号 | |
| 集装箱规格、数量及号码 | | | | | |

| 合同、信用证订立的检验检疫条款或特殊要求 | 标记及号码 | 随附单据（画“√”或补填） | |
|---|---|---|---|
| | | □合同 | □包装性能结果单 |
| | | □信用证 | □许可/审批文件 |
| | | □发票 | □ |
| | | □换证凭单 | □ |
| | | □装箱单 | □ |
| | | □厂检单 | □ |

| 需要证单名称（划“√”或补填） | | | | ＊检验检疫费 | |
|---|---|---|---|---|---|
| □品质证书 | __正__副 | □植物检疫证书 | __正__副 | 总金额（人民币元） | |
| □重量证书 | __正__副 | □熏蒸/消毒证书 | __正__副 | | |
| □数量证书 | __正__副 | □出境货物放行单 | __正__副 | 计费人 | |
| □兽医卫生证书 | __正__副 | □ | | | |
| □健康证书 | __正__副 | □ | | 收费人 | |
| □卫生证书 | __正__副 | □ | | | |
| □动物卫生证书 | __正__副 | □ | | | |

| 报检人郑重声明： | 领取证单 | |
|---|---|---|
| 1. 本人被授权报检。 | 日期 | |
| 2. 上列填写内容正确属实，货物无伪造或冒用他人的厂名、标志、认证标志，并承担货物质量责任。 | | |
| 签名：________ | 签名 | |

注：有“＊”号栏由出入境检验检疫机关填写　　　　◆国家出入境检验检疫局制

［1－2（20××.1.1）］

**表 9-11 装箱单**

<table>
<tr><td>Issuer</td><td rowspan="4">武汉纺织品进出口有限公司<br>WUHAN TEXTILE IMPORT AND EXPORT<br>CORPORATION LIMITED<br><br>PACKING LIST</td></tr>
<tr><td></td></tr>
<tr><td>To</td></tr>
<tr><td rowspan="5"></td></tr>
<tr><td>Invoice No.</td></tr>
<tr><td>Invoice Date：</td></tr>
<tr><td>L/C No.</td></tr>
<tr><td>L/C Date：</td></tr>
</table>

| Description of Goods | Art. No. | Quantity | Number of Packages |
|---|---|---|---|
| | | | |
| | | | |
| Total | | | |

(1) PACKING：

①FOR COVERALLS：

②FOR DENIM SHIRTS：

(2) SHIPING MARK：

(3) GROSS WEIGHT： KG

(4) NET WEIGHT： KG

(5) MEASUREMENT： CBM ( × × CM)

(6) TOTALLY PACKED IN CARTONS

(STAMP)

**表 9-12　增值税专用发票**

××省增值税专用发票

发 票 联

4100083145　　　　　　　　No. 4170747

第三联　发票联　购货方记账凭证

开票日期：　　20　　年　　月　　日

| 购货单位 | 名称：<br>纳税人登记号：<br>地址、电话：<br>开户行及账号： | | 密码区 | 55>42+7*2457>4*56242+ 加密版本：01<br>-1/06287>8*13<1+1>>36 3300083140<br>-72/-47+77>65/2/7288<br>42>575-1964*93808>></ 07158805 | | | |
|---|---|---|---|---|---|---|---|
| 货物或应税劳务名称 | 规格型号 | 单位 | 数量 | 单价 | 金额 | 税率 | 税额 |
| 合计 | | | | | | | |
| 价税合计（大写） | 人民币 | | | | | （小写） ¥ | |
| 销货单位 | 名称：<br>纳税人登记号：<br>地址、电话：<br>开户行及账号： | | 备注 | | | | |

收款人：××× 　复核： 　开票人：××× 　销货单位：（章）（盖章）

国税函（20××）562 号海南华森实业公司

# 第十章　托运与报关

## 本章实训的主要目的

(1) 熟悉办理出口货物托运的业务程序，并掌握托运人与承运人之间往来函电的构思与写作。

(2) 知悉常用托运单据的构成以及各种单据的制作方法。这些单据主要包括：货物出运委托书、商业发票、出口货物报关单、装箱单、买卖合同（副本）、装运通知等。

(3) 了解提单附带声明的填写方法。

(4) 了解、熟悉世界主要航线及其主要港口。

(5) 理解提单背面条款中的各项条款，并且正确回答相关问题。

出口货物在生产出来并且经过检验，证明合格以后，出口商紧接着就要与承运人取得联系，洽商有关托运与承运出口货物的事宜。由于出口货物的运输不同于国内运输，它需要在出口国办理出口通关手续、在进口国办理进口报关手续，所以进出口货物的托运通常是与进出口通关联系在一起的。出口货物的托运与报关一般可以选用以下几种不同的方式：(1) 出口商只委托承运人运输货物，出口报关由出口商自己办理；(2) 出口商把出口货物的运输、出口报关甚至法定商品的报检都委托承运人代其一起办理；(3) 出口商把出口货物的运输、出口报关、报检、在进口国家的进口检验和进口通关、缴纳进口税费等项事宜全部委托承运人办理。其中，第 (2) 种办法在我国最常用，特别是出口商在委托承运人运输的同时要求承运人代其报关的情况。

## 第一节　托运

一批出口货物的“托运人”在大多数情况下只有一个，就是在出口商支付运杂费用的贸易术语（CFR、CIF、CPT、CIP等）项下的出口商；有时却有两个，是指在由进口商支付运杂费用的贸易术语（FOB、FCA、FAS等）项下的进口商和出口商，其中进口商与承运人订立运输合同、支付运费，出口商交付托运货物、支付交货以前的相关费用、取得运输单据（如海运提单等）。

## 一、托运人发出托运函

这里的“托运函”其实也分为两种：一种是本地托运项下的电话联络，就是托运人和承运人处在同一个城市，彼此之间知根知底，托运人给承运人打一个电话或者约定面谈，把有关托运的事宜口头咨询、协商一下，双方就主要事项达成一致以后，托运人把托运单据交给承运人去租船订舱；另一种是异地托运项下的书面函电（如传真、电子邮件等），托运人和承运人处在不同的两个城市，彼此之间很可能都不认识。这时候，托运人就需要给承运人发一份传真或者电子邮件，先向承运人书面咨询、探讨、洽商相关的托运事项和条件，然后确定向其托运。

以下就是ABC国际贸易有限公司的外销员殷茵小姐向广州HANG TAI MARITIME（INTERNAIONAL）LTD. 的MIS XU YING发出的一份托运的传真：

**ABC INTERNATIONAL TRADE CORPORATION LIMITED**

56, DONGTING STREET, WUHAN, 430014 CHINA

FAX: (86) -27-8576-7474 TEL NO: (86) -27-8283-3515

8281-1135 E-MAIL: hbxcgs@public. wh. hb. cn

---

REF: DATE: JULY 5, 20××

FAX NO: 020-6247-××××

TO: HANG TAI MARITIME (INTERNAIONAL) LTD.

ATTN: MIS XU YING

徐艳小姐：

您好！

我公司拟通过贵公司向沙特阿拉伯Al Turaiki Est. For Trading公司出口1×20’FCL（245纸箱/2 940双）男式安全皮靴（MEN'S SAFETY BOOTS），体积：29.57CBM；毛重：3 6754KGS。目的港：RIYADH VIA DAMMAM（利雅得经由达曼中转）；贸易术语：CIP RIYADH VIA DAMMAM。我们预计货物将在7月15日左右运抵广州。请贵公司速将如下有关交接货事宜电告我公司，以便我们事先作好安排：

1. 贵公司的中文名称、地址，联系人的姓名、电话及传真号码；

2. 贵公司在广州的详细收货地址，联系人的姓名、电话和传真号码；
3. 贵公司需要哪些报关单据，各多少份；报关单据最迟须在出货多少天以前寄达贵公司；
4. 1×20’ FCL在广州指定地点交货的包干港杂费用。
希望贵我双方合作愉快！
祝商安！

ABC国际贸易有限公司
殷　茵
20××年7月5日

（P. S. 我公司的联系电话和传真号码请参见稿头。）

## 二、托运的注意事项

（1）托运人最好事先查明承运人的根底。出口货物异地托运是常有的事情，而出口货物的价值往往比较高，一旦出现闪失，损失将很大。其中最常见的风险主要有：

①收费层层加码。例如交货前报价很低，交货后突然增加很多“杂费”，托运人或收货人如果不支付承运人就扣货等。

②运输质量差。例如胡乱装箱导致原本设计好了的货物最终难以装进集装箱；到货残损现象严重，招致客户向卖方索赔。

③货物运达时间晚。例如专装慢班船，经常发生到处中转、到处绕航等不正常现象。

④航运信息特别不灵通。例如承运人一问三不知，或者托运人得到的都是些迟到、过期的信息。

⑤服务非常不到位。例如邮件不回、接电话不耐心、不等托运人讲完就匆匆挂机、生怕被找麻烦，等等。

因此，寻找一个知根知底的承运人对于出口货物的运输非常重要。认识了解一个承运人，目前最方便、最快捷的方法就是到权威性的航运期刊和互联网上去查找、去核实。为了确保托运货物的安全和快捷，托运人应该找那些有实力的大航运公司运货。他们的运费虽然很可能会高一些，但货物的安全系数、到货时间、服务信息等诸方面也无疑会优良、可靠得多。

（2）相关的权利和义务事先尽量讲清楚。托运人与承运人之间在托运货物的过程中通常并不签署专门的运输合同，但是二者之间的合同关系却是客观存在的。在国际货物运输这个业务环节上，承运人是专业的，是当然的内行；而托运人却是“业余”的，对运输的各个方面都要外行得多。

这就要求托运人事先把各有关事宜询问清楚，把承运人的服务、收费项目都商定好，尽量避免事后出现纠纷。

（3）在异地托运中，托运人向承运人寄送托运、报关单据时，一定要事先向承运人咨询清楚通关具体需要哪些单据，各种单据所需的份数以及是否具有某些特别的签署要求等，以免寄出去的单据不合乎要求又要重新寄送，影响货物及时通关，延误装运时间。在我国，相关职能部门的规定会经常发生变化，而且没有规律性。这就要求我们随时做好心理准备，事前多问、多查，尽量把问题考虑周全，减少返工，以提高工作效率。

（4）在进口商租船订舱、支付运费的情况下，出口商不能随便答应放单。这里的“放单”有两层含义：

①承运人以出口商不是“托运人”为由，拒绝向出口商签发运输单据（如海运提单等物权单据），而直接向进口商签发运输单据或向其放货，致使出口商在向承运人交付托运货物之后就立即失去了对于货物的所有权和支配权。出口商在还没有收到货款的情况下就默许承运人这样做。

②承运人在收到托运货物以后仅向出口商签发没有物权（不能凭以提货）的运输单据，如货物收据（Cargo Receipt）等，而不是签发物权单据（必须凭以提货的）如海运提单等，出口商对此予以默许。

上述两种情况在实际工作中经常发生，给不法商人制造了不付货款也能轻易提取货物的可乘之机，从而给出口商造成了钱货两空的重大损失。为了控制出口收汇的风险，出口商在应对上述两种情况时，可以根据不同情况灵活采取以下两种办法：

①买方先付款，卖方后交货。此时出口商已经没有了收汇的后顾之忧，完全可以同意承运人直接在目的港（地）把托运货物交给收货人（进口商）提走。

②在信用证或托收的支付方式下，出口商一定得要求承运人向自己签发物权运输单据。大家一定要牢记一点：承运人到底应该把物权运输单据签发给谁，并不取决于“是谁租船订舱、支付运费的”，而是取决于“处在托运阶段的托运货物的所有权究竟是谁的”。试想，如果出口商在还没有收到货款的情况下，就把物权运输单据拱手让给了进口商，那出口商再拿什么去制约进口商如期支付货款呢？

（5）在 FOB、FCA 和 FAS 等由进口商租船订舱、签订运输合同并且支付运费的贸易术语下，进口商如果对于进口货物的运输有什么非常规的规定和要求，如货物打托盘（pallet）、在运输包装上印刷某些特别的标志、在集装箱内加贴什么特殊标签等，一定要事先用书面的形式、一次性地向出口商交代清楚，以免进口货物的包装不合要求影响进口通关和国内销售。

## 三、承运人复函

殷茵小姐：

您好！

谢谢您7月5日的传真！我们非常高兴获悉贵公司将在7月份通过我公司运输一个20英尺集装箱的男士安全皮靴到沙特阿拉伯的利雅得。我们将竭诚与贵公司合作，并提供满意的服务。下面是贵公司需要的相关信息：

1. 通关所需单据：出口合同、商业发票、装箱单、出口货物报关单、代理报关委托书及代理报验委托书。

2. 我公司的详细名称和地址如下：广州联运公司，广州市东风中路143号广州国际大厦1123室，邮政编码：510030，电话：020－……，传真：020－……，联系人：徐艳小姐。

3. 收货地址是：……，联系人：……，电话：……。

4. 运杂费用（一个20英尺集装箱）：

海运运费：1 450美元（All In，包干），

码头费（ORC）：600元人民币，

装箱费：400元人民币，

报关费：200元人民币，

其他费用：350元人民币。

5. 所有的单据必须在出货之前一周寄达我公司，货物必须在装运之前三天以内送到指定地点。请尽快通知我们出运的具体时间，以便我们及时订舱。

祝商祺！

广州联运公司　徐艳

20××年7月6日

# 第二节　运输与报关单据

运输单据主要包括出口货物运输委托书、商业发票和装箱单等，报关单据主要有出口货物报关单、买卖合同（副本即可）、商业发票、装箱单、出境货物通关单等。下面把这些常用单据根据相关业务填制如下，其中前面已经出现过的单据就不再重复了。另外，有必要再说明几点：

（1）上述运输与报关单据只是在通常情况下需要的，并不是所有出口货物都需要这些单据，也不是在任何时候都只需要这些单据。实际上，商

品的性质不同，类别不同，出口的时间不同，所需要的单据，特别是报关单据也很有可能会有所不同。

（2）各种单据的名称、格式以及填写的内容等，除了出境货物报关单等极少数官方单据是相对统一、固定的以外，其余单据都相对灵活，并不统一，当事人完全可以自行设计和填制。当然，不管单据的格式怎样变化和优化，其中的核心内容都是必不可少的，也就是所谓的"万变不离其宗"。

（3）上述的第（2）点并不仅仅适用于本章，而是适用于本书的全部内容。关于这一点，作者在其他地方将不再重复了。

## 一、货物出运委托书

**表 10 - 1　货物出运委托书**

货 物 出 运 委 托 书

（货物明细单）　日期：　JULY 10, 20××

根据《中华人民共和国合同法》与《中华人民共和国海商法》的规定，就出口货物委托运输事宜订立本合同。

| | | | |
|---|---|---|---|
| 合同号 | ××HAP10404 | 运输编号 | |
| 发票号 | VL××SDT001 | 核销单号 | 119461995 |
| 开证银行 | AL RAJHI BANKING AND INVESTMENT CORPORATION RIYADH （HEAD OFFICE） | | |
| 贸易性质 | GENERAL | 贸易国别 | SAUDI ARABIA |
| 消费国别 | SAUDI ARABIA | 运输方式 | MULTIMODAL |
| 支付方式 | L/C | 信用证号 | ××TF0115304009 |
| 装运期限 | JULY 20, 20×× | 有效期限 | ××0815 |
| 出口口岸 | HUANGPU | 目 的 港 | RIYADH VIA DAMMAM PORT |
| 可否转运 | √ | 可否分批 | × |
| 运费预付 | √ | 运费到付 | |

| | |
|---|---|
| 托运人 | ABC INTERNATIONAL TRADE CORPORATION LIMITED, 56 DONG TING STREET, WUHAN 430014, CHINA |
| 提单抬头 | TO THE ORDER OF AL RAJHI BANKING AND INVESTMENT CORP. |
| 通知人 | AL TURAIKI EST. FOR TRADING. AL SWAILIUM STREET, DEIRA, P. O. BOX 20131, RIYADH 11455, KINGDOM OF SAUDI ARABIA |

| 标志唛头 | 货名规格、海关编号 | 件数及包装式样 | 毛重（公斤） | 净重（公斤） | 价格币制 U.S. DOLLARS 单价 | 总价 |
|---|---|---|---|---|---|---|
| A AL-ABDULKARIM | MEN'S SAFETY LEATHER BOOTS<br>H.S. CODE: 6403.4000 | 245CTNS | 3,675KG | 3,185KG | USD20.96/PR | USD61,622.40 |
| | TOTAL: | | | | | USD61,622.40 |

| 法定商检 | √ | 总尺码 | 29.57CBM | FOB 价值 | |
|---|---|---|---|---|---|

**受托人注意事项**

（1）FULL SET CLEAN ON BOARD MARINE BILLS OF LADING MADE OUT TO THE ORDER OF AL RAJHI BANKING AND INVESTMENT CORP. MARKED "FREIGHT PREPAID" AND NOTIFY APPLICANT, INDICATING THE FULL NAME, ADDRESS AND TEL NO. OF THE CARRYING VESSEL'S AGENT AT THE PORT OF DISCHARGE, (REGULAR/LINER VESSEL).
（2）A DECLARATION APPENDED TO THE BILL OF LADING (SEE THE ATTACHMENT)
（3）ALL DOCUMENTS SHOULD BE MANUALLY SIGNED.
（4）TRANSPORT DOCUMENTS ISSUED BY FREIGHT FORWARDER NOT ACCEPTABLE.
（5）CHARTER PARTY/SHORT FORM BILL OF LADING NOT ACCEPTABLE.
（6）COST ADDITIONAL TO THE FREIGHT AS SHOWN IN ARTICLE 26C NOT ACCEPTABLE.
（7）TRANSHIPMENT SUBARTICLE 20C AND D IS NOT ACCEPTABLE.
（8）IN CASE OF CONTAINER SHIPMENT, NOS. OF CONTAINERS AND NOS. OF PAKAGE IN EACH CONTAINER SHOULD BE DECLARED ON B/L.
（9）MULTIMODAL TRANSPORT DOCUMENTS ACCEPTABLE.

| | | | |
|---|---|---|---|
| 指定货代 | | | |
| 运费 | | 确 认 | |
| 随附单据 | （1）发票 2份 | （2）装箱单 2份 | (3)报关单2份 |
| | （4）核销单 1份 | （5）许可证 份 | |
| 保险金额： | | | |
| 危险品： | | 制单员 | |

受托人（承运人或货运代理人）：
名称:
电话:　　传真:
委托代理人签章

委托人（即托运人）：
名称: ABC INTERNATIONAL TRADE CORPORATION LIMITED
电话: 027-82715004　　传真：027-82711363
联系人: ×××

## 二、商业发票

表 10－2　商业发票

| | | |
|---|---|---|
| Issuer<br>ABC INTERNATIONAL TRADE CORPORATION LIMITED<br>56. DONG TING STREET, WUHAN 430014, CHINA | 商业发票<br>COMMERCIAL INVOICE | |
| To<br>AL TURAIKI EST. FOR TRADING<br>AL SWAILIUM STREET, DEIRA, P. O. BOX 20131,<br>RIYADH 11455, KINGDOM OF SAUDI ARABIA<br>TEL:（966）-1-4113-375　FAX:（966）-1- 4112-804 | NO.<br>VL××SDT001 | Date<br>JULY 1, 20×× |
| Transport Details<br>FROM HUANGPU TO RIYADH VIA DAMMAM PORT, BY MULTIMODAL TRANSPORTATION. | S/C No.<br>××HAP10404 | L/C No.<br>××TF0115304009 |
| | Terms of Payment<br>BY L/C PAYABLE AT SIGHT | |

| Marks and Numbers | Number and Kind of Package<br>Description of Goods | Quantity | Unit Price | Amount |
|---|---|---|---|---|
| | | | CIPC3% RIYADH VIA DAMMAM PORT | |
| | MEN'S SAFETY LEATHER BOOTS<br>ART. NO. HP-0724 | 2 940PRS | USD20.96/PR | USD61,622.40 |
| | Total: | 2,940PRS | USD20.96/PR | USD61,622.40 |

（1）TOTAL VALUE: SAY U.S. DOLLARS FIFTY FOUR THOUSAND THREE HUNDRED AND ONE AND EIGHTY CENTS ONLY.

（2）PACKING SIZE:　40　41　42　43　44　45

-------------------------------------

1　2　3　3　2　1 = 12 PAIRS PER CARTON

（3）SALES CONDITIONS: CIPC3% RIYADH VIA DAMMAM PORT

（4）SALES CONTRACT NO.: ××HAP10404

（5）PACKING: EACH PAIR IN A COLOURED BOX, THEN ONE DOZEN PAIRS TO AN EXPORT CARTON.

（6）QUANTITY: 245CTNS/2,940PRS

（7）GROSS WEIGHT: 3,675KG

（8）NET WEIGHT: 3,185KG

（9）MEASUREMENT: 29.57CBM

（10）WE HEREBY CERTIFY THAT A LABEL OF "MADE IN CHINA" HAS BEEN CLEARLY SHOWN ON EACH PIECE OF THE BOOTS MENTIONED ABOVE.

（出口商签字和盖单据章）

## 三、出口货物报关单

**表 10－3　出口货物报关单**

中华人民共和国海关出口货物报关单

预录入编号：　　　　　　　　　　　　　　　　　　海关编号：

| | | | |
|---|---|---|---|
| 出口口岸　广州海关 | 备案号 | 出口日期<br>20××－07－20 | 申报日期<br>20××－07－10 |
| 经营单位　ABC 国际贸易有限公司 4201061521 | 运输方式<br>多式联运 | 运输工具名称 | 提运单号 |
| 发货单位　ABC 国际贸易有限公司 4201061521 | 贸易方式<br>一般贸易 | 征免性质<br>一般征税 | 结汇方式<br>信用证 |
| 许可证号 | 运抵国（地区）<br>沙特阿拉伯 | 抵运港<br>利雅得 | 境内货源地<br>广东 |

| | | | | |
|---|---|---|---|---|
| 批准文号 | 成交方式<br>CIF | 运费<br>USD2, 000. 00 | 保费<br>USD260. 00 | 杂费 |
| 合同协议号　××HAP10404 | 件数<br>245 | 包装种类<br>纸箱 | 毛重（公斤）<br>3, 675 | 净重（公斤）<br>3, 185 |

| | | |
|---|---|---|
| 集装箱号 | 随附单据<br>买卖合同、商业发票、装箱单、出境货物通关单、出口收汇核销单 | 生产厂家<br>N 市远征鞋业有限公司 |

标记唛码及备注

| 项号 | 商品编码 | 商品名称、规格型号 | 数量及单位 | 最终目的国（地区） | 单价 | 总价 | 币制 | 征免 |
|---|---|---|---|---|---|---|---|---|
| | 6403. 4000 | MEN'S SAFETY LEATHER BOOTS<br>男式安全皮靴<br>货号：HP－0724 | 2, 940 双 | 沙特阿拉伯 | USD20. 96/PR | USD61, 622. 40 | 美元 | |

税费征收情况

| | | | |
|---|---|---|---|
| 录入员　录入单位 | 兹声明以上申报无讹并承担法律责任 | 海关审单批注及放行日期（签章） | |
| 报关员　×××　　申报单位（签章） | | 审单 | 审价 |
| 单位地址　ABC 国际贸易有限公司　（加盖报关单位的报关专用章） | | 征税 | 统计 |
| 邮编：430014　电话：027-82715004　　填制日期：20××-07-10 | | 查验 | 放行 |

### （一）出口货物报关单填写说明

这里示范填制的"出口货物报关单"（表 10－3）只是在实际工作中，出口企业拟向受理海关申报，并且作为海关预录入"信息资源"的一种惯常的填写方法，它与海关最终打印出来的正式的"出口货物报关单"的内容以及《中华人民共和国进出口货物报关单填制规范》的要求具有一些差别，例如没有预录入编号、没有海关编号、没有运输工具名称、大多数栏目都没有填写相关的海关代码等，这是因为：（1）出口企业在申报之前还没有这些信息，无法填写；（2）有的栏目本来就应该由海关填写；（3）有些栏目中相关的海关代码，海关在其电脑中输出打印时，它们通常会"自动生成"，实际工作中不需要出口企业特意填写。

所以，作为"出口企业"，在实际工作中像这样填制"出口货物报关单"并不会影响企业的出口通关；但是，如果参加社会上相关的职业考试，还是应该严格按照《中华人民共和国进出口货物报关单填制规范》中的要求去填写。

### （二）进出口报关程序

目前在我国，报关单位（包括进出口货物收发货人和报关企业两类）向海关申请报关，都是采取电子申报与纸质申报相结合的方式。现在将基本的进出口通关程序介绍如下：

（1）进出口货物收发货人（外贸企业）到中国海关有关部门办理进出口企业的注册登记手续，获得进出口企业的相关代码；

（2）进出口货物收发货人或报关企业（报关公司）到中国海关有关部门办理报关单位的注册登记手续，获得报关单位的报关经营权；

（3）外贸企业或报关企业（报关单位）购买海关的电子钥匙，获得相关注册登记海关网站的登录密码；

（4）报关单位登录相关的海关网站，填报相关的报关申报表格信息，电子申请报关；

（5）相关的海关通过其网站现场予以受理确认；

（6）报关单位向受理海关提交全套报关所需的纸质单据；

（7）受理海关审查全套报关单据，现场查验申报的进出口货物，报关单位缴纳所需的海关税费，受理海关予以通关放行（如果系内陆出口通关，受理海关在放行后向口岸海关寄送纸质海关关封）；

（8）受理海关向电子口岸发送相关的电子信息；

（9）出口货物出境以后，受理海关向报关单位提交经过海关签章的纸质“出口货物报关单”（进口货物入境通关放行以后，受理海关向报关单位提交经过海关签章的“进口货物报关单”）。

## 四、代理报关委托书

**表 10－4 代理报关委托书**

代 理 报 关 委 托 书

编号：00016572548

我单位现　　（A. 逐票、B. 长期）委托贵公司代理　　等通关事宜。（A. 填单申报、B. 辅助查验、C. 垫款缴税、D. 办理海关证明联、E. 审批手册、F. 核销手册、G. 申办减免税手续、H. 其他）详见《委托报关协议》。

我单位保证遵守《海关法》和国家有关法规，保证所提供的情况真实、完整、单货相符。否则，愿承担相关法律责任。

本委托书有效期自签字之日起至　　年　　月　　日止。

委托方（盖章）：

法定代表人或其授权签署《代理报关委托书》的人（签字）

年　　月　　日

委 托 报 关 协 议

为明确委托报关具体事项和各自责任，双方经平等协商签订协议如下：

<table>
<tr><td>委托方</td><td></td><td>被委托方</td><td colspan="2"></td></tr>
<tr><td>主要货物名称</td><td></td><td>*报关单编码</td><td colspan="2">No.</td></tr>
<tr><td>H. S. 编码</td><td>□□□□□□□□</td><td>收到单证日期</td><td colspan="2">年　　月　　日</td></tr>
<tr><td>货物总价</td><td></td><td rowspan="4">收到单证情况</td><td>合同 □</td><td>发票 □</td></tr>
<tr><td>进出口日期</td><td>年　　月　　日</td><td>装箱清单 □</td><td>提（运）单 □</td></tr>
<tr><td>提单号</td><td></td><td>加工贸易手册□</td><td>许可证件 □</td></tr>
<tr><td>贸易方式</td><td></td><td>其他</td><td></td></tr>
<tr><td>原产地/货源地</td><td></td><td>报关收费</td><td colspan="2">人民币：　　　　元</td></tr>
<tr><td colspan="2">其他要求：</td><td colspan="3">承诺说明：</td></tr>
<tr><td colspan="2">背面所列通用条款是本协议不可分割的一部分，对本协议的签署构成了对背面通用条款的同意。</td><td colspan="3">背面所列通用条款是本协议不可分割的一部分，对本协议的签署构成了对背面通用条款的同意。</td></tr>
<tr><td colspan="2">委托方业务签章：<br>经办人签章：<br>联系电话：　　年　　月　　日</td><td colspan="3">被委托方业务签章：<br>经办报关员签章：<br>联系电话：　　年　　月　　日</td></tr>
</table>

CCBA（白联：海关留存；黄联：被委托方留存；红联：委托方留存）　　中国报关协会监制

**说明：**

“代理报关委托书”仅限于出口商不亲自办理进出口货物的海关申报手续，而是委托其他企业，如报关行或者具有代理报关资质的物流、运输企业等，代其办理报关手续时才需要填报。如果进出口企业自己以“报关人”的身份直接向海关申报，就不需要填报此份“代理报关委托书”了。

现在很多进出口企业通常都不设立专门的报关岗位，也不直接报关。在进出口业务中，这些企业基本上都是在向承运人办理进出口货物托运的同时，委托承运人代其办理相关的进出口报关事宜。

在实际工作中，“代理报关委托书”在由托运人提交给承运人的时候，一般只盖章而不填写内容。因为，此时真正的“报关人”还没有确定，有可能是承运人自己，也很有可能是其他企业。

## 五、海运提单

**表 10 - 5 海运提单**

<table>
<tr><td colspan="3">1. Shipper<br>ABC INTERNATIONAL TRADE CORPORATION LIMITED<br>56. DONG TING STREET, WUHAN 430014, CHINA</td><td colspan="4" rowspan="5">B/L No. CSC××3574<br>中 海 集 装 箱 运 输 有 限 公 司<br>CHINA SHIPPING CONTAINER LINES CO., LTD<br>Cable：0001 Telex：33200 CSCO CN<br>Port-to-Port Combined Transport<br>BILL OF LADING<br>RECEIVED in apparent good order and condition except as otherwise noted the total number of containers or other packages or units shown in this Bill of Lading receipt said by the shipper to contain the goods described above. Which description the carrier has no reasonable means of checking and is not part of the Bill of Lading. One original Bill of Lading should be surrendered; except clause 22 paragraph 5, in exchange for delivery of the shipment. Signed by the consigned or dully endorsed by the holder in due course. Whereupon the other original（s）issued shall be void. In accepting this Bill of Lading，The Merchants agree to be bound by all the terms on the face and back hereof as if each had personally signed this Bill of Lading.<br>WHEN the Place of Receipt of the goods an inland point and is so named herein, a notation of "On Board", "Shipped on Board" or words to like effect on this Bill of Lading shall be deemed to mean on board the truck, tail car, air craft or other inland conveyance（as the case may be）. Performing carriage from the Place of receipt of the Goods to the Port of Loading.<br>SEE clauses 4 on the back of this Bill of Lading（Terms continued on the back hereof Read Carefully）<br>**ORIGINAL**</td></tr>
<tr><td colspan="3">2. Consignee<br>TO THE ORDER OF AL RAJHI BANKING AND INVESTMENT CORP.</td></tr>
<tr><td colspan="3">3. Notify Party<br>AL TURAIKI EST. FOR TRADING.<br>ALSWAILIUM STREET, DEIRA, P. O. BOX 20131, RIYADH 11455,<br>KINGDOM OF SAUDI ARABIA</td></tr>
<tr><td colspan="2">4. Pre-carriaged by *</td><td>5. Place of Receipt *<br>HUANGPU</td></tr>
<tr><td colspan="2">6. Ocean Vessel and Voy No.<br>DAINTY RIVER 115E</td><td>7. Port of Loading<br>HUANGPU</td></tr>
<tr><td colspan="2">8. Port of Discharge<br>DAMMAM</td><td colspan="2">9. Place of Delivery<br>RIYADH</td><td colspan="3">10. Final Destination（of the goods - not the ship）<br>RIYADH</td></tr>
<tr><td colspan="7">PARTICULARS FURNISHED BY THE MERCHANTS（field 11-17）</td></tr>
<tr><td>11. Marks & Nos.<br>Container Seal No.<br>CONTAINER No.<br>COSU2090974<br>（1×20'GP）</td><td>12. No. of Containers or P'kgs<br>245CTNS</td><td colspan="3">13. Kind of Packages：Description of Goods<br>MEN'S SAFETY LEATHER BOOTS<br>DAMMAM AGENCY:<br>AL-BOXHAR SHIPPING TRADING &<br>INDUSTRY INTERNATIONAL<br>P.O.BOX 1060, DAMMAM 31431, SAUDI ARABIA<br>TEL: 966-3-8265390<br>FAX: 966-3-8263429<br>TLX: 801787 COSBIC SJ</td><td>14. Gross Weight Kgs<br>3,675</td><td>15. Measurement<br>29.57CBM</td></tr>
<tr><td colspan="2"></td><td colspan="5">16. Description of Contents for Shipper's Use Only（CARRIER NOT RESPONSIBLE）</td></tr>
<tr><td colspan="2">17. TOTAL NO. CONTAINERS OR PACKAGES（IN WORDS）</td><td colspan="5">TWO HUNDRED AND FORTY FIVE CARTONS IN ONE TUE ONLY.</td></tr>
<tr><td>18. FREIGHT & CHARGES<br>FREIGHT PREPAID<br>(CY TO CY)<br>LINER VESSEL</td><td>19. Revenue tons</td><td>20. Rate</td><td>21. Per</td><td>22. Prepaid</td><td colspan="2">23. Collect</td></tr>
<tr><td>24. Ex. Rate</td><td>25. Prepaid at</td><td colspan="2">26. Payable at</td><td colspan="3">27. Place and Date of Issue<br>GUANGZHOU, JULY 15，20××</td></tr>
<tr><td>ON BOARD</td><td>28. Total prepaid in</td><td colspan="2">29. No. of Original B（s）/L<br>THREE</td><td colspan="3" rowspan="2">Signed for the Carrier<br>CHINA SHIPPING CONTAINER LINES CO., LTD ×××<br>AS AGENT，FOR THE CARRIER：<br>COSCO</td></tr>
<tr><td colspan="4">DATE： JULY 15，20××<br>BY CHINA SHIPPING CONTAINER LINES CO., LTD</td></tr>
</table>

## 六、船公司声明

AN APPENDED DECLARATION TO BILL OF LADING

B/L NO. CSC××3574

L/C NO. ××TF0115304009

COMMERCIAL INVOICE NO. VL××SDT001

(1) NAME OF THE VESSEL：DAINTY RIVER

PREVIOUS NAME：DAINTY RIVER

(2) NATIONALITY OF VESSEL：CHINA

(3) OWNER OF VESSEL：CHINA OCEAN SHIPPING COMPANY

(4) THE VESSEL WILL CALL AT OR PASS THROUGH THE FOLLOWING PORTS ENROUTE TO SAUDI ARRABIA

①... HONG KONG... ②... P. T. P.... ③... KARACHI.. ④... DUBAI..

THE UNDERSIGNED DECLARES THAT THE INFORMATION PROVIDED (IN REPONSES (1) TO (4)) ABOVE IS CORRECT AND COMPLETE AND THAT THE VESSEL/PLANE/TRUCK SHALL NOT CALL AT OR ANCHOR ON ANY OTHER PORTS OTHER THAN THOSE MENTIONED ABOVE ENROUTE TO SAUDI ARABIA.

WRITTEN ON THE $15^{TH}$ DAY OF JULY YEAR 20××

SWORN TO BEFORE ME，ON THE $15^{TH}$ DAY OF JULY YEAR 20×× AT SHANGHAI

SIGNATURE OF VESSEL'S COMPANY.

NOTARY OF C. C. P. I. T.

(SEAL AND SIGNATURE)

关于船公司声明的几点说明：

（1）这份声明本来是由承运人草拟、签发并且连同海运提单一起向托运人提交的，但是在实际工作中，承运人出具的声明往往不太合乎信用证对于单证的要求而需要返工重做。为了省时、省事，建议出口商事先草拟后再由承运人出具和签署。

（2）托运人在草拟声明时，对信用证条款中相关的原文应该根据装运的实际情况有针对性地做一些修改，而不要原文照抄，以免造成声明中的措辞模棱两可，在逻辑上与信用证要求有出入，影响交单和收汇。

（3）声明前面的提单号码、信用证号码和商业发票等项内容虽然在信用证条款上并没有要求列明，但为了将这份声明与提单及相关单据连接成为一套单据的整体，有必要列明这些信息。只要信用证条款中没有与这些信息相反的规定，就不会构成单据的不符点。

（4）如果信用证上没有特别的规定，这份船公司声明上的有些信息是可以编造的，如载货船舶在运输途中停靠的港口，该船不一定非停靠这些港口不可，也不一定只停靠这些列明的港口，而不再停靠其他港口。

（5）这种声明一般针对中东地区的客户，特别是沙特阿拉伯的进口商。由于历史原因，阿拉伯民族与以色列犹太民族的积怨很深，大家在书写声明时，一定要注意这一点，千万不要在阿拉伯的单据上提及任何与以色列关联的文字（如海域、船籍、港口、货物、客户等），在以色列的单据上也千万不要提及任何跟阿拉伯关联的文字，以免给进口通关和出口收汇造成麻烦。

（6）这种单据通常需要承运人签署，其签署人应该与提单的签署人相同。另外，单据很可能还需要商会或贸促会等信用证指定的单位再加以认证（Legalize），认证的方法就是由认证人在正本单据正面任何有空的地方（不限定具体的位置）签字、盖章，仅此而已。中国国际商会（China Chamber of International Commerce）与贸促会（CCPIT，China Council for the Promotion of International Trade）是同一个单位，两块招牌。

## 七、出口商向进口商发装运通知

买卖合同货物在装运以后，无论使用的是什么贸易术语，出口商都应该及时、主动地用最快捷的“书面”方式如传真、电子邮件等向进口商发一份装运通知（Shipping Advice）。这样，在买方办理货运保险的贸易术语下，便于进口商及时办理货运保险；在其他贸易术语下，便于进口商尽早安排销售、进口报关和提货。装运通知的主要内容参见下面的文本内容。

Shipping Advice

Dear Sirs, DATE: July 15, 20××

Re: Safety Leather Boots under L/C No. ××TF0115304009

Entrust us to advise the insurance under Insurance Policy No. YY20××103040000000132 issued by The People's Insurance Company of China, we herby advise you that the shipment has been made by us as follows:

Name of commodity: MEN'S SAFETY LEATHER BOOTS

Quantity: 245CTNS

Contract No. ××HAP10404

Invoice No. VL××SDT001

Invoice value: USD61, 622.40

Bill of Lading No. CSC××3574

Container No. COSU2090974

Gross Weight: 3, 675KG

Net Weight: 3, 185KG

Measurement：29.57CBM

Name of vessel：DAINTY RIVER 115E

Date of shipment：JULY 15，20××

Port of shipment：HUANGPU，China

ETD（estimated time of departure）（HUANGPU）：JULY 16，20××

Destination：RIYADH

ETA（estimated time of arrival）（RIYADH）：AUGUST 16，20××

Shipping marks：

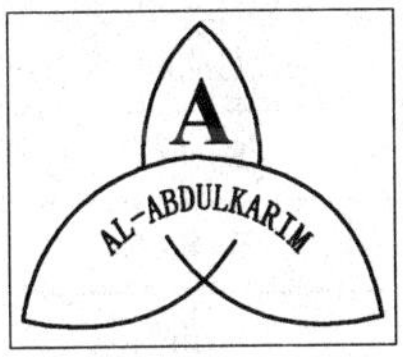


…

特别说明：

上述装运通知中的保险单号码是指本书第十一章中的保险单号码。在出口商负责办理货运保险的贸易术语下，正常的业务程序本来应该是：报检→托运货物→办理货运保险→出口报关→装运货物→由出口商向进口商发出装运通知。这里受到章节安排的限制，我们把托运、报关、装运以及装运通知等项事宜一起放在一章介绍，而把货运保险放在另外一章单独讲述，因此才使装运和装运通知在字面上“走”在了出口货运保险的前面。

## 第三节　相关资料及说明

### 一、世界主要航线及港口

世界上有众多条航线和众多个港口，其中港口还可以细分为海港、陆港（站）和空港。这里，我们仅把世界上一些主要的海运港口（main sea ports）精选列举如下：

**表 10－6 世界主要航线及其主要港口**

| 所属航线 | 港口名称 | | 所属国家与地区 | |
|---|---|---|---|---|
| | 英文 | 中文 | 英文 | 中文 |
| 地中海 | Limassol | 利马索 | Cyprus | 塞浦路斯 |
| | Algiers | 阿尔及尔 | Algeria | 阿尔及利亚 |
| | Alexandria | 亚历山大 | Egypt | 埃及 |
| | Port Said | 塞得港 | Egypt | 埃及 |
| | Barcelona | 巴塞罗那 | Spain | 西班牙 |
| | Malaga | 马拉加 | Spain | 西班牙 |
| | Valencia | 瓦伦西亚 | Spain | 西班牙 |
| | Fos | 福斯 | France | 法国 |
| | Marseilles | 马赛 | France | 法国 |
| | Nice | 尼斯 | France | 法国 |
| | Piraeus | 比里艾夫斯 | Greece | 希腊 |
| | Haifa | 海法 | Israel | 以色列 |
| | Ancona | 安科纳 | Italy | 意大利 |
| | Genoa | 热那亚 | Italy | 意大利 |
| | Naples | 那不勒斯 | Italy | 意大利 |
| | La Spezia | 拉斯佩其亚 | Italy | 意大利 |
| | Venice | 威尼斯 | Italy | 意大利 |
| | Beirut | 贝鲁特 | Lebanon | 黎巴嫩 |
| | Tunis | 突尼斯 | Tunisia | 突尼斯 |
| | Casablanca | 卡萨布兰卡 | Morocco | 摩洛哥 |
| | Tangier | 丹吉尔 | Morocco | 摩洛哥 |
| | Constanta | 康斯坦察 | Romania | 罗马尼亚 |
| | Koper | 科佩尔 | Slovenia | 斯洛文尼亚 |
| | Lattakia | 拉塔克 | Syria | 叙利亚 |
| | Istanbul | 伊斯坦布尔 | Turkey | 土耳其 |
| | Odessa | 敖德萨 | Ukraine | 乌克兰 |

表 10-6 续表 1

| 所属航线 | 港口名称 | | 所属国家与地区 | |
|---|---|---|---|---|
| | 英文 | 中文 | 英文 | 中文 |
| 波斯湾红海 | Bandar Abbas | 阿巴斯 | Iran | 伊朗 |
| | Basrah | 巴士拉 | Iraq | 伊拉克 |
| | Aqaba | 阿卡巴 | Jordan | 约旦 |
| | Kuwait | 科威特 | Kuwait | 科威特 |
| | Karachi | 卡拉奇 | Pakistan | 巴基斯坦 |
| | Dammam | 达曼 | Saudi Arabia | 沙特阿拉伯 |
| | Jeddah | 吉达 | Saudi Arabia | 沙特阿拉伯 |
| | Dubai | 迪拜 | U. A. E. | 阿联酋 |
| | Bahrain | 巴林 | Bahrain | 巴林 |
| | Port Sudan | 苏丹港 | Sudan | 苏丹 |
| | Hodeidah | 荷台达 | Yemen | 也门 |
| | Aden | 亚丁 | Yemen | 也门 |
| 欧洲 | Antwerp | 安特卫普 | Belgium | 比利时 |
| | Lisbon | 里斯本 | Portugal | 葡萄牙 |
| | Bremen | 不来梅 | German | 德国 |
| | Hamburg | 汉堡 | German | 德国 |
| | Helsinki | 赫尔辛基 | Finland | 芬兰 |
| | Gdansk | 格但斯克 | Poland | 波兰 |
| | Le Havre | 利哈佛 | France | 法国 |
| | Liverpool | 利物浦 | United Kingdom | 英国 |
| | London | 伦敦 | United Kingdom | 英国 |
| | Portsmouth | 普茨茅斯 | United Kingdom | 英国 |
| | Southampton | 南安普顿 | United Kingdom | 英国 |
| | Reykjavik | 雷克雅未克 | Iceland | 冰岛 |
| | Amsterdam | 阿姆斯特丹 | Netherlands | 荷兰 |
| | Rotterdam | 鹿特丹 | Netherlands | 荷兰 |
| | Gothenburg | 歌德堡 | Swcdcn | 瑞典 |
| | Stockholm | 斯德哥尔摩 | Sweden | 瑞典 |

表 10－6 续表 2

| 所属航线 | 港口名称 | | 所属国家与地区 | |
|---|---|---|---|---|
| | 英文 | 中文 | 英文 | 中文 |
| 欧洲 | Oslo | 奥斯陆 | Norway | 挪威 |
| | Copenhagen | 哥本哈根 | Denmark | 丹麦 |
| | Murmansk | 摩尔曼斯克 | Russia | 俄罗斯 |
| | St. Petersburg | 圣彼得堡 | Russia | 俄罗斯 |
| | Tallinn | 塔林 | Estonia | 爱沙尼亚 |
| | Riga | 里加 | Latvia | 拉脱维亚 |
| | Odessa | 敖德萨 | Ukraine | 乌克兰 |
| | Constanta | 康斯坦察 | Romania | 罗马尼亚 |
| 东南亚 | Surabaya | 泗水（苏腊巴亚） | Indonesia | 印度尼西亚 |
| | Jakarta | 雅加达 | Indonesia | 印度尼西亚 |
| | Bombay | 孟买 | India | 印度 |
| | Nhava Sheva | 拉瓦舍瓦 | India | 印度 |
| | Calcutta | 加尔各答 | India | 印度 |
| | Madras | 马德拉斯 | India | 印度 |
| | Chittagong | 吉大港 | Bangladesh | 孟加拉国 |
| | Karachi | 卡拉奇 | Pakistan | 巴基斯坦 |
| | Singapore | 新加坡 | Singapore | 新加坡 |
| | P. T. P. （Port of Tanjung Pelepas） | 丹戎帕拉帕斯 | Malaysia | 马来西亚 |
| | Penang | 槟城 | Malaysia | 马来西亚 |
| | Port Kelang | 巴生港 | Malaysia | 马来西亚 |
| | Sandakan | 山打根 | Malaysia | 马来西亚 |
| | Sibu | 诗巫 | Malaysia | 马来西亚 |
| | General Santos | 桑托斯 | Philippine | 菲律宾 |
| | Manila | 马尼拉 | Philippine | 菲律宾 |
| | Bangkok | 曼谷 | Thailand | 泰国 |
| | Hochiminh City | 胡志明市 | Vietnam | 越南 |
| | Haiphong | 海防 | Vietnam | 越南 |
| | Yangon | 仰光 | Myanmar | 缅甸 |

表 10-6　续表 3

| 所属航线 | 港口名称 | | 所属国家与地区 | |
|---|---|---|---|---|
| | 英文 | 中文 | 英文 | 中文 |
| 非洲 | Lagos | 拉各斯 | Nigeria | 尼日利亚 |
| | Port Harcourt | 哈科特港 | Nigeria | 尼日利亚 |
| | Dakar | 达卡 | Senegal | 塞内加尔 |
| | Lome | 洛美 | Togo | 多哥 |
| | Monrovia | 蒙罗维亚 | Liberia | 利比里亚 |
| | Abidjan | 阿比让 | Cote dívoire | 科特迪瓦 |
| | Mombasa | 蒙巴萨 | Kenya | 肯尼亚 |
| | Dar es Salaam | 达累斯萨拉姆 | Tanzania | 坦桑尼亚 |
| | Port Louis | 路易斯港 | Mauritius | 毛里求斯 |
| | Maputo | 马普托 | Mozambique | 莫桑比克 |
| | Cape Town | 开普敦 | South Africa | 南非 |
| | Durban | 德班 | South Africa | 南非 |
| | East London | 东伦敦 | South Africa | 南非 |
| | Port Elizabeth | 伊丽莎白港 | South Africa | 南非 |
| 澳新 | Adelaide | 阿德莱德 | Australia | 澳大利亚 |
| | Melbourne | 墨尔本 | Australia | 澳大利亚 |
| | Perth | 佩斯 | Australia | 澳大利亚 |
| | Brisbane | 布里斯班 | Australia | 澳大利亚 |
| | Sydney | 悉尼 | Australia | 澳大利亚 |
| | Wellington | 惠灵顿 | New Zealand | 新西兰 |
| | Suva | 苏瓦 | Fiji | 斐济 |
| | Lau taka | 劳托卡 | Fiji | 斐济 |
| 美加 | Montreal | 蒙特利尔 | Canada | 加拿大 |
| | Toronto | 多伦多 | Canada | 加拿大 |
| | Vancouver | 温哥华 | Canada | 加拿大 |
| | Baltimore | 巴的摩尔 | U. S. A. | 美国 |
| | Boston | 波士顿 | U. S. A. | 美国 |
| | Charleston | 查里斯敦 | U. S. A. | 美国 |
| | Houston | 休斯敦 | U. S. A. | 美国 |

表 10-6 续表 4

| 所属航线 | 港口名称 | | 所属国家与地区 | |
|---|---|---|---|---|
| | 英文 | 中文 | 英文 | 中文 |
| 美加 | Los Angeles | 洛杉矶 | U. S. A. | 美国 |
| | Long Beach | 长滩 | U. S. A. | 美国 |
| | Miami | 迈阿密 | U. S. A. | 美国 |
| | New Orleans | 新奥尔良 | U. S. A. | 美国 |
| | New York | 纽约 | U. S. A. | 美国 |
| | Oakland | 奥克兰 | U. S. A. | 美国 |
| | Portland | 波特兰 | U. S. A. | 美国 |
| | Philadelphia | 费城 | U. S. A. | 美国 |
| | Savannah | 萨凡那 | U. S. A. | 美国 |
| | Seattle | 西雅图 | U. S. A. | 美国 |
| | San Francisco | 旧金山 | U. S. A. | 美国 |
| 南美 | Colon | 科隆 | Panama | 巴拿马 |
| | Port of Spain | 西班牙港 | Venezuela | 委内瑞拉 |
| | Lima | 利马 | Peru | 秘鲁 |
| | Iquique | 伊基克 | Chile | 智利 |
| | Mar Del Plata | 马德普拉塔 | Argentina | 阿根廷 |
| | Montevideo | 蒙得维的亚 | Uruguay | 乌拉圭 |
| | Rio de Janeiro | 里约热内卢 | Brazil | 巴西 |
| | Porto Alegre | 阿雷格里港 | Brazil | 巴西 |
| 东亚俄远东 | Tokyo | 东京 | Japan | 日本 |
| | Kobe | 神户 | Japan | 日本 |
| | Nagoya | 名古屋 | Japan | 日本 |
| | Osaka | 大阪 | Japan | 日本 |
| | Yokohama | 横滨 | Japan | 日本 |
| | Nagasaki | 长崎 | Japan | 日本 |
| | Kagoshima | 鹿儿岛 | Japan | 日本 |
| | Busan | 釜山 | Korea | 韩国 |
| | Inchon | 仁川 | Korea | 韩国 |
| | Hong Kong | 香港 | Hong Kong | 香港 |

表 10-6 续表 5

| 所属航线 | 港口名称 | | 所属国家与地区 | |
|---|---|---|---|---|
| | 英文 | 中文 | 英文 | 中文 |
| 东亚俄远东 | Keelung | 基隆 | Taiwan | 台湾 |
| | Kaohsiung | 高雄 | Taiwan | 台湾 |
| | Nakhodka | 纳霍德卡 | Russia | 俄罗斯 |
| 中国内地 | Dalian | 大连 | China | 中国内地 |
| | Tianjin | 天津 | China | 中国内地 |
| | Yantai | 烟台 | China | 中国内地 |
| | Qingdao | 青岛 | China | 中国内地 |
| | Lianyungang | 连云港 | China | 中国内地 |
| | Shanghai | 上海 | China | 中国内地 |
| | Nantong | 南通 | China | 中国内地 |
| | Ningbo | 宁波 | China | 中国内地 |
| | Xiamen | 厦门 | China | 中国内地 |
| | Shantou | 汕头 | China | 中国内地 |
| | Huangpu | 黄埔 | China | 中国内地 |
| | Shenzhen | 深圳 | China | 中国内地 |
| | Zhanjiang | 湛江 | China | 中国内地 |

## 二、提单正面印就的格式性条款

RECEIVED in apparent good order and condition except as otherwise noted the total number of containers or other packages or units shown in this Bill of Lading receipt said by the shipper to contain the goods described above. Which description the carrier has no reasonable means of checking and is not part of the Bill of Lading. One original Bill of Lading should be surrendered; except clause 22 paragraph 5, in exchange for delivery of the shipment, signed by the consigned or dully endorsed by the holder in due course. Whereupon the other original (s) issued shall be void. In accepting this Bill of Lading, The Merchants agree to be bound by all the terms on the face and back hereof as if each had personally signed this Bill of Lading.

WHEN the Place of Receipt of the goods an inland point and is so named herein, an notation of "On Board", "Shipped on Board" or words to like effect on this Bill of Lading shall be deemed to mean on board the truck, tail car, air craft or other inland conveyance (as the case may be), performing carriage from the Place of Receipt of the Goods to the Port of Loading.

SEE clause 4 on the back of this Bill of Lading (Terms continued on the back hereof Read Carefully)

.

## 三、提单正面印就的格式性条款的汉语翻译

除非另有记录，本提单记载的全部集装箱或其他包装单位所装载的、由发货人报称的货物的表面状态完好。承运人对于那些货物的描述无法核查，它们不属于本提单（受约束）内容的组成部分。除非发生背面条款中第5段第22条那种“替代交货”的情况，收货人在提货时必须提交一份正本提单。由收货人签署，或者由提单持有人背书。这样，其余的正本提单将随即失效。一旦接受此提单，则表明船货各方当事人都同意受到本提单正反各项条款的约束，就如各方都在此提单上签署了一样。

如果货物的“收货地点”是一处内陆某地，提单上的“已装船”一类的批注将视具体情况被理解为“装上卡车、集装箱拖车、飞机或其他内陆运输工具，然后再将货物从‘收货地点’运往装运港”。

阅读本提单背面的第4条（其他条款续接于本提单的背面，请仔细阅读）。

## 四、提单印就的格式性条款再举例

在进出口业务的实际工作中，承运人与托运人之间通常并不专门签署运输合同，一般就以出口运输委托书和提单上印就的格式性条款作为约束双方权利和义务的运输合同。但是，国际货运的格式性条款都是用英文写成的，而且都是密密麻麻的，字迹又小，篇幅又长，很多文字还没有标点符号，非常晦涩难懂。托运人一般很少去理会那些格式性条款。大家要知道，这些格式性条款都是承运人的一家之言。作者认为，承运人绞尽脑汁地单方面私定这些条款，主要目的是为了保护自身的利益，同时限制托运人的利益。特别是当承运人和托运人之间发生利益纠纷时，这些平时很不显眼的条款的作用就会突然显现出来。因此，建议大家平时适当关注这些

格式性条款，了解其中到底规定了哪些具体内容，哪些对于托运人具有潜在的风险损失，是需要特别加以注意的，以免万一哪天发生了货运损失，我们却因为某些格式性提单条款挡道而难以获得承运人的赔偿。

提单上的格式性条款都是由各航运公司自己订立的，它们的内容不尽一致。但据作者观察，这些内容大同小异，并没有多少实质性的差异。作者在这里再列举某份提单的正反格式性条款，并将其翻译如下，供大家参考：

GENERAL TERMS AND CONDITIONS OF A BILL OF LADING

UPPER

The goods and instructions are accepted and dealt with subject to the Standard Conditions printed overleaf.

All transactions accepted without engagement and subject to the printed Conditions of the Company.

Taken in charge in apparent good order and condition, unless otherwise noted herein, at the place of receipt for transport and delivery as mentioned above.

One of these Combined Transport Bill of Lading must be surrendered dully endorsed in exchange for the goods. In witness whereof the original Combined Transport Bill of Lading all of this tenor and date have been signed in the number stated above, one of which being accomplished the other（s）to be void.

OVERLEAF

STANDARD TRADING CONDITIONS

1（i）All and any business undertaken, including any advice, information or service provided whether gratuitously（无偿，免费）or not by Hongfeng Transportation Ltd., Hong Kong（thereinafter called "The Company"）is transacted subject to the Conditions hereinafter set out and each Condition shall be deemed to be incorporated in and to be a Condition of any agreement between the Company and its customers. The Company is not a combined transport operator and only deals with goods subject to these Conditions. No agent or employee of the Company has the Company's authority to alter or vary these Conditions.

（ii）If any legislation is compulsorily applicable to any business undertaken, these Conditions shall as regards such business to read as subject to such legislation and nothing in these Conditions shall be construed as a surrender by the Company of any of its rights of immunities（豁免权）or as an increase of any of its responsibilities or liabilities under such legislation and if any part of these Conditions be repugnant（冲突的，矛盾的）to such legislation to any extent such part shall as regards such business be void to that extent but no further.

2 Customers entering into transactions of any kind with the Company expressly warrant that they are either the owners or the authorized agents of the owners of any goods to which the transaction relates and further warrant that they are authorized to accept and are accepting these Conditions not only for themselves but also as agents for and on behalf of all other persons who are or may thereafter become interested in the goods.

3 Any instructions or business accepted by the Company may in the absolute discretion（随意，任意）of the Company and without prejudice to the provisions of clause 13 and 14 hereof be fulfilled by the Company itself

by its own servants performing part or all of the relevant services or by the Company employing or instructing or entrusting the goods to others on others on such conditions as such others may stipulate perform part or all of the services.

4 Subject to express instructors in writing given by the customer, the Company reserves to itself absolute discretion as to the means, route and procedure to be followed to the handling, storage, and transportation of goods. Further, if in the opinion of the Company it is at any stage necessary or desirable in the customer's interests to depart from those instructions, the Company shall be at liberty to do so.

5 Pending forwarding or delivery, goods may be warehoused or otherwise held at any place or places at the sole discretion of the Company and the cost thereof shall be for the account of the customer.

6 Except when a company is instructed in writing to pack the goods the customer warrants that all goods have been properly and sufficiently packed and/or prepared.

7 The Company is entitled to retain and be paid brokerages, commissions, allowances and other remunerations（报酬，补偿）.

8 Quotations are given on the basis of immediate acceptance and are subject to withdrawals or revisions. Further unless otherwise agreed in writing the Company shall be after acceptance at liberty to revise quotations or charges with or without notice in the event of changes occurring in currency exchange rates, rates of freight, insurance premiums or any changes applicable to the goods.

9 The customer shall be deemed to be bound by and to warrant the accuracy of all descriptions, values and other particulars furnished to the Company either orally or in writing for customs, consular and other purposes and he undertakes to indemnify the Company against all losses, damages, expenses and fines whatsoever arising from any inaccuracy or omission, even if such inaccuracy or omission is not due to any negligence.

10 The customer shall be liable for any duties, taxes, levies, deposits or outlays（费用，支出）of any kind by authorities at any port or place for in connection with the goods and for any payments, fines, expenses, loss or damage whatsoever incurred by the Company in connection therewith.

11 When goods are accepted or dealt with upon instructions to collect freight payment, duties, charges or other expenses from the consignee or any other person the customer shall remain responsible for the same if they are not paid by such consignee or other person immediately when due. The Company accepts to liability for delivery of such goods without payment and shall not be liable for any act, omission, fault, suspension, insolvency（破产，倒闭）, want of care（疏忽）, negligence or fault of any bank, correspondent or agent or for any delay in remittance, loss in exchange, loss during transmission, loss in the course of collection or any other loss howsoever caused after collection of the said freight, payment, duties, charges or other expenses from the consignee.

12 In the case of CIF or CFR contracts on insurance will be effected except upon express instructions given in writing by the customer and all insurance effected by the Company are subject to the usual exceptions and conditions of the policies of the insurance company or underwriters taking the risk. The Company shall not be under any obligation to effect a separate insurance on each consignment but may declare if on any open or general policy. Should the insurers dispute their liability for any reason the insured shall have recourse against the insurers only and the Company shall not be under any responsibility or liability whatsoever in relation thereto notwithstanding that the premium upon the policy may not be at the same rate as that charged by the Company or paid to the Company by its customer.

13 (i) The Company shall only be responsible for any loss of damage to goods or for any non – delivery or mis – delivery if it is proved that the loss, damage, non – delivery or mis – delivery occurred whist the goods were in the actual custody of the Company and under its actual control and that such loss, damage, non – delivery or mis – delivery was due to the willful（任性的，故意的）neglect or default of the Company or its own servants.

(ii) The Company shall only be liable for any noncompliance or mis – compliance with instructions given to it if it is proved that the same was caused by the willful neglect or default of the Company or its own servants.

(iii) Same as aforesaid the Company shall be under no liability whatsoever however arising, and whether in respect of or in connection with any goods or any instructions, business, advice, information or service or otherwise.

(iv) Further and without prejudice to the generality（梗概）of the preceding sub – conditions (i) or (ii) or otherwise, be under any liability whatsoever for any consequential loss or loss of market or fire or consequence of fire or delay or deviation however caused.

14 In no case whatsoever shall any liability of the Company however arising and notwithstanding any lack of explanation exceed a sum at the rate of HKD3, 000. 00 per shipment or consolidated shipment unless with the consent of the Company the customer has declared a higher value for the goods and such higher value has been stated on the face hereof, in which case such higher value shall be the limit.

15 In any event the Company shall be discharged from all liability:

(a) for loss from a package or an unpacked consignment or for damage or mis – delivery (however caused) unless notice be received in writing at the Company's place of business within seven days after the end of the transit where the transit ends in Hong Kong within fourteen days after the end or the transit where the transit ends at any place outside Hong Kong

(b) for loss or non – delivery of the whole of a consignment or any separate package forming part of the consignment (however caused), unless notice be received in writing as aforesaid when twenty – eight days of the date when the goods should have been delivered.

16 (a) The Company shall not be obliged to made any declaration for the purpose of any statute（法令，法规）or convention or contract as to the nature or value of any goods or as to any special interest in delivery, unless expressly instructed by the customer in writing.

(b) Where there is a choice of rates according to the extent or degree of the liability assumed by carriers, warehousemen or others, goods will be forwarded, dealt with, etc., at customer's risk or other minimum charges, and no declaration of value (where optional) will be make, unless express instruction in writing to the contrary have previously been given by the customer.

17 Perishable（容易腐烂的）goods which are not taken up immediately upon arrival or which are insufficiently addressed or marked or otherwise not readily identifiable, may be sold or otherwise disposed of without any notice to the customer and payment or tender of the net proceeds of any sale after deduction of charges and expenses shall be equivalent to delivery. All charges and expenses arising in connection with the sale or disposal of the goods shall be paid by the customer.

18 The Company shall be entitled to sell or dispose of all non – perishable goods which in the opinion of the Company cannot be delivered either because they are insufficiently or incorrectly addressed or because they are not collected or accepted by the consignee or for any other reason, upon giving 21 day's notice or in writing to the

customer. All charges and expenses arising in connection with the storage and sale or disposal of the goods shall be paid by the customer.

19 Except under special arrangements previously made in writing the Company will not accept or deal with any noxious（有害的，有毒的），dangerous，hazardous or inflammable or explosive goods or any goods likely to cause damage. Should any customer nevertheless deliver any such goods to the Company or cause the Company to handle or deal with any such goods otherwise than under special arrangements previously made in writing，he shall be liable for all loss or damage whatsoever caused by or to or in connection with the goods however arising and shall indemnify the Company against all penalties，claims，damages，costs and expenses whatsoever arising in connection therewith and the goods may be destroyed or otherwise dealt with at the sole discretion of the Company or any other person in whose custody they may be at the relevant time，if such goods are accepted under arrangements previously made in writing，they may nevertheless be so destroyed or otherwise dealt with on account of risk to other goods，property，life or health. The expression "goods likely to cause damage" includes goods likely to harbour（隐藏）or encourage vermin（害虫）or other pests.

20 Except under special arrangements previously made in writing the Company will not accept or deal with bullion，coins，precious stones，jeweler，valuables，antiques，pictures，livestock or plants. Should any customer nevertheless deliver such goods to the Company or cause the Company to handle or dealt with any such goods otherwise than under special arrangements previously made in writing the Company shall be under no liability whatsoever for or in connection with the goods however caused.

21 Without prejudice to condition 2 the Company shall have the right to enforce any liability of the customer under these conditions or to recover any sums to be paid by the customer under these conditions not only against or from the customer but also if it is thinks fit against or from the sender and/or consignee and/or owner of the goods. All sums shall be paid to the Company in cash immediately when due without deduction and payment shall not be withheld or deferred on account of any claim，counterclaim or set-off.

22 All good（and documents relating to goods）shall be subject to a particular and general lien and right of detention for monies due either in respect of such goods，or for an particular or general balance of other monies due from the customer or the sender，consignee or owner to the Company. If any monies due to the Company are not paid within one calendar month after notice has been given to the person from whom the monies are due that such goods are being declared，they may be sold by auction or otherwise at the sole discretion of the Company and at the expense of such persons，and the net proceeds applied in or forwards satisfaction of such indebtedness.

23 In addition to and without prejudice to the foregoing conditions the customer undertakes that he shall in any event indemnity the Company against all liabilities whatsoever suffered or incurred by the Company arising directly or indirectly from or in connection with the goods or the customer's instructions or their implementation（执行，履行）in respect of the goods，and in particular the customer shall indemnify the Company respect of any liability whatsoever it may be under to any servant，agent or sub - contractor or any hauler，carrier，warehouseman or other person whatsoever at any time involved with the goods arising out of any claim made directly or indirectly against any such party by the customer or by any sender，consignee or owner of the goods or by any person interested in the goods or by any person whatsoever.

24 All agreements between the Company and its customers shall be governed by Hong Kong Law and be within the exclusive jurisdiction（司法权）of the Hong Kong Court，unless the Company elects or approves otherwise.

## 五、提单印就的格式性条款的汉语翻译

正面：

本提单所承接的货物以提单反面的“规范交易条件”为准。

所有承揽的生意均自动受宏丰公司制定的提单反面的条款约束。

除非本提单另有说明，监管货物在发运地装运时，表面状况良好。

本联运提单的任何一份必须恰当背书并且及时交付，以用于货物的交接。兹声明，本联运提单项下所有的具有相同日期和到期日，并且列明上述号码、经过签署的正本提单，只要其中任何一份用于提取了货物，其余份数（的正本联运提单）将随即失效。

反面：

**交易条款**

1.（i）所有经由香港宏丰运输有限公司（以下简称“宏丰”）承接的生意，包括提供信息、咨询等项服务，无论是无偿还是有偿，均将被认为受下列各项条款的约束，并被认为下列各项条款将作为宏丰与客户达成的协议之一。宏丰不是一个联合运输公司，它仅仅依据下述条款处理货物。宏丰的职员和代理均无权选择或更改这些条款。

（ii）如果有什么法规要对所承接的生意采取某种强制措施，则下列条款将受相关法规的制约，但这并不能解释为宏丰将因此法规而放弃宏丰的权利，或免除或增加宏丰的责任和义务。如果下述条款与相关法规在一定程度上有冲突，则这部分条款也将在一定程度上被视为无效。

2. 客户应明确保证他们的身份是真实的，如：是货主或是被货主授权的代理人等，还应保证他们有权接受下列条款。而且，如果作为代理，现在和将来都能代表所有与该项货物有关的人。

3. 宏丰对承接货物的服务具有绝对的权利决定该货物的服务是部分或全部由宏丰自己办理还是由宏丰指示或委托其他人办理，并且这并不影响下面第13、14条的规定。

4. 对于客户特殊的要求，宏丰公司对于货运的方式、路线、处置、储存以及运输等程序拥有绝对的支配权，而且，为了客户的利益，宏丰公司在一些必要的环节上，有权违背客户的某些指示。

5. 对于无法交付的货物，宏丰可以入库或存入某地，其发生的费用由客户承担。

6. 除了某一公司被授权包装所承揽的货物外，客户应保证所有的货物已经或准备包装妥当了。

7. 宏丰拥有要求支付经纪人薪金、佣金和其他相关报酬的权利。

8. 承接生意的报价以立即接受为基础，并以最终确认为准。除非已经正式签约，宏丰将有权在报价后，在货币汇率、运费、保险费或其他与货物有关的费用发生时，随时修改报价和收费项目。而且，这种修改可以事先通知也可以不通知。

9. 客户应保证其向宏丰提供的向海关、领事馆申报或作其他用途的商品名称、价值以及其他相关资料的准确性，无论是以口头还是以书面形式，并承诺向宏丰赔偿因向宏丰提供相关资料有遗漏或不准确的资料而使宏丰蒙受的全部损失、费用及罚款，即使这些遗漏和不准确不是因为客户的过失造成的。

10. 客户应该承担宏丰因为相关货物而支付的关税、税务、进口税押金以及有关当局在港口或其他地方发生的与货物相关的支付、罚款、费用和损失。

11. 如承接货物的有关费用如运费、关税等按规定应向收货人收取，如果到时候收不到上述费用，

客户应负责即时代为支付。宏丰在未收到上述支付之前，将对货物采取必要的措施。而且，对于遗漏、缺陷、扣货、破产、疏忽、过失，或者由于银行的过失、通信或代理迟付等原因，其外汇损失，收、汇付费用以及其他相关费用，宏丰概不承担责任。

12. 在CIF和CFR销售合同条款下的保险将由客户自己办理，宏丰不会单独再保。如果客户书面要求宏丰代为保险，宏丰将根据相关保险条款或承保人承保险别的惯例投保。但如系预约或综合保单，应事先提出声明。如果保险人因为某种原因对其责任提出异议，或宏丰支付的保险费与客户向宏丰支付的保险费不相等，则被保险人仅对保险人拥有追索权，而宏丰则概不负责。

13.（i）宏丰只对宏丰及其职员的过错造成的提货不着、错运等损失负责，而且，货物确实是在宏丰的监管和控制之下，损失也确实发生了。

（ii）宏丰仅对宏丰或其职员的过失或违约造成的单货不符负责赔偿。

（iii）宏丰对无论来自哪方面的无论是怎样发生的损失，也无论其是否与货物或指示、（货运）业务、通知或服务等关联，都不承担责任。

（iv）在不违反总体原则的前提下，宏丰在任何情况下，无论是否在第13条第（i）、（ii）款等范围之内，对因市场或火灾等引起的推断的损失以及因火灾、延期、偏差等引起的损失不负责任。

14. 无论如何，除非客户事先书面声明了相关货物的价值，且此价值系有限数据，宏丰也认可过。否则，宏丰仅对每批货物赔偿3 000港币。

15. 在任何情况下，宏丰将支付下列费用：

（a）包装或无包装货物的损失或错运，客户的货损书面通知在宏丰的经营地：目的地在香港的7天以内送达，目的地在香港以外的14天以内送达。

（b）因整批货物或部分货物包装损失或提货不着，其书面通知需在货物应该到达的28天送达。

16.（a）除非客户已事先书面通知，宏丰将对任何旨在声明某项法规、公约或合同关于货物的种类或价值或有关交付货物的特殊利益等不负责任。

（b）只要货物按其（运输）责任的大小被承运人、仓库或其他有关方面认定其运费费率可以有不同的选择，货物的运输和处置等风险和费用均由客户承担；如果客户事先没有提出与之相反的书面指示，宏丰将不声明货物的价值。

17. 如果货物在目的港没有及时提货或地址不详或地址无法辨认，易腐货物将被售出或被处理掉而不需（事先）向客户通报。宏丰向客户支付或偿还扣除费用以后的净收入将等同于交货。其处理货物的费用将全部由客户承担。

18. 只要宏丰认为因为地址不详或不准确或因收货人不提货或不接受货物或因其他原因而不能交付货物，宏丰就有权将非易腐货物卖出或处理掉。并且，由此引起的一切费用将全部由客户承担。

19. 除非事先书面达成协议，宏丰不接受任何有毒、危险、有害或易燃、易爆以及其他危险品货物。如果客户坚持书面要求宏丰运用特殊手段经营这类货物，客户将承担由此引起的全部损失，并保障宏丰不被惩罚、索赔和受损。如果承接此种货物，货物可能被销毁或由宏丰私自处理或在恰当的时间交某人监管。如果这类货物按先前书面说明的方法处置，它们有可能因为危及其他货物、财产、生命和健康而被销毁或处置。“货物很有可能导致危害”包括货物极有可能隐藏或引发虫害。

20. 除非事先有书面说明的特殊安排，宏丰不受理、不处理金条、硬币、奇石、珠宝、贵重物品、古玩、字画、牲口和植物。如有客户执意要宏丰承接此类货物（运输），宏丰将不负责因处置此类货物造成的不良后果。

21. 在不影响第二条的前提下，宏丰将有权强制客户完成其在这些条款下的责任和义务。所有收取的费用将以现金的形式足额向宏丰支付。客户不得因为索赔、反诉、抵消等原因而拒付和延期支付。

22. 宏丰将对货物（以及与货物有关的单据）行使置留权。如发货人、收货人或货主拖欠宏丰与货物有关费用或余额，如果客户的应付欠款未在催付通知发出一个月内支付，则该通知项下的货物可能会被拍卖，或由宏丰独自处理，其费用由上述违约人承担。其净利润用于补偿宏丰的欠款。

23. 除上述条款以外，客户还应赔偿宏丰因承接客户货物所遭受的一切直接或间接损失。特别的，客户还应该赔偿宏丰因处置相关货物，其雇员、代理或转包商或承运人、仓库以及其他有关当事人直接或间接地遭遇的客户或交货人或收货人或货主或其他与货物有关的人提出的索赔。

24. 除非宏丰另有选择或同意，宏丰与客户达成的全部协议仅适用于香港法律，而且，香港法院拥有独立的审判权。

# 第四节　同步训练

## 一、认真阅读第三节给定的提单条款，并且回答下列问题

（1）船公司向发货人针对一批货物一共签发了三份正本提单，提单的善意持有人能不能先后三次，每次持一份正本提单去向船公司提取货物？为什么？

（2）如果托运货物没有声明价值，发生货损后，承运人的最高赔偿限额是多少？

（3）如果收货人发现了货损，向承运人提出索赔的有效期限具体有哪些？

（4）承运人在哪些情况下有权私自处理托运货物？

## 二、相关信息资料

Name of Commodity：COVERALLS AND DENIM SHIRTS

Quantity：364 cartons

Contract No.  WHT－UTL6230

Invoice No.  ××IS213－B

Invoice Value：USD79 082. 64

Bill of Lading No. MMSCUWUWW00250

Container No. PCIU2695843 / L015709 20’

Gross Weight：8 008KG

Net Weight：7 280 KG

Measurement：30. 541CBM

Name of Vessel：AN HUA 8 V. 8053E

Date of Shipment：JAN.  20，20××

Port of Shipment：WUHAN，CHINA

ETD（estimated time of departure）（WUHAN）：JANUARY 21，20××

Destination：HAIFA PORT，ISRAEL

ETA（estimated time of arrival）（HAIFA PORT）：FEBRUARY 21，20××

Shipping marks：

U. T. L.
HAIFA－BAY
ORDER NO. 623
C/NO. 1－364

## 三、填制下列空白单据（请按第七章“同步训练”中给定的信用证条款要求填写）

（1）货物出运委托书

（2）商业发票

（3）出口货物报关单

（4）海运提单

（5）装运通知

**表 10–7 货物出运委托书**

货物出运委托书
（货物明细单） 日期：
根据《中华人民共和国合同法》与《中华人民共和国海商法》规定，就出口货物委托运输事宜订立本合同。

| | | | | | |
|---|---|---|---|---|---|
| | | 合同号 | | 运输编号 | |
| | | 发票号 | | 核销单号 | |
| | | 开证银行 | | | |
| | | 贸易性质 | | 贸易国别 | |
| 托运人 | | 消费国别 | | 运输方式 | |
| | | 支付方式 | | 信用证号 | |
| 提单抬头 | | 装运期限 | | 有效期限 | |
| | | 出口口岸 | | 目 的 港 | |
| 通知人 | | 可否转运 | | 可否分批 | |
| | | 运费预付 | | 运费到付 | |

| 标志唛头 | 货名规格、海关编号 | 件数及包装式样 | 毛重（公斤） | 净重（公斤） | 价格币制 | |
|---|---|---|---|---|---|---|
| | | | | | 单 价 | 总 价 |
| | | | | | | |
| TOTAL: | | | | | | |

| 法定商检 | √ | 总尺码 | | FOB 价值 | |
|---|---|---|---|---|---|

| 受托人注意事项 | 指定货代 | | | |
|---|---|---|---|---|
| | 运费 | | 确认 | |
| | 随附单据 | (1) 发票 2 份 | (2) 装箱单 2 份 | (3) 报关单 2 份 |
| | | (4) 核销单 1 份 | (5) 许可证 份 | |
| | | | | |
| | 保险金额： | | | |
| | 危险品： | | 制单员 | |

受托人（承运人或货运代理人）： 委托人（即托运人）：
名称： 名称：
电话： 传真： 电话： 传真：
委托代理人签章 联系人：

**表 10-8 商业发票**

<table>
<tr><td colspan="2">Issuer</td><td colspan="3">商业发票<br>COMMERCIAL INVOICE</td></tr>
<tr><td colspan="2">To</td><td colspan="2">NO.</td><td>Date</td></tr>
<tr><td colspan="2" rowspan="2">Transport Details</td><td colspan="2">S/C No.</td><td>L/C No.</td></tr>
<tr><td colspan="3">Terms of Payment</td></tr>
<tr><td rowspan="2">Marks and Numbers</td><td rowspan="2">Number and Kind of Package<br>Description of Goods</td><td rowspan="2">Quantity</td><td>Unit Price</td><td>Amount</td></tr>
<tr><td colspan="2"></td></tr>
<tr><td rowspan="3"></td><td></td><td></td><td></td><td></td></tr>
<tr><td></td><td></td><td></td><td></td></tr>
<tr><td>Total:</td><td></td><td></td><td></td></tr>
<tr><td colspan="5"><br><br><br>（出口商签字和盖单据章）</td></tr>
</table>

**表 10－9　出口货物报关单**

中华人民共和国海关出口货物报关单

预录入编号：　　　　　　　　　　　　　　　　　　海关编号：

<table>
<tr><td>出口口岸</td><td>备案号</td><td colspan="2">出口日期</td><td>申报日期</td></tr>
<tr><td>经营单位</td><td>运输方式</td><td colspan="2">运输工具名称</td><td>提运单号</td></tr>
<tr><td>发货单位</td><td>贸易方式</td><td colspan="2">征免性质</td><td>结汇方式</td></tr>
<tr><td>许可证号</td><td>运抵国（地区）</td><td colspan="2">指运港</td><td>境内货源地</td></tr>
<tr><td>批准文号</td><td>成交方式</td><td>运费</td><td>保费</td><td>杂费</td></tr>
<tr><td>合同<br>协议号</td><td>件数</td><td>包装种类</td><td>毛重（公斤）</td><td>净重（公斤）</td></tr>
<tr><td>集装箱号</td><td colspan="3">随附单据</td><td>生产厂家</td></tr>
<tr><td colspan="5">标记唛码及备注</td></tr>
<tr><td colspan="5">项号　商品编码　商品名称、规格型号　数量及单位　最终目的国（地区）　单价　总价　币制　征免</td></tr>
<tr><td colspan="5"></td></tr>
<tr><td colspan="5">税费征收情况</td></tr>
<tr><td>录入员　录入单位</td><td colspan="2">兹声明以上申报无讹并承担法律责任</td><td colspan="2">海关审单批注及放行日期（签章）</td></tr>
<tr><td colspan="3">报关员　　　　申报单位（签章）</td><td>审单</td><td>审价</td></tr>
<tr><td colspan="3">单位地址　　　　（加盖报关单位的报关专用章）</td><td>征税</td><td>统计</td></tr>
<tr><td colspan="3">邮编：　　电话：　　填制日期：</td><td>查验</td><td>放行</td></tr>
</table>

**表 10 – 10 海运提单**

| | | |
|---|---|---|
| 1. Shipper | | B/L No.<br>中海集装箱运输有限公司<br>CHINA SHIPPING CONTAINER LINES CO., LTD<br>Cable：0001 Telex：33200 CSCO CN<br>Port-to-Port Combined Transport<br>BILL OF LADING<br>RECEIVED in apparent good order and condition except as otherwise noted the total number of containers or other packages or units shown in this Bill of Lading receipt said by the shipper to contain the goods described above. Which description the carrier has no reasonable means of checking and is not part of the Bill of Lading. One original Bill of Lading should be surrendered; except clause 22 paragraph 5, in exchange for delivery of the shipment. Signed by the consigned or dully endorsed by the holder in due course. Whereupon the other original（s）issued shall be void. In accepting this Bill of Lading，The Merchants agree to be bound by all the terms on the face and back hereof as if each had personally signed this Bill of Lading.<br>WHEN the Place of Receipt of the goods an inland point and is so named herein, a notation of "On Board", "Shipped on Board" or words to like effect on this Bill of Lading shall be deemed to mean on board the truck, tail car, air craft or other inland conveyance（as the case may be）. Performing carriage from the Place of receipt of the Goods to the Port of Loading.<br>SEE clauses 4 on the back of this Bill of Lading（Terms continued on the back hereof Read Carefully）<br>**ORIGINAL** |
| 2. Consignee | | |
| 3. Notify Party | | |
| 4. Pre-carriaged by * | 5. Place of Receipt * | |
| 6. Ocean Vessel and Voy NO. | 7. Port of Loading | |

| | | |
|---|---|---|
| 8. Port of Discharge | 9. Place of Delivery | 10. Final Destination（of the goods - not the ship） |

PARTICULARS FURNISHED BY THE MERCHANTS（field 11-17）

| 11. Marks & Nos.<br>Container Seal No. | 12. No. of Containers or P'kgs | 13. Kind of Packages：Description of Goods | 14. Gross Weight Kgs | 15. Measurement |
|---|---|---|---|---|
| | | | | |
| | | 16. Description of Contents for Shipper's Use Only（CARRIER NOT RESPONSIBLE） | | |
| 17. TOTAL NO. CONTAINERS OR PACKAGES（IN WORDS） | | | | |

| 18. FREIGHT & CHARGES | 19. Revenue tons | 20. Rate | 21. Per | 22. Prepaid | 23. Collect |
|---|---|---|---|---|---|
| | | | | | |

| | | | |
|---|---|---|---|
| 24. Ex. Rate | 25. Prepaid at | 26. Payable at | 27. Place and Date of Issue |
| ON BOARD | 28. Total Prepaid in | 29. No. of Original B（s）/L | Signed for the Carrier |
| DATE：<br>BY ______________ | | | |

表 10 - 11　装运通知

武汉纺织品进出口有限公司

**WUHAN TEXTILE IMPORT AND EXPORT CORPORATION LIMITED**

UNIT B, $15^{TH}$ FLOOR, INTERNATIONAL TRADE BUILDING,

NO. 214, XINHUA ROAD, WUHAN 430021, CHINA

FAX: +86 - 27 - 8576 - 3275, 8577 - 4742　　TEL NO: +86 - 27 - 8576 - 3321, 8577 - 4253

E - MAIL: wtiecl@ hotmail. com. cn

E - MAIL: utl3333@ yahoo. com. il　　DATE: ________

To. Unidress Tadmit Lts.

Attention To: Mr. Yitzhak rabin

Shipping Advice

Dear Mr. Yitzhak rabin,

Re: ______________________________

We herby advise you that the shipment has been made by us as following details:

Name of Commodity:

Quantity:

Contract No.

Invoice No.

Invoice Value:

Bill of Lading No.

Container No.

Gross Weight:

Net Weight:

Measurement:

Name of Vessel:

Date of Shipment:

Port of Shipment:

ETD (estimated time of departure) (　　　):

Destination:

ETA (estimated time of arrival) (　　　):

Shipping Marks:

# 第十一章　投保货运风险

## 本章实训的主要目的

（1）掌握“货物运输保险投保单”、“货物运输保险单”的填写方法。

（2）了解“保险公司声明”的写作思路和方法。

（3）熟悉有关保险业务的行话的含义及其英文及缩写。

（4）理解中国人民保险公司主要保险条款的含义，并能够正确回答相关的问题。

进出口货物的运输保险是一项比较简单而又非常重要的业务程序。我们说它简单，是因为整个货物保险的程序，从头至尾，不外乎以下四个步骤：（1）投保人（the applicant / policyholder）在向承运人办理货物托运的同时，向保险公司（insurance company / underwriter）提交一份商业发票和货物运输保险投保单作为投保；（2）保险公司凭这份发票和投保单上的相关内容再填写并签署一套保险单作为承保；（3）投保人按规定的时间向保险公司支付约定的保险费；（4）一旦货物发生了风险损失，而且属于保险公司的承保责任范围，再由被保险人（the insured / beneficiary）凭相关单据按约定向保险公司办理保险索赔。我们说货运保险非常重要，因为它关系到进出口商品万一在运输途中遭到意外的风险损失以后，买卖货物的当事人是否能够获得赔偿的问题。每笔进出口货物都必须投保，无论其运输距离远近、运输时间长短、路途风险大小，任何时候都不能抱着侥幸心理去漏保甚至不保，以免因小失大。

## 第一节　出口货物投保

出口商在办理出口货物投保时，一般只需要在货物装运之前向保险公司提交一份商业发票和一份货物运输保险投保单就可以了。

与班轮运输下的托运人与承运人之间一般不签署运输合同一样，出口货物的投保人与承保人之间通常也不签署专门的保险合同，承保人和被保险人之间的权利和义务以商业发票、货物运输保险投保单、保险单以及保险单上的背面提款来约束。

## 一、货物运输保险投保单

商业发票参见第十章，这里不再重复。货物运输保险投保单参见下表。

**表 11－1　货物运输保险投保单**

中国人民保险公司　　　　分公司
The People's Insurance Company of China　　　　Branch

地址：
Address: ____________
邮政编码：
Post Code: ____________
电话 Tel: ____________
传真 Fax: ____________

货物运输保险投保单
Application Form for Cargo Transportation Insurance

被保险人：
Insured: UNTO THE ORDER OF AL RAJHI BANKING AND INVESTMENT CORP.
发票号码（Invoice No.）：VL××SDT001
合同号码（Contract No.）：××HAP10404
信用证号码（L/C No.）：××TF0115304009
发票金额（Invoice Amount）：USD61,622.40　　　　投保加成（Plus）：10%

兹有下列物品向中国人民保险公司　　　　分公司投保（Insurance is required on the following commodities）：

| 标记<br>Marks & Nos. | 包装及数量<br>Quantity | 保险货物项目<br>Description of Goods | 保险金额<br>Amount Insured |
|---|---|---|---|
| AS PER INVOICE NO.<br>VL××SDT001 | 245CTNS | MEN'S SAFETY<br>LEATHER BOOTS | USD67,784.64 |

启运日期：
Date of Commencement: ____________
装载运输工具：
Per Conveyance: ____________
自：
From: GUANGZHOU
经：
Via: DAMMAM
至：
To: RIYADH
提单号：
B/L No.: ____________
赔款偿付地点：
Claim Payable at: SAUDI ARABIA

投保险别（Please indicate the conditions and/or special coverages）：

INSURANCE POLICY OR CERTIFICATE ISSUED IN NEGOTIABLE FORM FOR FULL CIF VALUE PLUS 10 PERCENT CLAIMING PAYABLE IN SAUDI ARABIA UNTO THE ORDER OF AL RAJHI BANKING AND INVESTMENT CORP. IRRESPECTIVE OF PERCENTAGE, COVERING THE FOLLOWING RISKS AS PER INSTITUTE CARGO CLAUSES TO FINAL WAREHOUSE IN RIYADH.

表 11-1 续表

（1）ALL MARINE，AND LAND RISKS.

（2）WARS，STRIKES，RIOTS AND CIVIL COMMOTIONS WITH EXTENDED COVER.

* REMARKS：ALL DOCUMENTS MUST BE MANUALLY SIGNED.

---

请如实告知下列情况（如“是”在［ ］中打“√”，“否”在［ ］中打“×”）If any，please mark “√” or “×”：

1. 货物种类：袋装［ ］ 散装［ ］ 冷藏［ ］ 液体［ ］ 活动物［ ］ 机器［ ］ 危险品等级［ ］
   Goods Bag/Jumbo Bulk Reefer Liquid Live Animal Machine/Auto Dangerous Class
2. 集装箱种类：普通［√］ 开顶［ ］ 框架［ ］ 平板［ ］ 冷藏［ ］
   Container Ordinary Open Frame Flat Refrigerator
3. 转运工具：海轮［√］ 飞机［ ］ 驳船［ ］ 火车［√］ 汽车［ ］
   By Transit ship Plane Barge Train Truck
4. 船舶资料： 船籍： 船龄：
   Particular of Ship： Registry： Age：

---

备注：被保险人确认本保险合同条款和内容已经完全了解。 投保人（签名盖章）Applicant's Signature

The assured confirms herewith the Terms and Conditions of these Insurance Contract fully Understood.

× × ×

投保日期：
Date：JULY 10，20××

电话（Tel）：×××××××
地址（Address）：×××××××

---

本公司自用（For Office use only）

费率：
Rate：______ 保险费：
Premium：______ 备注：
Remarks：______

经办人：
By：______ 核保人：
Checker：______ 负责人：
In Charge：______

特别说明：在上面的货物运输保险投保单中，有些栏目诸如“启运日期”、“装载运输工具”等都没有填写，这些信息在货运保险业务中，实际上非常重要，而且必须填写在保险单据上面。但是，由于保险申请（投保）通常发生在货物装运之前，也就是说，投保人填写、签发并向承保人递交该货物运输保险投保单时，货物还没有正式装运，投保人还没有得到这方面的信息，只能让它们空着。相反，如果上面填写了这些信息，保险公司反而会认为投保人先装运后投保而拒绝接受本批保险业务。

## 二、办理出口货运投保应该注意的问题

货物运输保险投保单是投保人填写并且向承保人签发的，它是承保人

填写并签发保险单据的重要信息资源和法律依据。投保人在填写货物运输保险投保单时，应当注意以下几点：

（1）各栏目填写的数据和信息要准确无误。在一般情况下，所填写的数据和信息一定要与商业发票和买卖合同的内容一致。在信用证支付方式下，更要确保相关内容与信用证条款一致。填写的内容一定要与信用证条款等严格一致，绝对不能仅凭记忆或者想当然地填写，以免出差错。

（2）在信用证支付方式下，货物运输保险投保单应当把信用证中关于保险的全部条款都列明。为了防止遗漏，最省事的办法就是直接把信用证中“保险单据”项下的条款原文照抄在投保单上，让保险公司的制单人去归纳、整理，并且准确、完整、全面地在保险单据上再现信用证的保险条款，以防止单证不符。

（3）投保人向保险公司提交相关的发票和货物运输保险投保单的时间可以适当早于投保货物的装运时间。这样，一是可以使保险单据的出单日期早于货物的装运日期；二是货物装运以后，受益人（出口商）可以及时向银行提交完整、相符的信用证单据，而不必专等，甚至催促承保人仓促地出具保险单据。另外，如果信用证对保险单据有特别的规定，也方便承保人提前做好应对的准备。例如，有的信用证规定，承保人除了出具保险单据以外，还要单独再出具一份保险声明，而且，该声明还要与保险单据一起通过商会认证（A separate copy of insurance declaration issued and duly signed by the insurance company and/or underwriter to be legalized by the chamber of commerce together with the insurance policy or insurance certificate.）。

## 第二节　货物运输保险单

货物运输保险单是承保人向投保人签发的单据，在 CIF 和 CIP 贸易术语下，保险单据是出口商必须向银行或者直接向进口商提交，凭以向进口商收取货物款项的物权单据之一。

## 一、货物运输保险单

表 11－2 货物运输保险单

PICC 中国人民保险公司

The People's Insurance Company of China

总公司设于北京 一九四九年创立

Head Office Beijing Established in 1949

货物运输保险单

CARGO TRANSPORTATION INSURANCE POLICY

CARGO TRANSPORTATION INSURANCE POLICY

发票号（INVOICE NO.）：VL××SDT001

合同号（CONTRACT NO.）：××HAP10404

信用证号（L/C NO.）：××TF0115304009

保单号次：

POLICY NO.：YY20××103040000000132

被保险人（INSURED）：UNTO THE ORDER OF AL RAJHI BANKING AND INVESTMENT CORP.

中国人民保险公司（以下简称本公司）根据被保险人的要求，由被保险人向本公司缴付约定的保险费，按照本保险单承保险别和背面所载条款与下列特款承保下述货物运输保险，特立本保险单。

THIS POLICY OF INSURANCE WITNESSES THAT THE PEOPLE'S INSURANCE COMPANY OF CHINA (HEREINAFTER CALLED "THE COMPANY") AT THE REQUEST OF THE INSURED AND IN CONSIDERATION OF THE AGREED PREMIUM PAID TO THE COMPANY BY THE INSURED, UNDERTAKES TO INSURE THE UNDERMENTIONED GOODS IN TRANSPORTATION SUBJECT TO THE CONDITIONS OF THIS POLICY AS PER THE CLAUSES PRINTED OVERLEAF AND OTHER SPECIAL CLAUSES ATTACHED HEREON.

| 标 记<br>MARKS & NOS | 包装及数量<br>QUANTITY | 保险货物项目<br>DESCRIPTION OF GOODS | 保险金额<br>AMOUNT INSURED |
|---|---|---|---|
| AS PER INVOICE NO.<br>VL××SDT001 | 245CTNS | MEN'S SAFETY LEATHER BOOTS | USD67, 784. 64 |

总保险金额：

TOTAL AMOUNT INSURED：SAY U. S. DOLLARS FIFTY NINE THOUSAND SEVEN HUNDRED AND THIRTY TWO ONLY.

保费：

PERMIUM：AS ARRANGED

启运日期：

DATE OF COMMENCEMENT：JULY 15，20××

装载运输工具：

PER CONVEYANCE：DAINTY RIVER 115E

自：

FROM：SHANGHAI

经：

VIA：DAMMAM

至：

TO：RIYADH

承保险别（CONDITIONS）：

COVERING THE FOLLOWING RISKS AS PER INSTITUTE CARGO CLAUSES TO FINAL WAREHOUSE INRIYADH.

(1) ALL MARINE，AND LAND RISKS.

(2) WARS，STRIKES，RIOTS AND CIVIL COMMOTIONS WITH EXTENDED COVER.

CLAIMING PAYABLE IN SAUDI ARABIA，IRRESPECTIVE OF PERCENTAGE.

所保货物，如发生保险单项下可能引起索赔的损失或损坏，应立即通知本公司下述代理人查看。

如有索赔，应向本公司提交保单正本（本保险单共有____份正本）及有关文件。如一份正本已用于索赔，其余正本自动失效。

IN THE EVENT OF LOSS OR DAMAGE WHICH MAY RESULT IN A CLAIM UNDER THIS POLICY, IMMEDIATE NOTICE MUST BE GIVEN TO THE COMPANY'S AGENT AS MENTIONED HEREUNDER. CLAIMS, IF ANY, ONE OF THE ORIGINAL POLICY WHICH HAS BEEN ISSUED IN ORIGINAL(S)

TOGETHER WITH THE RELEVANT DOCUMENTS SHALL BE SURRENDERED TO THE COMPANY. IF ONE OF THE ORIGINAL POLICY HAS BEEN ACCOMPLISHED, THE OTHERS TO BE VOID.

THE FULL NAME AND ADDRESS OF THE AGENT IN SAUDI ARABIA：　　中国人民保险公司

THE NATIONAL UNDERWRITERS OF SAUDI ARABIA　　The People's Insurance Company of China

P. O. BOX NO. 2675, RIYSDH, SAUDI ARABIA　　×××

TEL：00966－1－×××××××　　FAX：00966－1－×××××××

赔款偿付地点：

CLAIM PAYABLE AT：RIYADH　　____________________

出单日期：

ISSUING DATE：JULY 10, 20××　　Authorized Signature ____________________

两点说明：

（1）保险公司对保险单中的"保险金额"一般按一律进位取整数的办法处理。由于国际惯例只规定了投保加成的下限（最低10%），没有上限，因此，进位取整不会造成单证不符的问题。

（2）"启运日期"和"装载运输工具"两栏，保险公司在向投保人签发保险单据时，由于货物此时还没有装运，这两栏都是空着的。但是，受益人（出口商）在向银行提交单据时，必须先将这两个栏目的内容严格按照提单上的信息用手写的方式补填以后才能提交，否则，就是单证不符。

## 二、保险公司声明

A DECLARATION APPENDED TO THE INSURANCE POLICY

POLICY NO. YY20××103040000000132

L/C NO. ××TF0115304009

COMMERCIAL INVOICE NO. VL××SDT001

（1）NAME OF THE INSURANCE COMPANY：THE PEOPLE'S INSURANCE COMPANY OF CHINA

（2）ADDRESS OF ITS PRINCIPAL OFFICE：NO. 2, FUXINGMEN AVENUE, BEIJING, CHINA

（3）COUNTRY OF ITS INCORP. CHINA

WE HEREBY CERTIFY THAT THE SAID COMPANY HAS A DULY QUALIFIED AND APPOINTED AGENT IN SAUDI ARABIA. THE FULL NAME AND ADDRESS OF THE AGENT ARE AS FOLLOWING：

THE NATIONAL UNDERWRITERS OF SAUDI ARABIA

P. O. BOX NO. 2675, RIYSDH, SAUDI ARABIA

TEL：00966－1－×××××××

FAX：00966－1－×××××××

WRITTEN ON THE 10$^{TH}$ DAY OF JULY YEAR 20××.

SWORN TO BEFORE ME, ON THE 10$^{TH}$ DAY OF JULY YEAR 20××.

AT WUHAN

SIGNATURE AND STAMP OF
THE INSURANCE COMPANY

## 三、注意事项

（1）保险单据的出单日期一定不要迟于运输单据的货物装运日期。保险单据的出单日期早于或者与运输单据上的货物装运日期为同一天都是可以接受的，但是，如果晚于运输单据的出单日期则不可取。因为，虽然UCP600规定，只要保险单据上声明了其承保责任不晚于运输单据的出单日期，晚于运输单据出单日期的保险单据银行可以接受，但这只能说服银行，并不能说服保险公司。在通常情况下，保险公司不接受先装运货物，然后才去投保的保险业务，因为他们担心此前货物已经发生了风险损失，投保人隐瞒货损已经发生的真相，企图借投保将货损嫁祸给保险公司。

（2）信用证支付方式下的保险条款一定要严格按照相关信用证的规定，一条一条地在保险单据上列明，不能改动，也不能漏项。在一般情况下，保险条款通常包括以下几个方面：①确定投保金额。如“for the full invoice value plus 10 %”（按照足额的发票金额加成10%）等。② 规定适用的保险条款。如“according to CIC of PICC dated Jan. 1，1981”（依据中国人民保险公司在1981年1月1日修订的海运货物险条款）等。③ 规定投保的险别。如“covering All Risks，War Risk and Strikes”（投保一切险、战争险和罢工险）等。④ 规定保险期间。如“Duration from warehouse to warehouse”（保险责任从货物离开装运地发货人的仓库开始，到进入目的地收货人的仓库结束）等。⑤ 规定保险赔付地点。如“Claim payable at Nhava Sheva”（保险索赔可以在印度的那瓦舍瓦理赔）等。⑥ 其他特别规定。如“Claims shall be with no excess / irrespective of percentage”（保险理赔时不计算免赔率）等。

（3）保险金额不能低于信用证规定的最低限额。UCP600第28条f款对于保险金额的规定比较复杂，一般以货物的CIF或CIP价值加成10%为最低限额，没有上限。但是，保险公司通常只愿意承接投保加成率仅为10%的货运保险业务，他们不太愿意接受投保加成率超过10%的货运保险。在信用证支付方式下，如果卖方投保的保险金额低于信用证或国际惯例规定的最低限额，银行肯定会拒付。

（4）投保人一定要对保险单据的背面条款有所认识和了解。几乎所有国际贸易单据中的背面条款都是使用密密麻麻、字迹很小的英文写成的，而且其中很多都是对合同对方权益的限制，甚至不乏某些陷阱。而实际工作中，当事人却极少去理会这些背面条款的内容。这些背面条款在某种程度上对当事人具有一定的法律约束力。本来，当事人如果不接受其中的某些条款，是可以事先提出来，并且设法加以修改或废止的。但是，如果当事人事先不看、不予理睬，就很有可能被合同的对方当事人，甚至法律部门在事后认定为“默认”、“默许”。

## 第三节 相关资料及说明

### 一、常见的保险险别

表 11－3 常见保险险别一览表

| 序号 | 英文名称 | 中文名称 | 加保条件 |
|---|---|---|---|
| 1 | CHINA INSURANCE CLAUSES | 中国保险条款的险别 | |
| (1) | ALL RISKS | 一切险 | |
| (2) | W. P. A. /W. A. | 水渍险 | |
| (3) | F. P. A. | 平安险 | |
| | | | |
| 2 | INSTITUE CARGO CLAUSES | 伦敦协会货物险条款 | |
| (1) | ICC CLAUSE A / ICC (A) | 协会货物（A）险条款 | |
| (2) | ICC CLAUSE B / ICC (B) | 协会货物（B）险条款 | |
| (3) | ICC CLAUSE C / ICC (C) | 协会货物（C）险条款 | |
| | | | |
| 3 | SPECIAL ADDITIONAL RISKS | 特别附加险 | |
| (1) | WAR RISK | 战争险 | A、B、C 或 AR、WA、FPA |
| (2) | STRIKES OF RISK | 罢工险 | A、B、C 或 AR、WA、FPA |
| (3) | S. R. C. C. | 罢工、暴动、民变险 | A、B、C 或 AR、WA、FPA |
| (4) | F. R. E. C. | 存仓火险责任扩展条款 | A、B、C 或 AR、WA、FPA |
| | | | |
| 4 | GENERAL ADDITIONAL RISKS | 一般附加险 | |
| (1) | T. P. N. D. | 偷窃、提货不着险 | B、C 或 WA、FPA |
| (2) | R. F. W. D. | 淡水雨淋险 | B、C 或 WA、FPA |
| (3) | RISK OF SHORTAGE | 短量险 | B、C 或 WA、FPA |
| (4) | RISK OF INTERMIXTURE & CONTAMINATION | 混杂、沾污险 | B、C 或 WA、FPA |
| (5) | RISK OF LEAKAGE | 渗漏险 | B、C 或 WA、FPA |
| (6) | RISK OF CLASH & BREAKAGE | 碰损、破碎险 | B、C 或 WA、FPA |
| (7) | RISK OF ODOUR | 串味险 | B、C 或 WA、FPA |

表 11－3 续表

| 序号 | 英文名称 | 中文名称 | 加保条件 |
|---|---|---|---|
| (8) | DAMAGE CAUSED BY HEATING & SWEATING | 受热、受潮险 | B、C 或 WA、FPA |
| (9) | HOOK DAMAGE | 钩损险 | B、C 或 WA、FPA |
| (10) | RISKS OF BREAKAGE | 包装破裂险 | B、C 或 WA、FPA |
| (11) | RISKS OF RUST | 锈损险 | B、C 或 WA、FPA |
| (12) | TRANSHIPMENT RISKS | 转运险 | B、C 或 WA、FPA |
| | | | |
| 5 | W TO W 或 W/W | 仓至仓条款 | B、C 或 WA、FPA |
| 6 | I. O. P. 或 WITH NO EXCESS | 不计免赔率 | B、C 或 WA、FPA |

**说明：**

(1)“加保条件”是指：投保人在投保左栏中的那些险别之前，必须首先投保此栏目中列明的任何一种基本险别。

(2)“A、B、C”分别是指“ICC（A）”、“ICC（B）”和“ICC（C）”。

(3) AR、WA、FPA 分别是“All Risks”（一切险）、“With Particular Average”（水渍险）和“Free from Particular Average”（平安险）的缩写形式。。

(4) S. R. C. C. 是“Strikes，Riots and Civil Commotions”（罢工民变险）的缩写形式。现在，无论是伦敦协会货物险条款，还是中国人民保险公司的保险条款中，都将其修改为“罢工险”（Strikes）了。但是，国际上迄今仍有不少商人误认为 S. R. C. C. 要比 Strikes 的承保责任范围面宽一些，其保险系数也会更大一些，因此，他们纷纷坚持要求投保 S. R. C. C.，保险公司一般也都接受客户的这些额外要求，只是在理赔时，仍然按照 Strikes 的标准办理。

(5) F. R. E. C. 是“Fire Risk Extension Clause – for storage of cargo at destination Hong Kong including Kowloon，or Macau”[出口货物到香港（包括九龙在内）或澳门存仓火险责任扩展条款]的缩写形式。这一险别如今已经越来越被业内人们淡忘了，其原因主要有二：①香港“作为中国内地的对外窗口和转口中心”的重要地位早在 20 世纪 90 年代就开始迅速退化了，如今，除了少量供港货物运抵香港、澳门以外，中国内地出口到世界各地的货物基本上都不再经过香港转口了；② 香港地小人密，寸土寸金，存仓费用特别昂贵，到港货物必须立刻（货到两小时以内）提走，根本不可能在承运人（或者是银行指定）的仓库里“存仓”。

(6) 特别附加险（Special additional risks）是指那些不能单独直接投保，投保人必须事先投保一种基本险，然后再根据实际需要“加保”一种或者几种特别的险别。另外，有些专业书又把“特别附加险”称作“特殊附加险”，作者认为这二者的实质都是一样的。

(7) 一般附加险（general additional risks）是指 11 种已经包含在“一切险”中，但没有包含在“水渍险”和“平安险”中的保险险别，这些险别不能单独投保，只有在已经投保了“水渍险”或“平安险”的基础上，再根据实际需要加保其中的一种或者数种。另外，业内人们普遍认为 ICC（A）险与“一切险”的承保责任基本相同，甚至更宽，因此，ICC（A）险中也应该已经包含了这 11 种一般附加险的险别。但是，我们从 ICC（A）险条款所列举的 16 种承保风险中并没有看到这 11 种一般附加险的全部责任，如：串味、锈损、短量、包装破裂等，建议大家在实际工作中投保 ICC（A）险，同时又需要包含这些险别时，最好事先跟承保人特别提出来，让对方给予确认为妥，免得万一漏保了。

(8) T. P. N. D. 是“Theft，Pilferage and Non – delivery”（偷窃、提货不着险）的缩写形式。“偷”是指在当事人不知道的情况下把货物全部都拿走，而“窃”是只拿走一部分。“偷窃”与“抢劫”的区别就是：前者都是在当事人不知道的时候把东西拿走，而后者则是在当事人知道而且不同意的情况下强行把东西夺走的行为。

（9）R. F. W. D. 是“Rain and Fresh Water Damage”（淡水雨淋险）的缩写形式。淡水雨淋险主要包括雨水、河水、湖水以及船汗等淋湿或浸泡造成的货物损失，它不包括海水（咸水）、海浪淋湿或浸泡造成的货物损失。

（10）W/W 是“Warehouse to Warehouse Clause”（仓至仓条款）的缩写形式。这一条款是对承保人保险期间的限定，它主要包括三层含义：①保险公司的承保责任从保险标的离开保单上列明的发货人的仓库或贮存处所开始，经过正常运输，直到货物在目的地进入保单上列明的收货人的仓库或贮存处所结束；②如果货物在目的地不进仓库，则保险责任从目的地保单上列明的运输工具上卸下的次日起算，满 60 天为止；③如果保险标的需要临时在运输途中转运到保险单上没有列明的其他地方去，则保险责任自货物从保单上列明的运输工具上卸下来装上转运的运输工具上时为止。

（11）I. O. P. 是“Irrespective of Percentage”（不计算免赔率）的缩写形式。在这一条款下，承保人（保险公司）对保险标的一律按实际损失照价赔偿，既不能打折扣，也不能以“货物损失没有达到规定的数量”为由而免予赔偿。在保险术语中，还有一个与 IOP 意思相同的另外一种表达方法叫做“With no Excess”。

## 二、中国人民保险公司的保险单背面条款

**THE PEOPLE'S INSURANCE COMPANY OF CHINA**

**OCEAN MARINE CARGO CLAUSES（1/1/1981）**

**（RATIFIED AND ISSUED BY THE PEOPLE'S BANK OF CHINA（PBOC）DATED 1/1/1995）**

I. Scope of Cover：

This insurance is classified into the following three Conditions – Free From Particular Average（F. P. A.）, With Average（W. A.）and All Risks. Where the goods insured hereunder sustain loss or damage, the Company shall undertake to indemnify therefore according to the insured Condition specified in the Policy and the Provisions of these Clauses：

1. Free From Particular Average（F. P. A.）. This insurance covers：

（1）Total or Constructive Total Loss of the whole consignment hereby insured caused in the course of transit by natural calamities：heavy weather, lightning, tsunami, earthquake and flood. In case a constructive total loss is claimed for, the Insured shall abandon to the Company the damaged goods and all his rights and title pertaining thereto. The goods on each lighter to or from the seagoing vessel shall be deemed a separate risk. Constructive Total Loss refers to the loss where an actual total loss appears to be unavoidable or the cost to be incurred in recovering or reconditioning the goods together with the forwarding cost to the destination named in the Policy would exceed their value on arrival.

（2）Total or Partial Loss caused by accidents the carrying conveyance being grounded, stranded, sunk or in collision with floating ice or other objects as fire or explosion.

（3）Partial loss of the insured goods attributable to heavy weather, lightning and/or tsunami, where the conveyance has been grounded, stranded, sunk or burnt, irrespective of whether the event or events took place or after such accidents.

（4）Partial of total loss consequent on falling of entire package or packages into sea during loading, transhipment or discharge.

（5）Reasonable cost incurred by the insured on salvaging the goods or averting or minimizing a loss recoverable under the Policy, provided that such cost shall not exceed the sum insured of the consignment so saved.

(6) Losses attributable to discharge of the insured goods at a pert of distress following a sea peril as well as special charges arising from loading, warehousing and forwarding of the goods at an intermediate port of call or refuge.

(7) Sacrifice in and Contribution to General Average and Salvage Charges.

(8) Such proportion of losses sustained by the ship – owners as is to be reimbursed by the Cargo Owner under the Contract of Affreightment Both to Blame Collision clause.

2. With Average (W. A.). Aside from the risks covered under F. P. A. condition as above, this insurance also covers partial losses of the insured goods caused by heavy weather, lightning, tsunami, earthquake and/or flood.

3. All Risks. Aside from the risks covered under the F. P. A. and W. A. conditions as above, this insurance also cover all risks of loss or damage to the insured goods whether partial or total, arising from external causes in the cause of transit.

II. Exclusions:

This insurance does not cover: .

1. Loss or damage caused by the intentional act or fault of the insured.

2. Loss or damage falling under the liability of the consignor.

3. Loss or damage arising from the inferior quality or shortage of the insured goods prior to the attachment of this insurance.

4. Loss or damage arising from normal loss, inherent vice or nature of the insured goods, loss of market and/or delay in transit and any expenses arising there from.

5. Risks and liabilities covered and excluded by the ocean marine (cargo) war risks clauses and strike, riot and civil commotion clauses of this Company.

III. Commencement to Termination of cover:

1. Warehouse to warehouses Clause:

This insurance attaches from the time the goods hereby insured leave the ware – house or place of storage named in the Policy for the commencement of the transit and continues in force in the ordinary course of transit including sea, land and inland waterway transits and transit in lighter until the insured goods are delivered to the consignee s final warehouse or place of storage at the destination named in the Policy or to any other place used by the insured for allocation or distribution of the goods or for stories other than in the ordinary course of transit. This insurance shall, however, be limited to sixty (60) days after completion of discharge of the insured goods from the seagoing vessel at the final port of discharge before they reach the above mentioned warehouse or place of stories. If prior to the expire of the above mentioned sixty (60) days, the insured goods are to be forwarded to a destination other than that named in the Policy, this insurance shall terminate at the commencement of such transit.

2. If, owing to delay, deviation, forced discharge, reshipment or transshipment beyond the control of the insured or any change or termination of the voyage arising from the exercise of a liberty granted to the shipowners under the contract of affreightment, the insured goods arrive at a port or place other than that named in the Policy, Subject to immediate notice being given to the Company by the insured and an additional premium being paid, if repaired, this insurance shall remain in force and shall terminate as hereunder:

(1) If the insured goods are sold at port or place not named in the Policy, this insurance shall terminate on

delivery of the goods sold, but in no event shall this insurance extend beyond sixty (60) days after completion of discharge of the insured goods from the carrying vessel at such port or place.

(2) If the insured goods are to be forwarded to the final destination named in the Policy or any other destination, this insurance shall terminate in accordance with Section III. 1. above.

IV. Duty of the insured:

It is the duty of the insured to attend to all matters as specified hereunder, failing which the company reserves the right to reject his claim for any loss if and when such failure prejudice the rights of the Company:

1. The insured shall take delivery of the insured goods in good time upon their arrival at the port of destination named in the Policy. In the event of any damage to the goods, the insured shall immediately apply for survey to the Survey and/or settling assent stipulated in the Policy. If the insured goods are found short in entire package or packages or to show apparent traces of damage, the insured shall obtain from the Carrier, bailed or other relevant authorities (Customs and Port Authorities etc.) certificate of loss or damage and/or shortlanded memo. Should the carrier, bailed or the other relevant authorities be responsible for such shortage, the insured shall lodge a claim with them in writing and, if necessary, obtain their confirmation of an extension of them the time limit of validity of such claim.

2. The insured shall, and the Company also, take reasonable measures immediately in salvaging the goods or preventing or minimizing a loss or damage thereto. The measures so taken by the insured or by the Company shall not be considered respectively, as a waiver of abandonment hereunder, or as an acceptance thereof.

3. In case of a change of voyage or any omission or error in the description of the interest, the name of the vessel or voyage, this insurance shall remain in force only upon prompt notice to this Company when the insured becomes aware of the same and payment of an additional premium if required.

4. The following documents should accompany any claim hereunder made against this Company:

Original Policy, Bill of Lading. Invoice, Packing List, Tally Sheet, Weight Memo, Certificate of Loss or Damage and/or Shorthand Memo, Survey Report, statement of Claim.

If any third party is involved, documents relative to pursuing of recovery from such party should also be included.

5. Immediate notice should be given to the Company when the Cargo Owners actual responsibility under the Contract of Affreightment Both to Blame Collision Clause becomes known.

V. The Time of Validity of A Claim :

The time of validity of a claim under this insurance shall not exceed a period of two years counting from the time of completion of discharge of the insured goods from the seagoing vessel at the final port of discharge.

## THE PEOPLE'S INSURANCE COMPANY OF CHINA
## OCEAN MARINE CARGO WAR RISK CLAUSES (1/1/1981)
## (RATIFIED AND ISSUED BY THE PEOPLE'S BANK OF CHINA (PBOC) DATED 1/1/1995)

I. SCOPE OF COVER:

This insurance covers:

1. Loss or damage the insured goods caused directly by or consequent upon war, warlike operations, hostile acts, armed conflicts or piracy.

2. Loss or damage caused by capture seizure arrest restraint or detainment arising from the events in section

11 above.

3. Loss or damage caused by conventional weapons of war including mines, torpedoes and bombs.

4. Sacrifice in and contribution to general average and salvages arising from the risks covered hereunder.

Ⅱ. EXCLUSIONS:

This insurance do not cover:

1. Loss damage or expenses arising from any hostile use of atomic or nuclear weapons of war.

2. Any claim based upon loss of or frustration of. The insured voyage caused by arrest restraint or detainment by any executive authorities. Authorities in power or any other armed groups.

Ⅲ. COMMENCEMENT AND TERMINATION:

1. This insurance shall attach from the time the insured goods are loaded on the seagoing vessel or lighter at the port of shipment named in the policy until discharged over side from the seagoing vessel or lighter at the destination named in the policy if the insured goods are not discharged there - from. The longest duration at the port of discharge shall be limited to fifteen (15) days counting from midnight of the day of the vessel's arrival at such port, anchoring, mooring or securing at a berth or place within the harbour shall be deemed as the vessel's arrival. In the absence of such berth or place, the vessel's arrival refers to the vessel's first anchoring, mooring or securing either at or off the intended port or at or near the place of discharge.

2. In case of transhipment at an intermediate port, regardless of whether or not the insured goods are unload, the longest duration of this insurance at such port of transhipment shall be limited to fifteen (15) days counting from midnight of the day of the vessel's arrival at such port or place of discharge. However, this insurance shall reattach when the insured goods are loaded on the carrying seagoing vessel.

3. If the contract of affreightment is terminated at a port or place other than the destination named in the policy, such port or place shall be deemed the destination under the policy and this insurance shall terminate according to section Ⅲ. 1. Above if the insured goods are to be reshipped to the original or any other destination. This insurance shall reattach when the goods are loaded on the carrying vessel provided that a notice is given to the company and an additional premium is paid prior to the commencement of such further transit.

4. This insurance shall remain in force during any deviation, change of voyage, variation of adventure arising from the exercise of a liberty granted to the shipowners under the contract of affreightment subject to immediate notice to the company and payment premium, when such event comes to be the knowledge of the insured.

NOTE:

These clauses are the clauses of an additional insurance to the ocean insurance of the company in case of conflict between any clauses of these clauses and the ocean marine cargo clauses, these clauses shall prevail.

## 三、中国人民保险公司的保险单背面条款的中文翻译

**海洋运输货物保险条款**

**1981 年 1 月 1 日修订**

**［1995 年 1 月 1 日经中国人民银行（PBOC）批准并发布］**

（一）责任范围

本保险分为平安险、水渍险及一切险三种。被保险货物遭受损失时，本保险按照保险单上订明承保险别的条款规定，负赔偿责任。

1. 平安险

本保险负责赔偿：

(1) 被保险货物在运输途中由于恶劣气候、雷电、海啸、地震、洪水等自然灾害造成整批货物的全部损失或推定全损。当被保险人要求赔付推定全损时，须将受损货物及其权利委付给保险公司。被保险货物用驳船运往或运离海轮的，每一驳船所装的货物可视作一个整批。推定全损是指被保险货物的实际全损已经不可避免，或者恢复、修复受损货物以及运送货物到原订目的地的费用超过该目的地的货物价值。

(2) 由于运输工具遭受搁浅、触礁、沉没、互撞、与流冰或其他物体碰撞以及失火、爆炸等意外事故造成货物的全部或部分损失。

(3) 在运输工具已经发生搁浅、触礁、沉没、焚毁等意外事故的情况下，货物在此前后又在海上遭受恶劣气候、雷电、海啸等自然灾害所造成的部分损失。

(4) 在装卸或转运时由于一件或数件整件货物落海造成的全部或部分损失。

(5) 被保险人对遭受承保责任内危险的货物采取抢救、防止或减少货损的措施而支付的合理费用，但以不超过该批被救货物的保险金额为限。

(6) 运输工具遭遇海难后，在避难港由于卸货所引起的损失以及在中途港、避难港由于卸货，存仓以及运送货物所产生的特别费用。

(7) 共同海损的牺牲、分摊和救助费用。

(8) 运输契约订有"船舶互撞责任"条款，根据该条款规定应由货方偿还船方的损失。

2. 水渍险

除包括上列平安险的各项责任外，本保险还负责被保险货物由于恶劣气候、雷电、海啸、地震、洪水自然灾害所造成的部分损失。

3. 一切险

除包括上列平安险和水渍险的各项责任外，本保险还负责被保险货物在运输途中由于外来原因所致的全部或部分损失。

(二) 除外责任

本保险对下列损失不负赔偿责任：

1. 被保险人的故意行为或过失所造成的损失。

2. 属于发货人责任所引起的损失。

3. 在保险责任开始前，被保险货物已存在的品质不良或数量短差所造成的损失。

4. 被保险货物的自然损耗、本质缺陷、特性以及市价跌落、运输迟延所引起的损失或费用。

5. 本公司海洋运输货物战争险条款和货物运输罢工险条款规定的责任范围和除外责任。

(三) 责任起讫

1. 本保险负"仓至仓"责任，自被保险货物运离保险单所载明的启运地仓库或储存处所开始运输时生效，包括正常运输过程中的海上、陆上、内河和驳船运输在内，直至该项货物到达保险单所载明目的地收货人的最后仓库或储存处所或被保险人用作分配、分派或非正常运输的其他储存处所为止。如未抵达上述仓库或储存处所，则以被保险货物在最后卸载港全部卸离海轮后满60天为止。如在上述60天内被保险货物需转运到非保险单所载明的目的地时，则以该项货物开始转运时终止。

2. 由于被保险人无法控制的运输延迟、绕道、被迫卸货、重行装载、转载或承运人运用运输契约赋予的权限所作的任何航海上的变更或终止运输契约，致使被保险货物运到非保险单所载明的目的地时，在被保险人及时将获知的情况通知保险人，并在必要时加缴保险费的情况下，本保险仍继续有效，保险责任按下列规定终止。

（1）被保险货物如在非保险单所载明的目的地出售，保险责任至交货时为止，但不论任何情况下，均以被保险货物在卸载港全部卸离海轮后满60天为止。

（2）被保险货物如在上述60天期限内继续运往保险单所载原目的地或其他目的地时，保险责任仍按上述第（三）条第1款的规定终止。

（四）被保险人的义务

被保险人应按照以下规定的应尽义务办理有关事项，如因未履行规定的义务而影响保险人利益时，本公司对有关损失，有权拒绝赔偿。

1. 当被保险货物运抵保险单所载明的目的港（地）以后，被保险人应及时提货，当发现被保险货物遭受任何损失，应即向保险单上所载明的检验、理赔代理人申请检验，如发现被保险货物整件短少或有明显残损痕迹应即向承运人、受托人或有关当局（海关、港务当局等）索取货损货差证明。如果货损货差是由于承运人、受托人或其他有关方面的责任所造成的，并应以书面方式向他们提出索赔，必要时还须取得延长时效的确认证书。

2. 对遭受承保责任内危险的货物，被保险人和本公司都可迅速采取合理的抢救措施，防止或减少货物的损失，被保险人采取此项措施，不应视为放弃委付的表示，本公司采取此项措施，也不得视为接受委付的表示。

3. 如遇航程变更或发现保险单所载明的货物、船名或航程有遗漏或错误时，被保险人应在获悉后立即通知保险人，并在必要时加缴保险费，本保险才继续有效。

4. 在向保险人索赔时，必须提供下列单证：

保险单正本、提单、发票、装箱单、磅码单、货损货差证明、检验报告及索赔清单。如涉及第三者责任，还须提供向责任方追偿的有关函电及其他必要单证或文件。

5. 在获悉有关运输契约中“船舶互撞责任”条款的实际责任后，应及时通知保险人。

（五）索赔期限

本保险索赔时效，从被保险货物在最后卸载港全部卸离海轮后起算，最多不超过两年。

## 海洋运输货物战争险条款

**1981年1月1日修订**

**［1995年1月1日经中国人民银行（PBOC）批准并发布］**

（一）责任范围

本保险负责赔偿：

1. 直接由于战争、类似战争行为和敌对行为、武装冲突或海盗行为所致的损失。

2. 由于上述1. 款引起的捕获、拘留、扣留、禁制、扣押所造成的损失。

3. 各种常规武器，包括水雷、鱼雷、炸弹所致的损失。

4. 本条款责任范围引起的共同海损的牺牲、分摊和救助费用。

（二）除外责任

本保险对下列各项不负赔偿责任：

1. 由于敌对行为使用原子或热核制造的武器所致的损失和费用。

2. 根据执政者、当权者或其他武装集团的扣押、拘留引起的承保航程的丧失和挫折而提出的任何索赔。

（三）责任起讫

1. 本保险责任自被保险货物装上保险单所载启运港的海轮或驳船时开始，到卸离保险单所载明的目的港的海轮或驳船时为止。如果被保险货物不卸离海轮或驳船，本保险责任最长期限以海轮到达目的港的当日午夜起算满 15 天为限，海轮到达上述目的港是指海轮在该港区内一个泊位或地点抛锚、停泊或系缆，如果没有这种泊位或地点，则指海轮在原卸货港或地点或附近第一次抛锚、停泊或系缆。

2. 如在中途港转船，不论货物在当地卸载与否，保险责任以海轮到达该港或卸货地点的当日午夜起算满 15 天为止，俟再装上续运海轮时恢复有效。

3. 如运输契约在保险单所载明目的地以外的地点终止时，该地即视为本保险目的地，仍照前述第（三）第 1 款的规定终止责任，如需运往原目的地或其他目的地时，在被保险人于续运前通知保险人并加缴保险费的情况下，可自装上续运的海轮时重新有效。

4. 如运输发生绕道，改变航程或承运人运用运输契约赋予的权限所作的任何航海上的改变，在被保险人及时将获知情况通知保险人，在必要时加缴保险费的情况下，本保险仍继续有效。

注：本条款系海洋运输货物保险条款的附加条款，本条款与海洋运输货物保险条款中的任何条文有抵触时，均以本条款为准。

## 第四节　同步训练

### 一、仔细阅读第二节中中国人民保险公司的保险条款，然后回答下列问题

（1）保险标的发生推定全损后，被保险人怎样才能获得保险公司的赔付？

（2）被保险人对遭受承保范围内危险的货物采取抢救、防止或减少货损的措施而支付的合理费用的最高限额是多少？

（3）海洋运输货物保险条款下的“仓至仓”责任起讫中的“正常运输过程”是否包括空运？

（4）由于被保险人无法控制的原因导致被保险货物被运到非保险单所载明的目的地时，要使原投保险别继续有效，被保险人应该怎样做？

（5）被保险人向承保人提出保险索赔时应该提交哪些单证？其索赔时效是多长时间？

（6）政府扣押、没收货物是否属于“战争险”的赔偿责任范围？为什么？

### 二、相关信息

（1）发票号码：× ×IS213 – B

（2）发票金额：USD87 141.60（CIF Haifa Port）

（3）商品名称：COVERALLS AND DENIM SHIRTS

（4）合同号码：WHT - UTL6230

（5）信用证号码：791 - 01 - 002521 - 8

（6）投保人：UNIDRESS TADMIT LTS

（7）提单号码：MMSCUWUWW00250

（8）装运港：Wuhan

（9）目的港：Haifa Port

（10）装运时间：JAN. 20，20 × ×

（11）载运船名及航次：AN HUA 8 V. 8053E

（12）运费：USD2 300.00

（13）投保险别（按照中国人民保险公司 1981 年 1 月 1 日的保险条款，不计算免赔率）：

①一切险（All Risks），保险费率 3.5‰

②战争险（War Risk），保险费率 1‰

③罢工险（Strikes），保险费率 0.5‰

（14）赔付地点：以色列（ISRAEL）

## 三、实训要求

（1）填写一份《货物运输保险投保单》；

（2）填写一份《货物运输保险单》；

按照“10% 加成投保”计算，投保时间：JAN. 20，20 × ×。

特别说明：

①本笔交易由于最终使用的交易条件是 FOB，因此，卖方不用办理货运保险。当然，如果买方特别要求，卖方也可以代表买方去投保。

②无论是卖方还是买方投保，也不管买卖使用的交易条件是 CIF 还是 FOB 或是 CFR 等，向保险公司投保都应该以 CIF 价格为准，以便货物在遭受到风险损失后，被保险人之前支出的国内成本、国外段运杂费和保险费都能够得到保险公司的赔付。

③向保险公司投保时提交的商业发票也应该按表 6 - 9 的价格重新草拟，而不能图省事，直接将表 10 - 8 提交给保险公司。

**表 11-4 货物运输保险投保单**

中国人民保险公司　　　　分公司
The People's Insurance Company of China　　　　Branch

地址（Address）:　　　　邮政编码（Post Code）:
电话（Tel）:　　　　传真（Fax）:

货物运输保险投保单
Application Form for Cargo Transportation Insurance

被保险人:
Insured: ______
发票号码（Invoice No.）: ______
合同号码（Contract No.）: ______
信用证号码（L/C No.）: ______
发票金额（Invoice Amount）: ______　　投保加成（Plus）: ______

兹有下列物品向中国人民保险公司______分公司投保（Insurance is required on the following commodities）:

| 标记<br>Marks & Nos. | 包装及数量<br>Quantity | 保险货物项目<br>Description of Goods | 保险金额<br>Amount Insured |
|---|---|---|---|
| | | | |

启运日期:　　　　装载运输工具:
Date of Commencement: ______　　Per Conveyance: ______
自:　　　　经:　　　　至:
From: ______　　Via: ______　　To: ______
提单号:　　　　赔款偿付地点:
B/L No.: ______　　Claim Payable at: ______
投保险别（Please indicate the conditions and or special coverages）:

______

请如实告知下列情况（如"是"在 [ ] 中打"√"，"否"在 [ ] 中打"×"）If any, please mark "√" or "×":

1. 货物种类: 袋装 [ ]　散装 [ ]　冷藏 [ ]　液体 [ ]　活动物 [ ]　机器 [ ]　危险品等级 [ ]
   Goods　Bag/Jumbo　Bulk　Reefer　Liquid　Live Animal　Machine/Auto　Dangerous Class
2. 集装箱种类: 普通 [√]　开顶 [ ]　框架 [ ]　平板 [ ]　冷藏 [ ]
   Container　Ordinary　Open　Frame　Flat　Refrigerator
3. 转运工具: 海轮 [√]　飞机 [ ]　驳船 [ ]　火车 [√]　汽车 [ ]
   By Transit　ship　Plane　Barge　Train　Truck
4. 船舶资料:　　船籍:　　船龄:
   Particular of Ship: ______　Registry: ______　Age: ______

备注：被保险人确认本保险合同条款和内容已经完全了解。　投保人（签名盖章）Applicant's Signature
The assured confirms herewith the Terms and
Conditions of these Insurance Contract fully

表 11 -4 续表

Understood. ______________________________

投保日期： 电话（Tel）：×××××××

Date：JULY 10，20×× 地址（Address）：×××××××

---

本公司自用（For Office use only）

费率： 保险费： 备注：

Rate：__________ Premium：______________ Remarks：__________

经办人： 核保人： 负责人：

By：__________ Checker：__________ In Charge：______________

**表 11 -5 货物运输保险单**

PICC

中国人民保险公司
The People's Insurance Company of China
总公司设于北京 一九四九年创立
Head Office Beijing Established in 1949

货物运输保险单
CARGO TRANSPORTATION INSURANCE POLICY
发票号（INVOICE NO.）：
合同号（CONTRACT NO.）： 保单号次：
信用证号（L/C NO.）： POLICY NO.：
被保险人（INSURED）：

中国人民保险公司（以下简称本公司）根据被保险人的要求，由被保险人向本公司缴付约定的保险费，按照本保险单承保险别和背面所载条款与下列特款承保下述货物运输保险，特立本保险单。

THIS POLICY OF INSURANCE WITNESSES THAT THE PEOPLE'S INSURANCE COMPANY OF CHINA (HEREINAFTER CALLED "THE COMPANY") AT THE REQUEST OF THE INSURED AND IN CONSIDERATION OF THE AGREED PREMIUM PAID TO THE COMPANY BY THE INSURED, UNDERTAKES TO INSURE THE UNDERMENTIONED GOODS IN TRANSPORTATION SUBJECT TO THE CONDITIONS OF THIS POLICY AS PER THE CLAUSES PRINTED OVERLEAF AND OTHER SPECIAL CLAUSES ATTACHED HEREON.

| 标 记<br>MARKS & NOS | 包装及数量<br>QUANTITY | 保险货物项目<br>DESCRIPTION OF GOODS | 保险金额<br>AMOUNT INSURED |
|---|---|---|---|
| | | | |

总保险金额：
TOTAL AMOUNT INSURED：______________________________

保费： 启运日期：
PERMIUM：AS ARRANGED DATE OF COMMENCEMENT：__________

装载运输工具：
PER CONVEYANCE：______________________

自：　　　　　　　　　　经：　　　　　　　　　　至：

FROM：________　VIA：________　TO：________

承保险别（CONDITIONS）：

所保货物，如发生保险单项下可能引起索赔的损失或损坏，应立即通知本公司下述代理人查看。如有索赔，应向本公司提交保单正本（本保险单共有____份正本）及有关文件。如一份正本已用于索赔，则其余正本自动失效。

IN THE EVENT OF LOSS OR DAMAGE WITCH MAY RESULT IN A CLAIM UNDER THIS POLICY, IMMEDIATE NOTICE MUST BE GIVEN TO THE COMPANY'S AGENT AS MENTIONED HEREUNDER. CLAIMS, IF ANY, ONE OF THE ORIGINAL POLICY WHICH HAS BEEN ISSUED IN ORIGINAL（S）TOGETHER WITH THE RELEVANT DOCUMENTS SHALL BE SURRENDERED TO THE COMPANY. IF ONE OF THE ORIGINAL POLICY HAS BEEN ACCOMPLISHED, THE OTHERS TO BE VOID.

中国人民保险公司

The People's Insurance Company of China

赔款偿付地点：

CLAIM PAYABLE AT：________　________________

出单日期：

ISSUING DATE：________　Authorized Signature ________________

# 第十二章　制单与审单

## 本章实训的主要目的

(1) 掌握汇票、原产地证明书、提单附带声明、保险单附带声明等单据的填写方法。

(2) 了解信用证支付方式下的“交单”与托收支付方式下“交单”的根本区别。

(3) 理解“托收委托书”各栏目的含义，掌握该单据的填写方法。

(4) 理解汇付方式下“装运通知”的双重含义，掌握“装运通知”的填写方法。

(5) 读懂信用证条款，并能够正确地审核全套信用证单据。

制单与审单是国际贸易实务中结尾阶段的重要环节，就像农民种地中的“收割”环节一样，从耕地、播种、施肥、灌溉、除草、治杀病虫害……披星戴月，日晒雨淋地忙活了大半年之后，好不容易盼到秋收了。现在是颗粒归仓的关键时刻了，可不能让就要到手的收成被雨水淋湿，或者被强盗抢走，或者被火灾吞噬掉。国际贸易中的交货方式大多是属于象征性交货的“单据买卖”，也就是出口商凭单据“交货”，进口商凭单据支付货物款项。单据正确与否，直接关系到进口商最终是否付款赎单。因此，出口商在制单时，绝对不能有丝毫的麻痹大意。

## 第一节　信用证项下的制单、审单与交单

根据第七章的信用证的规定，这笔生意所需要的银行单证一共有7项，包括：（1）商业发票一式三份；（2）已装船的海运提单全套；（3）提单附带声明一份；（4）装箱单一式三份；（5）由中国国际贸易促进委员会出具或证实的原产地证明书一套；（6）保险单或保险凭证一套；

（7）保险公司声明一份。

## 一、制单

我们从前面的第九章开始，已经围绕第七章的信用证陆续示范性地填制了一些单据，其中当然也包含着大量的银行结汇单据。为了避免重复，我们在这里就只把第七章信用证中规定的，而此前还没有填制过的单据一一示范填制如下：

### （一）汇票（Bill of Exchange / Draft）

表 12－1　汇票

Bill of Exchange

Drawn under L/C No. ××TF0115304009　　Dated：JUNE 01，20××

Issued by ALRAJHI BANKING AND INVESTMENT CORPORATION RIYADH（HEAD OFFICE）

No. VL××SDT001　　Wuhan，China JULY 01，20××

Exchange for USD61，622.40

At ---------------------- sight of this FIRST of Exchange（Second of the same tenor and date unpaid）pay to the Order of CHINA EVERBRIGHT BANK the sum of SAY U.S. DOLLARS FIFTY FOUR THOUSAND THREE HUNDRED AND ONE AND CENTS EIGHTY ONLY.

Value received against shipment of the goods as per Invoice No. VL××SDT001（CIPC3%）

To：ALRAJHI BANKING AND INVESTMENT CORPORATION RIYADH（HEAD OFFICE）　　ABC INTERNATIONAL TRADE CORPORATION LIMITED

（stamp and signature，and blank endorsement）

## （二）原产地证明书（Certificate of Origin）

**表 12 –2　原产地证明书**

| | |
|---|---|
| 1. Exporter（full name and address）<br>ABC INTERNATIONAL TRADE CORPORATION LIMITED<br>56 DONG TING ST. WUHAN 430014, CHINA,<br>FAX-27-8281-1135 | Certificate No. ××××××××<br><br>CERTIFICATE OF ORIGIN<br>OF<br>THE PEOPLE'S REPUBLIC OF CHINA |
| 2. Consignee（full name, address, country）<br>AL TURAIKI EST. FOR TRADING.<br>ALSWAILIUM STREET, DEIRA, P. O. BOX 20131, RIYADH<br>11455, KINGDOM OF SAUDI ARABIA | |
| 3. Means of transport and route<br>FROM HUANGPU TO RIYADH VIA DAMMAM PORT, BY MULTIMODAL TRANSPORTATION. | 5. For certifying authority use only |
| 4. Destination port<br>RIYADH | |

| 6. Marks and numbers | 7. Description of goods; number and kind of packages | 8. H.S. Code | 9. Quantity or weight | 10. Number and date of invoices |
|---|---|---|---|---|
| A<br>AL-ABDULKARIM<br>****************** | TWO HUNDRED AND FORTY FIVE CARTONS<br>（245CTNS）OF MEN'S SAFETY LEATHER BOOTS<br>（1）THE NAME AND ADDRESS OF MANUFACTURER ARE AS FOLLOWS:<br>ABC INTERNATIONAL TRADE CORPORATION LIMITED<br>56 DONG TING ST. WUHAN 430014, CHINA,<br>FAX-27-8281-1135<br>（2）THE ABOVE-MENTIONED GOODS EXPORTED ARE WHOLLY OF DOMESTIC ORIGIN OF CHINA.<br>（3）L/C NO. ××TF0115304009<br>************************************************ | 6,403.4000<br>************** | 2,940PRS<br>************ | VL××SDT001<br>JULY 1, 20××<br>************* |

| | |
|---|---|
| 11. Declaration by the exporter<br>The undersigned hereby declares that the above details and statements are correct, that all the goods were produced in China and they comply with the Rules of Origin of the People's Republic of China.<br><br>WUHAN, CHINA　JULY 15, 20××（Signature and Stamp）<br>Place and date, signature and stamp of authorized signatory | 12. Certification<br>It is hereby certified that the declaration by the exporter is correct.<br><br>WUHAN, CHINA　JULY 15, 20××（Notary Seal and Signature）<br>Place and date, signature and stamp of authorized signatory |

## （三）提单附带声明（Appended Declaration to the Bill of Lading）

APPENDED DECLARATION TO THE BILL OF LADING

B/L NO. CSC××3574

L/C NO. ××TF0115304009

INVOICE NO. VL××SDT001

(1) NAME OF THE VESSEL: DAINTY RIVER 115E

PREVIOUS NAME: DAINTY RIVER 115E

(2) NATIONALITY OF VESSEL: CHINA

(3) OWNER OF VESSEL: CHINA OCEAN SHIPPING COMPANY (COSCO)

(4) THE VESSEL/PLANE/TRUCK WILL CALL AT OR PASS THROUGH THE FOLLOWING PORTS/AIRPORTS/BORDERS ENROUTE TO SAUDI ARABIA

①SINGAPORE ② PTP ③ KARACHI ④DUBAI

THE UNDERSIGNED DECLARES THAT THE INFORMATION PROVIDED (IN REPONSES (1) TO (4)) ABOVE IS CORRECT AND COMPLETE AND THAT THE VESSEL SHALL NOT CALL AT OR ANCHOR ON ANY OTHER PORTS OTHER THAN THOSE MENTIONED ABOVE ENROUTE TO SAUDI ARABIA.

WRITTEN ON THE 15TH DAY OF JULY YEAR 20××.

SWORN TO BEFORE ME, ON THE 15TH DAY OF JULY YEAR 20××.

AT GUANGZHOU

SIGNATURE OF VESSEL'S AGENT,

NOTARY OF C. C. P. I. T.

(SEAL AND SIGNATURE)

### （四）保险公司声明（Appended Declaration to the Insurance Policy）

APPENDED DECLARATION TO THE INSURANCE POLICY

POLICY NO. YY20××103040000000132

B/L NO. CSC××3574

L/C NO. ××TF0115304009

INVOICE NO. VL××SDT001

(1) NAME OF THE INSURANCE COMPANY:

THE PEOPLE'S INSURANCE COMPANY OF CHINA

(2) ADDRESS OF THE PRINCIPAL OFFICE: BEIJING, CHINA

(3) COUNTRY OF THE INCORP: CHINA

WE HEREBY CERTIFY THAT WE HAVE A DULY QUALIFIED AND APPOINTED AGENT IN SAUDI ARABIA, HIS FULL NAME AND ADDRESS ARE AS FOLLOWING:

THE NATIONAL UNDERWRITERS OF SAUDI ARABIA

P. O. BOX NO. 2675, RIYSDH, SAUDI ARABIA

TEL: 00966-1-××××××× FAX: 00966-1-×××××××

WRITTEN ON THE 10TH DAY OF JULY YEAR 20××.

SWORN TO BEFORE ME, ON THE 10TH DAY OF JULY YEAR 20××.

AT WUHAN

(SIGNATURE AND STAMP OF THE INSURANCE COMPANY)

NOTARY OF C. C. P. I. T.

(SEAL AND SIGNATURE)

## 二、审单与交单

“审单”（examination of documents）通常包括两层含义：（1）受益人（Beneficiary）自己审核其准备向银行提交的信用证单据的种类、份数、填写内容及其签署、背书等情况；（2）指定银行（Nominated Bank）和开证行（Opening Bank）对受益人提交的单据对照信用证条款以及相关的国际惯例进行严格审查的行为。

### （一）受益人自己审单

受益人自己审查准备向银行提交的单据，其目的就是要保证单据“单证一致、单单一致”，保证单据没有“不符点”（discrepancy），从而确保银行兑现信用证承诺，支付信用证款项。受益人自己审核信用证单据的审单标准一般不外乎三个依据：

（1）信用证条款。这是最基本，同时也是最主要的审单依据。只要是信用证条款里规定了的，即使它们与某些权威的国际惯例（如 UCP600、ISBP745 等）有冲突，也要严格按照信用证条款的规定缮制单据。当然，如果有些信用证条款与相关的法律法规（特别是受益人所在国的法律法规）相冲突，受益人应该在制单之前要求申请人（Applicant）修改信用证中这些不合法、难以做到的条款。

（2）UCP600。这是指信用证条款中对于某些单据内容没有做出具体规定，同时，信用证并没有排除适用 UCP600 的情况。例①：信用证没有规定货物保险金额（Amount Insured）的最低限额，此时受益人在保险单据中的保险金额最低也不得低于发票金额的 110%（没有上限），因为 UCP600 第 28 条 f 款第Ⅱ点已经对此做出了明确的规定。例②：信用证没有规定具体的交单期限，受益人也必须在海运提单（Ocean / Marine Bill of Lading）等运输单据的装运日期后 21 天之内（包含第 21 天）同时在信用证的有效期限之内到指定银行或开证行去提交相符单据（complying presentation）。这一点请参见 UCP600 第 14 条 c 款。

（3）ISBP745。这是指信用证条款中对于某些单据内容没有做出具体规定，同时，UCP600 中也找不到相关的规定，而信用证也没有排除适用 UCP600 和 ISBP745 的情况。ISBP681 是对 UCP600 中某些原则性较强的条款的具体解释，自然要比 UCP600 的规定翔实、具体、通俗很多，也就是说，有很多规定，我们在 UCP600 中找不到“答案”的惯例，但可以在 ISBP745 中找到。例如，原产地证明书（Certificate of Origin）上的“收货人”（Consignee）一栏的填写内容，UCP600 对此就没有规定，但 ISBP745 第 L5 段就规定得非常具体、清楚。

交单之前的审单对于受益人的重要意义不言而喻，这种常识性的话题我们在这里不作赘述。

### （二）银行审单

指定银行和开证行审查信用证单据，虽然从“宏观”上看它们是属于同一类别的，但在具体的单证业务中，作者认为这二者之间还是存在着比较明显的差异，具体如下：

（1）指定银行审单审出不符点以后，受益人通常还可以把单据拿回去修改正确了再重新提交，而开证行审出不符点以后受益人不可能再行改单了。这主要源于三个原因：①“相符交单”既要求单据相符，又要求受益人在规定的交单期限之内提交，这两个条件需要同时满足。②“交单”是指受益人把单据交到银行的柜台上，或者是以银行“签收”的印戳时间为准，并不是以受益人寄出单据的时间为准。③ 指定银行通常与受益人相距很近，绝大多数都属“同城”，交单来回都十分便利和快捷，途中占用的时间很少，甚至可以忽略不计；而开证行与受益人却相距遥远，甚至不在同一个国家。在这种情况下，在短短的21天或者15天甚至更短的时限之内，要想使一票单据在两国之间来来往往数趟，按目前的条件是无论如何都做不到的。

(2) 指定银行审单审出不符点以后，他们一般不会直接“拒付”(dishonour)，而开证行在审出单据的不符点以后往往会直接拒付。当单据出现不符点以后，在受益人拒绝改单的情况下，指定银行会要求受益人向其出具一份“确认受益人自己已经知道了单据存在不符点，同时他也不愿意改正（大多数时候是他根本就无法改正），由此交单造成开证行拒付以后，不要指定银行承担后果”的书面保函（Letter of Indemnity）。开证银行并不会这样“客气”，他们通常会直接通过指定银行向受益人发送一纸拒付书面函。当然，如果申请人（进口商）例外地愿意付款赎单的话，开证行也是会破例网开一面接收单据、支付信用证款项的，但这个主动权并不属于受益人，受益人对此需要承受很大的收汇风险。

### （三）交单

“交单”（presentation of documents）比较简单，通常就是受益人把信用证（大部分时候是正本；有些时候也可以是副本，当信用证本身并没有规定一定要提交正本的时候，受益人或指定银行可以把信用证正本留下来，这并不会构成“单证不符”）及其全套单据连同一份“面函”（Cover Note，放置在全套单据的最上面），或者直接面交给银行，或者使用快递（by courier）邮寄的方式送达银行。

信用证单据的“交单面函”的内容很简单，它就是交单人（受益人）在向银行交单时给银行的一份“嘱托”，其内容主要包括三项：(1) 提交的单据种类以及各种单据的正本和副本份数。(2) 万一该套单据遭到开证行拒付以后，银行怎样处理该套单据：是直接用邮递的方式退回来，还是暂存在开证行等候受益人的特别指示，还是由开证行把单据直接借给某某拿走等。(3) 其他事项。如受益人不愿意承担开证行以外的银行费用等，也可以在面函上加以特别注明。“交单面函”通常是由各银行用表格的形式事先印就的，交单人把相关内容简单地填写一下，顺便盖上交单人单位的印章（只要其印章能够说明是某个单位即可，不一定非要行政公章不可）就行了。

在实际工作中，“交单”应该分为两种情况：一种是受益人向指定银行或者是开证行提交信用证单据，其交单路径是：受益人—指定银行—开证行（或者是受益人—开证行）；另一种是受益人向“指定银行或开证行以外的某家银行”提交信用证单据，其交单的路径是：受益人—未被授权的银行—开证行。第一种情况居多，第二种情况较少。这里需要特别强调的是，这两种“交单”对于受益人切身利益具有较大差异，这里有必要剖析如下：

（1）受益人向指定银行或开证行的交单算作是真正意义上的“交单”，而受益人向“指定银行或开证行以外的银行”的交单并不能算作是真正意义上的“交单”。也就是说，受益人把信用证单据交给未被指定的银行，在开证行眼里，这根本就不算“交单”。此时，未被指定的银行还必须在信用证规定的交单期限以内，赶快把全套单据提交给指定银行或开证行，这样才能算作是“受益人已经交单了”。

（2）指定银行和开证行对于信用证单据“相符与否”的判定具有“权威性”（特别是开证行更加具有这种“权威”和“权力”），而“指定银行或开证行以外的银行”对于信用证单据的判定仅仅具有一定的参考价值，算是内行但并不具备“权威性”。也就是说，非指定银行判定某套单据“相符”并不十分靠得住，还存在着被开证行判定“不符”的可能性。

（3）如果开证银行以不符点为由拒付了单据，而指定银行认为其拒付不符合国际惯例，理论上指定银行有权代表受益人向开证行提出“抗辩”（defense），以求推翻开证行“单证不符”的判定，并且迫使开证行最终收回成命，付款赎单。但是指定银行以外的一般身份的银行，此时不具备这种权力，难以为受益人作成功的抗辩。

受益人把单据先交给非指定银行，再由非指定银行把单据寄交给开证行的办法，通常适用于信用证规定的指定银行处在受益人以外的地区，或者信用证规定受益人直接向开证行交单的情况。此时，受益人对于有些信用证条款感到难以把握，就把单据提交给本地的账务往来银行，请他们审单、寄单，并且要求最终把信用证款项付进受益人设在该银行的户头里。这种做法的好处是，可以在一定程度上增加信用证单据相符的“筹码”。银行毕竟是信用证业务中最具“权威性”的专家，银行审单了，受益人肯定在消除“不符点”方面心里要踏实很多。但是，这种交单路径的弊端也是不言而喻的：

（1）额外占用了交单的有效而宝贵的时间。交单期通常非常短暂，而异地交单的路途邮寄时间又是没有办法控制、存在很大变数的，一旦途中耽搁，单据达到时“逾期”了，前期的整个忙碌就极有可能因此付诸东流。

（2）额外增加了银行费用。非指定银行为受益人办理审单、寄单、结汇等项手续，虽然其身份并不“正规”，但收费却仍然是按照“指定银行”的标准收的：银行手续费2.5‰左右。如果受益人不通过非指定银行交单，这笔费用应该是可以免交的。

另外，为了让大家在交单和寄单方面把事情做得更加简捷、经济和聪明一些，这里再向大家做一些必要的提示：

（1）一家银行分设在不同国家的分支银行被视为“不同的银行”。此条参见UCP600第3条中的第5点。例如，信用证规定其指定银行为中国银行纽约分行（Bank of China，New York Branch），此时，中国银行北京总行或中国内地境内的中国银行的其他分支银行均不能作为该信用证的指定银行。

（2）在国际贸易和国际经济业务上，再说得具体一点，在信用证单据业务上，中国内地、中国香港、中国澳门和中国台湾之间都被参照“系属不同的国家或地区”来解读相关的国际惯例。例如，信用证规定其指定银行为香港汇丰银行（The Hong Kong and Shanghai Banking Corporation Limited），此时中国内地的汇丰银行各分支机构均不能作为该信用证的指定银行。

（3）一家银行分设在同一国家不同地区的分支银行可以视为“同一家银行”。此条由UCP600第3条中的第5点反推而来。例如，信用证规定其指定银行为中国银行（Bank of China），此时，中国银行北京总行或中国内地境内的其他任何一家中国银行的分支银行都可以作为该信用证的指定银行。

## 第二节 托收项下的制单、审单与交单

在托收支付方式下，使用于检验、托运、投保、进出口报关等环节上的单据与信用证支付方式以及汇付支付方式下的单据，除了“支付方式”栏目下的填写内容稍有区别以外，其他内容几乎没有什么差别。至于在银

行（结汇）单据上，托收单据与信用证单据之间的差别，主要有以下几点：

（1）信用证单据主要以信用证条款为依据，而托收单据却主要是以买卖合同条款为依据的。

（2）信用证单据的“支付方式”栏目下填写信用证号码、开证银行名称及开证日期等项内容，而在托收的“支付方式”栏目下只需简单地填写有关“托收”的字眼如“PAYMENT BY D/P AT SIGHT”（即期付款交单支付）即可。

（3）信用证单据的填写内容往往需要咬文嚼字、字斟句酌，想方设法达到“单证一致、单单一致”的效果。而托收单据则一般内容相对比较简单，其“单证一致、单单一致”（单据内容与买卖合同的条款相符，单据与单据的内容不矛盾）的要求也要比信用证单据相对低得多。

（4）信用证单据的内容，开证银行及/和指定银行必须严格审查。而托收单据的填写内容，托收银行（Remitting Bank）（出口商所在地银行）和代收银行（Collecting Bank）（进口商所在地银行）根本就不会细看。这里的“细看”是指：①银行不会对照买卖合同条款检查托收单据的填写内容，也不对单据内容承担任何法律责任；② 银行在接受“托收委托”时，需要当面清点和核实委托人（Principal）（出口商）提交的单据种类和单据份数，以免发生误交误收或漏交漏收而最终无法划分责任归属的情况。

这里需要特别强调的是，对托收单据的要求虽然比信用证单据要低一些，但是，这绝对并不意味着托收单据就可以马虎对待、敷衍了事。事实上，托收单据也存在着“单证一致、单单一致”的问题，特别是在象征性交货方式下的“凭单据买卖”中（例如，在 CIF、CPT 等贸易术语下），按照相关的国际惯例（例如，联合国国际货物销售合同公约，INCOTERMS2010 等），如果出口商提交的托收单据内容不符合买卖合同的规定，进口商就有权拒收单据、拒付货款。

在通常情况下，一批出口货物的托收单据一般应该至少包括：托收委托书、商业发票、装箱单、物权运输单据（如海运提单等）、保险单、原产地证明书和汇票等。

有鉴于此，托收单据与信用证单据之间，只在要求上具有某种程度上的细微差别，并无实质性和形式上的区别。我们可以说，只要掌握了缮制信用证单据的相关知识和技能，托收单据就可以不学自通。因此，为了简捷起见，托收单据就不在这里一一展示了。我们仅把托收委托书与托收中的汇票列举示范如下。

## （一）托收委托书（Collection Instruction）

托收委托书是在托收的支付方式下，委托人（Principal）（债权人或出口商）把全套托收单据提交给托收银行的同时，按照托收银行的相关要求，如实填写并且经过签署以后，与托收单据一起提交给托收银行的一份十分重要的法律委托文件。它是委托人给托收行的一份面函（Cover Notes），更是一份关于托收业务的合同（entrustment contract）。托收行和代收行都必须严格按照这份托收委托书中的各项规定行事，不得越过雷池一步。否则，如果托收行或代收行自行其是［例如，在D/P（付款交单）条件下，不经委托人同意，银行在进口商还没有付清款项之前就私自决定把全套单据交给进口商等］，并由此给委托人造成了经济损失，其损失将由银行承担。当然，这与教科书中所说的“托收属于商业信用，银行在托收中只起‘受托代办’的作用，并不需要保证如期如数收回货物款项。只要银行严格按照委托人的指示行事，不违规，而托收款项最终却没有收回来，银行对此并不承担任何责任和损失”等国际惯例并不矛盾，而是完全一致的。只不过这二者所站的角度以及侧重点不同而已。前者的重点是强调说，如果银行在托收业务中因为违规而给委托人造成的损失（如托收款项没有收回来等）要由违规的银行承担；而后者的侧重点则是说，银行在托收业务中循规蹈矩、不违规、没有过错的前提下，托收款项最终没有（或者没有如期、如数）收回来，银行对此不需要承担任何责任。

下面，我们把一份托收委托书及其汉语翻译展示如下。顺便说明一点：这些托收单据与前面的信用证单据在具体业务的衔接上没有关联性。

**表 12-3 托收委托书实例**

COLLECTION INSTRUCTION

SWIFT CODE:
FAX NO.:

WHEN CORRESPONDING
PLEASE QUOTE OUR REF. NO.

Dear Sirs,

We enclose the following draft (s) / documents as specified hereunder which please collect in accordance with the instructions indicated herein.

MAIL TO: (COLLECTING BANK)

MIDDLE EAST BANK
MURSHID BARZAR, P. O.BOX 5547,
DUBAI, U. A. E.

DRAWER:

M/S. HUBEI PROVINCIAL ANIMAL BY-PRODUCTS IMP. & EXP. CORP.
56, DONGTING STREET, WUHAN, CHINA

PRESENTING BANK:

SAME AS COLLECTING BANK

DELIVER DOCUMENTS AGAINST: D/P AT SIGHT

DUE DATE / TENOR:

DRAWEE:

M/S ADEL AL REZA GENERAL TRADING
P. O. BOX 647, DUBAI, U. A. E.

DRAWER'S REF. NO.: INVOICE NO. AL362

AMOUNT: USD13,000.00

DOCUMENTS:

| DRAFT | INVOICE | B/L SHIP CERT | PACKING LIST | ORIGIN CERT | FORM A | QUANTITY WEIGHT CERT | QUALITY CERT |
|---|---|---|---|---|---|---|---|
| 2 | 4 | × | 4 | 3 | × | × | 3 |
| INS POLICY DECLAR | B/LADING P.P.R A.W.B. C.R. | N/N B/LADING C/R | TLX/CABLE / FAX COPY | BENE LETTER / CERT | S.S. CO. CERT | CUSTOMS INVOICE | CONSUL INVOICE |
| 3 | 3 | 3 | 1 | × | 1 | × | × |

Special instructions: (See box marked "×")

☒ Please acknowledge receipt of this collection instruction.

☒ All your charges are to be borne by the drawees.

☐ In case of a time bill, please advise us of acceptance giving maturity date.

☒ In case of dishonour, please do not protest but advise us of non-payment / non-acceptance by telex, giving reasons.

☒ Any payment / acceptance should be made within seven working days by the drawee.

☐ Do not waive interest and / or collection charges if refused.

Disposal of proceeds upon collection:

REMARKS

HEAD OFFICE:

BANK OF CHINA

经办 ××× 复核 ×××

Unless otherwise specified this Collection is subject to Uniform Rules for Collection (URC No.522).

**表 12-4 托收委托书汉译**

电信代码： 供联系时使用

传真号码： 请注明我方文号。

致：（代收行）

MIDDLE EAST BANK
MURSHID BARZAR，P. O.BOX 5547，
DUBAI，U. A. E.

尊敬的先生：

我们随函寄上以下表格中列明的汇票及/或单据，请按照我方以下指示内容办理相关的托收事宜。

收款人：

湖北省畜产进出口公司
中国武汉市洞庭街 56 号

提示行：

与代收行相同

交单条件：即期付款交单

付款人：

M/S ADEL AL REZA GENERAL TRADING
P. O. BOX 647，DUBAI，U. A. E.

付款期限：

收款人的文号：第"AL362"号发票

总金额：USD13,000.00

随附单据：

| 汇票 | 发票 | 提单证明 | 装箱单 | 一般产地证 | A 格式产地证 | 数量证重量证 | 品质证 |
|---|---|---|---|---|---|---|---|
| 2 | 4 | × | 4 | 3 | × | × | 3 |
| 保险单 | 提单/运输单据 | 副本运输单据 | 电传、电报传真副本 | 收款人证明 | 船公司证明 | 海关发票 | 领事发票 |
| 3 | 3 | 3 | 1 | × | 1 | × | × |

特别指示：（以方框选定"×"为准）

☒ 收到此委托书后请予回复。

☒ 所有的银行托收费用概由付款人支付。

☐ 如系远期付款，请告知我方是否为承兑以及付款到期的日期。

☒ 万一被拒付，请勿抗辩，但请用电传告知我方拒付的事项及其原因。

☒ 任何支付或承兑应由付款人在 7 个银行工作日内进行。

☐ 如果被拒付，也请不要放弃索取利息及托收费用。

本托收项下金额的处理办法：

备注

总行：

中国银行 经办 ××× 复核 ×××

除非另有说明，本托收均受托收统一规则（URC No. 522）惯例的约束。

### (二) 托收汇票 (Collection Draft)

在托收方式下，汇票通常是需要出具的托收单据之一。但这也不是绝对的，比如，在出口商向欧洲联盟国家的进口商收取出口货物款项的时候，就不用使用汇票，而是直接凭全套托收的商业单据（商业发票、提单、保险单等）收款。

表 12－5 的汇票就是依据表 12－3 托收委托书中的内容而填写的。

**表 12－5 汇票**

Bill of Exchange

Drawn under: D/P AT SIGHT　　Dated: ______________

Issued by: ______________

No.: AL362　　Wuhan, China DEC. 21, 20××

Exchange for USD13, 000. 00

At ------------ sight of this FIRST of Exchange (Second of the same tenor and date unpaid) pay to the Order of BANK OF CHINA the sum of SAY U. S. DOLLARS THIRTEEN THOUSAND ONLY.

Value received against shipment of the goods as per Invoice No. AL362 (CIF DUBAI)

To: ADEL AL REZA GENERAL TRADING　　HUBEI PROVINCIAL ANIMAL
P. O. BOX 647, DUBAI, U. A. E.　　BY－PRODUCTS IMP. & EXP. CORP.

(stamp and signature, and blank endorsement)

托收汇票与信用证汇票在填写上的差别主要有两点：

（1）“出票依据”（在上面汇票的左上角的“Drawn under”处）。在信用证支付方式下，此处填写信用证号码、开证日期及开证银行名称；而在托收支付方式下，此处填写的内容更加灵活，具体可以选择以下几种：

①简单填写有关“托收”的字眼，如“PAYMENT BY D/P AT SIGHT”（即期付款交单支付）；

② 填写买卖合同号码，如“CONTRACT NO. ×××××”；

③ 填写商业发票号码，如“INVOICE NO. ×××××”。

（2）“受票人”（Drawee）或称“付款人”（Payer）（在上面汇票的左下角的“To:”处）。在信用证支付方式下，按照国际惯例（如 UCP600，ISBP745 等），此处仅限填写信用证规定的银行名称［在理论上可以是开证银行（Opening Bank）、保兑行（Confirming Bank）或者指定银行（Nominated Bank），但要严格按照信用证的规定填写，不能随便乱写］；而在托收支付方式下，此处一般仅限于填写进口商的名称和地址。

## 第三节 汇付项下的装运通知与催付

汇付支付方式下的所有相关单据，包括商检、保险、托运、通关、结汇等业务环节上的单据，几乎完全可以参照托收支付方式下的单据。因此，有关汇付单据我们在这里就不再罗列了，请大家根据前面的相关介绍和示范，自己去试制。

由于汇付的结汇单据不是通过银行，而是由出口商直接邮寄给国外进口商，而且一般都是进口商付款在先，出口商寄单在后，所以（1）汇付的结汇单据不能再叫做“银行单据”；（2）在汇付单据中，不再需要汇票；（3）汇付方式下的结汇单据的填写内容虽然没有“单证一致、单单一致”的严格限制，但是，出口商在缮制和签署这些单证的时候，仍然应该严格按照双方签署的买卖合同条款去制作，而不能随心所欲、敷衍塞责。只有这样，才能：（1）避免日后给进口商造成麻烦和损失（这些单据中的大部分，进口商都要用于办理进口报关申报、作为纳税依据以及当做会计记账凭证）；（2）避免单据因为不合要求而重新缮制、邮寄；（3）避免影响买卖双方今后的业务关系。

### （一）装运通知（Shipping Advice）

在汇付支付方式下，付款与交货的先后顺序和一般流程前面已经介绍过了（具体参见图 8－1 和图 8－2），通常都是出口商先装运货物（先交货），进口商经过核实以后再支付余款或全款；出口商收到全部款项以后再向进口商寄送全套结汇单据（其中包括运输单据、保险单据等“物权单据”和商业发票、装箱单、原产地证明书等）。由此不难看出，出口商在装运货物以后及时向进口商发送装运通知就更显得重要和急迫，因为进口商及时支付货物款项直接关系到以下几个方面：（1）付款不仅意味着本笔买卖的圆满成功，更意味着一项出口风险的结束，一直悬挂在出口商心中的“大石头”终于可以抛开了；（2）付款意味着“结汇”（The Settlement of Foreign Exchange），它减缓出口商资金占用的压力，消除了银行利息负担。

这里，还有一句“题外话”需要特别强调一下：在汇付的支付方式下，出口商不能仅凭收汇银行的“汇款到账通知”就确信“出口商已经支付了货款”，一定要等国外汇款正式从其银行外汇账户上转出来，由结汇银行兑换成本币（人民币），并且正式存入出口商的人民币账户上（借用我们乡下人的土话，就是要把“钉子回脚”），再也退不回去以后，才能算是真正意义上的“结汇”，出口商才能大胆、及时地把全套正本单据快寄给国外的进口商。因为，按照当前的有关国际金融惯例和案件，付款人汇付的款项在到账以后的一定时间内（具体天数还不是十分确定），有权要求到账银行再把该笔付款再无条件退还给付款人；只有当收款人把这笔汇款动用了之后，比如，将其从外汇账户上取出来兑换成了本币，并且转存入收款人的本币账户了，付款人的“自动退款权”才会消失。

汇付项下的装运通知的具体内容通常包括三项：

（1）以具体、翔实的装运信息为主的装运通知（Shipping Advice）本身；

（2）全套结汇单据的电子版本（full set of electronic documents），即俗话所说的“电子信息”（Electronic Information），这类单据在通常情况下包括：商业发票、装箱单、物权运输单据（如提单等）、保险单和原产地证明书等；

（3）出口商往来银行（即收款人银行）的银行汇路（Remitting Route），包括受款银行的名称及其中间银行的名称、往来账户等。

汇付项下的装运通知的作用包含两点：

（1）出口商向进口商及时通报该笔买卖货物的装运信息，便于进口商及时办理随后的进口、接货以及转卖或者加工等项事宜；

（2）出口商借此及时向进口商催付出口货款。因此，在汇付支付方式下，“装运通知”与“催付货款”这两个动作通常是相辅相成、一箭双雕的。

下面，我们给大家列举一个有关汇付装运通知的范例（这个范例与本书前面的信用证业务之间没有关联性）：

HUBEI PROVINCIAL ANIMAL BY－PRODUCTS
IMPORT & EXPORT CORPORATION
56, DONGTING STREET, WUHAN, 430014 CHINA

FAX:（86）－27－8576－7474　　　TEL NO.:（86）－27－8283－3515
8281－1135　　　E－MAIL: hbxcgs@public.wh.hb.cn

---

Fax No: 39 02 6595 7039　　　DATE: January 4, 20××

To. High Tech

Attn: Ms. Sara Corti

SHAIPPNG ADVICE

Dear Ms. Sara Corti,

We are very pleased to inform you that 566 cartons/ 20, 376 pairs of Gong Fu Shoes under S/C No. TS/05/29 art nos. A and B are sailing from Shanghai to Laspezia today. details are as follows:

Order No. TS/11/29

Invoice No. VL11FJ019

Description of Goods: Gong Fu Shoes

Quantity: 566 cartons / 20, 376 pairs

Invoice Value: USD30, 564. 00 (Prepaid USD7, 641; Balance USD22, 923. 00)

B/L No. SGHF87046

Name of vessel: MARSTAL MAERSK V. 0002

Container No. MSKU2020974

Estimated time of departure (Shanghai, China): January 4, 20 × ×

Estimated time of arrival (Laspezia, Italy): January 31, 20 × ×

We are sending you here with a full set of the documents by fax, including invoice, packing list, bill of lading, insurance policy and certificate of origin (G. S. P. Form A). please check at your end and remit us the balance value USD22, 923. 00 by T/T through the following remitting route, under advice to us immediately after that, so that we can send you the original documents for you to take the delivery of the goods in due course.

Our remitting route:

(1) THE RECEIVING BANK:

CHINA EVERBRIGHT BANK, WUHAN BRANCH

A AND B SITE, 17F JINYUAN WORLD CENTRE, 1056, ZHONGSHAN AVENUE,

WUHAN 430014, P. R. CHINA

TEL: 027 – 8283 2664, 8283 2694; FAX: 86 – 27 – 8283 2724

TLX: 400366 EBCWH CN; SWIFT: EVERCNBJWHI

(2) THE PAYMENT ROUTE:

PLEASE REMIT/PAY THE PROCEEDS TO CHINA EVERBRIGHT BANK, H. O. BEIJING'S ACCOUNT NO. 400208601 (CHIPS UID 338917) WITH THE CHASE MANHATTAN BANK N. A., NEW YORK, U. S. A. INFAVOUR OF EVERBRIGHT BANK OF CHINA, WUHAN BRANCH FOR CREDITTING ACCOUNT OF HUBEI PROVINCIAL ANIMAL BY – PRODUCTS IMPORT AND EXPORT CORPORATION (INDICATING SALES CONFIRMATION NUMBER).

OR, PLEASE REMIT/PAY THE PROCEEDS TO PEOPLE'S BANK OF CHINA – SAFE HUBEI BRANCH'S ACCOUNT NO. 6550 – 1 – 90222 (CHIPS UID 340224) WITH BANK OF AMERICA INTERNATIONAL, NEW YORK, U. S. A. IN FAVOUR OF CHINA EVERBRIGHT BANK, WUHAN BRANCH FOR CREDITTING ACCOUNT OF HUBEI PROVINCIAL ANIMAL BY – PRODUCTS IMPORT AND EXPORT CORPORATION (INDICATING S/C NUMBER).

THANKS AND BEST REGARDS

MR. LI ZHI JIAN

## 二、几点说明

（1）上文中的“PEOPLE'S BANK OF CHINA – SAFE HUBEI BRANCH”应该翻译成“中国人民银行国家外汇管理局湖北分局”。国家外汇管理局隶属于中国人民银行，而“SAFE”则是“The State Administration of Foreign Exchange”（国家外汇管理局）的缩写形式，它在这里并不是“安全”一类的意思，因此，不能写成普通的“小写”形式，以免混淆。

（2）汇付方式下的结汇单据与托收和信用证方式下的单据种类类似，只是因为它是属于“顺汇”（remittance），是进口商主动付款的行为，而不是“逆汇”（reverse remittance），因此，不再需要汇票。

（3）汇付方式下的结汇单据通常是在出口商收讫货款以后，直接用快递方式寄给进口商的，不需要再通过银行寄单，以免白白向银行支付手续费。

（4）在汇付的支付方式下，出口商一定要在收到足额的货款以后再行寄单。结汇单据中通常包含物权单据（如海运提单和保险单等），为了有效地防范出口收汇风险，我们不提倡出口商在收到进口商的货款或者是足额的货款之前，就随随便便地把单据寄给进口商。因为进口商不付款或者没有付清货款就先行提走了货物，万一他随后不再支付货款，出口商就再也没有能够有效地“牵制”进口商的手段了。在国际贸易中，不要过于相信和依赖“信用”和“法律”的力量和作用，它们在很多重要的场合都会显得非常脆弱和无能为力。

# 第四节　同步训练

根据以下信用证条款及给定的单据填写内容，指出相关单据中的不符点。

特别说明：

（1）以下单据信息由北京恒润鑫进出口贸易有限公司（Beijing Hengrunxin Import and Export Trading Company Limited）友情提供，作者特此向他们深表感谢！同时，出于商业秘密的考虑，作者对其中的有关信息作了适当的技术处理，但这种处理并不会影响读者在信用证单据方面的专业训练。

（2）以下单据，按照作者的理解和判断，其中有些填写内容是存在“不符点”的，有些则没有，并不是全部都单证不符，更不是一无是处。

这些“悬念”正好为读者独立自主地学习，比较准确地理解、判断和处理信用证单证提供了实战的机会。

（3）我们说“单证一致、单单一致”，并不是说信用证单据每一个栏目中的填写内容都必须像镜子反射（mirror image）那样使单据与信用证条款分毫不差。事实上，单据的少数特殊栏目需要做到这样；而大多数栏目中的填写内容，制单人都是可以在一定程度上“自由发挥”的，也就是说，只要在逻辑上不与信用证条款、不与相关的国际惯例（例如 UCP600 和 ISBP745 等）、不与同一信用证项下的其他单据的填写内容互相矛盾即可，其填写内容有时候可有可无、可多可少、可以这样表述也可以那样表述，并不强求千篇一律。

## 一、信用证（An Letter of Credit）

Delivery Report

Delivery

| | |
|---|---|
| Network: | SWIFT |
| Session Holder: | BKCHCNBJ×××× |
| Session: | 9321 |
| Sequence: | 235351 |
| Delivery Status: | Network Ack |
| ACK Date (dd/mm/yy): | 19/11/×× |
| ACK Time (hh: mm) | 12: 36 IST |
| Message Header | |
| Swift Input: | FIN 700 Issue of a Documentary Credit |
| Sender: | |
| TURBAINBB089 | Receiver: |
| TURKISH EXPORT AND IMPORT BANK | BKCHCNBJ BANK OF CHINA |
| (ANKARA BRANCH) | (HEAD OFFICE) |
| ANKARA, | 1 FUXING MEN NEI AVE |
| TURKEY | 100818 BEIJING |
| | CHINA |

Message Text

| Field Description | Sub Field Description | Sub Field Value |
|---|---|---|
| 27 - - Sequence of Total | Number of message 1 | |
| | Total Number of messages 1 | |
| 40A - Form of Documentary Credit | Form of Documentary Credit | IRREVOCABLE |
| 20 - - Documentary Credit | Sender's Reference | 089/PHILNY/54/10 |

Number

| | | |
|---|---|---|
| 31C - Date of Issue | Date (YYMMDD) | × ×1118 |
| 40E - Applicable Rules | Applicable Rules | UCP LATEST VERSION |
| 31D - Date and Place of Expiry | Date (YYMMDD) | × ×0121 |
| | Place Narrative | CHINA |
| 50 - - Applicant | Name and Address | KALPSUTRA CHEMICALS PVT LTD. GOKKUSAGI MUMESSILLIK ITH. VE. IHR. TIC. LTD. STI BAGLAR MAH. FATIH CAD. BAIRS SOK. NO. 235 GUNESLIISTANBUL, TURKEY |
| 59 - - Beneficiary | Name and Address | BEIJING HENGRUNXIN IMPORT AND EXPORT TRDING CO., LTD. R NO 1503 HENGRUN CENTRE, 32 WEST BEISANHUAN AVENUE BEIJING CITY 10086 CHINA |
| 32B - Currency Code | Currency Code | USD |
| Amount | Amount | 162. 500, 00 |
| 41D - Available With | Name and Address | ANY BANK IN CHINA |
| By | Credit Availability | BY PAYMENT |
| 42C - Drafts at | Terms of Drafts drawn | LC AT SIGHT |
| | | BIC CODE: TURBAINBB089 BIC DESCRIPTION: TURKISH EXPORT AND IMPORT BANK (ANKARA BRANCH) |
| 42A - Drawee | Bank Identifier code(BIC) | TURKISH EXPORT AND IMPORT BANK |

ANKARA, TURKEY

43P - Partial Shipments

NOT ALLOWED

43T - Transhipment

ALLOWED

44A - Place of taking in charge / Dispatch from.../Place of

JIANGMEN /HUANGPU PORT

44B - Place of Final Destination / For Transportation to.../Place

ISTANBUL, TURKEY

| | | |
|---|---|---|
| 44C - Latest Date of Shipmcnt | Date (YYMMDD) | × ×1231 |

45A - Description of Goods

and / or Services

DIPENTENE

QUANTITY 25.000 KGS PRICE：USD6，50/MT

PACKED IN 50KGS NET NEW GALVANISED IRON DRUMS.

OTHER DETAILS AS PER INDENT（订单）NO. HRX20××03287 DATED 28.09.20××

46A - Documents Required

1. SIGNED COMMERCIAL INVOICE，ORIGINAL PLUS 4 COPIES，INVOICE SHOULD INDICATE IMPORT LICENCE NO. AND CERTIFY THAT GOODS ARE AS PER

INDENT NO. HRX20××03287 DATED 28.09.20××

2. FUUL SET OF CLEAN ON BOARD MARINE / OCEAN BILL OF LADING COVERING PORT TO PORT SHIPMENT

3. FREIGHT PREPAID

4. PACKING LIST 5 COPIES

5. CERTIFICATE OF ANALYSIS IN 2 COPIES

6. CERTIFICATE OF ORIGIN G.S.P. FORM A ISSUED IN DUPLICATE ISSUED BY CHINA COUNCIL（中国国际贸易促进委员会，全称：China Council for the Promotion of International Trade；缩写：CCPIT）OR ATTESTED BY CHINA COUNCIL

7. 2 COPIES OF INSURANCE POLICY ISSUED TO THE BENEFICIARY AND BLANK ENDORSED

FOR FULL INVOICE VALUE PLUS 10 PERCENT

IN THE CURRENCY OF THE CREDIT WITH CLAIM PAYABLE INTURKEY

COVERING INSTITUTE WAR

CLAUSE CARGO WAREHOUSE TO WAREHOUSE CLAUSE

8. NEGOTIABLE SET OF B/L：FULL SET OF NEGOTIABLE DOCUMENT

TO THE ORDER OF

TURKISH EXPORT AND IMPORT BANK，ANKARA，TURKEY

47A - Additional Conditions

1. CERTIFICATE FROM SHIPPING LINE CERTIFYING THAT VESSEL IS SEA WORTHY AND NOT MORE THAN 25 YEARS OLD.

2. ON B/L，NAME AND ADDRESS OF THE

AUTHORISED AGENT TO OF THE SHIPPING COMPANY MUST BE MENTIONED.

3. INSURANCE SHOULD BE COVERED FROM WAREHOUSE TO WAREHOUSE BASIS.

4. INVOICE SHOULD BE INDICATE THE FREIGHT AND INSURANCE AMOUNT SEPARATELY.

5. B/L SHOULD CLEARLY INDICATE 14 DAYS DETENTION FREE PERIOD FOR CONTAINER AT DESTINATION PORT（提单上必须清楚地注明允许集装箱在目的港免费滞留14天时间）OR

SEPARATE CERTIFICATE SHOULD BE ISSUED BY THE SHIPPING COMPANY

ALLOWING 14 DAYS DETENTION

PERIOD FOR CONTAINER AT DESTINATION PORT.

6. THIRD PARTY TRANSPORT DOCUMENT NOT ACCEPTABLE.

7. TRANSPORT DOCUMENTS MUST NOT BE DATED PRIOR TO THE DATE OF THIS CREDIT.

8. SHORT FORM / BLANK BACK TRASPORT DOCUMENTS ARE NOT ACCEPTABLE.
9. ALL NEGOTIABLE SET OF DOCUMENTS SHOULD BE COURIERED TO TURBAINBB089
TURKISH EXPORT AND IMPORT BANK
(ANKARA BRANCH)
ANKARA,
TURKEY
71B – Charges
ALL CHARGES OUTSIDE INDIA WILL BE
AT SUPPLIERS ACCOUNT
48 – – Period for Presentation
21 DAYS FROM THE DATE OF SHIPMENT
49 – – Confirmation Instructions
WITHOUT
78 – – Instructions to the Paying / Accepting /Negotiating Bank

| | |
|---|---|
| | PAYMENT ON DUE DATE |
| | BIC CODE: BKCHCNBJ110 |
| | BIC DESCRIPTION: |
| | BANK OF CHINA |
| 57A – Advised Through Bank | (BEIJING BRANCH) |
| A/C with Instruction BIC | 19 DONG ANMEN STREET. |

100006 BEIJING.
CHINA

## 二、信用证修改（Amendment to the Letter of Credit）

| | |
|---|---|
| | Delivery Report |
| | Delivery |
| Network: | SWIFT |
| Session Holder: | BKCHCNBJ × × × × |
| Session: | 9324 |
| Sequence: | 236755 |
| Delivery Status: | Network Ack |
| ACK Date (dd/mm/yy): | 23/11/ × × |
| ACK Time (hh: mm) | 16: 41 IST |

Message Header

| | |
|---|---|
| Swift Input: | FIN 700 Amendment to a Documentary Credit |
| Sender: | |
| TURBAINBB089 | Receiver: |
| TURKISH EXPORT AND IMPORT BANK | BKCHCNBJ BANK OF CHINA |
| (ANKARA BRANCH) | (HEAD OFFICE) |
| ANKARA, | 1 FUXING MEN NEI AVE |

| | | |
|---|---|---|
| TURKEY | 100818 BEIJING | |
| | CHINA | |
| | Message Text | |
| Field Description | Sub Field Description | Sub Field Value |
| 20 – Senders Reference | Sender's Reference | 089/PHILNY/54/10 |
| 21 – Receivers Reference | Receiver's Reference | NIL |
| 31C – Date of Issue | Date (YYMMDD) | ××1118 |
| 30 – Date of Amendment | Requested Execution Date | |
| Date (YYMMDD) | ××1123 | |
| 26E – Number of | Represented Cheque Entry 1 | |
| Amendment | or Number of Amendment | |

59 – Beneficiary (before this amendment) BEIJING HENGRUNXIN IMPORT AND EXPORT TRADING CO., LTD. R NO.

Name and Address 1530 HENGRUNXIN CENTRE, 32 WEST BEISANHUAN AVENUE BEIJING CITY 10086 CHINA

79 – Narrative

WE HAVE AMENDED ABOVE MENTIONED LC AS FOLLOWS

1. FIELD NO. 59 – BENEFICIARY NAME AND ADDRESS

TO READ AS BEIJING CITY 100086 INSTEAD OF EXISTING.

2. FIELD NO. 45A DESCRIPTION OF GOODS

PRICE TO READ AS USD 6.2/KG INSTEAD OF EXISTING.

ALL OTHER TERMS AND CONDITIONS OF LC REMAIN

UNCHANGED.

## 三、商业发票（Commercial Invoice）

| Issuer | |
|---|---|
| BEIJING HENGRUNXIN IMPORT AND EXPORT TRADING CO., LTD.<br>R NO. 1503 HENGRUN CENTRE, 32 WEST BEISANHUAN AVENUE, BEIJING CITY, 100086 CHINA | 北京恒润鑫进出口贸易有限公司<br>BEIJING HENGRUNXIN IMPORT AND EXPORT TRADING CO., LTD.<br>COMMERCIAL INVOICE |
| To | |
| GOKKUSAGI MUMESSILLIK ITH. VE. IHR. TIC. LTD.<br>STI BAGLAR MAH. FATIH CAD. BAIRS SOK. NO. 235 GUNESLIISTANBUL, TURKEY | Invoice No. HRX101117G<br>Invoice Date：NOV. 22, 20××<br>L/C No. 089/PHILNY/54/10<br>L/C Date：NOV. 18, 20×× |

| | |
|---|---|
| Terms of Sales：CIFISTANBUL, TURKEY | Terms of Payment：L/C AT SIGHT |
| Place of Receipt：HUANGPU PORT | Port of Loading：HONG KONG PORT |
| Port of Discharge：ISTANBUL, TURKEY | Place of Delivery：ISTANBUL, TURKEY |

| Description of Goods | Quantity | Unit Price | Amount |
|---|---|---|---|
| DIPENTENE | 25,000KGS | USD6.50/KG | USD162,500.00 |
| Total | 25,000KGS | USD6.50/KG | USD162,500.00 |

(1) DIPENTENE
(2) QUANTITY 25 000 KGS PRICE：USD6.50/KG
(3) PACKED IN 50KGS NET NEW GALVANISED IRON DRUMS.
(4) FREIGHT AMOUNT：USD2,500.00
(5) INSURANCE PREMIUM：USD150.00
(6) SHIPING MARK：GOKKUSAGI
IND ENT NO. HRX20××03287
ISTANBUL
P/N. 1－500
MADE IN CHINA
WE HEREBY CERTIFY THAT THE GOODS MENTIONED ABOVE ARE AS PER INDENT NO. HRX20××03287 DATED 28.09.20××.
ALL OTHER DETAILS ARE AS PER INDENT NO. HRX20××03287 DATED 28.09.20××.

(SIGNATURE AND STAMP)

## 四、装箱单（Packing List）

<table>
<tr><td>Issuer</td><td rowspan="4">北京恒润鑫进出口贸易有限公司<br>BEIJING HENGRUNXIN IMPORT AND<br>EXPORT TRADING CO. , LTD.<br>PACKING LIST</td></tr>
<tr><td>BEIJING HENGRUNXIN IMPORT AND EXPORT TRADING CO., LTD.<br>R NO. 1503 HENGRUN CENTRE, 32 WEST BEISAN-HUAN AVENUE, BEIJING CITY, 100086, CHINA</td></tr>
<tr><td>To</td></tr>
<tr><td rowspan="4">GOKKUSAGI MUMESSILLIK ITH. VE. IHR. TIC. LTD.<br>STI BAGLAR MAH. FATIH CAD. BAIRS SOK. NO. 235 GUNESLIISTANBUL, TURKEY</td></tr>
<tr><td>Invoice No. HRX101117G</td></tr>
<tr><td>Invoice Date：NOV. 22, 20 × ×</td></tr>
<tr><td>L/C No. 089/PHILNY/54/10</td></tr>
<tr><td></td><td>L/C Date：NOV. 18, 20 × ×</td></tr>
</table>

| Description of Goods | Quantity | Packing | Number of Packages |
|---|---|---|---|
| DIPENTENE | 25, 000KGS | 50KG/DRUM | 500DRUMS |
| Total | 25, 000KGS | * * * * * | 500DRUMS |

(1) DIPENTENE

(2) QUANTITY 25 000 KGS PACKED IN 50KGS NET NEW GALVANISED IRON DRUMS.

(3) THE PACKING DRUMS ARE ALL 50KGS NET NEW CALVANISED IRON DRUM.

(4) SHIPING MARK：GOKKUSAGI

IND ENT NO. HRX20 × ×03287

ISTANBUL

P/N. 1 - 500

MADE IN CHINA

(5) GROSS WEIGHT：30, 000KGS

(6) NET WEIGHT：25, 000KGS

(7) MEASUREMENT：56CBM

(8) PACKED IN 50 DRUMS / 2 ×20' CONTAINERS

(STAMP)

## 五、海运提单（第一页）

| SHIPPER | ORIGINAL<br>BILL OF LADING | VOYAGE NUMBER |
|---|---|---|
| BEIJING HENGRUNXIN IMPORT AND EXPORT TRADING CO., LTD.<br>R NO. 1503 HENGRUN CENTRE, 32 WEST BEISAN-HUAN AVENUE, BEIJING CITY, 100086 CHINA | | IL101W |
| | | BILL OF LADING NUMBER |
| | | GGZ0346116 |

| CONSIGNEE | EXPORT REFERENCES |
|---|---|
| TO THE ORDER OF TURKISH EXPORT AND IM-PORT BANK, ANKARA, TURKEY | CMA CGM<br>CARRIER: CMA CGM-Saciete Anonyme au capital de 175 000 euros<br>Head Office: 4, quai d'Arenc-13002 Marseille-France<br>Tel: (33) 4 88 91 90 00- Fax: (33) 4 88 91 90 95 –<br>Telex: 401 667 F<br>B 562 024 R. C. S. Marseille |
| NOTIFY PARTY, Carrier not to be responsible for fail-ure to notify | |
| GOKKUSAGI MUMESSILLIK ITH. VE. IHR. TIC. LTD.<br>STI BAGLAR MAH. FATIH CAD. BAIRS SOK.<br>NO. 235 GUNESLIISTANBUL, TURKEY | |

| PRE CARRIAGE BY * | PLACE OF RECEIPT * | FREIGHT TO BE PAID AT | NUMBER OF ORIGINAL BILLS OF LADING |
|---|---|---|---|
| XIE HANG 333V. BOS07R | HUANGPU | GUANGZHOU | THREE (3) |
| OCEAN VESSEL | PORT OF LOADING | PORT OF DISCHARGE | FINAL PLACE OF DELIVERY |
| CMA CGM MOZART | HONGKONG PORT | ISTANBUL, TURKEY | * * * * * * * * * * * |

| MARKS AND NOS<br>CONTAINER AND SEALS | NO. AND KIND OF PACKAGES | DESCRIPTION OF PACKAGES AND GOODS AS STATED BY SHIPPER SHIPPERS LOAD, STOW AND COUNT | GROSS WEIGHT CARGO (KGS) | TARE (KGS) | MEASUREMENT (CBM) |
|---|---|---|---|---|---|
| DVRU1636582<br>SEAL A1207761 | 1×20ST<br>250DRUMS | | 15,000.000 | 2,500 | 28.000 |
| | | * * * * * * * * * * * * * * * * * * * * * * * * * * *<br>HZ: FLAMMABLE SOLID, ORGANIC, MOLTEN, N. O. S<br>UN NUMBER: 3176-IMNG CLASS: 4.1 - PG: II<br>DIPENTENE<br>* * * * * * * * * * * * * * * * * * * * * * * * * * * | | | |
| DVRU1446458<br>SEAL A1207762 | 1×20ST<br>250DRUMS | | 15,000.000 | 2,500 | 28.000 |
| | | * * * * * * * * * * * * * * * * * * * * * * * * * * * *<br>HZ: FLAMMABLE SOLID, ORGANIC, MOLTEN, N. O. S<br>UN NUMBER: 3176-IMNG CLASS: 4.1 - PG: II<br>DIPENTENE<br>* * * * * * * * * * * * * * * * * * * * * * * * * * * * | | | |

海运提单（第一页）续表

| | |
|---|---|
| GOKKUSAGI<br>IND ENT NO. HRX20××03287<br>ISTANBUL<br>P/N. 1-500<br>MADE IN CHINA | FREIGHT PREPAID<br><br>DIPENTENE<br>GOKKUSAGI MUMESSILLIK ITH. VE. IHR. TIC. LTD.<br>IEC NO. 0398020337<br>14 DAYS FREE DETENTION AND DEMURRAGE AT DESTINATION |

Continued on Next Sheet Sheet 1 of 2

ABOVE PARTICULARS DECLARED BY SHIPPR, CARRIER NOT RESPONSIBLE

ADDITIONAL CLAUSES

1. Said to contain.
2. Shippers stow, load and count.
4. Cargo at port is at receiver risk, expenses and responsibility.
5. FCL.
63. Destuffing charges at destination as per line's tariff for Consignee's account.
77. THC at destination payable by consignee as per line / port tariff.
84. Ground rent / storages costs at POD for Consignee's account according to port rates.
169. Stamp duty on delivery orders and administrative charges thereon for receiver's account.
173. In case of inland movement of goods from the discharge port, Consignee is required to produce invoice copy to the ships agents at port of discharge three days prior vessel's arrival in order to comply with the Turkish customs requirements. All costs, consequences and expenses arising out of delay in production / non production of invoice to the ships agent shall be on account of Consignee and the goods shall remain at the discharge port at the risk and expense of the Consignee.
194. For the purpose of the carriage, clause 14 (2) shall exclude the application of the York / Antwerp rules, 2004.
202. Demurrage and detention payable by the Merchant as per CMA CGM tariff available on the web site www. cma - cgm. com, or in any of CMA CGM agency.
216. Mis - declaration of cargo weight endangers crew, port workers and vessels' safety. Your cargo may be weighed at any place and time of carriage and any mis - declaration will expose you to claims for all losses, expenses or dangers whatever resulting thereof and be subject to freight surcharges.

RECEIVED by the carrier from the shipper in apparent good order and condition (unless otherwise noted herein) the total number or quantity of Containers or other packages or units indicated above stated by the shipper to compose the cargo specified above for transportation subject to all the terms hereof (including the terms on page one) from the place of receipt or the port of loading, whichever is applicable, to the port of discharge or the place of delivery, whichever is applicable. Delivery of the Goods will only be made on payment of all freight and charges. On presentation of this document (duly endorsed) to the Carrier, by or on behalf of the holder, the rights and liabilities arising in accordance with the terms hereof shall (without prejudice to any rule of common law or statutes rendering them binding upon the shipper, holder and carrier) become binding in all respects between the Carrier and Holder as though the contract continued herein or evidenced hereby had been made between them.
All actions against Carrier under the contract of Carriage evidenced by this lading shall be brought before the "Tribunal de Commerce de MARSEILLE" and no other Court shall have jurisdiction with regards to any such action. Actions against the Merchant under the contract of Carriage evidenced by this bill of lading may be brought before the "Tribunal de Commerce de MARSEILLE" or, in Carrier's sole discretion, in another court of competent jurisdiction.
In witness whereof three (3) original bills of lading, unless otherwise stated above, have been issued, one of which being accomplished, the others to be void.

(OTHER TERMS AND CONDITIONS OF THE CONTRACT ON PAGE ONE)

| | | |
|---|---|---|
| PLACE AND DATE OF ISSUE | GUANGZHOU, DEC. 09, 20×× | SIGNED FOR THE CARRIER CMA CGM S. A.<br>BY: CMA CGM (China) Shipping Co., Ltd. Guangzhou Branch<br>AS AGENTS FOR THE CARRIERCMA CGM S. A. |
| SIGNED FOR THE SHIPPER | | |
| * APPLICABLE ONLY WHEN THIS DOCUMENT IS USED AS A COMBINED TRANSPORT BILL OF LADING | | |

## 六、海运提单（Ocean Bill of Lading）（第二页）

| CMA CGM | ORIGINAL<br>BILL OF LADING | | | VOYAGE NUMBER<br>IL101W<br>BILL OF LADING NUMBER<br>GGZ0346116 |
|---|---|---|---|---|
| PRE CARRIAGE BY * | PLACE OF RECEIPT * | FREIGHT TO BE PAID AT | | NUMBER OF ORIGINAL BILLS OF LADING |
| XIE HANG 333V. BOS07R | HUANGPU | GUANGZHOU | | THREE (3) |
| OCEAN VESSEL | PORT OF LOADING | PORT OF DISCHARGE | | FINAL PLACE OF DELIVERY |
| CMA CGM MOZART | HONGKONG PORT | ISTANBUL, TURKEY | | * * * * * * * *<br>* * * * * * * * |

| MARKS AND NOS / CONTAINER AND SEALS | NO. AND KIND OF PACKAGES | DESCRIPTION OF PACKAGES AND GOODS AS STATED BY SHIPPER SHIPPERS LOAD, STOW AND COUNT | GROSS WEIGHT CARGO (KGS) | TARE (KGS) | MEASUREMENT (CBM) |
|---|---|---|---|---|---|

GOKKUSAGI
IND ENT NO. HRX20××03287
ISTANBUL
P/N. 1-500
MADE IN CHINA

2×20ST
500 DRUMS
SAY FIVE HUNDRED DRUMS ONLY
DISCHARGE PORT AGENT:
CMA CGM AGENCIES (TURKEY) PVT LTD.
HAMILTON HOUSE.
9 J N HEREDIA HARG BALLARD ESTATE
ISTANBUL
TURKEY
TEL: 90 312 3998 8999
SHIPPED ON BOARD XIE HANG 333 V. BOS07RDEC-09-20××

Weight in Kgs Total: 2 CONTAINER (2)　　30,000.000　5,000　56.000

Continued from Previous Sheet　Sheet 2 of 2

ABOVE PARTICULARS DECLARED BY SHIPPER, CARRIER NOT RESPONSIBLE

ADDITIONAL CLAUSES

| | |
|---|---|
| 225. The shipper acknowledges that the Carrier may carry the goods identified in this bill of lading on the deck of any vessel and in taking remittance of this bill of lading the merchant (including the shipper, the consignee and the holder of the bill of lading, as the case may be) confirms his acceptance of all the terms and conditions of this bill of lading and expressly confirms his unconditional and irrevocable consent to the possible carriage of the goods on the deck of any vessel. | 236. By tendering the hazardous goods for carriage, merchant guarantees the accuracy of the description of the goods and undertakes to warn the consignee, the notify party, and all its sub contractors on the transport, storage and handling prescriptions referred to in the IMDG Code and the Material Safety Data Sheet. Merchant's particular attention is drawn on clause 20 of this bill of lading. |

| PLACE AND DATE OF ISSUE | GUANGZHOU, DEC. 09, 20×× | SIGNED FOR THE CARRIER CMA CGM S. A.<br>BY: CMA CGM (China) Shipping Co., Ltd. Guangzhou Branch<br>AS AGENTS FOR THE CARRIER CMA CGM S. A. |
|---|---|---|
| SIGNED FOR THE SHIPPER | | |
| * APPLICABLE ONLY WHEN THIS DOCUMENT IS USED AS A COMBINED TRANSPORT BILL OF LADING | | |

## 七、船公司证明（A Certificate from Shipping Line）

CMA CGM（CHINA）SHIPPING CO. , LTD. GUANGZHOU BRANCH

CERTIFICATE

DATE：DEC. -13-20××

B/L NO. GGZ0346116

PRE CARRIAGE BY：XIE HANG 333 V. BOS07R

DATE：DEC. -09-20××

OCEAN VESSEL：CMA CGM MOZART V. IL101W

L/C NO. 089/PHILNY/54/10

L/C DATE：NOV. 11，20××

WE HEREBY CERTIFY THAT VESSEL IS SEA WORTHY

AND NOT MORE THAN 25 YEARS OLD.

This transport statement retains only to the specific CMA CGM Transport document identified in the statement. It shall not survive the accomplishment of the said Transport Document issued for the carriage undertaken or the expiry of 45 running days from the date of issuance of the statement，whichever earlier.

This statement is issued subject to the terms and conditions of the governing CMA CGM Bill of Lading，which terms and conditions are not in any way waived or modified by this statement.

This terms and conditions can be obtained from the Carrier or his representative or at www. cma-cgm. com.

In the event of a conflict between this statement and its contents，and the issued CMA CGM Transport Document，the latter shall prevail.

CMA CGM（CHINA）SHIPPING CO. , LTD. GUANGZHOU BRANCH

As Agent for the carrier of CMA CGM S. A.

（SIGNATURE）

Room 1107-1109，Guangzhou International Electric Complex，403 Huan Shi Dong Road，Guangzhou City，PRC

广州地址：广州市环市东路403号广州国际电子大厦1107-1109室

Tel：86-20-87322896　电话：86-20-87322896　Postcode：510000　邮政编码：510000

Fax：86-20-87322535　传真：86-20-87322535

Net：www. cma-cgm. com　网址：cma-cgm. com

## 八、保险单（Insurance Policy）

中国人民保险公司
PICC
The People's Insurance Company of China
总公司设于北京 一九四九年创立
Head Office Beijing Established in 1949

货物运输保险单
CARGO TRANSPORTATION INSURANCE POLICY

发票号（INVOICE NO.） HRX101117G
提单号（B/L NO.） GGZ0346116
保单号次 POLICY NO. 1010300022010000757
信用证号（L/C NO.） 089/PHILNY/54/10
被保险人（INSURED） BEIJING HENGRUNXIN IMPORT AND EXPORT TRADING CO., LTD.
通讯地址及邮编（ADDRESS） R NO 1503 HENGRUN CENTRE, 32 WEST BEISANHUAN AVENUE BEIJING CITY 100086 CHINA

中国人民保险公司（以下简称本公司）根据被保险人的要求，由被保险人向本公司缴付约定的保险费，按照本保险单承保险别和背面所载条款与下列特款承保下述货物运输保险，特立本保险单。
THIS POLICY OF INSURANCE WITNESSES THAT THE PEOPLE'S INSURANCE COMPANY OF CHINA (HEREIN AFTER CALLED "THE COMPANY") AT THE REQUEST OF THE INSURED AND IN CONSIDERATION OF THE AGREED PREMIUM PAID TO THE COMPANY BY THE INSURED, UNDERTAKES TO INSURE THE UNDERMENTIONED GOODS IN TRANSPORTATION SUBJECT TO THE CONDITIONS OF THIS POLICY AS PER THE CLAUSES PRINTED OVERLEAF AND OTHER SPECIAL CLAUSES ATTACHED HEREON.

| 标 记 MARKS&NOS | 包装及数量 QUANTITY | 保险货物项目 DESCRIPTION OF GOODS | 保险金额 AMOUNT INSURED |
|---|---|---|---|
| GOKKUSAGI<br>IND ENT NO. HRX20××03287<br>ISTANBUL<br>P/N. 1-500<br>MADE IN CHINA | 500DRUMS | DIPENTENE | USD178,750.00 |

总保险金额：
TOTAL AMOUNT INSURED: SAY U.S. DOLLARS ONE HUNDRED SEVENTY EIGHT THOUSAND SEVEN HUNDRED AND FIFTY ONLY.

保费：PERMIUM: AS ARRANGED　启运日期：DATE OF COMMENCEMENT: DEC. 09, 20××　装载运输工具：PER CONVEYANCE: XIE HANG 333V. BOS07R

自：FROM: HUANGPU PORT　经：VIA: HONGKONG PORT　至：TO: ISTANBUL, TURKEY

承保险别：
CONDITIONS:

COVERING: INSTITUE CARGO CLAUSE (A),
INSTITUE WAR CLAUSE CARGO;
WAREHOUSE TO WAREHOUSE CLAUSE;
CLAIM PAYABLE IN TURKEY.

保单正本：2 份
NUMBER OF ORIGINALS: 2

所保货物，如发生保险单项下可能引起索赔的损失或损坏，应立即通知本公司下述代理人查勘。如有索赔，应向本公司提交保单正本（本保险单共有____份正本）及有关文件。如一份正本已用于索赔，其余正本自动失效。
IN THE EVENT OF LOSS OR DAMAGE WITCH MAY RESULT IN A CLAIM UNDER THIS POLICY, IMMEDIATE NOTICE MUST BE GIVEN TO THE COMPANY'S AGENT AS MENTIONED HEREUNDER. CLAIMS, IF ANY, ONE OF THE ORIGINAL POLICY WHICH HAS BEEN ISSUED ____ ORIGINAL(S) IN TOGETHER WITH THE RELEVANT DOCUMENTS SHALL BE SURRENDERED TO THE COMPANY. IF ONE OF THE ORIGINAL POLICY HAS BEEN ACCOMPLISHED. THE OTHERS TO BE VOID.

查勘代理人:
Survey by:
METCALFE AND HODGKINSON LTD.
ADD: MACKINNON MACKENZIE BLDG.,
5 SHOORJI VALLABHDAS MARG,
ISTANBUL, TURKEY
TEL: 90 312 2261 5652
FAX: 90 312 2261 5653

中国人民保险公司
The People's Insurance Company of China
北 京 分公司
BEIJING Branch

For and on behalf of
CHINA PROPERTY AND CASUALTY INSURANCE COMPANY

赔款偿付地点:
CLAIM PAYABLE AT: TURKEY

出单日期:
ISSUING DATE: DEC. 08, 20××

Authorized Signature

## 九、普惠制原产地证明书（Certificate of Origin，G. S. P. Form A）

1. Goods consigned from (Exporter's business name, address, country)
BEIJING HENGRUNXIN IMPORT AND EXPORT TRADING CO., LTD.
R NO 1503 HENGRUN CENTRE, 32 WEST BEISANHUAN AVENUE BEIJING CITY 100086 CHINA

Reference No. 10C1100M097/00039
GENERALIZED SYSTEM OF PREFERENCES
CERTIFICATE OF ORIGIN

[Combined declaration and certificate Goods consigned to (Consignee's name, address, country)]

(Combined declaration and certificate)
FORM A
Issued in THE PEOPLE'S REPUBLIC OF CHINA
(country)

2. Goods consigned to (Consignee's name, address, country)
GOKKUSAGI MUMESSILLIK ITH. VE. IHR. TIC. LTD. STI BAGLAR MAH. FATIH CAD. BAIRS SOK. NO. 235 GUNESLIISTANBUL, TURKEY

3. Means of transport and route (as far as known)
FROMHUANGPU PORT TO ISTANBUL, TURKEY, BY SEA.

4. For official use
CHINA COUNCIL FOR THE PROMOTION OF INTERNATIONAL TRADE IS CHINA CHAMBER OF INTERNATIONAL COMMERCE.

| 5. Item number | 6. Marks and numbers of packages | 7. Number and kind of packages; description of goods | 8. Origin Criterion (see Notes overleaf) | 9. Gross weight or other quantity | 10. Number and date of invoices |
|---|---|---|---|---|---|
| | GOKKUSAGI<br>IND ENT NO.<br>HRX20××03287<br>ISTANBUL<br>P/N. 1-500<br>MADE IN CHINA<br>* * * * * * * * * | FIVE HUNDRED NEW GALVANISED IRON DRUMS OFDIPENTENE (500DRUMS),<br>L/C NO. 089/PHILNY/54/10<br>L/C DTAE: NOV. 18, 20××<br>* * * * * * * * * * * * * | "P"<br>* * * * * | 25,000KGS<br>* * * * * | HRX101117G<br>NOV. 22, 20××<br>* * * * * * * |

11. Certification

It is hereby certified, on the basis of control carried out, that the declaration by the exporter is correct.

(NOTARY SEAL)

BEIJING, CHINA DEC. 09, 20×× (Signature)

---

Place and date, signature and stamp of certifying authority

12. Declaration by the exporter
The undersigned hereby declares that the above details and statements are correct, that all the goods were produced in
CHINA
(country)
and that they comply with the origin requirements specified for those goods in the Generalized System of Preferences for goods exported to
TURKEY
(importing country) (EXPORTERS STAMP)
BEIJING, CHINA DEC. 09, 20×× (Signature)

---

Place and date, signature and stamp of authorized signatory

## 十、分析证（Certificate of Analysis）

北京恒润鑫进出口贸易有限公司
BEIJING HENGRUNXIN IMPORT AND EXPORT TRADING CO., LTD.
R NO 1503 HENGRUN CENTRE, 32 WEST BEISANHUAN AVENUE BEIJING CITY 100086 CHINA

CERTIFICATE OF ANALYSIS

BEIJING, CHINA NOV. 22, 20××

L/C NO. 089/PHILNY/54/10
L/C DTAE: NOV. 18, 20××

| | | | |
|---|---|---|---|
| PRODUCT | DIPENTENE | INSPECTION DATE | NOV. 20, 20×× |
| BATCH NUMBER | 20××1120 | QUANTITY / WEIGHT | 500DRUMS /25M/T |
| PACKAGE | 50KG PER DRUM | PRODUCING DATE | NOV., 20×× |
| ITEM | SPECIFICATION | RESULTS | |
| APPEARANCE | WHITE TRANSLU - CENT WAXY SOLID | WHITE TRANSLU - CENT WAXY SOLID | |
| MELTING POINT | ≥44.0℃ | 45.3℃ | |
| PURITY | ≥95.0% | 97.2% | |
| CONCLUSION | CONFORM TO Q/TL 1 - 2009 | | |

(ISSUER'S STAMP AND SIGNATURE)

分析证特别说明：作者为了保护出口商北京恒润鑫进出口贸易有限公司的商业秘密，把原出口商品的名称做了改动，这里的“DIPENTENE”只是临时编的一个出口商品（化工商品）的“符号”而已，是没有经过核实的，作者也根本不懂得这个商品，它很可能与真正的“DIPENTENE”的实际情况相去甚远。这里只请读者借助这个“分析证”重点掌握两点：（1）“分析证”究竟为何物，它的主要分析指标有哪些？（2）这份分析证到底与相关的信用证及其单证内容相符与否？

# 第十三章　结汇与退税

## 本章实训的主要目的

（1）弄清楚“结汇”的含义和作用。

（2）理解银行结汇水单各栏目的含义，学会正确填写银行水单。

（3）掌握出口退税的程序及其需要提交的单据。

（4）掌握增值税税额、出口退税税额以及出口利润的计算方法。

如果说“制单和交单”好比农民把田间地头的劳动成果抢收到禾场上来的话，那么，“结汇与退税”就好比是农民把禾场上的收成装进仓库里去。这些环节同样重要而且必不可少。所不同的只是，“制单和结汇”主要是出口商应对外商的，而“出口退税”则主要是出口商应对本国税务局的。

本章之所以要特意把结汇与制单拆开，而把结汇与退税专门列为一章，其原因有二：（1）突出“制单”对于结汇的至关重要性；（2）强调“结汇与退税都是出口贸易的最终目的和结果，而制单和交单则是达到目的的重要途径”。

## 第一节　结汇

“结汇”（Settlement of the Foreign Exchange）目前主要有三层含义：（1）出口商收到国外进口商支付的外汇货款；（2）出口商将从国外收回来的外汇货款按照当天的外汇牌价与收汇银行兑换成人民币；（3）收汇银行（兑换银行）向出口商开具外汇收汇水单。这个水单主要有两个作用：①作为结汇银行和出口商双方各自债权债务的记账凭证；②结汇银行向出口商发出的一份“已经收到某笔外汇应收款项”的正式书面通知。

我们国家目前实行的仍然是“结售汇”外汇管理制度，就是外贸企业收汇以后，国家一般不允许外贸企业在自己的银行账户上长期存放大量的外汇数额，收汇银行要按照国家当天公布的外汇牌价（汇率）将外贸企业的外汇买过去，将相应的人民币款项存入外贸企业的户头。同时，考虑到外贸企业经常需要向境内外支付一些零零星星的外汇账款，比如海运运费、保险费、国外中间商的佣金、国外客户的货损赔款等，国家又允许每个外贸企业在指定的银行建立一个“外汇台账”，并在这个账户里暂存一定数额的外汇资金以备零用。作者认为，这种外汇台账的好处主要有以下几点：

（1）避免企业自己拥有和掌控过多的外汇资金，便于国家在宏观上加强外汇管制，减少外汇投机，保持人民币汇率的基本稳定。

（2）限制外贸企业的自有外汇资金数额，同时也减少了外贸企业的外汇占款，便于企业加速资金周转，促进企业资金和再生产的良性循环。

（3）减少和避免外贸企业因低卖高买外汇造成的经济损失。外贸企业把外汇出售给商业银行的时候，银行使用的是“外汇买入价”；而外贸企业向商业银行购买外汇的时候，银行使用的又是“外汇卖出价”。商业银行通过这种高卖、低买的手段从外汇买卖中获取利润，他们赚的是客户的钱，而外贸企业作为商业银行的“客户”，当然就要因此蒙受损失。建立外汇台账以后，外贸企业可以把出口外汇收入自留一部分在自己的银行户头上，等到需要对外支付的时候，就不再需要专门去向商业银行购买外汇，而是直接动用外汇台账中的自留外汇，这样就避免了先卖外汇再买外汇造成的差价损失。

（4）减少频繁买卖外汇的手续和手续费。买卖外汇除了差价以外，其必要的相关手续以及相应的银行手续费也都是不可避免的。外贸公司有了外汇台账这样一个“蓄水池”以后，向商业银行卖出和买进外汇的频率无疑会大大降低，其手续和手续费自然也相应地会减少。

虽然“支付”是“结汇”的前提和条件，先有支付，而后才会有结汇，但“结汇”跟“支付方式”之间几乎没有什么关联性，也就是说，结汇不考虑支付方式。在这个环节上，外贸公司和商业银行只在乎把外汇账款收回来，外贸公司把外汇出售给商业银行，而商业银行则把购买外汇的人民币存入外贸公司的账户里去，同时向外贸公司开具一套银行结汇水单以作记账和证明之用。

下面是一份外汇结汇水单的清样，其内容与前面的信用证业务有衔接：

表 13－1 银行结汇水单实例

中 国 光 大 银 行
CHINA EVERBRIGHT BANK
结汇水单及通知
SETTLEMENT OF EXCHANGE MEMO & A/C ADVICE

20××年 08 月 20 日
YY MM DD

| | | | |
|---|---|---|---|
| 客户名称<br>(Customer) | ABC 国际贸易有限公司 | | |
| 出款账号<br>(Dr. A/C No.) | 028878472901 | 卖出币种/金额<br>(Selling Currency / Amt) | CNY＊357,647.40＊ |
| 入款账号<br>(Cr. A/C No.) | 0292140012003 | 买入币种/金额<br>(Buying Currency / Amt) | USD＊54,000.00＊ |
| 业务编号<br>(Our Ref.) | SH8210206000085 | 汇 率<br>(Rate of Exchange) | ＊662.31000＊ |
| 业务摘要<br>(Particular) | L/C No. ××TF0115304009 | | |

①客户留存

经办 ×××
(Maker)

复核 ×××
(Checker)

中国光大银行
CHINA EVERBRIGHT BANK
盖 章
Stamp

几点说明：

(1)“结汇水单”是出口商收到国外进口商支付的货款以后，收汇银行把这笔款项按照当天的外汇牌价将其折算成人民币，把外汇收进去、把人民币支付给出口商时，开具的“银行凭证”。

(2) Customer 在这里是指结汇银行的“客户”，就是收到国外外汇账款的出口商。

(3) Dr. ≈drawing（收取款项）。

(4) Cr. ≈credit（付出款项）。

(5) A/C = Account Number = Current Account（客户的银行账号）。“出款账号”是指“银行向客户付出款项的客户银行的账号”，“入款账号”是指“银行收取客户款项的客户银行的账号”。通常情况下，外贸企业在某家银行的账户有数个：有人民币账户、美元账户、欧元账户、港元账户等，一种货币一个账号。当外贸企业从国外收汇货款时（比如“美元”），商业银行就暂时把这笔美元款项存放进该企业的美元账户；但随后银行就要用当天的汇率把这笔美元“买走”，并向该企业支付与美元等值的人民币。银行提走美元的账户就是所谓“入款账户”，而银行向里面支付购买美元的人民币的账户就是所谓“出款账户”。

（6） Ref = Reference Number（编号，号码）。

（7）Particular = （此处） Remarks（备注）。

（8）Selling Currency / Amt（卖出币种/金额）指银行向商业企业（如外贸公司等）支付货币（人民币）的金额，“Amt” = amount。

（9） Buying Currency / Amt（买入币种/金额）指银行向商业企业（如外贸公司等）收取货币（如美元）的金额。

（10） Rate of Exchange（汇率）在这个“结汇”水单里，银行因为是向客户（外贸公司）买入美元、付出人民币，所以使用的是“外汇买入价”。

另外，本笔交易下的信用证、汇票和商业发票金额都是USD 61 622.40，而结汇水单上列明的金额却只有USD59 550.00，减少了USD2 072.40。这主要有两个原因：①开证行在承付时直接扣除了3%的佣金；② 出口商每笔通过银行从国外收回的外汇账款总是会不明不白、或多或少地出现一些“扣款”现象，少则100～200美元，多则上千美元不等。对这种“冤情”，出口商往往是没有办法弄清楚或者有效制止的，他们只有默默地接受既成事实。

## 第二节　出口退税

出口退税（Export Draw－back）是我国政府目前奖励出口企业的一项优惠政策，它是出口企业把某些产品出口到国外，在没有违反国家相关法律和法规的前提下，由国家税务局凭出口货物报关单、增值税发票、商业发票等单据，按照我国政府的相关规定，把从生产加工企业那里征收的该项产品增值税的一部分或者全部退还给出口企业的行为。

## （一）出口退税的基本程序

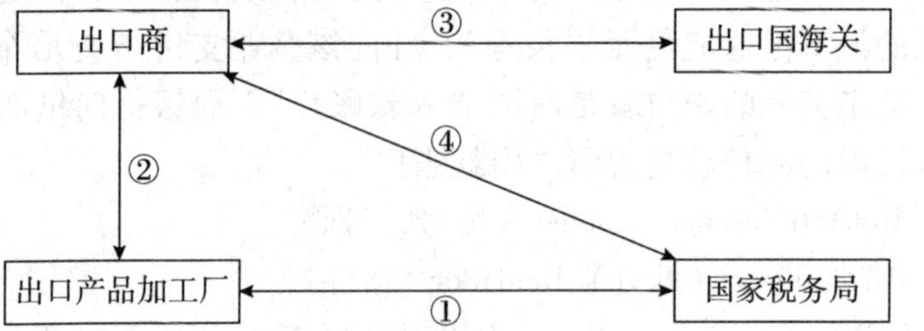


**图 13－1　出口退税的基本程序示意图**

①生产加工企业向国税局缴纳本批出口产品的增值税，国税局向其开具增值税专用发票。
② 出口企业向工厂支付出口产品货款，工厂向其交付出口货物，并且提交增值税发票。
③ 出口企业自己或委托报关企业向出口地海关申报出口货物，海关审查后予以通关放行。货物通关出境以后，海关向其签发出口货物报关单。
④ 出口企业凭增值税发票、商业发票、出口货物报关单等单据到国家税务局办理出口退税申请手续，国税局审查通过后向出口企业办理出口退税。

## （二）出口退税说明

1. 出口退税的政策处在经常的调整和变化之中

毋庸讳言，“出口退税”既是我国参照国际惯例对国内出口企业实行的奖励出口的一项优惠政策，同时又是用于调节国民经济的一种经济手段。也就是说，在国内有效需求不足的情况下，政府为了扩大投资和就业，发展经济，就适当增加出口退税的范围和提高出口退税税率；而当国内经济过热，通货膨胀，国家外汇储备数额和人民币汇率升值的压力持续增大时，政府就缩小出口退税的范围，调低出口退税的税率。所以说，出口退税不是针对每一种出口商品而言的，其覆盖面以及出口退税的税率也不是永恒不变的。例如，最近几年，国家对于大多数资源型产品和“三高一低”（高投入、高耗能、高污染、低效益）产品停止了出口退税，有的甚至还加征了出口关税，以限制这类产品的生产加工和出口规模。因此，大家在实际工作中，特别是在出口对外报价时，一定要事先弄清楚关于某项具体的出口商品的国家政策，如是否还有出口退税，退税是否还是原来的税率，有没有开征出口关税等，以免事先不知道政策变化，事后给出口企业造成不必要的经济损失。

2. 出口退税与出口卖价既无关又相关

正如本书第三章第二节中介绍的，出口退税额计算的基数是“以本币（人民币）表示的国内收购的不含增值税价格（可含商品的包装费）”，而不是“出口报价中以外币表示的出口价格”。我们再以前面的安全皮靴为例：ABC 国际贸易有限公司最终把远征鞋业有限公司的 2 940 双安全皮靴按照“每双人民币 112 元”的（其中包含增值税 17%）价格收购进来，再按“USD20.96/PR CIFC3%”的价格出口给了沙特阿拉伯的 Al Turaiki Est. For Trading 公司，出口退税税率是 13%。国家税务局最终给予出口商 ABC 国际贸易有限公司按皮靴收购价格（也就是 112 ×2 940 元人民币）的 13% 的出口退税，而不是按照出口价格（20.96 ×2 940 美元）来计算出口退税。因此，在这个层面上我们说“出口退税与出口卖价无关”。

但是，上面的“无关”只是相对而言的，并不是绝对的。因为国家税务局在核查该笔出口业务是否应该给予出口退税时，除了核查收购价格、纳税情况、出口收汇的时间和数额、出口经营企业的行为规范（如申报的收购价格真实与否，出口企业在其整个经营过程中有没有违法、违规行为等）等因素以外，国税局还要核查本笔生意的经济效益，如果最终的效益是盈利或持平，国税局一般就会给予退税，此时的出口价格就与出口退税“无关”；而如果是亏损的（收汇的 FOB 净值折合本币以后小于其出口总成本的价值），国税局不仅不会给予出口退税，而且还要向出口企业征收罚款。我们说“出口价格与出口退税‘相关’”，就体现在了这一点上。我们再把上例假设一下：假设 ABC 国际贸易有限公司出口这笔 2 940 双安全皮靴的国内出口总成本是 CNY310 930.08（税后，就是已经把出口退税都计算在内了），假设其出口外汇净收入是 ①USD59 550.00，或者是 ②USD47 500.00，美元对人民币的汇率是 USD: CNY/100: 612.72。如果是第①种情况，本笔出口业务盈利了（59 550.00 ×6.1272 >310 930.08），并且出口公司的行为都合法合理，国税局就会给予出口退税；但如果是第②种情况，本笔出口业务就亏损了（47 500.00 ×6.1272 <310 930.08），国税局就不会给予出口退税，反而还要向该出口公司征收罚款。

3. 注意各种申报单据中填写数量和金额的一致性

当商业发票、增值税发票和出口货物报关单上的货物数量不一致时，国家税务局一般会以出口货物报关单上的数额，或者以较少的数额为准，同时，出口人还要提交国税局认为说得过去的书面情况说明。如果同一批货物项下的单据之间数据或单位的差别太大，国税局还可能会不予受理。

例如，商业发票、增值税发票上的商品数量单位都是“35 000 打”，而唯独出口货物报关单上的货物数量却写成了“35 000 双”，此时，国税局就极有可能只按“35 000 双”的金额给予出口退税。这样，即使出口企业确实出口的是“35 000 打”，其出口收汇金额也确实是“35 000 打”的外汇账款，而出口企业只能获得 1/12 的出口退税金额。

### （三）增值税专用发票

增值税专用发票的票样参见表 9－6。

有关增值税专用发票的内容，请大家参考第九章第四节后面的内容。

## 第三节　同步训练

### 一、相关信息

结汇时间：20××年 04 月 25 日

结汇金额：USD78 962.64（FOB Net）

当天汇率：USD：CNY／100：612.72～615.18

客户名称：武汉纺织品进出口有限公司

出款账号：000878472921

入款账号：0002140012022

业务编号：DH8210206000063

外贸公司收购商品金额：CNY469 319.76

相关业务费用：5%

银行利息：时间 120 天，月息率 5.5‰

增值税税率：17%

出口退税税率：13%

### 二、实训要求

（1）填写银行结汇水单（表 13－2）；

（2）计算本笔生意的增值税税额；

（3）如果国家税务局按照 6.8% 计征增值税，试计算工厂实际缴纳的增值税税额；

（4）计算本笔生意的出口退税税额；

（5）计算本笔生意的出口利润数额。

表 13－2　银行结汇水单

中 国 银 行

BANK OF CHINA

结汇水单及通知

SETTLEMENT OF EXCHANGE MEMO & A/C ADVICE

年　　月　　日

YY　　MM　　DD

| | | | |
|---|---|---|---|
| 客户名称<br>(Customer) | | | |
| 出款账号<br>(Dr. A/C No.) | | 卖出币种/金额<br>(Selling Currency / Amt) | CNY *　　* |
| 入款账号<br>(Cr. A/C No.) | | 买入币种/金额<br>(Buying Currency / Amt) | USD *　　* |
| 业务编号<br>(Our Ref.) | | 汇 率<br>(Rate of Exchange) | *　　* |
| 业务摘要<br>(Particular) | L/C NO. | | |

①客户留存

经办：×××　　　　复核：×××

(Maker)　　　　(Checker)

中 国 银 行

BANK OF CHINA

盖 章

Stamp

# 第十四章　进口付汇、检验、通关与提货

## 本章实训的主要目的

(1) 弄清楚进口“付汇”的程序，掌握银行售汇水单各栏目的含义及其正确的填写方法。

(2) 弄清楚我国货物进口环节的操作程序以及我国货物进口报关、报检各需要提交的主要单据。

(3) 掌握“进口货物报关单”的正确填写方法。

(4) 掌握“入境货物报检单”的正确填写方法。

国外的进口管理制度与我国的进口管理制度存在着很大的差异，中国的进口管理制度及系列进口通关程序在国外进口通关时并不适用。而作者对国外的进口管理制度及进口货物的通关程序及手续、费用、单证等却知之甚少，无法按照本书实例中的业务程序来如实介绍进口商所在国沙特阿拉伯的系列进口通关办法和手续、费用、单证等内容。但是，货物的进口通关手续又是国际贸易实务中非常重要而又必不可少的重要内容，如果将这一部分内容略去，国际贸易专业实训将绝对是一个残缺不全的“半拉子”工程。为此，作者在本章只好按照我国现行的进口管理制度及系列进口通关程序略作介绍，以供大家在我国的进口工作中适当地借鉴和参考。

## 第一节　进口付汇

进口付汇通常需要两个步骤，首先是审查银行单据，其次就是进口商与开证银行办理付汇手续——支付信用证单据的款项，而后获得全套银行结汇单据。

## 一、审单与付汇

严格审查出口商提交的银行结汇单据，可以说是进口商控制进口风险非常重要的一道关口。虽然开证银行此前也会对照信用证和相关的国际贸易惯例审查这些单据，但是，这些单据“相符”（in conformity with）与否，与开证行的切身利益关联并不大。即使单据明显存在“不符点”（discrepancy），开证行也会在“最终是否付款赎单”的问题上听从进口商的意愿和决定。进口商此时当然需要自己认真审查全套银行结汇单据的填写内容，并且根据单据的实际情况审时度势地作出最终决定——付款赎单或者拒付。大家一定要注意：

（1）信用证单据表面上体现的是“开证行与受益人之间的法律关系”，其“付款”是“开证行向受益人承付（honour）”，其“拒付”（dishonour）也是“开证行对受益人的拒付”，拒付书面函也必须由开证行出具，进口商没有权力，只能做“幕后指挥”。

（2）拒付书面函必须在开证行收到受益人单据之后的5个银行工作日（bank working day）以内提出，而且一次性提出的“不符点”（按照国际贸易惯例，开证行对每一票单据只有一次提出“不符点”的权力，不能随后“追加”提出“不符点”）一定要让对方无法驳倒。如果拒付函的提出超过了规定的时效，或者提出的“不符点”被对方银行驳倒了，开证行就必须承付信用证款项。

“付汇”实际上就是“付款”，之所以不直接称呼“付款”而叫做“付汇”，是由于以下两个原因：（1）进口商此时支付的是外汇而不是本币；（2）在我国目前仍然实行外汇管制的情况下，进口商自己的银行账户上通常并没有现存的美元、欧元等外汇，而是在国家外汇管理局的监管之下，先用自己的人民币存款向商业银行（开证行）按照外汇牌价购买外汇，然后再将这笔外汇支付给开证行。“付汇”目前在我国的具体程序参见以下示意图：

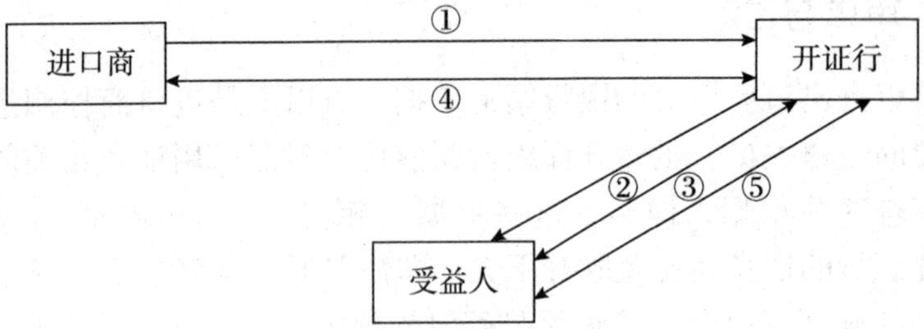


**图 14－1 “付汇”程序示意图**

①进口商向开证行递交开证申请书，并且提交信用证押金（mortgage）；
② 开证行向受益人开立信用证；
③ 受益人向开证行提交信用证单据，银行审查信用证单据；
④ 开证行通知进口商审查信用证单据，进口商审单无误以后向开证行购买信用证外汇，开证行向进口商交付全套信用证单据；
⑤ 开证行向受益人付款赎单。

## 二、银行付汇水单

“银行付汇水单”是指进口企业向国外出口商支付的外汇货物款项，要先向国家有关主管部门（如外汇管理局、银行等）办理购汇申请；在获准以后，进口企业按照当天的外汇牌价用人民币向商业银行购买，并通过该银行汇往国外，售汇银行据此开具给进口企业的“付汇凭证”。这个凭证的作用主要有：

（1）商业银行与进口付汇企业之间就本笔外汇买卖业务项下相互之间本币和外币收付的“对账单”；

（2）进口付汇企业会计凭以记录并做进口支出账目的“记账凭证”。

银行付汇水单的实例参见下表：

**表 14-1 银行付汇水单实例**

**招 商 银 行**

CHINA MERCHANTS BANK

售汇水单及通知

SELLING EXCHANGE MEMO & A/C ADVICE

20××年 07 月 10 日
YY MM DD

| 客户名称 (Customer) | 湖北省鑫旭进出口贸易公司 | | |
|---|---|---|---|
| 出款账号 (Dr. A/C No.) | 0292140012001 | 卖出币种/金额 (Selling Currency / Amt) | USD * 24,000.00 * |
| 入款账号 (Cr. A/C No.) | 028878470001 | 买入币种/金额 (Buying Currency / Amt) | CNY * 157,372.80 * |
| 业务编号 (Our Ref.) | SH8210206000243 | 汇率 (Rate of Exchange) | * 658.22000 * |
| 业务摘要 (Particular) | ××HBX/TJ07 项下付汇 收款人 OBT INSTRUMENTS LTD. | | |

①客户留存

经办：××× (Maker)　　复核：××× (Checker)

招 商 银 行
CHINA MERCHANTS BANK
盖 章
Stamp

几点说明：

（1）“售汇水单”又叫“付汇水单”，是外贸公司在从国外进口货物时，先用人民币向商业银行购买外汇，然后再把这笔刚刚购买的外汇通过该商业银行支付给国外的出口商。商业银行因此向这家购汇的外贸公司开具的“银行凭证”。

（2）此时商业银行向客户（外贸公司）卖出的是外汇（如美元等），收取的是人民币。

（3）因为银行买卖外汇要赚取利润，肯定是低买高卖，因此，他向客户卖出外汇时使用的汇率必定是“外汇卖出价”(Selling Rate)。

## 第二节 进口报关、报检、通关放行与提货

我国进口货物的进口通关与提货的先后顺序较以前发生了一个比较大

的变化，即先通关放行，而后收货人才能向承运人提取进口货物。这与传统的先提货、再报关的做法区别很大。具体程序如下：

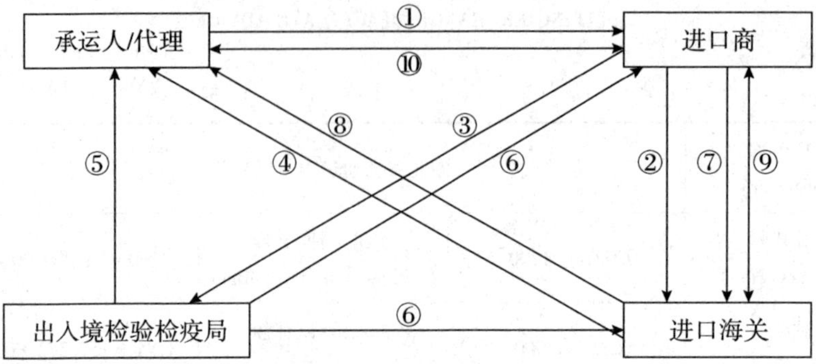


**图 14－2　我国货物进口环节的操作程序示意图**

①承运人或其代理人向进口商发出到货通知；

②进口商在货到之日起的 14 天以内向海关提出进口通关申报；

③进口商向国家出入境检验检疫机构申请进口货物的检验检疫；

④受理海关授权出入境检验检疫机构对进口货物开封实施检验检疫；

⑤出入境检验检疫机构对进口货物开封实施检验检疫；

⑥出入境检验检疫机构向进口商签发检验检疫证书（或报告），并同时向海关签发商检放行通关单；

⑦进口商向海关提交全套的进口申报单据；

⑧受理海关到货物现场查验进口货物；

⑨进口商向海关缴纳海关税费，受理海关向进口商签章发行；

⑩进口商向承运人或其代理人支付运杂费用，同时提取进口货物。

**表 14–2 进口货物报关单实例**

**中华人民共和国海关进口货物报关单**

预录入编号：10305944 海关编号：471220071127010807

| 进口口岸 浦东机场 2233 | 备案号<br>Z47087C00890 | 进口日期<br>20××–08–08 | 申报日期<br>20××–07–24 |
|---|---|---|---|
| 经营单位 湖北鑫旭进出口贸易公司<br>4201914523 | 运输方式<br>航空运输 | 运输工具名称 | 提运单号<br>9903248102 |
| 收货单位 ××大学 | 贸易方式<br>一般贸易（0110） | 征免性质<br>科教用品（401） | 征税比例<br>0.% |

| 许可证号 | 起运国（地区）<br>瑞士（331） | 装货港<br>日内瓦（331） | 境内目的地<br>武汉其他（42019） |
|---|---|---|---|

| 批准文号 | 成交方式<br>CIF | 运费 | 保费 | 杂费 |
|---|---|---|---|---|
| 合同协议号 ××HGX/8471016 | 件数<br>1 | 包装种类<br>托盘 | 毛重（公斤）<br>92 | 净重（公斤）<br>64.964 |
| 集装箱号 | 随附单据 | | | 用途<br>企业自用 |

标记唛码及备注

供运单 品牌：Leica 用途：通过计算机接收到各卫星的距离

随附单证号：××42002161

| 项号 | 商品编码 | 商品名称、规格型号 | 数量及单位 | 原产国（地区） | 单价 | 总价 | 币制 | 征免 |
|---|---|---|---|---|---|---|---|---|
| 1 | 8526919090 | 导航测试仪 | 3.000 台 | 瑞士（331） | 8,000.00 | 24,000.00 | USD | 全免 |

税费征收情况

| 录入员 | 录入单位 | 兹声明以上申报无讹并承担法律责任 | 海关审单批注及放行日期（签章）<br>（海关验讫章）<br>审单 审价 |
|---|---|---|---|
| 报关员： | | 申报单位（签章）（单位盖章） | 征税 统计 |
| 单位地址： | | 中外运空运发展股份有限公司湖北分公司 | 查验 放行 |
| 邮编： | 电话： | 填制日期： | 签发关员：×××<br>签发日期：20××–07–25 |

**表 14-3 入境货物报检单实例**

**中华人民共和国出入境检验检疫**

**入境货物报检单**

报检单位：湖北××进出口贸易公司 *编 号

报检单位登记号：××××××× 联系人：××× 电话：×××××××× 报检日期：20××年 07 月 25 日

| | | | |
|---|---|---|---|
| 发货人 | （中文） | 企业性质（画“√”） | 合资 合作 外资 |
| | （外文）OBT INSTRUMENTS LTD. | | |
| 收货人 | （中文）湖北××进出口贸易公司 | | |
| | （外文）HUBEI ×× IMPORT AND EXPORT CORPORATION LIMITED | | |

| 货物名称（中/外文） | H.S.编码 | 原产国（地区） | 数量/重量 | 货物总值 | 包装种类及数量 |
|---|---|---|---|---|---|
| 导航测试仪<br>NAVIGATION DOSIMETERS<br>ART. NO. HW-36A | 8526919090 | 瑞士 | 3 台 | USD24 000.80 | 1 托盘 |

| | | | |
|---|---|---|---|
| 运输工具名称号码 | MU551/BA728 | 合同号 | ××HGX/8471016 |

| | | | | | |
|---|---|---|---|---|---|
| 贸易方式 | 一般贸易 | 贸易国别（地区） | 瑞士 | 提单、运单号 | ××42002161 |
| 到货日期 | 20××年 7 月 | 启运国家（地区） | 瑞士 | 许可证/审批号 | |
| 卸货日期 | 20××年 7 月 24 日 | 启运口岸 | 日内瓦 | 入境口岸 | 上海 |
| 索赔有效期至 | | 经停口岸 | | 目的地 | 上海 |

| | |
|---|---|
| 集装箱规格、数量及号码 | |

| | | | |
|---|---|---|---|
| 合同订立的特殊条款以及其他要求 | | 货物存放地点 | 浦东机场 |
| | | 用途 | 企业自用 |
| | | *外商投资财产（画“√”） | 是 否√ |

| 随附单据（画“√”或补填） | | 标记及号码 | *检验检疫费 | |
|---|---|---|---|---|
| □ 合同√<br>□ 发票√<br>□ 提/运单√<br>□ 兽医卫生证书<br>□ 植物检疫证书<br>□ 动物检疫证书<br>□ 卫生证书<br>□ 原产地证√<br>□ 许可证/审批文件 | □ 到货通知√<br>□ 装箱单√<br>□ 质保书√<br>□ 理货清单<br>□ 磅码单<br>□ 验收报告 | HUBEI ××<br>××HGX/8471016<br>ART. NO.HW-36A<br>SHANGHAI | 总金额（人民币元） | |
| | | | 计费人 | |
| | | | 收费人 | |

| | | |
|---|---|---|
| 报检人郑重声明：<br>1.本人被授权报检。<br>2.上列填写内容正确属实，货物无伪造或冒用他人的厂名、标志、认证标志，并承担货物质量责任。<br>签名： | 领取证单 | |
| | 日期 | |
| | 签名 | |

注：有“*”号栏由出入境检验检疫机关填写 ◆国家出入境检验检疫局制

[1-2（20××.1.1）]

**表 14-4　进口关税专用缴款书**

武汉　　　海关　进口关税　专用缴款书

(××05)

收入系统：海关系统　　　　填发日期：20×× 年 5 月 5 日　　　　号码 No. 4708201080002232-A01

| | | | | | | | |
|---|---|---|---|---|---|---|---|
| 收款单位 | 收入机关 | 中央金库 | | | 缴款单位（人） | 名称 | 武汉市××纺织有限公司 |
| | 科目 | 进口关税 | 预算级次 | 中央 | | 账号 | |
| | 收款国库 | 招行武汉分行 | | | | 开户银行 | |

| 税号 | 货物名称 | 数量 | 单位 | 完税价格（¥） | 税率（%） | 税款金额（¥） |
|---|---|---|---|---|---|---|
| 5301.2100.00 | 打成的亚麻（品牌：GOLDEN NILE） | 99,680.00 | 千克 | 935,626.00 | 3.0000 | 28,068.78 |
| 5301.2900.00 | 亚麻机短麻（品牌：GOLDEN NILE） | 18,144.00 | 千克 | 123,858.00 | 6.0000 | 7,431.48 |
| 金额：人民币（大写）叁万伍仟伍佰元零贰角陆分整 | | | | | 合计（¥） | ¥35,500.26 |

| | | | | | |
|---|---|---|---|---|---|
| 申请单位编号 | 4201980513 | 报关单位编号 | 470820101080002232 | 填制单位<br><br>（加盖公章）<br>制单人 470044 | 收款国库（银行） |
| 合同（批文）号 | A10018 | 运输工具（号） | APL HAMBURG | | |
| 缴款期限 | 20××年 5 月 20 日以前 | 提/装货单号 | HDMUEGCN1115544 | | |
| 备注：一般贸易　照章征税　20××-4-25<br>国标代码：320282678344691USD　6.1395　35,500.26 | | | | | |

第一联：（收据）国库收款签章后交缴款单位或缴纳人

从填发缴款书次日起限 15 日内缴纳（期末遇法定节假日顺延），逾期按日征收税款总额万分之五的滞纳金。

**表 14–5 进口关税专用缴款书**

武汉　　海关　进口增值税　专用缴款书

（××05）

收入系统：海关系统　　填发日期：20×× 年 5 月 5 日　　号码 No. 4708201080002232–A01

| | | | | | | | |
|---|---|---|---|---|---|---|---|
| 收款单位 | 收入机关 | 中央金库 | | | （人）缴款单位 | 名称 | 武汉市××纺织有限公司 |
| | 科目 | 进口增值税 | 预算级次 | 中央 | | 账号 | |
| | 收款国库 | 招行武汉分行 | | | | 开户银行 | |

| 税号 | 货物名称 | 数量 | 单位 | 完税价格（¥） | 税率（%） | 税款金额（¥） |
|---|---|---|---|---|---|---|
| 5301.2100.00 | 打成的亚麻（品牌：GOLDEN NILE） | 99,680.00 | 千克 | 963,694.76 | 17.0000 | 163,828.11 |
| 5301.2900.00 | 亚麻机短麻（品牌：GOLDEN NILE） | 18,144.00 | 千克 | 131,289.47 | 17.0000 | 22,319.21 |
| 金额：人民币（大写）拾捌万陆仟壹佰肆拾柒圆叁角贰分整 | | | | | 合计（¥） | ¥186,147.32 |

| | | | | | |
|---|---|---|---|---|---|
| 申请单位编号 | 4201980513 | 报关单位编号 | 470820101080002232 | 填制单位 | 收款国库（银行） |
| 合同（批文）号 | A10018 | 运输工具（号） | APL HAMBURG | | |
| 缴款期限 | 20××年 5 月 20 日以前 | 提/装货单号 | HDMUEGCN1115544 | | |
| 备注：一般贸易 照章征税 20××-4-25<br>国标代码：320282678344691USD　6.1395　186,147.32 | | | | （加盖公章）<br>制单人 470044 | |

从填发缴款书次日起限 15 日内缴纳（期末遇法定节假日顺延），逾期按日征收税款总额万分之五的滞纳金。

第一联：（收据）国库收款签章后交缴款单位或缴纳人

# 第三节　同步训练

## 一、相关信息

（1）进口商：湖北省畜产进出口公司（HUBEI PROVINCIAL ANIMAL BY – PRODUCTS IMPORT AND EXPORT CORPORATION）

（2）地址：武汉市洞庭街 56 号

（3）进口商海关企业代码：4201914521

（4）付款时间：March 25，20 × ×

（5）进口商美元账号：0092140012002

（6）进口商人民币账号：038878470004

（7）进口商银行业务编号：SH8210206000249

（8）汇率：EUR: CNY/1:7. 6542 ~ 7. 7080

（9）支付金额：EUR67 845. 00

（10）出口商：HIGH – TECH INSTRUMENTS GMBH

（11）运输方式：空运

（12）装运时间：March 18，20 × ×

（13）到达时间：March 19，20 × ×

（14）航班号码：LH116/LH7318

（15）运单号码：× ×032481

（16）贸易方式：一般贸易

（17）贸易国别：德国

（18）启运国：德国

（19）装货港：法兰克福

（20）境内目的地：武汉

（21）成交方式：CIP（CIF）

（22）买卖合同号码：× ×HAP1132

（23）海关申报日期：March 19，20 × ×

（24）唛头：H. A. P.
LASER FLASH
× ×HAP1132
BEIJING

（25）件数：5 件

（26）包装种类：木箱

（27）毛重：120 公斤

（28）净重：100 公斤

（29）用途：自用

（30）商品名称：激光导热性能测试仪（LASER FLASH APPARENT FOR MEASURING THERMAL CONDUCTIVITY）

（31）型号：LAF457

（32）商品编码：90275000

（33）数量：1 台

（34）原产国：德国

（35）单价：EUR67 845.00

（36）是否外商投资财产：否

（37）报检随附单据：买卖合同、商业发票、空运运单、装箱单、保质证书、到货通知书

## 二、实训要求

（1）填写表 14－6 银行付汇水单

（2）填写表 14－7 进口货物报关单

（3）填写表 14－8 入境货物报检单

**表 14－6　银行付汇水单**

**招 商 银 行**

CHINA MERCHANTS BANK

售汇水单及通知

SELLING EXCHANGE MEMO & A/C ADVICE

年　月　日
YY　MM　DD

| 客户名称 (Customer) | | | |
|---|---|---|---|
| 出款账号 (Dr. A/C No.) | | 卖出币种/金额 (Selling Currency / Amt) | USD *　* |
| 入款账号 (Cr. A/C No.) | | 买入币种/金额 (Buying Currency / Amt) | CNY *　* |
| 业务编号 (Our Ref.) | | 汇率 (Rate of Exchange) | *　* |
| 业务摘要 (Particular) | | | |

①客户留存

经办：张××　(Maker)　　复核：艾××　(Checker)

招 商 银 行
CHINA MERCHANTS BANK
盖　章
Stamp

**表 14–7 进口货物报关单**

**中华人民共和国海关进口货物报关单**

预录入编号： 海关编号：

| | | | | | |
|---|---|---|---|---|---|
| 进口口岸 | | 备案号 | | 进口日期 | 申报日期 |
| 经营单位 | | 运输方式 | | 运输工具名称 | 提运单号 |
| 收货单位 | | 贸易方式 | | 征免性质 | 征税比例 |
| 许可证号 | | 起运国（地区） | 装货港 | | 境内目的地 |
| 批准文号 | | 成交方式 | 运费 | 保费 | 杂费 |
| 合同协议号 | | 件数 | 包装种类 | 毛重（公斤） | 净重（公斤） |
| 集装箱号 | | 随附单据 | | | 用途 |

标记唛码及备注

| 项号 | 商品编码 | 商品名称、规格型号 | 数量及单位 | 原产国（地区） | 单价 | 总价 | 币制 | 征免 |
|---|---|---|---|---|---|---|---|---|
| | | | | | | | | |

税费征收情况

| | | | |
|---|---|---|---|
| 录入员 | 录入单位 | 兹声明以上申报无讹并承担法律责任 | 海关审单批注及放行日期（签章）<br>（海关验讫章）<br>审单 审价 |
| 报关员：<br>单位地址：<br>邮编： | 电话： | 申报单位（签章）（单位盖章）<br>填制日期： | 征税 统计<br>查验 放行<br>签发关员：<br>签发日期： |

**表 14-8　入境货物报检单**

**中华人民共和国出入境检验检疫**

**入境货物报检单**

报检单位　　　　　　　　　　　　　　　　　　＊编　　号________

报检单位登记号：　　　联系人：　　　电话：　　　报检日期：　　年　　月　　日

| | | | | |
|---|---|---|---|---|
| 发货人 | （中文） | | 企业性质（画“√”） | 合资 合作 外资 |
| | （外文） | | | |
| 收货人 | （中文） | | | |
| | （外文） | | | |

| 货物名称（中/外文） | H.S.编码 | 原产国（地区） | 数量/重量 | 货物总值 | 包装种类及数量 |
|---|---|---|---|---|---|
| | | | | | |

| | | | | | |
|---|---|---|---|---|---|
| 运输工具名称号码 | | | 合同号 | | |
| 贸易方式 | | 贸易国别（地区） | | 提单、运单号 | |
| 到货日期 | | 启运国家（地区） | | 许可证/审批号 | |
| 卸货日期 | | 启运口岸 | | 入境口岸 | |
| 索赔有效期至 | | 经停口岸 | | 目的地 | |
| 集装箱规格、数量及号码 | | | | | |
| 合同订立的特殊条款以及其他要求 | | 货物存放地点 | | | |
| | | 用途 | | | |
| | | ＊外商投资财产（画“√”） | 是　　否√ | | |

| 随附单据（画“√”或补填） | | 标记及号码 | ＊检验检疫费 | |
|---|---|---|---|---|
| □ 合同<br>□ 发票<br>□ 提/运单<br>□ 兽医卫生证书<br>□ 植物检疫证书<br>□ 动物检疫证书<br>□ 卫生证书<br>□ 原产地证<br>□ 许可证/审批文件 | □ 到货通知<br>□ 装箱单<br>□ 质保书<br>□ 理货清单<br>□ 磅码单<br>□ 验收报告 | | 总金额（人民币元） | |
| | | | 计费人 | |
| | | | 收费人 | |

| 报检人郑重声明： | 领取证单 | |
|---|---|---|
| 1.本人被授权报检。 | 日期 | |
| 2.上列填写内容正确属实，货物无伪造或冒用他人的厂名、标志、认证标志，并承担货物质量责任。<br>签名： | 签名 | |

注：有“*”号栏由出入境检验检疫机关填写　　　　◆国家出入境检验检疫局制

[1-2（20××.1.1）]

# 第十五章　争议、索赔与理赔

## 本章实训的主要目的

（1）针对进口货损的案例认真分析货损的原因，准确找出索赔对象。

（2）掌握索赔时效，弄清楚进口索赔需要提交的各种必备、有效的证件。

（3）掌握索赔函件的写作思路和正确的表达方法。

（4）阅读相关案例分析，增强观察问题、分析判断问题和解决问题的能力。

在国际贸易实务中，进口商的索赔对象一般有三个：出口商、保险公司或者承运人。一批进口商品运抵目的地以后，通常发生的货损不外乎商品的品质、包装、数量以及追加运杂费用的归属等方面的问题。发生的货损到底属于谁的责任，进口商究竟应该向谁去提出索赔，这一点需要进口商及时、认真、妥当地弄清楚发生货损的真正原因，找准索赔对象，并且在规定的索赔期限以内，凭借有说服力的货损证明，向真正的货损责任人提出合情合理的索赔函件，以便获得货损赔偿。另外，索赔一定要在索赔的有效期限以内提出，一旦错过了索赔的期限，受损方纵有万般理由和证据，货损的责任人也是有权拒绝理赔的。下面，我们假设了三种不同的货损情况，由进口商分别向不同的货损责任人提出书面索赔，并且由相关的责任人酌情予以处理。这三种情况纯属假设，而且彼此独立。即便在实际工作中也不可能发生一批货物中"同时向出口商、保险公司和承运人索赔"的情况。

## 第一节　向出口商提出索赔

进口商向出口商提出索赔（lodge a claim）是最常见的一种国际贸易

纠纷（disputes）解决办法，通过这一途径解决的问题主要是交付货物的质量或数量问题。本节拟列举索赔（claim）和理赔（settlement of a claim）的往来函件以及索赔理赔中应注意的事项。

## 一、往来函电

### （一）进口商的索赔函

Dear Ms. Yinyin,　　DATE: August 25, 20××

Re: Safety Leather Boots

We acknowledge receipt of your 245 cartons / 2 940 pairs of the captioned goods under S/C No. ××HAP10404 and L/C No. ××TF0115304009. But to our astonishment, when we opened the boots packages, we found that the colour of the Safety Leather Boots do not match, which means there are different upper colours among the boots.

Ms. Yinyin, when we discussed the business before hand, we have made it quite clear that our customers only require the whole lot with only one colour. And we have even especially and repeatedly confirmed colour cuttings before opening the relative L/C. But now the boots have two or three different colours and our customers refuse to accept the goods, because there is no one would buy a pair of boots with different colours.

Through our hard work and endeavored persuasion, our customers reluctantly nodded the acceptance of the goods on the basis of compensation, say 30%.

We hope you consult with your factory and give us a definite reply as soon as possible.

Best regards.

Manager Mr. Mohammed Ali

### （二）出口商的回复

Dear Manager Mr. Mohammed Ali,　　DATE: August 26, 20××

Re: Safety Leather Boots

Thank you very much for your e-mail of August 25, 20×× and we feel very much regret to know that our goods exist colour difference. In fact, for the purpose of preventing from any unpleasant quality problem during the course of manufacturing, we specially sent a person to the factory to check and inspect production line and the products for three times. And the staffer did not find out any colour difference in the boots upper during the procedure.

Now that our customers complain about the quality problem, we will look into the matter and find out what really had happened in our factory and try our best to settle this problem properly as soon as possible.

In the mean time, for the sake of evidencing the colour difference to the manufacturer, you are kindly requested to cooperate with us to send us the quality certificate and relevant photos issued, dually stamped and signed by a qualified certification institution.

Thanks and Best Regards.

Ms. Yinyin

## 二、索赔理赔的注意事项

索赔理赔都应该合理判断，方法得当，以便最终使损失得到赔偿，使纠纷得以解决。根据作者自己以往的经验和教训，现归纳以下几点供读者参考和借鉴：

### （一）索赔一定要在索赔的时效（duration）以内提出

索赔都具有一定的时间限制，如果合同的受损方在索赔时效以外提出索赔，即使他索赔的理由再充分，他也极有可能失去索赔的权利。进口商向出口商提出索赔的时效，一般可分为两种情况：

（1）买卖合同中明确规定了索赔时效的，索赔方应在合同规定的时效以内提出，否则，理赔方有权拒绝理赔；

（2）买卖合同中没有规定索赔时效的，索赔方一般应在收到合同货物后60天以内提出，如果超过这个时间，理赔方一般会拒绝理赔。这基本上是业内一种不成文的“惯例”，除非合同另有规定，否则大家一般都默认“60天索赔有效”的“行规”。

### （二）索赔一定要提交有力有利的货损证据

商品的质量瑕疵也好，货物的数量短缺也好，出口商一般都不会仅凭进口商的一纸索赔信函就爽快地给予理赔，往往还需要索赔方同时提交具有一定“权威”性质的货损证明。这是因为，即使出口商认可了进口商提出的货物质量或数量问题，也不能确保生产供货厂家也会认可，而这类损失的最终承担者通常并不是出口商，而是生产供货厂家。所以，索赔人在向责任方提出索赔书面函的同时，一定要提交由比较权威的公证或检验机构出具的货物损失书面证明。

### （三）索赔的损失金额一定要明确、具体

索赔方向责任方提交的索赔书面函主要包含两方面的内容：

（1）提出索赔的文字和金额数据；

（2）提出索赔的原因，也就是货物的具体情况，如货损的现状、规模、具体数量、金额以及损失的程度等。必要时，还应该列出具体的货损清单。

### （四）理赔应该实事求是

由于索赔是当事人都非常头疼的事情，因此，大家在处理这类问题时应该冷静、慎重和妥善。

（1）该承认就承认，该赔偿就赔偿，该拒绝就拒绝。被索赔时既不能仅凭对方的一面之词就简单地认定事实，也不应该武断地推脱责任，一口回绝对方提出的任何“指控”和要求，而应该事先对造成货损的原因和责任做一些适当的调查和了解，实事求是地得出结论并且在该赔偿的时候给予赔偿，在不该赔偿的时候向对方说明“拒赔”理由。

（2）赔偿最好以“从下批生意的价格中扣减”的办法进行。理赔通常有两种不同的方法，一种是直接使用汇付的方式用“现金”赔偿，这种方法对出口商有这样几点不利之处：①向外支付“赔款”需要申请，以前需要向国家外汇管理局申请，现在需要向单位领导提交赔付报告，向商业银行申请购买外汇，手续烦琐，程序复杂。② 不利于扩大出口业务。现金赔付以后，进口商很可能会从此中断与出口商的业务来往，使出口商失去该客户。另一种办法就是把本批赔款放到下一批甚至下几批出口生意的价格中，使用“折扣”的方式予以扣减。例如，出口商答应承担本批出口货物的损失 USD6 000. 00，赔偿的办法是进口商继续订购此种货物或其他货物 USD50 000. 00，分两批出口，分别从每批 USD25 000. 00 的出口货款中扣除本次赔款 USD3 000. 00，做两次扣完。对于出口商而言，这种方法消除了直接向外支付“赔款”的不利之处，这里不再赘述。

## 第二节　向保险公司索赔

货物在事先办理了出口货运保险以后，如果在运输的过程中遭受了保险承保责任范围以内的风险损失，此时，被保险人就可以凭相关的保险单据、运输单据、商业发票以及相关货损证明去向保险公司办理索赔。

### 一、索赔理赔函件

受“惯性思维”的影响，进口商常常把本来属于保险公司和承运人的责任简单地归咎于出口商，并针对货物短少的损失向出口商提出索赔要求。出口商则需要对此向进口商说明原因和理由，明确提示进口商尽快向保险公司提出索赔，并且注意不要延误了索赔的时效，其中包括保险公司以“受损货物所有权人”的身份向承运人提出索赔的时效。

这里需要说明一点：本节下面的函件中设计的情节与本章第一节函件中的情节没有丝毫的关联性，而是另外“假设”出来的。请大家不要把这两处的情节硬性地结合起来，以免造成误解或混乱。

### （一）索赔函件

Dear Ms. Yinyin, DATE: August 25, 20××

Re: Safety Leather Boots

245 cartons / 2 940 pairs of the Safety Leather Boots under S/C No. ××HAP10404 and L/C No. ××TF0115304009 have arrived at destination. But when we opened the container, unloaded the goods and counted the cartons, we found that there were only 239 cartons in all 6 cartons were lost.

We think this was due to short loaded during the loading in the delivery. So our clients raise a claim with you for the shortage. We hope you remit us the short – loaded value totally USD1 329. 84 (18. 47×12×6) by T/T by return.

Your immediate correspondence and action to the above mentioned problem will be highly appreciated.

Best regards.

Manager Mr. Mohammed Ali

### （二）出口商的复函

Dear Manager Mr. Mohammed Ali, DATE: August 26, 20××

Re: Safety Leather Boots

We are sorry to know that the goods were short-landed at your end. However, we do not think that this was resulted from the short-loaded in the delivery, but because of theft and/or pilferage during the transport enroute to the Kingdom of Saudi Arabia.

This kind of loss obviously belongs to liabilities of the insurance company and/or the shipping company. Now that we have insured the cargo to the insurance company beforehand and the shortage do be included in the coverage, we suggest you contact the underwriter for the claim without further delay.

Such being the case, the insurance company will probably claim against the shipping company for the shortage. And for the purpose of not losing the rights of a claim, we hope you quick up your steps in this respect, so that you can get your compensation smoothly at an early date.

Best regards.

Ms. Yinyin

## 二、几点说明

（1）如果一批出口货物事先投保了货运风险，而且该批货运损失既在保险公司的承保责任范围，同时又是因为承运人的过失造成的损失，通常情况下，收货人应该去向保险公司索赔，再由保险公司去向承运人提出索赔。

（2）虽然向保险公司索赔的期限是货到目的地（港）以后两年以内，但向承运人索赔的期限却很短暂，而且各承运人私自规定的索赔时间限制又很不统一，有的规定货到30天以内，有的规定15天以内，还有的规定得更短。如果货运损失既可以向保险公司索赔，又可以向承运人索赔，被保险人必须同时在上述两个索赔期限以内提出索赔。如果被保险人在保险公司的索赔期限以内、在承运人的索赔期限以外去索赔，保险公司将会以"被保险人错过了向承运人索赔的期限"为由拒绝理赔。

（3）"索赔期限"（The Period of Claim）与"责任起讫"（Duration）是两个含义完全不同的概念。"索赔期限"是指货物发生损失以后，货主有权向责任人提出索赔的时间限制；而"责任起讫"是指责任人（如国际货运业务中的保险公司、承运人等）承担"货物在某个规定的时间和空间范围内发生了货损"的时间和区域限制，货物一旦在规定的时间和区域以外发生了损失，责任人就免责。例如，在"仓至仓条款下"，货物在目的港收货人的仓库里面因仓库失火而灭失了，保险公司就不负责任。再如，在"战争险"别下，货物暂存在码头仓库里（而不是在运输工具上），因为遭受导弹袭击而受损，保险公司也不予理赔等。

## 第三节　向承运人索赔

从第十章第三节的提单背面条款以及第十一章第二节的保险单背面条款中，我们都不难找到"霸王条款"，而且，提单上的霸王条款比保险单上的霸王条款更多，索赔的程序更复杂，索赔的难度更大。

但是，进口商为了维护自己的合法权益，只要经济账算得过来（收益大于支出），就是再难，也不应该息事宁人，放弃索赔的权利。

本节的情节与前面两节中的情节也是彼此独立的，是作者另外假设出来的，这三节的案例情节在逻辑上都不存在什么"承上启下"的关联性。

## （一）进口商的索赔函件

Dear Ms. Yinyin, DATE: September 27, 20××

Re: Safety Leather Boots

We really hate to inform you that our customers are very angry with you for the terrible situation of the captioned goods: (1) They arrived almost three weeks later than the usual time; (2) The goods were shortened by eleven cartons.

We have contacted the insurance company immediately after our customs officer opened the container. We really lose to understand that (1) The goods have traveled on the sea for nearly forty-five days. But the normal journey usually just takes no more than four weeks, to which the carrier and their agent could not give us a reasonable and satisfied explanation up to now. (2) When our customs officer opened the container door, they did not find any unusual sign of appearance of the container, the door was normally locked and the seal number was the original.

Under such circumstances, the insurance company firmly refused to commit us any compensation. They claimed that the cargo had been delayed during the transportation, and according to the rule of insurance regulations, if the goods damaged or lost from delay in the transportation, the underwriter has rights to refuse the settlement of a claim, because they are not responsible for the loss resulted from delay transportation.

In this case, we are extraordinarily disappointed about that and have to lodge a claim with you. We hope you will settle this matter as soon as possible.

We are looking forward to your favourable reply.

Best Regards.

Manager Mr. Mohammed Ali

## （二）出口商的回复函件

Dear Manager Mr. Mohammed Ali,　　DATE: September 30, 20 × ×

Re: Safety Leather Boots

Your fax of September 27, 20 × × noted with much regret.

While we feel pity to the delay and shortage of the goods, we would point out that this damage should not be undertaken by us for the following reasons:

(1) We shipped the goods within the L/C stipulated time. Thus the cargo being delayed during the journey was not our liability.

(2) The shipping company was chosen and specially appointed by you before hand, for which we were compelled to have overpaid more than USD200.00 for the freight.

(3) We consigned 245 cartons and this was clearly written on the B/L. So the shortage obviously occurred after our consignment and during the course of transportation.

In view of the container being in apparent good condition when it arrived at the destination but the goods in it were short landed, we suggest you directly file a claim against the shipping company as soon as possible, in order to properly settle this matter in due course.

Best Regards.

Ms. Yinyin

## （三）注意事项

（1）向承运人索赔，不仅需要出具能够充分证明承运人过失造成货损的证据，还要找到相关的理论依据。由于各航运公司自己制定的提单（运单）格式性条款内容繁杂，一般人平常很少关注这些密密麻麻的繁文缛节，通常对它们视而不见、知之甚少。而索赔必须事先对这些英文版本的格式性条款有所了解，以便增加索赔方最终获得理赔的筹码。

（2）向承运人索赔的时效也远比向保险公司和向出口商索赔的时效短暂得多，有的规定在提货30天以内，有的规定在15天以内，还有的时效更短。这就要求索赔人抓紧办理，绝对不能按部就班、慢条斯理、从容不迫。我们一定要知道：一旦错过了索赔的时效，即使索赔人拥有天大的索赔理由和铁一般的证据，责任方也是绝对有权拒绝理赔的。所以，“兵贵神速”在这里就显得格外必要和重要。

（3）索赔跟打官司一样，应该适当地讲究一点“可行性”。“索赔”并不一定就意味着“理赔”，对方可能会赔，也可能不会赔，还有可能赔偿的数目小于索赔人的预期数目等。这就要求索赔人在索赔之前对其索赔的结果做一些推理、预计和思想准备，如果赢面比较大，就适合去索赔；

如果赢面不大而且难度较大、费用较高，索赔人劳民伤财、伤筋动骨，最终索赔到手的价值却比为此付出的价值多不了几个，持平甚至少于付出的价值，这种得不偿失的索赔就应该考虑“尽早放弃”。

# 第四节　进口索赔案例分析

## 一、M进口公司向S出口公司索赔进口货物包装破损案

案情：

S进出口公司向某国M公司以CFR的价格条款发运了一批出口货物。M公司收到这批货物后给S公司来函称，他们把集装箱打开时，发现货物的外包装纸箱大部分没有系打捆带，有的纸箱甚至没有封口，以致相当数量的货物短少。M公司对此向S公司提出索赔。收到M公司的这份传真以后，S公司立即给M公司回电，要求他们在处理这批货物之前，一定要做到以下三点：①迅速与承运人或承运人代理取得联系，让他们派人到现场查看并清点这批货物，然后再根据开集装箱检查的实际情况写出有效的书面证明文件；② 迅速与保险人或保险人代理取得联系，让他们立即派人查看现场，并写出有效的书面证明文件；③ 收货人自己也要出具一份包括照片在内的货损详细清单，并与上述证明文件一起立即寄达S公司。M公司并没有严格按照上述要求去做，他们在三四个月之后才给S公司寄来了一些货损的照片以及一份由目的港转运装载该货物的集装箱的卡车司机签发的一份证明材料，仅依据这两份材料向S公司提出索赔。而在此之前，M公司在没有经过发货人、承运人和保险人任何一方的授意或许可的前提下，就私自将这批受损的货物推销出去了。

分析：

这批货物的损失到底应该由谁赔偿？让我们先对具体问题做一些具体的分析，然后再下一个结论。

如果承运人出具的提单上明确标明了“包装破损”、“外包装没有系打捆带”之类的批语，货物的损失则应该无条件地由卖方（即发货人）承担。因为承运人在提单上的批语表明货物在由卖方交付承运人之前就已经受损，而且这种货损是由卖方自己的不当行为所致，而不是由承运人在运输途中造成的。

如果承运人没有在提单上对有关货物的外包装情况做出任何不良的批

示（即提单的表面是“清洁的”），但承运人手上又握有发货人签发的关于包装质量问题的保证函，诸如“如果发生因货物包装问题引起的一切不良后果，概由发货人承担”之类的文字，那么，这批货物的损失仍然应由卖方承担，因为这样的提单只不过在形式上是清洁的，这样的“清洁”是带有附加条件的，实质上依然属于不清洁提单，仍然表明货物的损失不是由承运人而是由发货人自己造成的。

如果承运人出具的提单是清洁提单，没有添加任何附加条件，货物到达目的港以后，在进口海关开箱之前，集装箱上出口海关的封铅并没有被损坏，封铅号码也没有改变，这种情况表明：货物在发货人将货物交付给承运人时是完好无损的。货损发生在货物从送进承运人仓库到装进集装箱、海关做关封之前这段时间内。很显然，这是由承运人工作失误造成的。因此，这批货损理应由承运人承担。

如果承运人签发的提单是清洁有效的，货物到达目的港后，集装箱上的封铅号损坏或者封铅号码不符，而收货人事先又投保了“包装破裂险”、“短量险”等一类附加险，则此项货物损失应由保险公司承担，因为该货损符合有关保险条款的责任范围。

此外，我们还要注意这样两个不容忽视的问题：受损方向有关责任方反映货损的证据和时间。如果货损证据不足，或者证据充足但收货人对受损货物处理不当，即使货物损失的事实是确凿的，货物的损失最终也只能由收货人自己承担。收货人处理问题不当，主要有这样几个方面：

一是过早地擅自处理货物。货物发生了损失，在责任方还没有做出首肯和承诺，并对货物提出明确的处理意见时，收货人不经任何人同意，就私自把货物处理了。我们应该知道，既然有关方面要对货物损失承担一定的责任，那么他们理所当然对该货物拥有相应的权利。收货人私自处理货物，就是剥夺了责任人的这种权利。因此，责任人就有充分的理由推卸自己本来应该承担的责任。

二是索赔要求提得太晚。索赔是有期限的，过了这个期限，索赔人就丧失了索赔的权利。按照有关国际贸易惯例和规定，买方因为买卖货物的损失向卖方或保险公司提出索赔，时间一般不能超过货到目的港之后60天；向承运人索赔，更应该及时提出，不能随便延误。《海牙规则》和《中国远洋运输公司提单条款》都明文规定“如果（货物）灭失和损坏不明显，则通知应于交付货物的3天内提交”，《汉堡规则》的规定是在15天以内；对于明显的灭失和损坏，则需在提货后60天之内提出。

从以上的分析中我们不难看出：这批货损虽然肯定不是由买方造成的，如果买方处理得当，卖方、船公司和保险公司三方当事人中必有一方要承担赔偿责任。但是，由于买方在处理问题的方法和时间上出现严重失误，并在法律上丧失了向责任方索赔的权利。因此这批货损只能由买方自己承担。

进出口货物的索赔与理赔是一个涉及面广泛、情况十分复杂的问题。但货物受损后，买方总是不分青红皂白、武断地把全部责任都推到卖方身上，一心只向卖方索赔，这其实是一种不正确的思维定式。面对这一类头疼的问题，当事人还是应该从实际出发，具体问题具体分析，实事求是、合情合理地妥善解决各种贸易纠纷。

## 二、广州海事法院审理一宗海上货物运输保险合同纠纷案

50 000 多公吨大豆在运输途中发生货损，保险公司以货损原因属于保险合同中的免责条款约定为由，拒绝货主索赔，引发了一场官司。广东省高院日前（2006 年 7 月 31 日）终审判决：双方都是中国人，免责条款却用英文写，保险公司没能证明其曾向投保人明确说明免责条款，该条款无效，保险公司应支付货主赔偿金 1 776 万余元。

1. 正面中文承保，背面英文免责

2004 年 4 月 15 日，广东富虹油品有限公司（以下简称油品公司）从国外购买了 57 750 公吨散装巴西大豆，委托“韩进大马”轮承运。装运港是巴西桑托斯港，目的港是中国湛江港。

货物启运前，油品公司向中国平安财产保险股份有限公司深圳分公司（以下简称平安公司）投保，2004 年 4 月 28 日，平安公司签发了货物运输保险单，以邮政快递的方式寄送油品公司。保险单正面以中文载明承保条件，背面以英文载明海洋运输货物保险（格式）条款，油品公司向平安公司支付了 168 587.51 元保险费。

2. 付 17 万元保大豆，1/10 发霉遭拒赔

2004 年 6 月 16 日，“韩进大马”轮抵达中国湛江港。由于等待国家质量监督检验检疫总局为这批进口大豆颁发的检疫许可证，直到 2004 年 8 月 1 日，“韩进大马”轮才开始卸货。卸货前，油品公司对大豆抽样时发现有霉变、受损现象，立即通知平安公司。

检验结果表明：“韩进大马”轮从 2004 年 5 月 8 日启航至 8 月 2 日靠泊卸货期间舱内一直通风不良，舱内缺乏通风而产生高温和舱汗是导致被

保险货物霉变、烧伤、热损的重要原因之一，相当于57 750公吨大豆中有5 868. 428公吨全损。检验报告还指出，运输迟延（即船舶到港后停航）也是货损原因，占损失的78%。

2005年5月26日，在平安公司拒绝赔付的情况下，油品公司将其告到法院，请求赔偿5 868. 428公吨货损的保险赔偿17 903 749. 20元及船舶滞期损失费等。

3. 保险公司：不赔

理由：免责条款就在保险单后

2005年7月13日，广州海事法院开庭审理此案。平安公司辩称，保险合同的全部条款是双方当事人一致同意的内容，合法有效，保险单背面注明的就是免责条款，即保险人不承担赔偿保险金责任的范围。原告不能在事故发生后只选择合同的责任条款而否定免责条款。

"原告的货损是由运输迟延造成的，这属于保险单约定的除外责任，不属于保险公司理赔的范围"。因此，平安公司认为自己只应承担22%的损失和费用。

4. 油品公司：要赔

理由：同是中国人为何用英文

乍一听，保险公司说的也挺有道理，难道油品公司没有看到这些免责条款么?

原来，油品公司也有一肚子委屈，他们认为，平安公司签发的保险单背面载明的免责条款是用英文写的，自己订约时不了解条款内容，平安公司也没有作出说明，因此这种条款无效。

5. 法院判决：非当面签发解释不能免责

法院审理认为，根据《保险法》第十八条："保险合同中规定有关于保险人责任免除条款的，保险人在订立保险合同中应当向投保人明确说明，未明确说明的，该条款不产生效力。"

那么，案中的保险公司是否尽到"明确说明"义务，成为本案审理的关键。法院仔细分析了案情，认为油品公司虽然在投保单上选择投保一切险等险别，但没有写明承保范围、除外责任等险别内容，因此不能推定他明确了解除外责任条款；而保险公司邮寄保险单，而不是当面签发，不能推定保险公司对原告明确说明了除外责任条款。

更为关键的是，双方当事人均为国内当事人，而保险单却以英文规定除外责任，不便于油品公司了解，以决定是否同意接受对其利益有重大影响的除外责任条款，因此，保险单规定的除外责任条款不产生效力。

广州海事法院判定，平安公司应向油品公司支付 5 868.428 公吨净损货物的保险赔偿金、货损检验费等施救费用，合计 17 768 940.48 元及利息。一审判决后，平安公司不服，向广东省高院提起上诉，广东省高院经审理维持原判。

（本案例资料来源：http：//www.sina.com.cn 2006 年 08 月 01 日中国涉外商事海事审判网，作者：胡后波）

本案例附带说明：

（1）本案例的原文有一些错漏，作者对此作了一些改动。

（2）本案例的“保险金额”为 USD22 874 179.50，投保标的数量是 57 750M/T，进口单价为 USD396.09/MT，索赔损失 5 868.428M/T，法院判决保险公司的赔偿金额却是 CNY17 768 940.48。我们对此只这样理解：法院判决的赔偿金额只是保险公司赔偿金额折算成人民币以后的数额，而不能直接说成是“保险赔偿金额”，因为按照保险惯例，保险赔偿金额必须与保险金额的货币相同。

## 第五节 同步训练

### 一、实训要求

请结合本章第四节中所列举的两个案例完成以下四项练习。请注意：大家行文可以参考上述案例中的案情，但请不要一边倒地完全按照作者或法院的思路去写，而要在能够讲得出道理或原理的前提下，充分、自主地去发挥。

（1）以第一个案例中的某国 M 公司的名义，向中国的 S 进出口公司草拟一封英文索赔函件；

（2）以第一个案例中的 S 进出口公司的名义，向某国 M 公司草拟一封关于货损索赔的英文复函；

（3）以第二个案例中的广东富虹油品有限公司的名义，向中国平安财产保险股份有限公司深圳分公司草拟一封索赔函件；

（4）以第二个案例中的中国平安财产保险股份有限公司深圳分公司的名义，向广东富虹油品有限公司草拟一封关于货损索赔的复函。

# 答　案

## 第三章

4. 一个 TEU 能够装载的数量

集装箱尺寸：5. 90 ×2. 35 ×2. 39 （M）

外包装尺寸：56 ×45 ×33 （cm）

第一种装法的数量：10 ×5 ×7 =350 箱（不适用）

第一种装法的数量：13 ×4 ×7 =364 箱（适用）（衣服是泡货，怎么样也不会超过 21 公吨）

可装工装数量：364 ×24 =8 736（套）

可装牛仔衬衣数量：364 ×36 =13 104 （件）

5. （1） 工装成本核算

**表 3 –14　工装出口成本核算一览表**

| 序　号 | 项　目 | 说　明 | 金　额 |
|---|---|---|---|
| (1) | 工装进货价 | CNY/ Suit | 71. 00 |
| (2) | 综合业务费用 | (1) ×7. 5% | 5. 33 |
| (3) | 出口口岸费用 | 1,300 ÷8,736 | 0. 15 |
| (4) | 银行利息 | [(1) +(2) +(3)] ×6‰ ×3 | 1. 38 |
| (5) | 国内总成本(税前) | (1) +(2) +(3) +(4) | 77. 86 |
| (6) | 出口退税 | (1) ÷117% ×13% | 7. 89 |
| (7) | 国内总成本(税后) | (5) –(6) | 69. 97 |
| (8) | 税后含利润成本 | (7) ÷(1 –8% ) | 76. 06 |
| (9) | 预算利润 | (8) ×8% | 6. 08 |
|  | 外汇汇率 | USD: CNY | 100: 612. 72 |
| (10) | FOB Net 报价 | (8) ÷6. 127,2, USD/ Suit | 12. 42 |
| (11) | 国外段运费 | (1,500 +120 +100) ÷8,736 | USD0. 20/ Suit |
| (12) | CFR Net 报价 | [(7) ÷6. 127,2 +(11)] ÷(1 –8% ) | 12. 63 |
| (13) | CIF Net 报价 | (12) ÷{[1 –(1 +10% )] ×4. 5‰} | 12. 70 |
| (14) | 国外段保险费 | (13) –(12) | 0. 07 |

## （2）牛仔衬衣成本核算

**表3－15　牛仔衬衣出口成本核算一览表**

| 序　号 | 项　目 | 说　明 | 金　额 |
|---|---|---|---|
| (1) | 牛仔衬衣进货价 | CNY/PC | 35.00 |
| (2) | 综合业务费用 | (1)×7.5% | 2.63 |
| (3) | 出口口岸费用 | 1,300÷13,104 | 0.10 |
| (4) | 银行利息 | [(1)+(2)+(3)]×6‰×3 | 0.68 |
| (5) | 国内总成本(税前) | (1)+(2)+(3)+(4) | 38.41 |
| (6) | 出口退税 | (1)÷117%×13% | 3.89 |
| (7) | 国内总成本(税后) | (5)－(6) | 34.52 |
| (8) | 税后含利润成本 | (7)÷(1－8%) | 37.52 |
| (9) | 预算利润 | (8)×8% | 3.00 |
| | 外汇汇率 | USD: CNY | 100:612.72 |
| (10) | FOB Net 报价 | (8)÷6.127,2,USD/PC | 6.13 |
| (11) | 国外段运费 | (1,500+120+100)÷13,104 | USD0.13/PC |
| (12) | CFR Net 报价 | [(7)÷6.127,2+(11)]÷(1－8%) | 6.27 |
| (13) | CIF Net 报价 | (12)÷{[1－(1+10%)]×4.5‰} | 6.31 |
| (14) | 国外段保险费 | (13)－(12) | 0.04 |

# 第四章

**表4－6　工装进口成本核算综合表**

货币名称及单位：ILS（以色列镑）/Suit

<table>
<tr><th>序号</th><th colspan="2">支出或收入项目</th><th>税率(费率)及说明</th><th>支出或收入金额</th></tr>
<tr><td>1</td><td colspan="4">支　出</td></tr>
<tr><td>(1)</td><td colspan="2">进口价格折合本币<br>(CIF HAIFA－BAY)</td><td>12.70×3.607,4</td><td>45.82</td></tr>
<tr><td>(2)</td><td rowspan="5">进口税额</td><td>进口关税应税金额</td><td>12.70×3.604,9</td><td>45.79</td></tr>
<tr><td>(3)</td><td>进口关税</td><td>(2)×12%</td><td>5.50</td></tr>
<tr><td>(4)</td><td>进口消费税</td><td>[(2)+(3)]÷(1－8%)×8%</td><td>4.46</td></tr>
<tr><td>(5)</td><td>进口增值税</td><td>[(2)+(3)+(4)]×17%</td><td>9.48</td></tr>
<tr><td>(6)</td><td>进口税负合计</td><td>(3)+(4)+(5)</td><td>19.44</td></tr>
<tr><td>(7)</td><td colspan="2">进口口岸费</td><td>8,840.00÷8,736</td><td>1.01</td></tr>
</table>

表4－6 续表

| 序号 | 支出或收入项目 | | 税率(费率)及说明 | 支出或收入金额 |
|---|---|---|---|---|
| (8) | 国内流转费 | | (1)×6% | 2.75 |
| (9) | 银行费用 | | [(1)+(6)+(7)+(8)]×6‰×3 | 1.25 |
| (10) | 进口成本总计 | | (1)+(6)+(7)+(8)+(9) | 70.24 |
| 2 | 收 入 | | | |
| (11) | 国内最低售价 | 单 价 | (10)÷(1－40%) | 117.07 |
| (12) | | 总 价 | (11)×8,736 | 1,022,723.50 |
| 3 | 盈 亏 | | | |
| (13) | 国内销售利润 | 总 额 | (12)－(10)×8,736 | 409,106.90 |
| (14) | | 每套利润 | (11)－(10) | 46.83 |

**表4－7 牛仔衬衣进口成本核算综合表**

货币名称及单位：ILS（以色列镑）/PC

| 序号 | 支出或收入项目 | | 税率(费率)及说明 | 支出或收入金额 |
|---|---|---|---|---|
| 1 | 支 出 | | | |
| (1) | 进口价格折合本币(CIF HAIFA－BAY) | | 6.31×3.607,4 | 22.77 |
| (2) | 进口税额 | 进口关税应税金额 | 6.31×3.604,9 | 22.75 |
| (3) | | 进口关税 | (2)×12% | 2.73 |
| (4) | | 进口消费税 | [(2)+(3)]÷(1－8%)×8% | 2.22 |
| (5) | | 进口增值税 | [(2)+(3)+(4)]×17% | 4.71 |
| (6) | | 进口税负合计 | (3)+(4)+(5) | 9.66 |
| (7) | 进口口岸费 | | 8,840.00÷13,104 | 0.68 |
| (8) | 国内流转费 | | (1)×6% | 1.37 |
| (9) | 银行费用 | | [(1)+(6)+(7)+(8)]×6‰×3 | 0.63 |
| (10) | 进口成本总计 | | (1)+(6)+(7)+(8)+(9) | 35.09 |
| 2 | 收 入 | | | |
| (11) | 国内最低售价 | 单 价 | (10)÷(1－40%) | 58.49 |
| (12) | | 总 价 | (11)×13,104 | 766,452.96 |
| 3 | 盈 亏 | | | |
| (13) | 国内销售利润 | 总 额 | (12)－(10)×13,104 | 306,633.60 |
| (14) | | 每件利润 | (11)－(10) | 23.40 |

# 第五章

**表5－4 工装出口成本核算新旧对照表**

| 序号 | 项目名称 | 金额 | | 说明(“现在”的金额) |
|---|---|---|---|---|
| | | 原来 | 现在 | |
| (1) | 工装进货价 | 71.00 | 62.48 | CNY/ Suit |
| (2) | 综合业务费用 | 5.33 | 4.69 | (1)×7.5% |
| (3) | 出口口岸费用 | 0.15 | 0.15 | 1,300÷8,736 |
| (4) | 银行利息 | 1.38 | 1.22 | ((1)+(2)+(3))×6‰×3 |
| (5) | 国内总成本(税前) | 77.86 | 68.5 | (1)+(2)+(3)+(4) |
| (6) | 出口退税 | 7.89 | 6.94 | (1)÷117%×13% |
| (7) | 国内总成本(税后) | 69.97 | 61.60 | (5)－(6) |
| (8) | 税后含利润成本 | 76.06 | 66.96 | (7)÷(1－8%) |
| (9) | 预算利润 | 6.08 | 5.36 | (8)×8% |
| | 外汇汇率 | 100:612.72 | | USD: CNY |
| (10) | FOB Net 价格 | 12.42 | 10.93 | (8)÷6.1272,USD/ Suit |
| (11) | 国外段运费 | USD0.20/ Suit | 0.20 | (1 500+120+100)÷8,763 |
| (12) | CFR Net 价格 | 12.63 | 11.15 | [(7)÷6.127,2+(11)]÷(1－8%) |
| (13) | CIF Net 价格 | 12.70 | 11.21 | (12)÷{[1－(1+10%)]×4.5‰} |
| (14) | 国外段保险费 | 0.07 | 0.06 | (13)－(12) |

**表5－5 牛仔衬衣出口成本核算新旧对照表**

| 序号 | 项目名称 | 金额 | | 说明(“现在”的金额) |
|---|---|---|---|---|
| | | 原来 | 现在 | |
| (1) | 牛仔衬衣进货价 | 35.00 | 30.80 | CNY/PC |
| (2) | 综合业务费用 | 2.63 | 2.31 | (1)×7.5% |
| (3) | 出口口岸费用 | 0.10 | 0.10 | 1,300÷13,104 |
| (4) | 银行利息 | 0.68 | 0.60 | ((1)+(2)+(3))×6‰×3 |
| (5) | 国内总成本(税前) | 38.41 | 33.81 | (1)+(2)+(3)+(4) |
| (6) | 出口退税 | 3.89 | 3.42 | (1)÷117%×13% |
| (7) | 国内总成本(税后) | 34.52 | 30.39 | (5)－(6) |
| (8) | 税后含利润成本 | 37.52 | 33.04 | (7)÷(1－8%) |
| (9) | 预算利润 | 3.00 | 2.64 | (8)×8% |
| | 外汇汇率 | 100:612.72 | | USD: CNY |

表5-5 续表

| 序号 | 项目名称 | 金额 | | 说明("现在"的金额) |
|---|---|---|---|---|
| | | 原来 | 现在 | |
| (10) | FOB Net 价格 | 6.13 | 5.40 | (8)÷6.127,2,USD/PC |
| (11) | 国外段运费 | USD0.13/PC | 0.13 | (1,500+120+100)÷13,104 |
| (12) | CFR Net 价格 | 6.27 | 5.54 | [(7)÷6.127,2+(11)]÷(1-8%) |
| (13) | CIF Net 价格 | 6.31 | 5.57 | (12)÷{[1-(1+10%)]×4.5‰} |
| (14) | 国外段保险费 | 0.04 | 0.03 | (13)-(12) |

# 第六章

**表6-5 工装进口成本核算综合表**

货币名称及单位：ILS（以色列镑）/Suit

| 序号 | 支出或收入项目 | | 税率(费率)及说明 | 支出或收入金额 | |
|---|---|---|---|---|---|
| | | | | 第一次核算 | 第二次核算 |
| 1 | 支出 | | | | |
| (1) | 进口价格折合本币(CIF HAIFA-BAY) | | 进口报价×3.6074 | 45.82 | 41.24 |
| (2) | 进口税额 | 进口关税应税价格 | 进口报价×3.6049 | 45.79 | 41.21 |
| (3) | | 进口关税 | (2)×12% | 5.50 | 4.95 |
| (4) | | 进口消费税 | [(2)+(3)]÷(1-8%)×8% | 4.46 | 4.02 |
| (5) | | 进口增值税 | [(2)+(3)+(4)]×17% | 9.48 | 8.53 |
| (6) | | 进口税负合计 | (3)+(4)+(5) | 19.44 | 17.50 |
| (7) | 进口口岸费 | | 8,840.00÷8,736 | 1.01 | 1.01 |
| (8) | 国内流转费 | | (1)×6% | 2.75 | 2.48 |
| (9) | 银行费用 | | [(1)+(6)+(7)+(8)]×6‰×3 | 1.25 | 1.12 |
| (10) | 进口成本总计 | | (1)+(6)+(7)+(8)+(9) | 70.24 | 63.35 |
| 2 | 收入 | | | | |
| (11) | 国内最低售价 | 单价 | (10)÷(1-40%) | 117.07 | 105.59 |
| (12) | | 总价 | (11)×8,736 | 1,022,723.50 | 922,434.24 |
| 3 | 盈亏 | | | | |
| (13) | 国内销售利润 | 总额 | (12)-(10)×8,736 | 409,106.90 | 369,008.64 |
| (14) | | 每套利润 | (11)-(10) | 46.83 | 42.24 |

**表6－6 牛仔衬衣进口成本核算综合表**

货币名称及单位：ILS（以色列镑）/PC

| 序号 | 支出或收入项目 | | 税率(费率)及说明 | 支出或收入金额 | |
|---|---|---|---|---|---|
| | | | | 第一次核算 | 第二次核算 |
| 1 | 支　出 | | | | |
| (1) | 进口价格折合本币(CIF HAIFA－BAY) | | 进口报价×3.6074 | 22.77 | 20.49 |
| (2) | 进口税额 | 进口关税应税价格 | 进口报价×3.6049 | 22.75 | 20.48 |
| (3) | | 进口关税 | (2)×12% | 2.73 | 2.46 |
| (4) | | 进口消费税 | [(2)+(3)]÷(1－8%)×8% | 2.22 | 2.00 |
| (5) | | 进口增值税 | [(2)+(3)+(4)]×17% | 4.71 | 4.24 |
| (6) | | 进口税负合计 | (3)+(4)+(5) | 9.66 | 8.70 |
| (7) | 进口口岸费 | | 8,840.00÷13,104 | 0.68 | 0.68 |
| (8) | 国内流转费 | | (1)×6% | 1.37 | 1.23 |
| (9) | 银行费用 | | [(1)+(6)+(7)+(8)]×6‰×3 | 0.63 | 0.56 |
| (10) | 进口成本总计 | | (1)+(6)+(7)+(8)+(9) | 35.09 | 31.66 |
| 2 | 收　入 | | | | |
| (11) | 国内最低售价 | 单 价 | (10)÷(1－40%) | 58.49 | 52.77 |
| (12) | | 总 价 | (11)×13,104 | 766,452.96 | 691,498.08 |
| 3 | 盈　亏 | | | | |
| (13) | 国内销售利润 | 总 额 | (12)－(10)×13,104 | 306,633.60 | 276,625.44 |
| (14) | | 每件利润 | (11)－(10) | 23.40 | 21.11 |

表6-7 订单

UNIDRESS TADMIT LTS

9 Katzenstein St., 26000 Haifa - Bay, Israel

Tel: +972 -2 - -523 -4421, 531 -4277 Fax: +972 -2 -522 -3215, 522 -3324

**PURCHASE ORDER**

Order No. UTL - 11 - 6230 Date: SEPT. 27, 20 × ×

Seller: WUHAN TEXTILE IMPORT AND EXPORT CORPORATION LIMITED

Add: UNIT B, 15TH FLOOR, INTERNATIONAL TRADE BUILDING, NO. 214, XINHUA ROAD, WUHAN 430021, CHINA

Tel: 86 -27 -8576 -3321, 8577 -4253 Fax: 86 -27 -8576 -3275, 8577 -4742

This Purchase Order is made by the Buyer. We hereby place this order for the following goods with the Seller mentioned above according to the terms and conditions stipulated below:

| No. | Description | Size Assortment | Quantity | Unit Price | Amount |
|---|---|---|---|---|---|
| | | | | CIF HAIFA - BAY | |
| 1 | COVERALLS ART. NO. WH - C602 | S/M /L /XL/ XXL DARK BLUE: 4/5/6/5/4 = 24 SUITS / CTN | 4, 368SUITS/ 182 CTNS | USD11. 43/ SUIT | USD49, 926. 24 |
| 2 | DENIM SHIRTS ART. NO. WH - D735 | XS/S/M/L/XL NAVY: 6/7/8/8/7 = 36 PIECES / CTN | 6, 552PCS /182 CTNS | USD5. 68/ PIECE | USD37, 215. 36 |
| Total | | | 364 CTNS | | USD87, 141. 60 |

(1) Packing: ①COVERALLS: EACH SUIT IN A POLYBAG, 24 SUITS TO AN EXPORT CARTON; ② DENIM SHIRTS: EACH PIECE IN A POLYBAG, 36 PIECES TO AN EXPORT CARTON, TOGETHER IN A 20' GP CONTAINER.

(2) Shipment: ON OR BEFORE DECEMBER 20, 20 × ×, BY VESSEL.

(3) Loading Port: ANY CHINESE PORT.

(4) Discharging Port: HAIFA - BAY, ISRAEL

(5) Terms of Payment: BY L/C, PAYABLE AT 60 DAYS AFTER SHIPMENT.

(6) Quantity: ALLOW 5% MORE OR LESS BOTH IN QUANTITY AND AMOUNT.

(7) Samples: A SERIES OF CONFIMATION SAMPLES TO BE SENT FROM THE SELLER TO THE BUYER BEFORE THE SIGNING OF THE SALES CONTRACT. THE DETAILED SIZES NEEDED ARE AS FOLLOWS: ①COVERALLS: S、M、L EACH ONE SUIT, COLOUR: DARK BLUE; ② DENIM SHIRTS: XS、M、XL EACH ONE PIECE, COLOUR: NAVY.

(8) Shipping Market: U. T. L. / HAIFA - BAY / ORDER NO. 6230 / C/NO. 1 -364

Acknowledge:

UNIDRESS TADMIT LTS

Authorized Signature (seller) Authorized Signature (Buyer)

**表 6－8 销售确认书**

**销 售 确 认 书**

SALES CONFIRMATION

编号：
No. WHT-UTL6230

买方：　　　　　　　　　　　　　电传/传真：　　　　　　　日期：
Buyers：UNIDRESS TADMIT LTS　　Telex/Fax：　　　　　　Date：SEP. 30, 20××

地址：　　　　　　　　　　　　　　　　　　　　　　　　　买方订单号：
Address：9 KATZENSTEIN ST., 26000 HAIFA-BAY, ISRAEL　　Buyers Order：UTL-11-6230

卖方：　　　　　　　　　　　　　　　　　　　　　　　　　电传/传真：
Sellers：WUHAN TEXTILE IMPORT AND EXPORT CORPORATION LIMITED　　Telex/Fax：

地址：
Address：UNIT B, 15TH FLOOR, INTERNATIONAL TRADE BUILDING, NO. 214, XINHUA ROAD, WUHAN 430021, CHINA

兹经买卖双方同意，成交下列商品，订立条款如下：
The undersigned buyers and sellers have agreed to close the following transactions according to the terms and conditions stipulated below:

| 品名及规格<br>NAME OF COMMODITY & SPECIFICATION | 数 量<br>QUANTITY<br>UNIT | 单 价<br>PRICE | 金 额<br>AMOUNT |
|---|---|---|---|
| | | CIF HAIFA-BAY | |
| COVERALLS ART.NO. WH-C602<br>DENIM SHIRTS ART.NO. WH-D735 | 4,368 SUITS<br>6,552PCS | USD11.43<br>USD5.68 | USD49,926.24<br>USD37,215.36 |
| | TOTAL | | USD87,141.60 |

数量及总值均允许增减 5 %。
With 5 percent more or less both in the amount and quantity of the S/C allowed.

总金额：
Total Value：U.S. DOLLARS SEVENTY NINE THOUSAND EIGHTY TWO AND CENTS SIXTY FOUR ONLY.

包装：
Packing：① COVERALLS: EACH SUIT IN A POLYBAG, 24 SUITS TO AN EXPORT CARTON; ② DENIM SHIRTS: EACH PIECE IN A POLYBAG, 36 PIECES TO AN EXPORT CARTON.

保险：
Insurance：TO BE COVERED BY THE SELLER FOR 110% OF INVOICE VALUE AGAINST ALL RISKS, WAR RISK AND STRIKES, SUBJECT TO THE CHINA MARINE INSURANCE CLAUSES OF PICC DATED 1981/1/1.

装运时间：
Time of Shipment: ON OR BEFORE DECEMBER 20, 20××, BY VESSEL.

装运港和目的港：
Port of Loading & Destination: LOADING PORT:ANY CHINESE PORT; FOR TRANSPORT TO: HAIFA-BAY, ISRAEL.

付款：
Payment: BY L/C, PAYABLE AT 60 DAYS AFTER SHIPMENT.

一般条款：　请参看本合同背面
General Terms and Conditions:（Please see overleaf）

唛头：
Shipping Marks
U. T. L.
HAIFA-BAY
ORDER NO. 6230
C/NO. 1－364

买方签字：
The Signature of Buyers

卖方签字：
The Signature of Sellers

**表6－9 形式发票**

<table>
<tr><td rowspan="2">Issuer<br>WUHAN TEXTILE IMPORT AND EXPORT CORPORATION LIMITED<br>UNIT B，$15^{TH}$ FLOOR，INTERNATIONAL TRADE BUILDING，NO. 214，XINHUA ROAD，WUHAN 430021，CHINA</td><td colspan="2" rowspan="2">形 式 发 票<br>PROFORMA INVOICE</td></tr>
<tr></tr>
<tr><td rowspan="2">TO<br>UNIDRESS TADMIT LTS<br>9 KATZENSTEIN ST.，26000 HAIFA－BAY，ISRAEL</td><td colspan="2"></td></tr>
<tr><td>No. PRF－WHT－UTL6230</td><td>Date：OCT. 7，20××</td></tr>
<tr><td rowspan="2">Transport Details<br>SHIPMENT FROMCHINESE PORT TO HAIFA－BAY，ISRAEL，BY SEA.</td><td>S/C No. WHT－UTL6230</td><td>L/C No.</td></tr>
<tr><td>Payment Terms</td><td>BY L/C，AT 90 DAYS</td></tr>
</table>

| Marks and Numbers | Description of goods | Quantity | Unit Price | Amount |
|---|---|---|---|---|
| | | | CIF HAIFA－BAY | |
| U. T. L.<br>HAIFA－BAY<br>ORDER NO. 623<br>C/NO. 1－364 | COVERALLS ART. NO. WH－C602<br>DENIM SHIRTS ART. NO. WH－D735 | 4, 368SUITS<br>6, 552PIECES | USD11. 43/SUIT<br>USD5. 68/PIECE | USD49, 926. 24<br>USD37, 215. 36 |
| Total： | | | | USD87，141. 60 |

Say Total：U. S. DOLLARS SEVENTY NINE THOUSAND EIGHTY TWO AND CENTS SIXTY FOUR ONLY.

Size Assortment：

① FOR COVERALLS：S M L XL XXL

------------------------

DARK BLUE 4 5 6 5 4＝24 SUITS / CTN

② FOR DENIM SHIRTS： XS S M L XL

------------------------

NAVY 6 7 8 8 7＝36 PIECES / CTN

Packing：① COVERALLS：EACH SUIT IN A POLYBAG，24 SUITS TO AN EXPORT CARTON；

② DENIM SHIRTS：EACH PIECE IN A POLYBAG，36 PIECES TO AN EXPORT CARTON，TOGETHER IN A 20' GP CONTAINER.

Shipment：ON OR BEFORE DECEMBER 20，20××，BY VESSEL.

Payment：BY L/C，PAYABLE AT 60 DAYS AFTER SHIPMENT.

Other Details：THE GOODS QUALITY SHALL BE SUBJECT TO THE CONFIRMATION SAMPLES.

（出口商签字和盖单据章）

# 第七章

## 1. 跟单信用证申请书

**表7-4 跟单信用证申请书**

APPLICATION FOR IRREVOCABLE DOCUMENTARY CREDIT

TO：BANK HAPOALIM B. M. TEL-AVIV Date：NOV. 10，20××

Please establish by ☒ SWIFT ☐ telex ☐ airmail an irrevocable credit as follows：

<table>
<tr><td>Advising Bank：（to be left for bank to fill in）<br>BANK OF CHINA *HANKOU<br>*（HUBEI BRANCH）</td><td>（20）Irrevocable Documentary Credit No. 791-01-002521-8<br>（31D）Expiry Date and Place<br>DATE ××0105 PLACE CHINA</td></tr>
<tr><td>（50）Applicant：（full name and detailed address）<br>UNIDRESS TADMIT LTS，<br>9 KATZENSTEIN ST.<br>26000 HAIFA-BAY，ISRAEL</td><td>（59）Beneficiary：（full name and detailed address）<br>WUHAN TEXTILE IMPORT AND EXPORT CORPORATION LIMITED<br>UNIT B，15TH FLOOR，INTERNATIONAL TRADE BUILDING，NO. 214，XINHUA ROAD，WUHAN 430021，CHINA</td></tr>
<tr><td colspan="2">（32B）Currency code，Amount（both in figures and words）<br>CURRENCY USD AMOUNT 82,313.60（SAY U. S. DOLLARS EIGHTY TWO THOUSAND THREE HUNDRED THIRTEEN AND CENTS SIXTY ONLY.）<br>（39A）Quantity and Credit amount tolerance ±5 %</td></tr>
<tr><td colspan="2">（41A）Credit available with ☐ any bank ☐ Issuing Bank ☒ BANK OF CHINA *HANKOU *（HUBEI BRANCH）<br>By ☐ Negotiation ☐ Acceptance ☐ Sight Payment ☒ Deferred Payment at 90 DAYS AFTER TRANSPORT DOC. DATE</td></tr>
<tr><td colspan="2">（42C）Draft at for % of invoice value</td></tr>
<tr><td colspan="2">（42A）Drawn on</td></tr>
<tr><td>（43P）Partial shipments ☒ allowed ☐ not allowed</td><td>（43T）Transhipment ☐ allowed ☒ not allowed</td></tr>
<tr><td>（44A）Loading on board from CHINESE PORT</td><td>（44B）For transportation to HAIFA PORT</td></tr>
<tr><td colspan="2">（44C）Latest date of shipment date ××1215</td></tr>
<tr><td colspan="2">（45A）Description of Goods：<br>GARMENTS<br>AS PER PROFORMA INVOICE NO. SF××1300 DATED 8，OCTOBER，20××<br>Price Term：FOB CHINESE PORT，INCOTERMS 2010.<br>Packing：① COVERALLS：EACH SUIT IN A POLYBAG，24 SUITS TO AN EXPORT CARTON；<br>② DENIM SHIRTS：EACH PIECE IN A POLYBAG，36 PIECES TO AN EXPORT CARTON.</td></tr>
</table>

表7-4 续表

| |
|---|
| (45A) Documents required: (marked with " × ")<br>( × ) Signed Commercial Invoice in __4 FOLD__ indicating L/C No. and Contract No.<br>( × ) __3/3 ORIGINAL PLUS 3 NON NEGOTIABLE COPIES__ set of clean on board ocean Bills of Lading made out to order and blank endorsed marked "freight __PAYABLE AT DESTINATION__" notifying ☒ Applicant ☐<br>( ) Airway Bills showing "freight ☐ to collect ☐ prepaid" indicating freight amount and consigned to ☐ Applicant ☐ Issuing Bank ☐<br>( ) Forwarding agent's Cargo Receipt<br>( ) Insurance policy / certificate in ______ for ____ % of the invoice value, showing claims payable in China in currency of the draft, blank endorsed, covering (☐ Ocean Marine Transportation ☐ Air Transportation ☐ Over Land Transportation) All Risks, War Risk, including ________ ______ as per ______________ clauses.<br>( × ) Packing List / Weight Memo in __4 FOLD__ indicating quantity / gross and net weights of each package and packing conditions as called for by the L/C.<br>( ) Certificate of Quantity / Weight in ________<br>( ) Certificate of quality in ______ issued by ☐ beneficiary ☐ public recognized surveyor ☐ manufacturer ☐<br>( ) Beneficiary's certified copy of fax / telex dispatched to the accountee within ____ hours after shipment advising ☐ name of vessel ☐ B/L No. ☐ Flight No. ☐ wagon No. ☐ Shipping date ☐ contract No. ☐ L/C No. commodity, quantity, weight and value of shipment.<br>( )<br>( )<br>( ) |
| (47A) Additional Instructions: (marked with ×)<br>( ) Documents issued earlier than L/C issuing date are not acceptable.<br>( ) All documents to be forwarded in one cover, unless otherwise stated.<br>( ) The remaining ____ % of invoice value.<br>( × ) Third party as shipper is ☐ acceptable ☒ not acceptable.<br>( × ) Other terms, if any: THE GOODS TO BE SHIPPED IN A 20GP CONTAINER. |
| (71B) All banking charges and interest if any outside opening bank are for account of ☒ Beneficiary ☐ |
| (48) Documents to be presented within __21__ days after the date of issuance of the transport document (s) but within the validity of the credit. |

2. 信用证至少有三点需要修改

(1) 延期付款时间应该修改为:"DEFERRED PAYMENT. 42 P: PAYMENT TO BE EFFECTED AT 60 DAYS AFTER TRANSPORT DOC. DATE"

(2) 信用证应该添加一条:"5% MORE OR LESS BOTH IN QUANTITY

AND AMOUNT ARE ALLOWED”以避免有些银行以“信用证只规定了金额允许有5%的增减幅度，这并不意味着数量也允许有相应的增减幅度”为由，在单据上的数量按照信用证规定实际增减以后提出“不符点”并且以此拒付。

（3）信用证应该将“是否允许转船”修改为：“TRANSHIPMENT 43 T：TRANSHIPMENT PERMITTED”。其理由很简单：以色列只是中东一个小国，人口一共只有不到500万；而且以色列与其周边的阿拉伯国家的关系历来就处于“敌对”的状态，经济上一直“老死不相往来”，就连来往的贸易商船也不能互相停靠。在这种特殊情况下，一批货物用船舶运抵以色列并不是一件非常容易的事情，多半都需要转船（transhipment）。

3. 同步训练信用证中出现的主要英语缩写解释一览表

**表7-5 同步训练信用证中出现的主要英语缩写解释一览表**

| 序号 | 英文缩写 | 英文全称 | 词语汉译 |
|---|---|---|---|
| 1 | DEF | deferred | 延期的 |
| 2 | PAYM | payment | 支付、付款 |
| 3 | DOC（S） | documents | 单据 |
| 4 | COND | condition | 条件 |
| 5 | LIBOR | London Inter-bank Offered Rates | 伦敦同业银行拆借利率 |
| 6 | P. A. | private account | 私人账户 |
| 7 | A. M. | the above mentioned | 上述 |
| 8 | INCL | including | 包括、包含 |
| 9 | NY | New York | 纽约 |
| 10 | SEND. | Sender | 发函人（开证行） |
| 11 | REC. | Receiver | 收函人（通知行、指定银行） |
| 12 | INFO. | information | 说明、提示 |

## 第八章

一、根据第三节URC522的惯例回答下列问题

1. 跟单托收必须附有金融票据吗？为什么？

答：不必。因为URC522第2条第（4）款规定，跟单托收包括两种情况：a. 附有商业单据的金融单据项下的托收；b. 不附有金融单据的商业单据项下的托收。

2. 托收指示中既没有明确单据是以买方付款为条件交付，也没有规定以买方承兑为条件交付，银行应该以什么为条件交付单据？其依据是什么？

答：此时银行应该以付款为条件向买方交付单据。因为 URC522 第 7 条第（2）款明确规定：如果托收指示中没有明确说明，商业单据只能是付款交单。

3. 一份远期付款交单的单据，货物先到了目的港，而付款期限还没有到期，代收行因此不向买方交单，导致货物压仓了。这笔存仓费是否应该由代收行承担，为什么？

答：代收行不需要承担存仓费。因为 URC522 第 7 条第（3）款明确规定：如果托收包含有远期付款的汇票而且托收指示列明应凭付款交出商业单据时，单据只能凭该项付款才能交付，而代收行对由于交单的延误所产生的任何结果将不承担责任。

4. 出口商在事先没有与银行商量的情况下，能不能直接规定银行为货物的收货人？其依据是什么？

答：不能。因为 URC522 第 10 条第（1）款明确规定：未经银行事先同意，货物不得以银行的地址直接发送给银行，或者以该银行作为收货人或抬头人。

5. 银行按托收指示的要求代表托运人接受、处置货物时，由于任何第三方的过失或疏忽损坏了货物，银行需要对此承担责任吗？其依据是什么？

答：银行不需要承担责任。因为 URC522 第 10 条第（3）款明确规定：银行为保护货物而采取措施时，银行有关货物的结局、状况，对受托保管、保护的任何第三方的行为及/或疏漏都不承担责任。

6. URC522 第 4 条第（1）款 a 点Ⅱ小点中的“银行不审核单据”与第 12 条（1）款中的“银行必须确定他所收到的单据与托收指示中所列的单据完全一致”应该怎样理解？

答：第 4 条第（1）款 a 点Ⅱ小点中的“银行不审核单据”的含义是：委托人提交的单据原样是什么就是什么，托收行不需要检查其中的对错并提出来加以改正；而第 12 条（1）款中的“银行必须确定他所收到的单据与托收指示中所列的单据完全一致”则是指：托收行在接收委托人提交的托收单据时，应该当场对照托收指示的列项，一一核实委托人提交的托收单据是不是确实与托收指示所列明的单据名称、种类和份数等信息相符。

7. 银行在接受托收单据时并没有提出“单据与托收指示不符”，但过了一段时间以后，托收行又声称“单据与所列表面不符”。银行此时有没有这种权利？其依据是什么？

答：没有。因为URC522第12条第（2）款明确规定：如果（托收行寄给代收行的）单据与所列表面不符，寄单行（即托收行）对代收行收到的单据种类和数量不得有争议。

8. 分期付款在什么前提条件下可以接受？在分期付款的托收方式下，单据何时可以交付给付款人？

答：根据URC522第19条的规定：（1）在光票托收下，其前提条件是分期付款与当地的法律不冲突，金融票据只有在全部款项付清以后才能够提交给付款人；（2）在跟单托收下，其前提条件是：①托收指示特别授权接受分期付款；②提示行对由于这种迟交单据造成的后果不承担责任。在跟单托收下，提示行在全部货款收妥以后才能将单据交付给付款人。

9. 如果托收指示中规定必须收取利息或手续费，而付款人拒绝支付该项利息或手续费，提示行能不能仅凭付款或承兑就把单据交给付款人？为什么？

答：根据URC522第20条的规定：（1）如果托收指示中只规定“必须收取利息”，而没有明确地指明“利息不得放弃”时，代收行可以仅凭付款或承兑向付款人交单；（2）如果托收指示明确地指明“利息不得放弃”，代收行必须既要收取足额货款，又要收讫利息以后才能放单。至于费用，其原理与上述类似，具体参见URC522第21条的规定。

## 二、填写一份托收委托书

**托收委托书**

COLLECTION INSTRUCTION

SWIFT CODE：
FAX NO.

WHEN CORRESPONDING
PLEASE QUOTE OUR REF. NO.

Dear Sirs，
We enclose the following draft（s） / documents as specified hereunder which please collect in accordance with the instructions indicated herein.

MAIL TO：（COLLECTING BANK）

CREDITO ARTIGIANO
PIAZZA S.，FEDCLE 4，MILANO，ITALY.
TEL：0039-02-806 371
FAX：0039-02-8063 7303

DRAWER：

HUBEI PROVINCIAL ANIMAL BY -PRODUCTS IMPORT & EXPORT CORPORATION LIMITED

PRESENTING BANK：

DELIVER DOCUMENTS AGAINST：D/P AT SIGHT

DRAWEE：

HIGH-TECH
S.R.L. PIAZZA XXV APRILE，
12-20124 MILAND， ITALY

DUE DATE / TENOR：AT SIGHT

DRAWER'S REF. NO. INVOICE NO. VL××J095

AMOUNT：EUR23 415.63

DOCUMENTS：

| DRAFT | INVOICE | B/L SHIP CERT | PACKING LIST | ORIGIN CERT | FORM A | QUANTITY WEIGHT CERT | QUALITY CERT |
|---|---|---|---|---|---|---|---|
| 2 | 4 | 2 | 3 | × | 3 | × | 3 |
| INS POLICY DECLAR | B/LADING P.P.R A.W.B. C.R. | N/N B/LADING C/R | TLX/CABLE / FAX COPY | BENE LETTER / CERT | S.S. CO. CERT | CUSTOMS INVOICE | CONSUL INVOICE |
| 3 | 3 | 3 | 1 | × | 2 | × | × |

Special instructions：（See box marked "×"）
☐ Please acknowledge receipt of this collection instruction.
☐ All your charges are to be borne by the drawees.
☐ In case of a time bill，please advise us of acceptance giving maturity date.
☒ In case of dishonour，please do not protest but advise us of non-payment / non-acceptance by telex，giving reasons.
☒ Any payment / acceptance should be made within five working days by the drawee.
☐ Do not waive interest and / or collection charges if refused.

Disposal of proceeds upon collection：

REMARKS

HEAD OFFICE：

经办 ××　　　　复核 ××

Unless otherwise specified this Collection is subject to Uniform Rules for Collection（URC No.522）

# 第九章

**表 9－8　产品购销合同**

供方：武汉市红旗服饰有限责任公司　　　　合同编号：WHD××257

需方：武汉纺织品进出口有限公司　　　　签订时间：20××年11月1日

签订地点：中国武汉

（1）产品名称、数量及价款：

| 产品名称 | 规格型号 | 计量单位 | 数量 | 单价 | 总金额 |
|---|---|---|---|---|---|
| 工装 | WH－C602 | 套 | 4，368 | CNY61.77/套 | CNY269，811.36 |
| 牛仔衬衣 | WH－D735 | 件 | 6，552 | CNY30.45/件 | CNY199，508.40 |
| 合计金额 | （大写）人民币肆拾陆万玖仟叁佰壹拾玖元柒角陆分整 | | | | CNY469，319.76 |

（2）质量要求及技术标准、供方对质量负责的条件和期限：商品质量以确认样品为准，最迟交货期限为20××年12月10日。

（3）包装：工装：每一套装进一个塑料袋，24套装进一个出口纸箱；牛仔衬衣：每一件装进一个塑料袋，36件装进一个出口纸箱。纸箱须经需方确认以后方能正式加工生产。包装费用由供方承担。

（4）检验标准、验收方法：以国家出入境检验检疫局出具的商检放行单为准。

（5）交货地点和方式：武汉指定地点。

（6）运输方式及费用：供方负责将货物送到武汉市的指定地点，其费用由供方负担。

（7）计算方式：需方收到供方提供的商检合格证明以后预付30%货款，需方在港口收到全部货物及税率为17%的增值税发票后付清余款。

（8）违约责任：违约方赔偿对方5%的违约金。

（9）合同争议的解决方式：本合同在履行过程中如果发生争议，由双方当事人协商解决；协商不成，由违约方的对方所在地人民法院受理。

（10）本合同依法签订，经供需双方盖章和代表签字，即具法律效力，任何一方不得擅自变更或解除。如因故需要变动，需经供需双方协商一致后另立协议。

（11）本合同自签订之日起生效。

（12）本合同一式两份，供需双方各执一份，传真件是同正本具有同等的法律效力。

（13）其他约定事项：供方需于20××年12月10日或之前将货物运至武汉港口需方指定地点。

| 供　　方 | 需　　方 |
|---|---|
| 单位名称：（盖章） | 单位名称：（盖章） |
| 单位地址： | 单位地址： |
| 法定代表人： | 法定代表人： |
| 委托代理人： | 委托代理人： |
| 电话： | 电话： |
| 传真： | 传真： |
| 开户银行： | 开户银行： |
| 账号： | 账号： |
| 税号： | 税号： |

**表9－9 服装生产通知单**

致：武汉市红旗服饰有限责任公司

订单编号：UTL－11－6230

1. 商品名称：男式工装和牛仔衬衣

2. 数量、规格及颜色

| 货号 | 数量 | | 箱号 | 颜色 |
|---|---|---|---|---|
| | 套（件）数量 | 箱数 | | |
| WH－C602 | 4，368 套 | 182 箱 | 1－182 | DARK BLUE（深蓝色） |
| WH－D735 | 6，552 件 | 182 箱 | 183－364 | NAVY（海蓝色） |

3. 配码

（1）工装： S M L XL XXL

------------------------

DARK BLUE 4 5 6 5 4＝24 SUITS / CTN

（2）牛仔衬衣：XS S M L XL

------------------------

NAVY 6 7 8 8 7＝36 PIECES / CTN

4. 包装

（1）工装：每一套装进一个塑料袋，24 套装进一个出口纸箱。

（2）牛仔衬衣：每一件装进一个塑料袋，36 件装进一个出口纸箱。

（3）外包装纸箱尺寸（工装与牛仔衬衣一样）：56.5×45×33（cm）。

5. 唛头

（1）正唛：

U. T. L.

HAIFA－BAY

ORDER NO. 6230

C/NO. 1－364

（2）侧唛：

①工装

ORDER. NO. UTL－11－6230

C/NO. 1－182

ART. NO. WH－C602

SIZE ASSORTMENT：S M L XL XXL

------------------------

DARK BLUE 4 5 6 5 4＝24 SUITS / CTN

N. W. 14KG； G. W. 16KG

MEASUREMENT：56.5×45×33（cm）

② 牛仔衬衣

ORDER. NO. UTL－11－6230

C/NO. 183－364

ART. NO. WH－D735

SIZE ASSORTMENT：XS S M L XL

------------------------

NAVY 6 7 8 8 7＝36 PIECES / CTN

N. W. 14KG； G. W. 16KG

MEASUREMENT：56. 5×45×33（cm）

6. 交货期：20××年12月10日以前。

7. 其他注意事项

（1）外箱尺寸一定要严格按照长宽高外径56. 5×45×33cm的尺寸，既不能扩大，又不能缩小，因为一个20英尺集装箱的内径尺寸“5. 98×2. 35×2. 39M”基本上是一定的。这一点事先 定要跟纸箱厂交代清楚，防止做小了会使衣服装不下或损坏衣服的造型；做大了，集装箱最终装不下全部的订单数量。

（2）所有资料一定要保密，未经本公司允许，不得向其他单位和个人提供供货情况和样品，务请贵厂予以配合。

武汉纺织品进出口有限公司

20××年11月1日

**表9－10 出境货物报检单**

中华人民共和国出入境检验检疫

出境货物报检单

报检单位：武汉纺织品进出口有限公司　　　　＊编　　号：

报检单位登记号：××××××　　　　联系人：×××

电话：××××××××　　　　报检日期：20××年12月01日

<table>
<tr><td rowspan="2">发货人</td><td>（中 文）</td><td colspan="6">武汉纺织品进出口有限公司</td></tr>
<tr><td>（外 文）</td><td colspan="6">WUHAN TEXTILE IMPORT AND EXPORT CORPORATION LIMITED</td></tr>
<tr><td rowspan="2">收货人</td><td>（中 文）</td><td colspan="6"></td></tr>
<tr><td>（外 文）</td><td colspan="6">UNIDRESS TADMIT LTS</td></tr>
<tr><td colspan="2">货物名称（中/外文）</td><td>H. S. 编码</td><td>产地</td><td>数量/重量</td><td>货物总值</td><td colspan="2">包装种类及数量</td></tr>
<tr><td colspan="2">男式工装（COVERALLS）</td><td>6211339021</td><td>武汉</td><td>4,368 套</td><td>USD48,834．24</td><td colspan="2">182 纸箱</td></tr>
<tr><td colspan="2">牛仔衬衣(DENIM SHIRTS)</td><td>6403．4000</td><td>武汉</td><td>6,552 件</td><td>USD36,167．04</td><td colspan="2">182 纸箱</td></tr>
<tr><td>运输工具名称号码</td><td></td><td>贸易方式</td><td>一般贸易</td><td>货物存放地点</td><td colspan="3">武汉</td></tr>
<tr><td>合同号</td><td>WHT－UTL6230</td><td>信用证号</td><td>791－01－002521－8</td><td>用 途</td><td colspan="3"></td></tr>
<tr><td>发货日期</td><td>20××年12月</td><td>输往国家(地区)</td><td>以色列</td><td>许可证/审批号</td><td colspan="3"></td></tr>
<tr><td>启运地</td><td>武汉</td><td>到达口岸</td><td>海法</td><td>生产单位注册号</td><td colspan="3">×××××</td></tr>
<tr><td>集装箱规格、数量及号码</td><td colspan="7"></td></tr>
<tr><td colspan="2">合同、信用证订立的检验检疫条款或特殊要求</td><td colspan="2">标记及号码</td><td colspan="4">随附单据（划“√”或补填）</td></tr>
<tr><td colspan="2"></td><td colspan="2">U. T. L.<br>HAIFA－BAY<br>ORDER NO. 6230<br>C/NO. 1－364</td><td colspan="2">□合同√<br>□信用证√<br>□发票<br>□换证凭单<br>□装箱单√<br>□厂检单√</td><td colspan="2">□包装性能结果单√<br>□许可/审批文件<br>□<br>□<br>□<br>□</td></tr>
<tr><td colspan="4">需要证单名称（划“√”或补填）</td><td colspan="4">＊检验检疫费</td></tr>
<tr><td rowspan="2">□品质证书<br>□重量证书<br>□数量证书<br>□兽医卫生证书<br>□健康证书<br>□卫生证书<br>□动物卫生证书</td><td rowspan="2">__正__副<br>__正__副<br>__正__副<br>__正__副<br>__正__副<br>__正__副<br>__正__副</td><td rowspan="2">□植物检疫证书<br>□熏蒸/消毒证书<br>□出境货物放行单√<br>□<br>□<br>□<br>□</td><td rowspan="2">__正__副<br>__正__副<br>__正__副</td><td colspan="2">总金额<br>（人民币元）</td><td colspan="2"></td></tr>
<tr><td colspan="2">计费人<br><br>收费人</td><td colspan="2"></td></tr>
<tr><td colspan="4" rowspan="3">报检人郑重声明：<br>1. 本人被授权报检。<br>2. 上列填写内容正确属实，货物无伪造或冒用他人的厂名、标志、认证标志，并承担货物质量责任。<br>签名：________</td><td colspan="4">领取证单</td></tr>
<tr><td colspan="2">日期</td><td colspan="2"></td></tr>
<tr><td colspan="2">签名</td><td colspan="2"></td></tr>
</table>

注：有“＊”号栏由出入境检验检疫机关填写　　　　◆国家出入境检验检疫局制

［1－2（20××.1.1）］

表 9－11 装箱单

| | |
|---|---|
| Issuer | 武汉纺织品进出口有限公司<br>WUHAN TEXTILE IMPORT AND EXPORT CORPORATION LIMITED PACKING LIST<br><br>PACKING LIST |
| WUHAN TEXTILE IMPORT AND EXPORT CORPORATION LIMITED<br>UNIT B, 15TH FLOOR, INTERNATIONAL TRADE BUILDING, NO. 214, XINHUA ROAD, WUHAN 430021, CHINA | |
| To | |
| UNIDRESS TADMIT LTS,<br>9 KATZENSTEIN ST.<br>26000 HAIFA－BAY<br>ISRAEL | Invoice No. ××IS213－B<br>Invoice Date: JAN. 01, 20××<br>L/C No. 791－01－002521－8<br>L/C Date: OCT. 20, 20×× |

| Description of Goods | Art. No. | Quantity | Number of Packages | Carton Number |
|---|---|---|---|---|
| COVERALLS | WH－C602 | 4, 368SUITS | 182CARTONS | 1－182 |
| DENIM SHIRTS | WH－D735 | 6, 552PCS | 182CARTONS | 183－364 |
| Total | * * * * * | * * * * * | 364CARTONS | * * * * * |

(1) PACKING:
① FOR COVERALLS: ONE SUIT IN A POLY BAG, AND 24 SUITS TO AN EXPORTCARTON.
② FOR DENIM SHIRTS: ONE PIECE IN A POLY BAG, AND 36 PIECES TO AN EXPORTCARTON.
(2) SIZE ASSORTMENT:
① FOR COVERALLS: S M L XL XXL
------------------------
DARK BLUE 4 5 6 5 4 = 24 SUITS / CTN
② FOR DENIM SHIRTS: XS S M L XL
------------------------
NAVY 6 7 8 8 7 = 36 PIECES / CTN
(3) SHIPING MARK:
U. T. L.
HAIFA－BAY
ORDER NO. 6230
C/NO. 1－364
(4) GROSS WEIGHT: 7, 280KG
(5) NET WEIGHT: 8, 008KG
(6) MEASUREMENT: 30. 541CBM (56. 5×45×33cm)
(7) TOTALLY PACKED IN 364CARTONS / 2×20' CONTAINERS

(STAMP)

**表 9–12　增值税专用发票**

××省增值税专用发票

发 票 联

4100083145　　　　No. 4170747

开票日期：　20×× 年 12 月 10 日

| | | | |
|---|---|---|---|
| 购货单位 | 名称：武汉纺织品进出口有限公司<br>纳税人登记号：420102177574572<br>地址、电话：武汉市新华路 214 号国贸大楼 15 楼 B 座 8573–1566<br>开户行及账号：工行武汉市江北支行 3202016509200011192 | 密码区 | 55>42+7*2457>4*56242+ 加密版本：01<br>–1/06287>8*13<1+1>>36　3300083140<br>–72/–47+77>65/2/7288<br>42>575–1964*93808>></　07158805 |

| 货物或应税劳务名称 | 规格型号 | 单位 | 数量 | 单价 | 金额 | 税率 | 税额 |
|---|---|---|---|---|---|---|---|
| 工装 | WH–C602 | 套 | 4,368 | 53.401709 | 233,528.66 | 17% | 39,653.97 |
| 牛仔衬衣 | WH–D735 | 件 | 6,552 | 26.324786 | 172,479.99 | 17% | 29,321.60 |
| 合 计 | | | | | 406,008.65 | | 68,975.57 |
| 价税合计（大写） | 人民币肆拾柒万肆仟柒佰壹拾肆元贰角贰分整 | | | | （小写）¥474,714.22 | | |

| | | | |
|---|---|---|---|
| 销货单位 | 名称：武汉市红旗服饰有限责任公司<br>纳税人登记号：330783747038286<br>地址、电话：武汉市建设大道 145 号，电话：8543–5634<br>开户行及账号：武汉市农行台北分理处 1208041209048002425 | 备注 | |

收款人：×××　　复 核：　　开票人：×××　　销货单位：（章）（盖章）

第三联　发票联　购货方记账凭证

国税函（20××）562 号海南华森实业公司

# 第十章

一、阅读第三节给定的提单条款，并且回答下列问题

1. 船公司向发货人对一批货物一共签发了三份正本提单，提单的善意持有人能不能先后三次，每次持一份正本提单去向船公司提取货物？为什么？

答：不能。收货人只能凭这三份正本提单中的任何一份，向船公司提取一次货物。因为，本提单的正面条款声明：本联运提单项下所有的具有相同日期和到期日、并且列明了提单号码、经过签署的正本提单，只要其中任何一份用于提取了货物，其余（正本提单）份数随即失效。

2. 如果托运货物没有声明价值，发生货损后，承运人的最高赔偿限额是多少？

答：按照该提单背面条款第 14 条的规定，如果托运人事先没有声明货物的价值，或者虽然声明了但却没有获得承运人的认可，承运人对每批货损的最高赔偿限额仅限于 HKD3 000.00。

3. 如果收货人发现了货损，向承运人提出索赔的有效期限具体有哪些？

答：按照该提单背面条款第 15 条的规定，托运货物一旦发生了货损，收货人的货损通知应按下列情况送达承运人：(1) 货物的目的地在香港本地的，货物运抵后 7 天内送达；(2) 目的地在香港以外地区的，货物运抵后 14 天内送达；(3) 整批货物或部分货物的包装损失或提货不着的，其书面通知应在货物应该抵达时间的 28 天以内送达。

4. 承运人在哪些情况下有权私自处理托运货物？

答：按照该提单背面条款的相关规定，承运人有权在以下三种情况下私自处理托运货物：(1) 该提单背面条款第 17 条规定，如果货物在目的港没有提货人地址、地址不详或地址无法辨认，易腐货物将被出售或被处理掉，不需事先向托运人通报；(2) 第 18 条规定，只要承运人认为提货人地址不详、地址无法辨认或因其他原因不能交付货物，承运人有权将非易腐货物出售或处理掉，其费用由托运人承担；(3) 第 22 条规定，如果发货人、收货人或货主拖欠承运人的运杂费用，且未在催付通知发出一个月之内支付，承运人将对货物行使置留权。

## 三、填制下列空白单据

**表 10-7 货物出运委托书**

货物出运委托书

（货物明细单） 日期：JAN. 01，20××

根据《中华人民共和国合同法》与《中华人民共和国海商法》的规定，就出口货物委托运输事宜订立本合同。

| | | | |
|---|---|---|---|
| 合同号 | WHT-UTL6230 | 运输编号 | |
| 发票号 | ××IS213-B | 核销单号 | |
| 开证银行 | BANK HAPOALIM B.M. * TEL-AVIV | | |
| 贸易性质 | GENERAL | 贸易国别 | ISRAEL |
| 消费国别 | ISRAEL | 运输方式 | MARINE |
| 支付方式 | L/C | 信用证号 | 791-01-002521-8 |
| 装运期限 | ×10126 | 有效期限 | ××10216 |
| 出口口岸 | WUHAN | 目 的 港 | HAIFA-BAY |
| 可否转运 | NO | 可否分批 | YES |
| 运费预付 | | 运费到付 | TO COLLECT |

| | |
|---|---|
| 托运人 | WUHAN TEXTILE IMPORT AND EXPORT CORPORATION LIMITED<br>UNIT B，15TH FLOOR，INTERNATIONAL TRADE BUILDING，NO. 214，XINHUA ROAD，WUHAN 430021，CHINA |
| 提单抬头 | TO THE ORDER OF BANK HAPOALIM B.M. |
| 通知人 | UNIDRESS TADMIT LTS<br>9 KATZENSTEIN ST.，26000 HAIFA-BAY，ISRAEL |

| 标志唛头 | 货名规格、海关编号 | 件数及包装式样 | 毛重（公斤） | 净重（公斤） | 价格币制 单价 | 价格币制 总价 |
|---|---|---|---|---|---|---|
| U. T. L.<br>HAIFA-BAY<br>ORDER NO. 623<br>C/NO. 1-364 | 工装<br>牛仔衬衣 | 182 纸箱<br>182 纸箱 | 4,004<br>4,004 | 3,640<br>3,640 | USD11.18<br>USD5.52 | USD48,834.24<br>USD36,167.04 |
| TOTAL: | | 364 纸箱 | 8,008 | 7,280 | USD85,001.28 | |

| | | | | | |
|---|---|---|---|---|---|
| 法定商检 | √ | 总尺码 | 30.541CBM | FOB 价值 | USD85,001.28 |

| | | | | |
|---|---|---|---|---|
| 受托人注意事项 | (1) FREIGHT PAYABLE AT DESTINATION.<br>(2) THE L/C TO SPECIFY THE FOLLOWING ARABIAN UNLOADING CLAUSE: IN VIEW OF THE DANGER OF CONFISCATION, WARRANTED VESSEL NOT TO CALL AT PORTS AND NOT TO ENTER THE TERRITORIAL WATERS OF ANY ARAB COUNTRIES BELLIGERENT TO THE STATE OF ISRAEL AND/OR ACTIVELY SUPPORTING THE ARAB BOYCOTT, PRIOR TO UNLOADING AT PORT OF DESTINATION UNLESS IN DISTRESS OR SUBJECT TO FORCE MAJEURE. | | | |
| 指定货代 | | | | |
| 运费 | | 确认 | | |
| 随附单据 | (1) 发票 2 份 | (2) 装箱单 2 份 | (3) 报关单 2 份 | |
| | (4) 核销单 1 份 | (5) 许可证 份 | | |
| 保险金额： | | | | |
| 危险品： | | 制单员 | | |

受托人（承运人或货运代理人）： 委托人（即托运人）：

名称： 名称：武汉纺织品进出口有限公司

电话： 传真： 电话：8576-3321 传真：8576-3275

委托代理人签章 联系人：×××

表 10－8 商业发票

<table>
<tr><td colspan="3">Issuer<br>WUHAN TEXTILE IMPORT AND EXPORT CORPORATION LIMITED<br>UNIT B, 15TH FLOOR, INTERNATIONAL TRADE BUILDING, NO. 214, XINHUA ROAD, WUHAN 430021, CHINA</td><td colspan="2" rowspan="2">武汉纺织品进出口有限公司<br>WUHAN TEXTILE IMPORT AND EXPORT CORPORATION LIMITED<br>商业发票<br>COMMERCIAL INVOICE</td></tr>
<tr><td colspan="3" rowspan="2">To<br>UNIDRESS TADMIT LTS<br>9 KATZENSTEIN ST. , 26000 HAIFA－BAY, ISRAEL</td></tr>
<tr><td>NO.<br>××IS213－B</td><td>Date<br>JAN. 01, 20×1</td></tr>
<tr><td colspan="3" rowspan="2">Transport Details<br>FROM WUHAN, CHINA TO HAIFA PORT, ISRAEL, BY VESSEL.</td><td>S/C No.<br>WHT－UTL6230</td><td>L/C No.<br>791－01－002521－8</td></tr>
<tr><td colspan="2">Terms of Payment<br>L/C</td></tr>
<tr><td rowspan="2">Marks and Numbers</td><td rowspan="2">Number and Kind of Package<br>Description of Goods</td><td rowspan="2">Quantity</td><td>Unit Price</td><td>Amount</td></tr>
<tr><td colspan="2">FOB WUHAN, CHINA, INCOTERMS 2010</td></tr>
<tr><td rowspan="3">U. T. L.<br>HAIFA－BAY<br>ORDER NO. 623<br>C/NO. 1－364</td><td>COVERALLS<br>ART. NO. WH－C602</td><td>4, 368 SUITS<br>/182 CTNS</td><td>USD10. 38/SUIT</td><td>USD48, 834. 24</td></tr>
<tr><td>DENIM SHIRTS<br>ART. NO. WH－D735</td><td>6, 552PCS<br>/182CTNS</td><td>USD5. 52/PIECE</td><td>USD36, 167. 04</td></tr>
<tr><td>Total:</td><td>364CTNS</td><td></td><td>USD85, 001. 28</td></tr>
</table>

Say Total: U. S. DOLLARS SEVENTY NINE THOUSAND EIGHTY TWO AND CENTS SIXTY FOUR ONLY.

Size Assortment:

① FOR COVERALLS: S M L XL XXL

DARK BLUE 4 5 6 5 4＝24 SUITS / CTN

② FOR DENIM SHIRTS: XS S M L XL

NAVY 6 7 8 8 7＝36 PIECES / CTN

Packing: ① COVERALLS: EACH SUIT IN A POLYBAG, 24 SUITS TO AN EXPORT CARTON;
② DENIM SHIRTS: EACH PIECE IN A POLYBAG, 36 PIECES TO AN EXPORT CARTON.

Shipment: ON OR BEFORE JANUARY 26, 20××, BY VESSEL.

Payment: BY L/C, PAYABLE AT 90 DAYS AFTER SHIPMENT.

Other Details: AS PER PROFORMA INVOICE NO. PRF－WHT－UTL6230 DATED OCT. 7, 20××

（出口商签字和盖单据章）

**表 10–9 出口货物报关单**

**中华人民共和国海关进口货物报关单**

预录入编号： 海关编号：

| | | | |
|---|---|---|---|
| 进口口岸<br>武汉海关 | 备案号 | 进口日期<br>20×1–01 | 申报日期<br>20×1–01–01 |
| 经营单位<br>武汉纺织品进出口有限公司 | 运输方式<br>海运 | 运输工具名称 | 提运单号 |
| 收货单位<br>4201965080 | 贸易方式<br>一般贸易 | 征免性质 | 结汇方式<br>L/C |

| | | | |
|---|---|---|---|
| 许可证号 | 运抵国（地区）<br>以色列 | 指运港<br>海法 | 境内货源地<br>武汉 |

| | | | | |
|---|---|---|---|---|
| 批准文号 | 成交方式<br>FOB | 运费 | 保费 | 杂费 |
| 合同协议号<br>WHT–UTL6230 | 件数<br>364 纸箱 | 包装种类<br>纸箱 | 毛重（公斤）<br>8,008 | 净重（公斤）<br>7,280 |
| 集装箱号 | 随附单据 | | | 生产厂家 |

标记唛码及备注

| 项号 | 商品编码 | 商品名称、规格型号 | 数量及单位 | 最终目的国（地区） | 单价 | 总价 | 币制 | 征免 |
|---|---|---|---|---|---|---|---|---|
| 1 | 男式工装（COVERALLS） | 6211339021 | 4,368 套 | 以色列 | USD11.18 | USD48,834.24 | 美元 | |
| 2 | 牛仔衬衣（DENIM SHIRTS） | 6403.4000 | 6,552 件 | 以色列 | USD5.52 | USD36,167.04 | 美元 | |

税费征收情况

| | | | |
|---|---|---|---|
| 录入员 | 录入单位 | 兹声明以上申报无讹并承担法律责任 | 海关审单批注及放行日期（签章）<br>（海关验讫章）<br>审单 审价 |
| 报关员： | | 申报单位（签章） | 征税 统计 |
| 单位地址： | | （加盖报关单位的报关专用章） | 查验 放行 |
| 邮编：430021 | 电话：8576–3321 | 填制日期：20××–01–01 | 签发关员：<br>签发日期： |

**表 10-10 海运提单**

<table>
<tr><td colspan="2">1. Shipper<br>WUHAN TEXTILE IMPORT AND EXPORT CORPORATION LIMITED<br>UNIT B, 15TH FLOOR, INTERNATIONAL TRADE BUILDING, NO. 214, XINHUA ROAD, WUHAN 430021, CHINA</td><td rowspan="5">B/L No. MMSCUWUWW00250<br>中海集装箱运输有限公司<br>CHINA SHIPPING CONTAINER LINES CO., LTD.<br>Cable：0001 Telex：33200 CSCO CN<br>Port-to-Port Combined Transport<br>BILL OF LADING<br>RECEIVED in apparent good order and condition except as otherwise noted the total number of containers or other packages or units shown in this Bill of Lading receipt said by the shipper to contain the goods described above. Which description the carrier has no reasonable means of checking and is not part of the Bill of Lading. One original Bill of Lading should be surrendered; except clause 22 paragraph 5, in exchange for delivery of the shipment. Signed by the consigned or dully endorsed by the holder in due course. Whereupon the other original（s）issued shall be void. In accepting this Bill of Lading. The Merchants agree to be bound by all the terms on the face and back hereof as if each had personally signed this Bill of Lading.<br>WHEN the Place of Receipt of the goods an inland point and is so named herein, a notation of "On Board", "Shipped on Board" or words to like effect on this Bill of Lading shall be deemed to mean on board the truck, tail car, air craft or other inland conveyance（as the case may be）. Performing carriage from the Place of receipt of the Goods to the Port of Loading.<br>ORIGINAL<br>SEE clauses 4 on the back of this Bill of Lading（Terms continued on the back hereof Read Carefully）</td></tr>
<tr><td colspan="2">2. Consignee<br>TO THE ORDER OF BANK HAPOALIM B.M.</td></tr>
<tr><td colspan="2">3. Notify Party<br>UNIDRESS TADMIT LTS<br>9 KATZENSTEIN ST., 26000 HAIFA-BAY, ISRAEL</td></tr>
<tr><td>4. Pre-carriaged by *</td><td>5. Place of Receipt *</td></tr>
<tr><td>6. Ocean Vessel and Voy No.<br>AN HUA 8 V.8053E</td><td>7.Port of Loading<br>WUHAN, CHINA</td></tr>
<tr><td>8. Port of Discharge<br>HAIFA PORT</td><td>9.Place of Delivery</td><td>10. Final Destination（of the goods-not the ship）</td></tr>
</table>

<table>
<tr><td colspan="5">PARTICULARS FURNISHED BY THE MERCHANTS（field 11-17）</td></tr>
<tr><td rowspan="2">11. Marks & Nos.<br>Container Seal No.<br>U. T. L.<br>HAIFA-BAY<br>ORDER NO. 623<br>C/NO. 1-364</td><td rowspan="2">12. No. of Containers or P'kgs<br>364CTNS<br>1×20'GP</td><td>13. Kind of Packages：Description of Goods<br>COVERALLS AND DENIM SHIRTS<br>CONTAINER No.：PCIU2695843 / L015709 20'<br>SHIPPING AGENT AT THE DESTINATION：</td><td>14. Gross Weight Kgs<br>8,008KG</td><td>15. Measurement<br>30.541CBM</td></tr>
<tr><td colspan="3">16.Description of Contents for Shipper's Use Only (CARRIER NOT RESPONSIBLE）</td></tr>
<tr><td colspan="2">17. TOTAL NO. CONTAINERS OR PACKAGES（IN WORDS）</td><td colspan="3">SAY THREE HUNDRED AND SIXTY FOUR CARTONS IN ONE TEU ONLY.</td></tr>
</table>

| 18. FREIGHT & CHARGES<br>FREIGHT COLLECT<br>CY TO CY | 19. Revenue tons | 20. Rate | 21. Per | 22. Prepaid | 23. Collect |
|---|---|---|---|---|---|

<table>
<tr><td rowspan="2">24. Ex. Rate<br>ON BOARD</td><td>25. Prepaid at</td><td>26. Payable at<br>HAIFA PORT, ISRAEL</td><td>27. Place and Date of Issue<br>WUHAN, CHINA ON JAN. 20, 20××</td></tr>
<tr><td>28. Total prepaid in</td><td>29. No. of Original B（s）/L<br>THREE</td><td rowspan="2">Signed for the Carrier<br>CHINA SHIPPING CONTAINER LINES CO., LTD.<br>×××<br>AS CARRIER</td></tr>
<tr><td colspan="3">DATE：JAN. 20, 20××<br>BY CHINA SHIPPING CONTAINER LINES CO., LTD.</td></tr>
</table>

表 10 - 11 装运通知

武汉纺织品进出口有限公司

**WUHAN TEXTILE IMPORT AND EXPORT CORPORATION LIMITED**

UNIT B, $15^{TH}$ FLOOR, INTERNATIONAL TRADE BUILDING,

NO. 214, XINHUA ROAD, WUHAN 430021, CHINA

FAX: +86 - 27 - 8576 - 3275, 8577 - 4742 TEL NO: +86 - 27 - 8576 - 3321, 8577 - 4253

E - MAIL: wtiecl@ hotmail. com. cn

E - MAIL: utl3333@ yahoo. com. il DATE: January 20, 20 × ×

To. Unidress Tadmit Lts.

Attention To: Mr. Yitzhak Rabin

Shipping Advice

Dear Mr. Yitzhak Rabin,

Re: 364 cartons of Coveralls and Denim Shirts under L/C No. 791 - 01 - 002521 - 8

We herby advise you that the shipment has been made by us as following details:

Name of commodity: COVERALLS AND DENIM SHIRTS

Quantity: 364 cartons

Contract No. WHT - UTL6230

Invoice No. × × IS213 - B

Invoice value: USD85, 001. 28

Bill of Lading No. MMSCUWUWW00250

Container No. PCIU2695843 / L015709 20'

Gross Weight: 8, 008KG

Net Weight: 7, 280 KG

Measurement: 30. 541CBM

Name of vessel: AN HUA 8 V. 8053E

Date of shipment: JAN. 20, 20 × ×

Port of shipment: WUHAN, CHINA

ETD (estimated time of departure) (WUHAN): JANUARY 21, 20 × ×

Destination: HAIFA - BAY, ISRAEL

ETA (estimated time of arrival) (HAIFA PORT): FEBRUARY 21, 20 × ×

Shipping marks:

U. T. L.

HAIFA - BAY

ORDER NO. 623

C/NO. 1 - 364

Best Regards.

Mr. Wang Zhiqiang

# 第十一章

一、仔细阅读第二节中国人民保险公司的保险条款，回答下列问题

1. 保险标的发生推定全损后，被保险人怎样才能获得保险公司的赔付?

答：在推定全损下，被保险人获得保险公司赔偿的条件有两点：(1) 货损的原因必须属于承保险别的责任范围；(2) 被保险人须将受损货物及其权利委付给保险公司。详见海洋货物保险条款第（一）条第1款第（1）点。

2. 被保险人对遭受承保范围内危险的货物采取抢救、防止或减少货损的措施而支付的合理费用的最高限额是多少?

答：按照海洋货物保险条款第（一）条第1款第（5）点的规定，其最高赔付限额为该批被抢救货物的保险金额。如果超过此限额，保险公司将不予赔付。

3. 海洋运输货物保险条款下的“仓至仓”责任起讫中的“正常运输过程”是否包括空运在内?

答：不包括。根据其第（三）条第1款的规定，“正常运输过程”仅包括海上、陆上、内河和驳船运输在内。

4. 由于被保险人无法控制的原因导致被保险货物被运到非保险单所载明的目的地时，要使原投保险别继续有效，被保险人应该怎样做?

答：按照海洋货物保险条款第（三）条第2款的规定，被保险人应该及时将获知的上述情况通知承保人，并在必要时加缴保险费。否则，原保险合同将终止生效。

5. 被保险人向承保人提出保险索赔时应该提交哪些单证? 其索赔时效是多长时间?

答：按照海洋运输货物保险条款第（四）条第4款的规定，向保险公司索赔须提交保险单正本、提单、发票、装箱（磅码）单、货损货差证明、检验报告及索赔清单；该条款第（五）条规定，其索赔时效从保险货物在最后卸货港全部卸离海轮后起算，两年之内有效。

6. 政府扣押、没收货物是否属于“战争险”的赔偿责任的范围? 为什么?

答：不属于。因为海洋货物战争险条款第（二）条第2款规定，根据执政者、当权者或其他武装集团的扣押、拘留引起的承保航程的丧失和挫

折而提出的任何索赔，保险公司概不承担赔偿责任。

三、实训要求

**表 11－4 货物运输保险投保单**

中国人民保险公司 分公司

The People's Insurance Company of China Branch

地址： 邮政编码：

Address: ____________ Post Code: ____________

电话 Tel: ____________ 传真 Fax: ____________

货物运输保险投保单

Application Form for Cargo Transportation Insurance

被保险人

INSURED UNIDRESS TADMIT LTS

发票号码（Invoice No.）：××IS213－B

合同号码（Contract No.）：WHT－UTL6230

信用证号码（L/C No.）：791－01－002521－8

发票金额（Invoice Amount）：USD87，141.60 投保加成（Plus）：10%

兹有下列物品向中国人民保险公司 分公司投保（Insurance is required on the following commodities：）：

| 标记<br>Marks & Nos. | 包装及数量<br>Quantity | 保险货物项目<br>Description of Goods | 保险金额<br>Amount Insured |
|---|---|---|---|
| AS PER INVOICE<br>NO. ××IS213－B | 364CARTONS | COVERALLS AND<br>DENIM SHIRTS | USD95, 855.76 |

启动日期： 装载运输工具

Date of Commencement：JAN. 20，20×1 Per Conveyance：AN HUA 8 V. 8053E

自： 经： 至：

From：WUHAN Via：____________ To：HAIFA PORT

提单号： 赔款偿付地点：

B/L No.：MMSCUWUWW00250 Claim Payable at：ISRAEL

投保险别（Please indicate the conditions and or special coverages）：

COVERING ALL RISKS，WAR RISK AND STRIKES.

ACCORDING TO CHINA OCEAN MARINE INSURANCE CARGO CLAUSES DATED JANUARY 1，1981.

WITH NO EXCESS.

请如实告知下列情况（如“是”在［ ］中打“√”，“是”在［ ］中打“×”）If any，please mark ‘√’ or ‘×’：

1. 货物种类：袋装［ ］ 散装［ ］ 冷藏［ ］ 液体［ ］ 活动物［ ］ 机器［ ］ 危险品等级［ ］
   Goods Bag/Jumbo Bulk Reefer Liquid Live Animal Machine/Auto Dangerous Class
2. 集装箱种类：普通［√］ 开顶［ ］ 框架［ ］ 平板［ ］ 冷藏［ ］
   Container Ordinary Open Frame Flat Refrigerator
3. 转运工具：海轮［√］ 飞机［ ］ 驳船［ ］ 火车［ ］ 汽车［ ］
   By Transit ship Plane Barge Train Truck
4. 船舶资料： 船籍： 船龄：
   Particular of Ship：______ Registry：______ Age：______

备注：被保险人确认本保险合同条款和内容已经完全了解。 投保人（签名盖章）Applicant's Signature

The assured confirms herewith the Terms and Conditions of these Insurance Contract fully Understood.

UNIDRESS TADMIT LTS

____________________________

投保日期：JAN. 20，20×1 电话（Tel）：+972 -2 -523 -4421，531 -4277

Date：____________ 地址（Address）：9 Katzenstein St.，26000 Haifa - Bay，Israel

---

本公司自用（For Office use only）

费率： 保险费： 备注：

Rate：______ Premium：______ Remarks：

经办人： 核保人： 负责人：Mr. Yitzhak rabin

By：______ Checker：______ In Charge：______

**表 11 -5 货物运输保险单**

PICC 中国人民保险公司

The People's Insurance Company of China

总公司设于北京 一九四九年创立

Head Office Beijing Established in 1949

货物运输保险单

CARGO TRANSPORTATION INSURANCE POLICY

发票号（INVOICE NO.）：××IS213 - B

合同号（CONTRACT NO.）：WHT - UTL6230 保单号次：

信用证号（L/C NO.）：791 -01 -002521 -8 POLICY NO.：YY20×1103040000000257

被保险人（INSURED）：UNIDRESS TADMIT LTS

中国人民保险公司（以下简称本公司）根据被保险人的要求，由被保险人向本公司缴付约定的保险费，按照本保险单承保险别和背面所载条款与下列特款承保下述货物运输保险，特立本保险单。

THIS POLICY OF INSURANCE WITNESSES THAT THE PEOPLE'S INSURANCE COMPANY OF CHINA（HEREINAFTER CALLED “THE COMPANY”）AT THE REQUEST OF THE INSURED AND IN CONSIDERATION OF THE AGREED PREMIUM PAID TO THE COMPANY BY THE INSURED，UNDERTAKES TO INSURE THE UNDERMENTIONED GOODS IN TRANSPORTATION SUBJECT TO THE CONDITIONS OF THIS POLICY AS PER THE CLAUSES PRINTED OVERLEAF AND OTHER SPECIAL CLAUSES ATTACHED HEREON.

表11－5 续表

| 标 记<br>MARKS&NOS | 包装及数量<br>QUANTITY | 保险货物项目<br>DESCRIPTION OF GOODS | 保险金额<br>AMOUNT INSURED |
|---|---|---|---|
| AS PER INVOICE<br>NO. ××IS213－B | 364CARTONS | COVERALLS AND<br>DENIM SHIRTS | USD95, 855. 76 |

总保险金额：

TOTAL AMOUNT INSURED：U. S. DOLLARS EIGHTY SIX THOUSAND SIX HUNDRED SIXTY FIVE AND CENTS NINETY FOUR ONLY.

保费： 启运日期：

PERMIUM：AS ARRANGED DATE OF COMMENCEMENT：JAN. 20，20××

装载运输工具：

PER CONVEYANCE：AN HUA 8 V. 8053E

自： 经： 至：

FROM：WUHAN VIA：________ TO：HAIFA PORT

承保险别（CONDITIONS）：

COVERING ALL RISKS，WAR RISK AND STRIKES.

ACCORDING TOCHINA OCEAN MARINE INSURANCE CARGO CLAUSES DATED JANUARY 1，1981.

WITH NO EXCESS.

所保货物，如发生保险单项下可能引起索赔的损失或损坏，应立即通知本公司下述代理人查勘。如有索赔，应向本公司提交保单正本（本保险单共有____份正本）及有关文件。如一份正本已用于索赔，其余正本自动失效。

IN THE EVENT OF LOSS OR DAMAGE WITCH MAY RESULT IN A CLAIM UNDER THIS POLICY, IMMEDIATE NOTICE MUST BE GIVEN TO THE COMPANY'SAGENT AS MENTIONED HEREUNDER. CLAIMS，IF ANY，ONE OF THE ORIGINAL POLICY WHICH HAS BEEN ISSUED IN 2 ORIGINAL（S）TOGETHER WITH THE RELEVANT DOCUMENTS SHALL BE SURRENDERED TO THE COMPANY. IF ONE OF THE ORIGINAL POLICY HAS BEEN ACCOMPLISHED. THE OTHERS TO BE VOID.

中国人民保险公司

The People's Insurance Company of China

赔款偿付地点 （THE UNDERWRITER'S STAMP AND SIGNATURE）

CLAIM PAYABLE AT ISRAEL ________

出单日期

ISSUING DATE JAN. 20，20×× Authorized Signature

## 第十二章

关于作者对于那套信用证单据审单结果的意见和处理办法，现在直接把作者与出口企业有关专家的对话摘编如下，仅供大家参考：

作者：附件里是L/C copy 和交单单据。目前我们已经交单，银行建议说在B/L－2里，需要将“shipped on board XIE HANG 333 V. B0S07R 09－DEC. －2010”改成“shipped on board XIE HANG 333 V. B0S07R 09－DEC. －2010 on Huangpu port”。我们觉得是否可以不改直接交单？请予指导，谢谢！

专家：（1）我大致性地看了一遍信用证和单据，觉得银行的说法具有一定的道理，因为信用证的第二页在提单处明确要求提单必须是“港至港”提单，因此，信用证第一页上明确装运地江门或黄埔应该是“装运港”，而不能仅写成“收货地点”（place of receipt），也就是说，此栏下面的“Port of loading”一栏中也必须填写“Huangpu”，而不能写成“Hong Kong”。这样，单据上的“shipped on board...”的原句就不用再添加什么了。

（2）因为本套提单不是多式联运提单，而是港至港提单，所以提单上的“收货地点”一栏不填写也可以，关键是两点：①“装运港”一栏只能填写“Huangpu”或者“Jiangmen”（不能填写“Hong Kong”!）；②提单上需要注明“Port to Port”的字样。

（3）提单上还需要填写承运人在目的港的代理人的名称、地址和联络细节，而我在提单上没有找到这些。信用证明确规定了要写的，不能不写。

（4）除上述情况以外，我还发现你们的商业发票上也有两处需要修改：

①发票上需要添加进口许可证号码（Import Licence No.），我在上面没有找到这个号码，而信用证却规定了需要它；

②把“Port of Loading”（装运港）栏目项下的“Hong Kong Port”改成“Huangpu Port”。

（5）另外，提单上的“Place of Receipt”（承运人的收货地点）和“Place of Delivery”（承运人的交付地点）这两个栏目是为多式联运的情况备用的，在港至港（Port to Port）条件下不需要填写。如果制单人坚持要填写，那就把“收货地点”与“装运港”（Port of Loading）填写相同的港口名称（如本票提单上的“Huangpu Port”），把“交付地点”与“卸货港”（Port of Discharge）填写相同的港口名称（如本票的“Istanbul，Turkey”）。

（6）另外，你们这份信用证的修改对原信用证作了两处修改，一是将受益人的地址做了改动，二是把商品价格每公斤降了两美元。但我看你们的银行单据都没有理睬这两处修改，这说明你们拒绝了这份信用证修改。按照UCP600第10条的相关规定，你们这样做也是完全符合国际惯例的，并没有什么不妥之处。

作者：我已经根据您的意思把单据作了相应修改，十分感谢。其中您提到的把“Port of Loading”（装运港）栏目项下的“Hong Kong Port”改成“Huangpu Port”，我们与船公司进行过多次交流，他们答复此处无法修改，他们解释通常他们把上大船的港口定为port of loading。由于提单无法修改，因此我们想其他单据也与提单保持一致，您看是否可行？

专家：我认为“装运港”处的“Hong Kong Port”如果不改，将是一个“不符点”（discrepancy），船公司的那个解释有点牵强附会，而且，关键是它不符合信用证的规定，银行和客户有可能不会接受这一点。

读者：这个问题我们已经多次和船公司交流，但没有结果，船公司有的是霸王条款，我们很被动。如果客户要货的话，应该会按不符点扣费。

作者：但愿客户最终会通融这种情况，指示开证行付款接受单据。另外，银行在这方面见多识广，我建议你们尽快就此事专门再去咨询一下你们的交单银行，也许他们还有其他的办法把这套单据的不符点抹掉呢？信用证单据还是没有不符点更安全可靠，心里更踏实一些啊。

# 第十三章

表 13 - 2 银行结汇水单

中 国 银 行

BANK OF CHINA

结汇水单及通知

SETTLEMENT OF EXCHANGE MEMO & A/C ADVICE

20×× 年 04 月 25 日

YY MM DD

| 客户名称 (Customer) | 武汉纺织品进出口有限公司 | | |
|---|---|---|---|
| 出款账号 (Dr. A/C No.) | 000878472921 | 卖出币种/金额 (Selling Currency / Amt) | CNY *483, 819. 88 * |
| 入款账号 (Cr. A/C No.) | 0002140012022 | 买入币种/金额 (Buying Currency / Amt) | USD *78, 962. 64 * |
| 业务编号 (Our Ref.) | DH8210206000063 | 汇 率 (Rate of Exchange) | *612. 7200 * |
| 业务摘要 (Particular) | 791 - 01 - 002521 - 8 | | |

①客户留存

经办：××× 复核：×××

(Maker) (Checker)

中 国 银 行

BANK OF CHINA

盖 章

Stamp

（2）本笔生意的增值税税额

469，319. 76 ÷ （1 + 17%） ×17%

= 401，128 × 17%

= CNY68，191. 76

（3）按照 6. 8% 计征增值税，工厂实际缴纳的增值税税额

469，319. 76 × 6. 8% = CNY31，913. 74

（4）本笔生意的出口退税税额

469，319. 76 ÷ （1 + 17%） ×13%

= 401，128 × 13%

= CNY52，146. 64

（5）本笔生意的出口利润数额

1）本笔生意的国内费用

469，319. 76 ×5% = CNY23，465. 99

2）本笔生意的银行利息

（469，319. 76 +23，465. 99） ×5. 5‰ ×4

=492，785. 75 ×5. 5‰ ×4

=2，710. 32 ×4

= CNY10，841. 29

3）本笔生意的出口国内总成本

469，319. 76 +23，465. 99 +10，841. 29 −52，146. 64

=503，627. 04 −52，146. 64

= CNY451，480. 40

4）本笔生意的出口外汇净收入（折合本币）

78，962. 64 ×6. 127，2 = CNY483，819. 88. 25

5）本笔生意的出口利润

483，819. 88 −451，480. 40 = CNY32，339. 48

# 第十四章

**表 14－6 银行付汇水单**

招 商 银 行

CHINA MERCHANTS BANK

售汇水单及通知

SELLING EXCHANGE MEMO & A/C ADVICE

20×× 年 3 月 25 日
YY MM DD

| | | | |
|---|---|---|---|
| 客户名称 (Customer) | 湖北省畜产进出口公司 | | |
| 出款账号 (Dr. A/C No.) | 0092140012002 | 卖出币种/金额 (Selling Currency / Amt) | EUR *67, 845. 00* |
| 入款账号 (Cr. A/C No.) | 038878470004 | 买入币种/金额 (Buying Currency / Amt) | CNY *522, 949. 26* |
| 业务编号 (Our Ref.) | SH8210206000249 | 汇率 (Rate of Exchange) | *770. 8000* |
| 业务摘要 (Particular) | ××HAP1132 项下付汇，收款人：HIGH－TECH INSTRUMENTS GMBH | | |

①客户留存

经办：××× (Maker)　　复核：××× (Checker)

招 商 银 行

CHINA MERCHANTS BANK

盖 章

Stamp

**表 14-7 进口货物报关单**

**中华人民共和国海关进口货物报关单**

预录入编号： 海关编号：

| | | | |
|---|---|---|---|
| 进口口岸<br>北京机场 | 备案号 | 进口日期<br>20××-03-19 | 申报日期<br>20××-03-19 |
| 经营单位<br>湖北省畜产进出口公司 | 运输方式<br>航空运输 | 运输工具名称<br>LH116/LH7318 | 提运单号<br>××032481 |
| 收货单位<br>4201914521 | 贸易方式<br>一般贸易 | 征免性质 | 征税比例 |

| | | | |
|---|---|---|---|
| 许可证号 | 起运国（地区）<br>德国 | 装货港<br>法兰克福 | 境内目的地<br>武汉 |

| | | | | |
|---|---|---|---|---|
| 批准文号 | 成交方式<br>CIF | 运费 | 保费 | 杂费 |
| 合同协议号<br>××HAP1132 | 件数<br>5 | 包装种类<br>木箱 | 毛重（公斤）<br>120 | 净重（公斤）<br>100 |
| 集装箱号 | 随附单据 | | | 用途<br>企业自用 |

标记唛码及备注

随附单证号：××032481

| 项号 | 商品编码 | 商品名称、规格型号 | 数量及单位 | 原产国（地区） | 单价 | 总价 | 币制 | 征免 |
|---|---|---|---|---|---|---|---|---|
| 1 | 90275000 | 激光导热性能测试仪 | 1台 | 德国 | 67,845.00 | 67,845.00 | EUR | |

税费征收情况

| | | | |
|---|---|---|---|
| 录入员 | 录入单位 | 兹声明以上申报无讹并承担法律责任 | 海关审单批注及放行日期（签章）<br>（海关验讫章）<br>审单 审价 |
| 报关员：××× 申报单位（签章）（单位盖章）<br>单位地址：武汉市洞庭街56号 湖北省畜产进出口公司<br>邮编：430014 电话：××××××× 填制日期：20××-03-19 | | | 征税 统计<br>查验 放行<br>签发关员：<br>签发日期： |

**表 14-8 入境货物报检单**

**中华人民共和国出入境检验检疫**

**入境货物报检单**

报检单位 湖北省畜产进出口公司 *编 号

报检单位登记号 ×××××××  联系人 ×××  电话 ××××××××  报检日期：20××年 3 月 20 日

| | | | | |
|---|---|---|---|---|
| 发货人 | （中文） | | 企业性质（画“√”） | 合资 合作 外资 |
| | （外文） | HIGH-TECH INSTRUMENTS GMBH | | |
| 收货人 | （中文） | 湖北省畜产进出口公司 | | |
| | （外文） | HUBEI PROVINCIAL ANIMAL BY-PRODUCTS IMPORT AND EXPORT CORPORATION | | |

| 货物名称（中/外文） | H.S.编码 | 原产国（地区） | 数量/重量 | 货物总值 | 包装种类及数量 |
|---|---|---|---|---|---|
| 激光导热性能测试仪 LASER FLASH APPARENT FOR MEASURING THERMAL CONDUCTIVITY ART. NO. LAF457 | 90275000 | 德国 | 1 台 | EUR67,845.00 | 5 木箱 |

| | | | | | |
|---|---|---|---|---|---|
| 运输工具名称号码 | | | 合同号 | ××HAP1132 | |
| 贸易方式 | 一般贸易 | 贸易国别（地区） | 德国 | 提单、运单号 | ××032481 |
| 到货日期 | 20××年 3 月 | 启运国家（地区） | 德国 | 许可证/审批号 | |
| 卸货日期 | 20××年 3 月 | 启运口岸 | 法兰克福 | 入境口岸 | 北京 |
| 索赔有效期至 | | 经停口岸 | | 目的地 | 武汉 |
| 集装箱规格、数量及号码 | 货物存放地点 信用证号××TF0115304009 | | | | |
| 合同订立的特殊条款以及其他要求 | | | 货物存放地点 | 北京机场 | |
| | | | 用途 | 自用 | |
| | | | *外商投资财产（画“√”） | 是 否√ | |

| 随附单据（画“√”或补填） | | 标记及号码 | *检验检疫费 | |
|---|---|---|---|---|
| □ 合同√<br>□ 发票√<br>□ 提/运单√<br>□ 兽医卫生证书<br>□ 植物检疫证书<br>□ 动物检疫证书<br>□ 卫生证书<br>□ 原产地证√<br>□ 许可证/审批文件 | □ 到货通知√<br>□ 装箱单√<br>□ 质保书√<br>□ 理货清单<br>□ 磅码单<br>□ 验收报告√ | H.A.P.<br>LASER FLASH<br>××HAP1132<br>BEIJING | 总金额（人民币元）<br>计费人<br>收费人 | |

| | 领取证单 | |
|---|---|---|
| 报检人郑重声明：<br>1.本人被授权报检。<br>2.上列填写内容正确属实，货物无伪造或冒用他人的厂名、标志、认证标志，并承担货物质量责任。<br>签名： | 日期 | |
| | 签名 | |

注：有“*”号栏由出入境检验检疫机关填写

◆国家出入境检验检疫局制

[1-2（20××.1.1）]

## 书目介绍

# 乐 贸 系 列

### 外贸操作实务子系列

| 书名 | 作者 | 定价 | 书号 | 出版时间 |
|---|---|---|---|---|
| 1. 外贸全流程攻略——进出口经理跟单手记 | 温伟雄 | 33.00 元 | 978-7-5175-0015-5 | 2014 年 5 月第 1 版 |
| 2. 出口营销实战(第三版) | 黄泰山 | 45.00 元 | 978-7-80165-932-3 | 2013 年 1 月第 3 版 |
| 3. 外贸实务疑难解惑 220 例 | 张浩清 | 38.00 元 | 978-7-80165-853-1 | 2012 年 1 月第 1 版 |
| 4. 外贸高手客户成交技巧 | 毅　冰 | 35.00 元 | 978-7-80165-841-8 | 2012 年 1 月第 1 版 |
| 5. 外贸纠纷处理实务——案例与技巧 | 熊志坚 | 35.00 元 | 978-7-80165-789-3 | 2011 年 1 月第 1 版 |
| 6. 报检七日通 | 徐荣才　朱瑾瑜 | 22.00 元 | 978-7-80165-715-2 | 2010 年 8 月第 1 版 |
| 7. 实用外贸技巧助你轻松拿订单 | 王陶(波锅涅) | 25.00 元 | 978-7-80165-724-4 | 2010 年 4 月第 1 版 |
| 8. 外贸业务经理人手册(第 2 版) | 陈文培 | 39.00 元 | 978-7-80165-671-1 | 2010 年 1 月第 1 版 |
| 9. 外贸会计实务精要 | 疏　影 | 28.00 元 | 978-7-80165-633-9 | 2009 年 5 月第 1 版 |
| 10. 外贸实用工具手册 | 本书编委会 | 32.00 元 | 978-7-80165-558-5 | 2009 年 1 月第 1 版 |
| 11. 外贸实务经验分享 33 例 | 沱沱网中文站 | 28.00 元 | 978-7-80165-560-8 | 2009 年 1 月第 1 版 |
| 12. 外贸实务案例精华 80 篇 | 刘德标　吴珊红 | 29.80 元 | 978-7-80165-561-5 | 2009 年 1 月第 1 版 |
| 13. 快乐外贸七讲 | 朱芷萱 | 22.00 元 | 978-7-80165-373-4 | 2009 年 1 月第 1 版 |
| 14. 危机生存——十位经理人谈金融危机下的经营之道 | 本书编委会 | 22.00 元 | 978-7-80165-586-8 | 2009 年 1 月第 1 版 |
| 15. 外贸七日通(最新修订版) | 黄海涛(深海鱿鱼) | 22.00 元 | 978-7-80165-397-0 | 2008 年 8 月第 3 版 |
| 16. 金牌外贸业务员找客户——17 种方法·案例·评析 | 陈念祥　张思羽 | 35.00 元 | 978-7-80165-543-1 | 2008 年 8 月第 2 版 |
| 17. 出口营销策略(《出口营销实战》升级版) | 黄泰山　冯斌 | 35.00 元 | 978-7-80165-459-5 | 2008 年 5 月第 1 版 |
| 18. 进口实务操作指南——步骤·实例·经验技巧 | 中国进口网 | 55.00 元 | 978-7-80165-493-9 | 2008 年 5 月第 1 版 |

### 出口风险管理子系列

| 书名 | 作者 | 定价 | 书号 | 出版时间 |
|---|---|---|---|---|
| 1. 轻松应对出口法律风险 | 韩宝庆 | 39.80 元 | 978-7-80165-822-7 | 2011 年 9 月第 1 版 |
| 2. 出口风险管理实务(第二版) | 冯　斌 | 48.00 元 | 978-7-80165-725-1 | 2010 年 4 月第 2 版 |
| 3. 50 种出口风险防范 | 王新华　陈丹凤 | 35.00 元 | 978-7-80165-647-6 | 2009 年 8 月第 1 版 |

| 书名 | 作者 | 定价 | 书号 | 出版时间 |
|---|---|---|---|---|
| **外贸单证操作子系列** | | | | |
| 1. 跟单信用证一本通 | 何源 | 35.00元 | 978-7-80165-849-4 | 2012年1月第1版 |
| 2. 信用证审单有问有答280例 | 李一平　徐珺 | 37.00元 | 978-7-80165-761-9 | 2010年8月第1版 |
| 3. 外贸单证经理的成长日记 | 曹顺祥 | 38.00元 | 978-7-80165-716-9 | 2010年3月第1版 |
| 4. 外贸单证解惑280例 | 龚玉和　齐朝阳 | 38.00元 | 978-7-80165-638-4 | 2009年7月第1版 |
| 5. 信用证6小时教程 | 黄海涛（深海鱿鱼） | 25.00元 | 978-7-80165-624-7 | 2009年4月第2版 |
| 6. 跟单高手教你做跟单 | 汪　德 | 32.00元 | 978-7-80165-623-0 | 2009年4月第1版 |
| 7. 外贸单证处理技巧（第3版） | 屈　韬 | 42.00元 | 978-7-80165-516-5 | 2008年5月第1版 |
| 8. 进出口单证实务案例评析 | 袁永友　柏望生 | 33.00元 | 978-7-80165-371-8 | 2006年8月第1版 |
| **福步外贸高手子系列** | | | | |
| 1. 巧用外贸邮件拿订单 | 刘　裕 | 45.00元 | 978-7-80165-966-8 | 2013年8月第1版 |
| 2. 小小开发信　订单滚滚来——外贸开发信写作技巧及实用案例分析 | 薄如骢 | 26.00元 | 978-7-80165-551-6 | 2008年8月第1版 |
| 3. 外贸技巧与邮件实战 | 刘　云 | 28.00元 | 978-7-80165-536-3 | 2008年7月第1版 |
| **国际物流操作子系列** | | | | |
| 1. 货代高手教你做货代——优秀货代笔记（第二版） | 何银星 | 33.00元 | 978-7-5175-0003-2 | 2014年2月第2版 |
| 2. 国际物流操作风险防范——技巧·案例分析 | 孙家庆 | 32.00元 | 978-7-80165-577-6 | 2009年4月第1版 |
| 3. 集装箱运输与海关监管 | 赵　宏 | 23.00元 | 978-7-80165-559-2 | 2009年1月第1版 |
| **通关实务子系列** | | | | |
| 1. 外贸企业轻松应对海关估价 | 熊　斌　赖　芸　王卫宁 | 35.00元 | 978-7-80165-895-1 | 2012年9月第1版 |
| 2. 报关实务一本通（第2版） | 苏州工业园区海关 | 35.00元 | 978-7-80165-889-0 | 2012年8月第2版 |
| 3. 如何通过原产地证尽享关税优惠 | 南京出入境检验检疫局 | 50.00元 | 978-7-80165-614-8 | 2009年4月第3版 |
| 4. 海关进出口商品归类基础与训练 | 温朝柱 | 36.00元 | 978-7-80165-496-0 | 2009年1月第1版 |
| 5. 最新报关单填制实用辅导 | 盛新阳　彭飞 | 38.00元 | 978-7-80165-497-7 | 2008年10月第1版 |
| 6. 最新商品归类技巧 | 赵　宏 | 38.00元 | 978-7-80165-520-2 | 2008年9月第1版 |

| 书名 | 作者 | 定价 | 书号 | 出版时间 |
| --- | --- | --- | --- | --- |

## 彻底搞懂子系列

| | | | | |
| --- | --- | --- | --- | --- |
| 1. 彻底搞懂信用证(第二版) | 王腾　曹红波 | 35.00 元 | 978-7-80165-840-1 | 2011 年 11 月第 2 版 |
| 2. 彻底搞懂中国自由贸易区优惠 | 刘德标　祖月 | 34.00 元 | 978-7-80165-762-6 | 2010 年 8 月第 1 版 |
| 3. 彻底搞懂贸易术语 | 陈　岩 | 33.00 元 | 978-7-80165-719-0 | 2010 年 2 月第 1 版 |
| 4. 彻底搞懂海运航线 | 唐丽敏 | 25.00 元 | 978-7-80165-644-5 | 2009 年 7 月第 1 版 |
| 5. 彻底搞懂提单 | 张敏　赵通 | 29.80 元 | 978-7-80165-602-5 | 2009 年 6 月第 1 版 |
| 6. 彻底搞懂关税 | 孙金彦 | 29.00 元 | 978-7-80165-618-6 | 2009 年 6 月第 1 版 |

## 外贸英语实战子系列

| | | | | |
| --- | --- | --- | --- | --- |
| 1. 十天搞定外贸函电 | 毅　冰 | 38.00 元 | 978-7-80165-898-2 | 2012 年 10 月第 1 版 |
| 2. 外贸高手的口语秘籍 | 李　凤 | 35.00 元 | 978-7-80165-838-8 | 2012 年 2 月第 1 版 |
| 3. 外贸英语函电实战 | 梁金水 | 25.00 元 | 978-7-80165-705-3 | 2010 年 1 月第 1 版 |
| 4. 外贸英语口语一本通 | 刘新法 | 29.00 元 | 978-7-80165-537-0 | 2008 年 8 月第 1 版 |
| 5. 英汉物流词汇精析——结合实务操作 | 应海新 | 68.00 元 | 978-7-80165-517-2 | 2008 年 5 月第 1 版 |

## 外贸谈判子系列

| | | | | |
| --- | --- | --- | --- | --- |
| 1. 外贸英语谈判实战 | 王慧　吴旻　张海军　蒋晓杰　仲颖 | 32.00 元 | 978-7-80165-767-1 | 2010 年 9 月第 1 版 |
| 2. 外贸谈判策略与技巧 | 赵立民 | 26.00 元 | 978-7-80165-645-2 | 2009 年 7 月第 1 版 |

## 国际商务往来子系列

| | | | | |
| --- | --- | --- | --- | --- |
| 国际商务礼仪大讲堂 | 李嘉珊 | 26.00 元 | 978-7-80165-640-7 | 2009 年 12 月第 1 版 |

## 贸易展会子系列

| | | | | |
| --- | --- | --- | --- | --- |
| 外贸参展全攻略——如何有效参加 B2B 贸易商展(第二版) | 钟景松 | 33.00 元 | 978-7-80165-779-4 | 2010 年 10 月第 2 版 |

## 区域市场开发子系列

| | | | | |
| --- | --- | --- | --- | --- |
| 中东市场开发实战 | 刘军　沈一强 | 28.00 元 | 978-7-80165-650-6 | 2009 年 9 月第 1 版 |

## 国际结算子系列

| | | | | |
| --- | --- | --- | --- | --- |
| 1. 国际结算函电实务 | 周红军　阎之大 | 40.00 元 | 978-7-80165-732-9 | 2010 年 5 月第 1 版 |
| 2. 出口商如何保障安全收汇——L/C、D/P、D/A、O/A 精讲 | 庄乐梅 | 85.00 元 | 978-7-80165-491-5 | 2008 年 5 月第 1 版 |

## 国际贸易金融工具子系列

| 书名 | 作者 | 定价 | 书号 | 出版时间 |
|---|---|---|---|---|
| 1. 出口信用保险——操作流程与案例 | 中国出口信用保险公司 | 35.00元 | 978-7-80165-522-6 | 2008年5月第1版 |
| 2. 福费廷 | 周红军 | 26.00元 | 978-7-80165-451-9 | 2008年1月第1版 |

## 加工贸易操作子系列

| 书名 | 作者 | 定价 | 书号 | 出版时间 |
|---|---|---|---|---|
| 1. 加工贸易实务操作与技巧 | 熊　斌 | 35.00元 | 978-7-80165-809-8 | 2011年4月第1版 |
| 2. 加工贸易达人速成——操作案例与技巧 | 陈秋霞 | 28.00元 | 978-7-80165-891-3 | 2012年7月第1版 |
| 3. 加工贸易企业关务作业统筹 | 熊　斌 | 29.80元 | 978-7-80165-423-6 | 2009年3月第1版 |

## 乐税子系列

| 书名 | 作者 | 定价 | 书号 | 出版时间 |
|---|---|---|---|---|
| 1. 外贸会计账务处理实务——经验·技巧分享 | 徐玉树 | 38.00元 | 978-7-80165-958-3 | 2013年8月第1版 |
| 2. 生产企业免抵退税实务——经验·技巧分享(第二版) | 徐玉树 | 42.00元 | 978-7-80165-936-1 | 2013年2月第2版 |
| 3. 外贸企业出口退(免)税常见错误解析100例 | 周朝勇 | 49.80元 | 978-7-80165-933-0 | 2013年2月第1版 |
| 4. 生产企业出口退(免)税常见错误解析115例 | 周朝勇 | 49.80元 | 978-7-80165-901-9 | 2013年1月第1版 |
| 5. 外汇核销指南 | 陈文培等 | 22.00元 | 978-7-80165-824-1 | 2011年8月第1版 |
| 6. 外贸企业出口退税操作手册 | 中国出口退税咨询网 | 42.00元 | 978-7-80165-818-0 | 2011年5月第1版 |
| 7. 生产企业免抵退税从入门到精通 | 中国出口退税咨询网 | 98.00元 | 978-7-80165-695-7 | 2010年1月第1版 |
| 8. 出口涉税会计实务精要(《外贸会计实务精要》第2版) | 龙博客工作室 | 32.00元 | 978-7-80165-660-5 | 2009年9月第2版 |

## 专业报告子系列

| 书名 | 作者 | 定价 | 书号 | 出版时间 |
|---|---|---|---|---|
| 1. 国际工程风险管理 | 张　燎 | 1980.00元 | 978-7-80165-708-4 | 2010年1月第1版 |
| 2. 涉外型企业海关事务风险管理报告 | 《涉外型企业海关事务风险管理报告》研究小组 | 1980.00元 | 978-7-80165-666-7 | 2009年10月第1版 |

## 外贸企业管理子系列

| 书名 | 作者 | 定价 | 书号 | 出版时间 |
|---|---|---|---|---|
| 小企业做大外贸的四项修炼 | 胡伟锋 | 26.00元 | 978-7-80165-673-5 | 2010年1月第1版 |

## 国际贸易金融子系列

| 书名 | 作者 | 定价 | 书号 | 出版时间 |
|---|---|---|---|---|
| 1. 国际贸易金融服务全程通(第二版) | 郭党怀 张丽君 张贝 | 43.00元 | 978-7-80165-864-7 | 2012年1月第2版 |
| 2. 国际结算与贸易融资实务 | 李华根 | 42.00元 | 978-7-80165-847-0 | 2011年12月第1版 |

| 书名 | 作者 | 定价 | 书号 | 出版时间 |
|---|---|---|---|---|

## 毅冰谈外贸子系列

| 书名 | 作者 | 定价 | 书号 | 出版时间 |
|---|---|---|---|---|
| 毅冰私房英语书<br>——七天秀出外贸口语 | 毅　冰 | 35.00 元 | 978-7-80165-965-1 | 2013 年 9 月第 1 版 |

## “实用型”报关与国际货运专业教材

| 书名 | 作者 | 定价 | 书号 | 出版时间 |
|---|---|---|---|---|
| 1. 电子口岸实务(第二版) | 林青 | 35.00 元 | 978-7-5175-0027-8 | 2014 年 6 月第 2 版 |
| 2. 报检实务(第二版) | 孔德民 | 38.00 元 | 978-7-80165-999-6 | 2014 年 3 月第 2 版 |
| 3. 进出口商品归类实务<br>(第二版) | 林　青 | 45.00 元 | 978-7-80165-902-6 | 2013 年 1 月第 2 版 |
| 4. 现代关税实务(第 2 版) | 李　齐 | 35.00 元 | 978-7-80165-862-3 | 2012 年 1 月第 2 版 |
| 5. 国际贸易单证实务<br>(第 2 版) | 丁行政 | 45.00 元 | 978-7-80165-855-5 | 2012 年 1 月第 2 版 |
| 6. 报关实务(第 3 版) | 杨鹏强 | 45.00 元 | 978-7-80165-825-8 | 2011 年 9 月第 3 版 |
| 7. 海关概论(第 2 版) | 王意家 | 36.00 元 | 978-7-80165-805-0 | 2011 年 4 月第 2 版 |
| 8. 国际集装箱班轮运输实务 | 林益松　郑海棠 | 43.00 元 | 978-7-80165-770-1 | 2010 年 9 月第 1 版 |
| 9. 国际货运代理操作实务 | 杨鹏强 | 45.00 元 | 978-7-80165-709-1 | 2010 年 1 月第 1 版 |
| 10. 航空货运代理实务 | 杨鹏强 | 37.00 元 | 978-7-80165-707-7 | 2010 年 1 月第 1 版 |
| 11. 进出口商品归类实务<br>——实训题参考答案 | 林　青 | 12.00 元 | 978-7-80165-692-6 | 2009 年 12 月第 1 版 |

待出：

供应链管理实务

## “精讲型”国际贸易核心课程教材

| 书名 | 作者 | 定价 | 书号 | 出版时间 |
|---|---|---|---|---|
| 1. 国际贸易实务精讲<br>(第 6 版) | 田运银 | 48.00 元 | 978-7-5175-0032-2 | 2014 年 8 月第 6 版 |
| 2. 进出口商品归类实务精讲 | 倪淑如<br>倪　波　田运银 | 48.00 元 | 978-7-5175-0016-2 | 2014 年 7 月第 1 版 |
| 3. 外贸单证实训精讲 | 龚玉和　齐朝阳 | 42.00 元 | 978-7-80165-937-8 | 2013 年 4 月第 1 版 |
| 4. 外贸英语函电实务精讲 | 傅龙海 | 42.00 元 | 978-7-80165-935-4 | 2013 年 2 月第 1 版 |
| 5. 国际结算实务精讲 | 庄乐梅　李　菁 | 49.80 元 | 978-7-80165-929-3 | 2013 年 1 月第 1 版 |
| 6. 报关实务精讲 | 孔德民 | 48.00 元 | 978-7-80165-886-9 | 2012 年 6 月第 1 版 |
| 7. 国际电子商务实务精讲 | 冯晓宁 | 45.00 元 | 978-7-80165-874-6 | 2012 年 5 月第 1 版 |
| 8. 国际贸易单证精讲<br>(第 3 版) | 田运银 | 45.00 元 | 978-7-80165-852-4 | 2012 年 1 月第 3 版 |
| 9. 国际商务谈判实务精讲 | 王　慧　唐力忻 | 26.00 元 | 978-7-80165-826-5 | 2011 年 9 月第 1 版 |
| 10. 国际贸易操作实训精讲 | 田运银　胡少甫<br>史　理　朱东红 | 49.80 元 | 978-7-80165-823-4 | 2011 年 8 月第 1 版 |

| 书名 | 作者 | 定价 | 书号 | 出版时间 |
| --- | --- | --- | --- | --- |
| 11. 国际会展实务精讲 | 王重和 | 38.00 元 | 978-7-80165-807-4 | 2011 年 5 月第 1 版 |
| 12. 国际贸易实务疑难解答 | 田运银 | 20.00 元 | 978-7-80165-718-3 | 2010 年 9 月第 1 版 |
| 13. 集装箱运输系统与操作实务精讲 | 田聿新 杨永志 汤 玮 | 38.00 元 | 978-7-80165-642-1 | 2009 年 7 月第 1 版 |
| 14. 国际货运代理实务精讲 | 杨占林 | 39.00 元 | 978-7-80165-636-0 | 2009 年 6 月第 1 版 |
| 15. 海关法教程(第 2 版) | 刘达芳 | 40.00 元 | 978-7-80165-605-6 | 2009 年 3 月第 2 版 |

待出:

1. 国际贸易规则与惯例实务精讲
2. 国际营销实务精讲
3. 国际投资实务精讲
4. 国际技术贸易实务精讲
5. 国际服务贸易实务精讲

## "实用型"国际贸易课程教材

| | | | | |
| --- | --- | --- | --- | --- |
| 1. 外贸跟单实务 | 罗 艳 | 48.00 元 | 978-7-80165-954-5 | 2013 年 8 月第 1 版 |
| 2. 国际贸易实务 | 丁行政 罗艳 | 48.00 元 | 978-7-80165-962-0 | 2013 年 8 月第 1 版 |

## 电子商务大讲堂·外贸培训专用

| | | | | |
| --- | --- | --- | --- | --- |
| 1. 外贸操作实务 | 本书编委会 | 30.00 元 | 978-7-80165-621-6 | 2009 年 5 月第 1 版 |
| 2. 网上外贸——如何高效获取订单 | 本书编委会 | 30.00 元 | 978-7-80165-620-9 | 2009 年 5 月第 1 版 |
| 3. 出口营销指南 | 本书编委会 | 30.00 元 | 978-7-80165-619-3 | 2009 年 5 月第 1 版 |
| 4. 外贸实战与技巧 | 本书编委会 | 30.00 元 | 978-7-80165-622-3 | 2009 年 5 月第 1 版 |

## 中小企业财会实务操作系列丛书

| | | | | |
| --- | --- | --- | --- | --- |
| 1. 小企业会计疑难解惑 300 例 | 刘华 刘方周 | 39.80 元 | 978-7-80165-845-6 | 2012 年 1 月第 1 版 |
| 2. 做顶尖成本会计应知应会 150 问 | 张 胜 | 38.00 元 | 978-7-80165-819-7 | 2011 年 8 月第 1 版 |
| 3. 会计实务操作一本通 | 吴虹雁 | 35.00 元 | 978-7-80165-751-0 | 2010 年 8 月第 1 版 |